FREIZEITFÜHRER

Vor die Haustür, fertig – los!

ODENWALD MIT KINDERN

*Über 500 spannende Ausflüge und
Aktivitäten rund ums Jahr*

pmv

6. Auflage Frankfurt am Main 2010
PETER MEYER VERLAG

INHALT

6 **Vorwort**

DARMSTADT 11 **DAS TOR ZUM ODENWALD**
11 **Tipps für Wasserratten**
11 Frei- und Hallenbäder
14 Baden und Boot fahren
17 **Raus in die Natur**
17 Radeln
Der Naturpark Bergstraße- 18 Natur und Umwelt erforschen
Odenwald 20 21 Tierparks und Gärten
25 Freizeit- und Erlebnisparks
30 Winterspaß
30 **Handwerk und Geschichte**
30 Museen und Schlösser
Ballonpioniere 36 38 **Bühne, Leinwand & Aktionen**
38 Theater
Festkalender 42 41 Feste & Märkte

BERGSTRASSE 45 **BADEN, WANDERN, LECKER SCHLEMMEN**
45 **Tipps für Wasserratten**
45 Frei- und Hallenbäder
47 Wasserspaß in Badeseen
50 **Raus in die Natur**
50 Radeln und Skaten
Die Gallwespe 53 52 Spazieren und Wandern
55 Natur und Umwelt erforschen
59 Tierparks, Gärten, Erlebnisparks
65 **Handwerk und Geschichte**
65 Unter Tage
66 Burgen und Schlösser
Feuerräder 75 74 Museen und Stadtführungen
81 **Bühne, Leinwand & Aktionen**
Festkalender 82 81 Theater & Feste

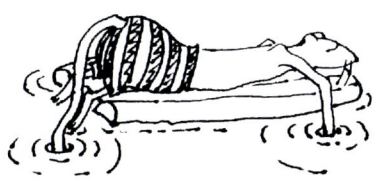

STADT, LAND, FLUSS	85	**HEIDELBERG**	
Tipps für Wasserratten	85		
Frei- und Hallenbäder	85		
Paddeln und Schiffstouren	87		
Raus in die Natur	91		
Wandern und Spazieren	91		
Natur und Umwelt erforschen	93	*Der Heiligenberg*	92
Tierparks & Gärten	95		
Technik und Geschichte	97		
Das Heidelberger Schloss	97		
Museen und Stadtführungen	100		
Bühne, Leinwand & Aktionen	103		
So ein Theater!	103		
Winterspaß	105	*Festkalender*	106

2, 3, VIELE BURGEN	109	**AM NECKAR**	
Tipps für Wasserratten	109		
Frei- und Hallenbäder	109		
Paddeln und Boot fahren	110		
Raus in die Natur	113		
Radeln	113		
Wandern und Spazieren	113		
Natur und Umwelt erforschen	118		
Tierparks und Gärten	120		
Freizeit- und Erlebnisparks	122	*Zugbrücke, Bergfried &*	
Handwerk und Geschichte	124	*Angstloch: Alles, was eine*	
Die 4 Burgen von Neckarsteinach	124	*Burg so brauchte*	126
Burgen und Brunnen	128		
Museen und Stadtführungen	133	*Festkalender*	136

NORDEN &	139	**WALD, SO WEIT DAS AUGE REICHT**
WESTEN	139	**Tipps für Wasserratten**
	139	Frei- und Hallenbäder
	141	**Raus in die Natur**
	141	Radeln
Kleine Odenwälder	142	Wandern und Spazieren
Pflanzenkunde 144	148	Natur und Umwelt erforschen
	150	Tierparks und Gärten
	152	Abenteuer und Spiel
Anna und die	153	Wintersport und -spaß
Spinnen 157	155	**Handwerk und Geschichte**
	155	Betriebsbesichtigungen
Biofärben wie Anno	156	Burgen und Schlösser
dazumal 164	166	Museen und Stadtführungen
Festkalender 170	169	Feste & Märkte
IM MÜMLINGTAL	173	**DIE HOCHBURG DES ODENWALDS**
	173	**Tipps für Wasserratten**
	173	Frei- und Hallenbäder
	175	Badeseen
	177	**Raus in die Natur**
	177	Radeln & Wandern
Die Menschen und	181	Natur und Umwelt erforschen
der Wald 186	182	Tiere & Gärten
	188	Freizeit- und Erlebnisspaß
	189	Wintersport und -spaß
Die Römer im	191	**Handwerk und Geschichte**
Odenwald 196	191	Technisches und Gräfliches
	193	Museen und Stadtführungen
Festkalender 206	205	Feste & Märkte
AN MAIN,	209	**ZWISCHEN OBERNBURG UND SECKACH**
MUD & ELZ	209	**Tipps für Wasserratten**
	209	Frei- und Hallenbäder
	211	Paddeln und Schiffstouren
	212	**Raus in die Natur**
	212	Radeln und Skaten

Wandern und Spazieren	214	*Bärenstark: Bärlauch*	214
Natur und Umwelt erforschen	216		
Reiten und Kutsche fahren	225	*Die Tiere im*	
Abenteuer- und Erlebnisparks	225	*Odenwald*	222

Handwerk und Geschichte 228
Klöster & Burgen 228
Museen und Stadtrundgänge 229
Feste & Märkte 237 *Festkalender* 238

INFO & VERKEHR

Infostellen & Anfahrtswege 241
Übergeordnete Infostellen 241
Darmstadt 243
Bergstraße 243
Heidelberg 247
Am Neckar 248
Norden & Westen 250
Im Mümlingtal 254
Main, Mud & Elz 257
Mobil ohne Auto 261
Mit Bahn und Bus 261
Mit dem Rad unterwegs 266

FERIENADRESSEN

Familienfreundliche Unterkünfte 269
Familienfreundliche Hotels & Pensionen 269
Ferienwohnungen und -häuser 271
Ferien auf dem Bauernhof, im Heu, Reiterferien 276
Jugendherbergen (JH) 286
Naturfreundehäuser (NFH) 289
Jugendfreizeit- und -gästehäuser 291
Jugendzeltplätze 293
Campingplätze 295

KARTENATLAS

Norden: Ried – DA – Aschaffenburg 300 – 303
Mitte: Rhein – Bergstraße – Main/Miltenberg 304 – 307
Süden: Heidelberg – Neckar – Buchen 308 – 311
Register 312
Impressum 318

VORWORT

Weniger als eine Stunde dauert die Fahrt von Frankfurt, nur etwa eine halbe Stunde von Darmstadt, Mannheim oder Heidelberg: Plötzlich findet man sich unter Kühen, Schafen und Pferden, wandert durch lichten Buchenwald oder düstere Fichtenhaine, picknickt auf einer Wiese an einem plätschernden Bach. Und kommt sich vor wie im Urlaub. Doch nicht nur Natur pur, auch zum Anschauen bietet die Region zwischen Main, Rhein und Neckar sehr viel – Burgen und Schlösser, Reste der römischen Besiedlung, Parks und Wildgehege, Sternwarten und Museen laden ein zum Besuch.

Auch für einen längeren Urlaub ist der Odenwald ein lohnendes Ziel. Gerade mit Kindern ist es entspannend, wenn die Anfahrt nicht so weit ist und die Unterkunft familienfreundlich. Auf einem Bauernhof gibt es für ein Kind oft viel Aufregenderes zu entdecken als im tollsten Hotel.

Für dieses Buch waren wir mit Kindern aller Altersgruppen unterwegs, vom Baby im Kinderwagen bis zum Teenager. Und so unterschiedlich wie ihr Alter und ihre Persönlichkeiten waren auch die Interessen: Während manche gerne stundenlang querfeldein durch den Wald stapften, mochten andere kaum 10 Meter weit laufen. Mit einigen konnte man einen ganzen Nachmittag in einem Museum verbringen, andere langweilten sich dort bereits nach 5 Minuten. Burgen und Tiere kamen fast bei allen Kindern gut an. Auch Picknicken im Freien war äußerst beliebt, und Lagerfeuer, und Ponyreiten ...

Je nach Interesse könnt ihr euch aus diesem Buch raussuchen, worauf ihr Lust habt. Es sind keine festen Touren vorgegeben, sondern viele verschiedene Vorschläge zusammengetragen. Für jeden Geschmack ist etwas dabei. Nicht nur im Wald und an den Flüssen, auch in den Städten Darmstadt und Heidelberg gibt es mit Kindern viel zu entdecken.

Die getesteten Spaziergänge sind familienfreundlich: Die meisten dauern eine halbe bis eineinhalb Stun-

... und das ist Susi, das Odenwald-Schweinchen. Wir alle wünschen euch viel Spaß im Odenwald!

den. Außerdem ist fast immer angegeben, ob die Strecke mit einem Kinderwagen zu bewältigen ist, damit schiebende Eltern nicht erst auf halbem Wege feststellen, dass sie nicht mehr weiter kommen.

Zu den Restaurants: Es sind Gaststätten ausgewählt, die im Sommer über einen großen Garten oder eine Terrasse verfügen und in denen der Service familienfreundlich und das Essen gut ist. Im Odenwald sind die Gaststätten in der Regel preiswert, Hauptgerichte kosten meist zwischen 7 und 10 €, Kinderteller 4 bis 6 €. Die meisten Lokale sind sehr schön gelegen, sodass Spaziergänge vor oder nach dem Essen möglich sind.

Bei den Freibädern und einigen anderen Ausflugszielen ändern sich die Preise zu jeder Saison, es kann also sein, dass unsere Angaben hier nicht immer stimmen.

Wir wünschen euch viel Spaß bei euren Ausflügen!
Das Team von pmv

Gestatten?

Ich bin Sam, die Wasserratte. Meine Clique und ich begleiten euch mit noch ein paar Freunden auf euren Entdeckertouren durch dieses Buch und den Odenwald. Darf ich vorstellen:

Karlinchen, unsere Naturfreundin,

Zur Gliederung dieses Buches

Euer Buch »Odenwald mit Kindern« ist in **sieben geografische Griffmarken** gegliedert: *Darmstadt, Bergstraße, Heidelberg, Am Neckar, Norden & Westen, Im Mümlingtal* und *An Main, Mud & Elz*. Sie sind immer nach dem gleichen Schema aufgebaut:

▶ **Tipps für Wasserratten** sind Infos zu Seen und Flüssen, zu Frei- und Hallenbädern sowie zu Kanu-, Tretboot- und Schifffahrten.

▶ **Raus in die Natur** nennt Radtouren, Wanderungen, Lehrpfade und Umweltinformationszentren, Tierparks, Planwagen- und Kutschfahrten sowie Abenteuerspielplätze, immer möglichst naturnah.

▶ **Handwerk und Geschichte** führt euch zu Orten der Technik und Arbeit: historische Bahnen, Schlösser, Burgen und Museen. Ihr werdet überrascht sein, wie viel es auch bei schlechtem Wetter zu entdecken

Herr Mau, Experte für Handwerk und Geschichte,

Mockes, der liebt Bücher, Musik und die Kunst …

gibt! Stadtführungen können ebenfalls spannend sein, wenn es z.B. mit dem Nachtwächter durch dunkle Gassen geht.

▶ **Aktionen und Feste** informiert euch über Kindertheater und Ähnliches. Der Festkalender listet wichtige Großveranstaltungen der Region auf.

Die Griffmarke **Info & Verkehr** versorgt euch mit Ortsporträts, Infostellen und -quellen sowie Verkehrshinweisen, damit ihr im Odenwald nichts verpasst und auch ohne Auto hin- und wegkommt.

Unter **Ferienadressen** schließlich nennen wir kinderfreundliche Feriendörfer, Ferienwohnungen, Bauern- und Reiterhöfe, auf denen Anfassen erlaubt und Kinder oft sogar allein willkommen sind, sowie Jugendherbergen, Naturfreundehäuser und andere Gruppenunterkünfte. Für Frischluftfanatiker nennen wir naturnahe Campingplätze. So könnt ihr Klassenfahrten und Familienferien bequem planen und organisieren. Der **Kartenatlas** gibt einen Überblick über das im Buch behandelte Gebiet und die regionale Einteilung. Er bietet euch bei Ausflügen die nötige Orientierung. Es ist also an alles gedacht – nur losziehen müsst ihr selbst!

Schreibt an:
Peter Meyer Verlag
info@PeterMeyer
Verlag.de

Schopenhauerstraße 11
60316 Frankfurt a.M.
www.PeterMeyer
Verlag.de

▶ pmv-Leser sind neugierig und mobil – nicht nur in der Fremde, sondern auch in der eigenen Umgebung. Den Wissensdurst ihres Nachwuchses wollen sie fördern, seinem Tatendrang im Einklang mit der Natur freie Bahn lassen. Daher finden Sie in diesem Ausflugsführer Tipps und Adressen zu allem, was kleine und große Kinder begeistert, je nach Wetterlage und Jahreszeit. Alle Adressen und Aktivitäten wurden von den Autoren persönlich begutachtet und strikt nach Kinder- und Familienfreundlichkeit ausgewählt. ◀

DARMSTADT

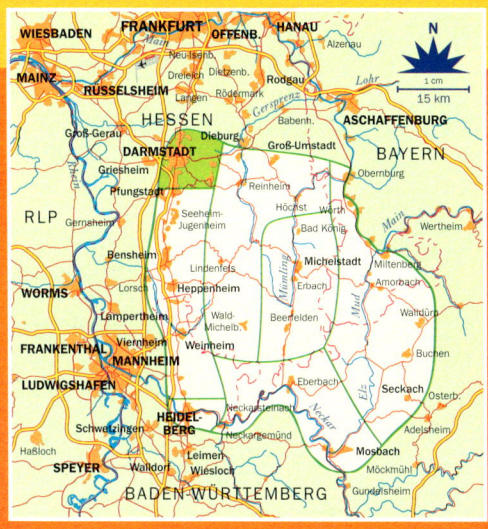

- **DARMSTADT**
- **BERGSTRASSE**
- **HEIDELBERG**
- **AM NECKAR**
- **NORDEN & WESTEN**
- **IM MÜMLINGTAL**
- **AN MAIN, MUD & ELZ**
- **INFO & VERKEHR**
- **FERIENADRESSEN**
- **KARTENATLAS**

DAS TOR ZUM ODENWALD

Darmstadt ist Wissenschafts- und Universitätsstadt und wird auch oft Zentrum des Jugendstils genannt. Wenn das für euch noch nicht allzu interessant klingt, seid beruhigt. Darmstadt hat eine Menge zu bieten, z.B. einen Badesee mitten in der Stadt, einen schönen kleinen Zoo, der Vivarium heißt, und eine Sternwarte. Und das sind nur drei von vielen schönen Ausflugsmöglichkeiten.

Frei- und Hallenbäder

TIPPS FÜR WASSERRATTEN

Wasserfreuden in Darmstädter Bädern

64283 Darmstadt. tourist@darmstadt.de. **Preise:** 2,50 €, 10er- 23, Saison- 60, Jahreskarte 125 €; Kinder 6 – 17 Jahre 1,50 €, 10er- 13, Saison- 40, Jahreskarte 85 €; Ermäßigungsberechtigte zahlen wie Kinder; kleine Familientageskarte (1 Erw, 3 Kinder) 5 €, große Familientageskarte (2 Erw, 3 Kinder) 6 €.

▶ Bis auf das Jugendstilbad gelten in allen Darmstädter Bädern – Nordbad, DSW-Freibad, Mühltalbad und Woog – einheitliche Preise. 10er- und Zeitkarten sind übertragbar, Jahreskarten berechtigen zum Eintritt in all jene, oben aufgezählten Darmstädter Frei- und Hallenbäder.

Das sportliche Bad für den Sommer: DSW-Freibad

Darmstädter Schwimm- und Wassersportclub 1912, Alsfelder Straße 31, 64289 Darmstadt. ✆ 06151/13-2851, Fax 133494. www.darmstadt.de. nordbad@darmstadt.de. **Bahn/Bus:** Straba 4, 5 Nordbad. **Auto:** Über Rhönring und Arheilger Straße. **Rad:** Radweg durch den Bürgerpark Nord. **Zeiten:** Mitte Mai – Mitte Sep Sa – Mo 9 – 20, Di, Do 7 – 20, Mi, Fr 8 – 20 Uhr. **Preise:** ↗ Wasserfreuden in Darmstädter Bädern.

▶ Das DSW-Freibad ist das sommerliche Pendant zum benachbarten Hallenbad ↗ Nordbad. In dieser Jahreszeit tummeln sich die sportlich aktiven

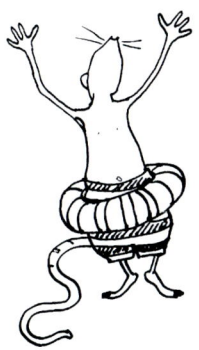

DARMSTADT

Besuch bei den Enten am Oberwaldhaus

Wassergymnastik, Schwimmkurse, Wasserballspiele und Sportveranstaltungen stehen im DSW-Freibad und im Nordbad auf den Programmen,
↗ www.darmstadt.de.

Schwimmer in einem großen, 10 Bahnen umfassenden Sportbecken aus Edelstahl (50 x 25 m, 2 m tief), wo häufig Schwimm- und Wasserballwettkämpfe ausgetragen werden. In dem populären DSW-Freibad befinden sich zudem ein Nichtschwimmer- (25 x 16,66 m groß, 0,60 – 1,25 m tief) und ein Kinderplantschbecken. Die Wassertemperatur liegt bei 23 – 24 Grad. Auf der ausgedehnten Liegewiese und im Spielbereich können sich Kinder austoben. Das ausgesprochen sportlich ausgerichtete Freibad besitzt selbstverständlich ein Beachvolleyballfeld.

… und für das übrige Jahr: Das Nordbad
Alsfelder Straße 33, 64289 Darmstadt. ✆ 06151/13-2851, Fax 13-3494. www.darmstadt.de. nordbad@darmstadt.de. **Bahn/Bus:** Straba 4, 5 Nordbad. **Auto:** Über Rhönring und Arheilger Straße. **Rad:** Radweg durch den Bürgerpark Nord. **Zeiten:** Mitte Sep – Ende April Mo 8 – 20, Di 6.30 – 21, Mi – Fr 6.30 – 22, Sa 8 – 19, So 8 – 15 Uhr. **Preise:** ↗ Wasserfreuden in Darmstädter Bädern.

▶ Die Halle mit ihren großen Glasfronten beherbergt ein betriebsames Sportbad, in dessen Schwimmerbecken mit den olympischen Maßen 50 x 21 m (1,30 – 1,80 m tief), seinen 8 Bahnen und 26 Grad warmem Wasser im Winterhalbjahr zahlreiche Wettkämpfe veranstaltet werden. Das heißt jedoch keineswegs, dass hier nur für ganz sportliche Schwimmfreaks Platz ist: Es gibt auch ein um durchschnittlich 2 Grad wärmeres Lehrschwimmbecken (16,66 x 10 m, 0,30 – 1,20 m tief), ein Kinderplantschbecken (31 Grad) sowie Solarien.

Wasserspaß im historischen Ambiente: Das Jugendstilbad
Aquapark Management GmbH, Mercksplatz 1, 64287 Darmstadt. ✆ 06151/95156-0, 13-2391, Fax 95156-11. www.jugendstilbad.de. sportamt@darmstadt.de. Im Zentrum. **Bahn/Bus:** Bus 671, 672, 673 (Mo – Sa),

674 (Mo – Fr), K55/K85 bis Jugendstilbad oder Straba 2, 3, 9 zum nahen Schloss. **Auto:** Über die B449 (Teichhausstraße) oder B26 (Landgraf-Georg-Straße); parken in der Tiefgarage des Jugendstilbades sowie öffentliche Parkplätze direkt am Eingang. **Zeiten:** Täglich 10 – 22 Uhr. **Preise: Bad:** 2 Std 5 €, 4 Std 7, Tageskarte 9 €; **Bad und Spa:** 2 Std 7,50 €, 4 Std 10, Tageskarte 12 €; Kinder 6 – 18 Jahre **Bad:** 2 Std 3,50 €, 4 Std 5, Tageskarte 7 €; **Bad und Spa:** 2 Std 5,50 €, 4 Std 7,50, Tageskarte 9 €; Familien (1 Erw, 2 Kinder oder 2 Erw, 1 Kind) Erw je 1, Kinder je 0,50 € Vergünstigung.

▶ Eine Augenweide auch für junge Schwimmfreunde ist das Jugendstil-Hallenbad von 1909, das ehemalige »Zentralbad«. Das Portal entwarf *Heinrich Jobst,* der 1907 in die ↗ Künstlerkolonie Mathildenhöhe aufgenommen wurde. Fast 100 Jahre alt sind Säulen, einige Deckenlampen und Handläufe. Von *Albin Müller* gestaltete Leuchten, Mosaiken und Terrakotta-Reliefs begrüßen euch schon im Eingangsbereich. 2008 ist das Jugendstilbad nach 3-jährigem Umbau und einer weitreichenden Modernisierung als eine gekonnte Mischung aus Schwimmbad, Spa und Saunawelt wieder eröffnet worden. Im ehemaligen **Herrenbad** befindet sich nach wie vor ein 25-m-Sportbecken. Dank der Anstrengungen des Denkmalschutzes ist sehr viel von der Jugendstilvergangenheit inmitten heutiger Technologie erhalten geblieben. Im **Badebereich** findet ihr außerdem ein Plantschbecken mit Rutsche, einen Eltern-Kind-Bereich mit Wickelecke, ein Warmbecken und ein Ganzjahres-Außenbecken. Neben dem Außenbecken befindet sich sogar eine kleine Liegewiese. Auch Gastronomie ist im Badebereich vorhanden. Dagegen befindet sich der neue **Spabereich** unter einem modernen Glasdach. Hier sind u.a. zwei Solebecken, ein Kneipp-Becken, ein Kaltbecken, ein Dampfbad und ein Jod-Selen-Bad zu finden.

Weitere schöne Tipps für Darmstadt und das südliche Rhein-Main-Gebiet findet ihr in »Rhein-Main mit Kindern« von Eberhard Schmitt-Burk, 320 Seiten, 14,95 €, Peter Meyer Verlag, ISBN 3-89859-403-5.

Vor hundert Jahren wurde dieses Bad zwar als »Volksbad« eröffnet, Frauen und Männer badeten aber in getrennten Bereichen. Das ehemalige »Damenbad« wurde im Zweiten Weltkrieg zerstört und danach als Zweckbau wieder aufgebaut.

Badefreuden mit Odenwaldblick: Mühltalbad

Mühltalstraße 72 – 80, 64297 Darmstadt-Eberstadt. ✆ 06151/54605, www.darmstadt.de. sportamt@darmstadt.de. Östlich vom Eberstädter Zentrum nördlich der Modau. **Bahn/Bus:** Bus NE bis Schwimmbad. **Auto:** Heidelberger Straße, dann Heidelberger Landstraße, in Eberstadt-Zentrum links Ober-, anschließend Mühltalstraße. **Rad:** Vom R8 Steigertsweg am Ostrand von Eberstadt hinab zum Bad. **Zeiten:** Mitte Mai – Mitte Sep täglich 8 – 20 Uhr, Mi ab 6.30 Uhr. **Preise:** ↗ Wasserfreuden in Darmstädter Bädern.

Von dem in einen Hang hineingebauten Freibad habt ihr einen schönen Ausblick auf den Odenwald und die ↗ Burg Frankenstein.

▶ Das sehr große, z-förmige Kombibecken (0,60 – 4,50 m tief) wird mit Solarzellen auf 21 Grad beheizt. Auf den 8 Bahnen des Schwimmersektors lässt sich prima trainieren, vom 10 m hohen Turm oder den beiden 1-m-Brettern mehr oder weniger kunstvoll zum integrierten Sprungbecken herunterhopsen oder durch die 61 m lange Riesenrutsche in den Nichtschwimmerbereich rauschen. Das Plantschbecken ist das Aktionsfeld der Allerkleinsten. Die Wiese liegt teilweise am Hang. Es gibt ein Imbisslokal, ein Beachvolleyballfeld und eine Tischtennisplatte, aber keinen Kinderspielplatz. Das ist jedoch halb so schlimm, denn Platz zum Herumtollen besteht ja zur Genüge.

Baden und Boot fahren

Stadtsee und Vogelparadies: Der Große Woog

Landgraf-Georg-Straße 121, 64287 Darmstadt. ✆ 06151/13-2393 (Anlage), 13-2394 (Insel), www.darmstadt.de. info@darmstadt.de. Am Ostrand von Darmstadt, Eingang »Familienbad« Landgraf-Georg-Straße 121, Badestelle »Insel« Heinrich-Fuhr-Straße 20, ✆ 13-2394. **Bahn/Bus:** Busse 672, 682 (Mo – Sa, RKH-Bus), 5510 (Mo – Sa, RKH-Bus), Dadina-Busse K55, K56 bis Ostbahnhof, L bis Woog. **Auto:** Vom Hbf ostwärts über Goebel-, Rhein- und Landgraf-Georg-Straße. **Rad:** ↗ Anfahrt Auto. **Zeiten:** Mitte Mai – Mitte Sep Sa – Mo 9 – 20, Di – Fr 8 – 20 Uhr. **Preise:** ↗ Wasserfreuden in Darmstädter Bädern; Bootsverleih im Familienbad 2,50 € für 30 Min. **Infos:** Kiosk Sunny Island Catering, ✆ 4201410.

▶ Der 6 ha große Badesee mitten in der Großstadt Darmstadt ist eine feine Sache. Es gibt gleich zwei Strandbäder: die **Strandanlage** mit 10-m-Sprungturm, Betonstegen und ↗ Bootsverleih am Westrand und der naturwüchsige **Inselstrand** dicht vor dem Ostrand. Letzterer wird aus guten Gründen von Familien mit Kindern bevorzugt. Ein Brückchen verbindet das Festland mit der kleinen Insel, die als Liegewiese fungiert. Am Ufer gibt es einen ausgedehnten Flachwasserbereich – ein abgegrenzter Nichtschwimmerbereich – und eine kleine Rutsche. Dort erstreckt sich eine große Liegewiese mit alten Bäumen. Dazu kommen ein Plantschbecken, ein einfacher Kinderspielplatz und ein Beachvolleyballfeld. Auch ein Kiosk mit Terrasse ist vorhanden.

Der Woog, der vermutlich im 16. Jahrhundert als Löschteich angelegt und 1820 erstmals als Badesee genutzt wurde, ist außerdem ein kleines Vogelparadies: Stockenten, Graureiher und Bläßhühner sind hier zu Hause.

Badewildnis See Grube Prinz von Hessen

Bornschneise, 64287 Darmstadt. ✆ 06151/3309-0 (Gesundheitsamt), Fax 3309-319134. www.darmstadt.de. info@darmstadt.de. **Bahn/Bus:** Bus F bis Oberwaldhaus/Steinbrücker Teich, dann knapp 2 km immer die Dieburger Straße entlang stadtauswärts. **Auto:** 4 km nordöstlich von Darmstadt an der Dieburger Straße L3094; knapp bemessener Parkplatz. **Rad:** Vom Bhf Darmstadt-Ost 7 km per Radroute (verschiedene Markierungen). **Zeiten:** frei zugänglich.

▶ Dieser 8 ha große See ist von dichtem Wald umgeben. Baden ist erlaubt und wird an warmen Som-

 Recht gut ausgestattete **Spielplätze** gibt es westlich und südwestlich vom See.

Hunger & Durst

Restaurant Riviera, Beckstraße 2, 64287 Darmstadt. ✆ 06151/44560. www.riviera-darmstadt.de. Täglich 11.30 – 14.30 und 17.30 – 22.30 Uhr. Traditionelles italienisches Lokal an der Westseite des Woogs mit Terrasse, Gnocchi und Jägerschnitzel; für die ganze Familie tauglich.

Über Radwege gut verbunden mit Bhf Darmstadt-Ost, Dieburg, Groß-Zimmern, ↗ Jagdschloss Kranichstein, ↗ Grube Messel und Freizeitzentrum Steinbrücker Teich. Gute Orientierung mit Hilfe der ↗ Freizeitkarte Darmstadt/Dieburg.

Hunger & Durst
Restaurant Einsiedel, Dieburger Str. 263, 64287 Darmstadt. ✆ 06151/716771. Mi – Mo 12 – 15, 18 – 22.30 Uhr. 800 m östlich von der Grube Prinz von Hessen. Ex-Forsthaus mit Biergarten. Internationale und asiatische Küche.

mertagen reichlich praktiziert. Ein Strandbad gibt es hier zwar nicht, es existiert aber immerhin ein kleiner Sandstrand mit flach abfallendem Wasser. Ansonsten besteht allerdings abbrechendes Grasufer und es wird schnell tief. Auf der Liegewiese mit viel schattenspendendem Gehölz lassen manche die Hüllen fallen. An geschäftigen Sommertagen lässt sich hier ein Imbisswagen nieder und regelmäßig gibt ein Eisauto sein Gastspiel.

Badespaß mit Seerosenblick: Arheilger Mühlchen

Brücherweg 1, 64291 Darmstadt-Arheilgen. ✆ 06151/ 371605, 374554 (Kiosk), www.darmstadt.de. info@darmstadt.de. **Bahn/Bus:** Straba 4, 5 Kranichstein Bhf. **Auto:** Frankfurter Landstraße, in Arheilgen auf der Grillparzer Straße zum Arheilger Mühlchen. **Rad:** Vom ↗ Großen Woog Radweg 13 bis Brentano-See, danach Radweg 15 direkt zum Arheilger Mühlchen.
Zeiten: Mai – Aug Sa – Mo 9 – 20, Di – Fr 8 – 20 Uhr.
Preise: Eintritt frei; Warmdusche 0,50 €, Garderobenschlüssel 0,60 €, für die Saison 20 €.

▶ Für Kinder aller Altersstufen ist der naturtrübe, 2,1 ha kleine See (2,20 m tief) ein wunderbarer Flecken. Wer schon gut schwimmen kann, hat ein großes Aktionsfeld. Dazu gehört auch ein Sprungturm mit 1- und 3-m-Brett. Für die anderen ist im See ein **Nichtschwimmerbereich** abgegrenzt. An die ganz Kleinen ist mit einem **Plantschbecken** gedacht. In das familienfreundliche Angebot reihen sich zudem die schattige Liegewiese, der Kinderspielplatz, der Kiosk sowie ein ↗ Bootsverleih ein. Der Dusch- und Umkleidetrakt ist in ordentlichem Zustand. Auf den alten mächtigen Bäumen sind allerlei Vögel zu beobachten, an dem von Seerosen belebten Vorteich des Mühlchens tauchen des öfteren Fischreiher auf.

Radeln

Vom Ostbahnhof zur Grube Prinz von Hessen und zum Steinbrücker Teich

Darmstadt. tourist@darmstadt.de. **Strecke:** Ostbahnhof – Grube Prinz von Hessen – Jagdschloss Kranichstein – Steinbrücker Teich. **Länge:** Hinweg 7 km durch Flur und Wald, zurück 9 km fast nur durch Wald, leicht, nur am Anfang eine Steigung. **Bahn/Bus:** RB 65 Hbf Darmstadt – Erbach Bhf Darmstadt Ost.

▶ Ihr startet am Bernard-Sälzer-Platz beim Ostbahnhof. Es geht auf dem Seitersweg (R8 sowie 0) in nordöstlicher Richtung stadtauswärts. Zunächst führt die Route 2 km fast schnurgerade durch Felder. Kinder lassen hier im Herbst Drachen steigen. Im Wald angelangt, haltet ihr euch auf dem Radrouten-Kreuz geradeaus und folgt damit der Markierung 0. Diese leitet euch nun knapp 4 km durch tiefen Wald direkt zu dem kleinen wilden See **Grube Prinz von Hessen.** Für die **Rückfahrt** bietet sich die Route über das Jagdschloss Kranichstein und das Freizeitzentrum Steinbrücker Teich an – immer durch tiefen Wald. Dazu radelt ihr zunächst auf der Bornschneise knapp 500 m Richtung Norden (Radweg 11), biegt links in die Kernschneise (Radweg 18) ein, und haltet euch beim ↗ Jagdschloss Kranichstein (Jagdmuseum, Jagdlehrpfad, Café-Restaurant) links Richtung Südwesten. Nach der Einkehr im ↗ **Oberwaldhaus** und Spiel & Spaß im Freizeitpark geht's schnurstracks Richtung Darmstadt zurück – die ersten 1,5 km auf der Dieburger Straße, dann links ab und via Rosenhöhweg und Seitersweg – nun wieder im Freien – zum Start und Ziel Ostbahnhof zurück.

RAUS IN DIE NATUR

Vom ADFC Darmstadt: »Landkreis Darmstadt Dieburg und nördlicher Odenwald« (1:30.000). 7 € mit Beiheft und Schutzhülle, ISBN 3-931273-47-7.

Auch wenn's nur durch den Wald geht, sind die Helme immer dabei!

FOTO: KIRSTEN WAGNER

Hunger & Durst
Ristorante Pizzeria Reiterschänke da Vito, Kranichsteiner Straße 252, Kranichstein. ✆ 06151/669606. Di – So 11.30 – 14.30 und 18 – 23.30 Uhr. Mit Biergarten, Blick in die Pferdeställe möglich. Italienische Küche.

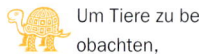 Um Tiere zu beobachten, braucht ihr ein Fernglas, eine Thermoskanne mit heißem Pfefferminztee und ganz viel Ausdauer und Geduld!

Natur und Umwelt erforschen

Jagdkundlicher Lehrpfad am Jagdschloss Kranichstein
Darmstadt-Kranichstein. info@jagdschloss-kranichstein.de. **Länge:** 6 km, markierter flacher Rundweg, leichte, kinderwagentaugliche Waldwanderung, Plan am Jagdschloss Kranichstein, ausgeschildert. **Bahn/Bus:** ↗ Jagdschloss Kranichstein.

▶ Mit etwas Glück werden euch Hirsche, Wildschweine oder Rehe über den Weg laufen, denn das Gebiet ist sehr wildreich. Etwa 2 Stunden braucht ihr zu Fuß für den jagdkundlichen Lehrpfad, der gut mit Kinderwagen begangen werden kann, da er ganz eben ist. Es ist auch eine schöne Strecke mit dem Rad. Auf vielen Infotafeln erfahrt ihr alles rund um die Jagd: welche Methoden es früher gab, um die armen Hirsche und Wildschweine zu erlegen, wie viele Menschen an einer Jagd teilnahmen, was sie zu tun hatten und vieles mehr.

Es gibt an diesem Lehrpfad die **Wildbeobachtungsstation Rottwiese** (Speierhügelschneise, Ecke Dörrwiesenschneise). In der Morgen- oder Abenddämmerung solltet ihr mal hierher kommen! Ihr müsst ganz leise sein, wenn ihr zu der hölzernen Aussichtsplattform lauft, die wie ein riesiger Hochsitz aussieht. Wenn ihr eine Weile ruhig sein und ganz still sitzen könnt, seht ihr vielleicht Wildschweine oder sogar das imposante Rotwild, das größte Wild in dieser Region. Ein Fernglas bringt es euch ganz nah ran.

Besuch bei den Sterneguckern
Volkssternwarte, Auf der Ludwigshöhe 196, 64285 Darmstadt. ✆ 06151/130900 (Geschäftsstelle), 51482 (Observatorium), Fax 130901. www.vsda.de. vorstand@vsda.de. Im Süden von Darmstadt. **Bahn/Bus:** Straba 7, 8 Friedrich-Ebert-Straße, dann 15 – 20 Min zu Fuß bergauf, oder Haltestelle Böllenfalltor (viele Linien), Richtung Ludwigshöhe 15 Min bergauf. **Auto:**

Via Rhein-, Neckar und Heidelberger Straße, am Südrand von Bessungen links Landkron-, dann Ludwigshöhstraße. **Rad:** Vom Großen Woog Radweg 13 bis Botanischer Garten, dann Radweg 15. **Zeiten:** So 10 – 12.30 Uhr; öffentliche Veranstaltungen Do 19.30 und an verschiedenen Sa 20 Uhr. **Preise:** 3 €; Kinder und Mitglieder frei. **Infos:** Postadresse: Volkssternwarte Darmstadt e.V., Flotowstraße 19, 64287 Darmstadt.

▶ Jeden Sonntagvormittag ist die Sternwarte zu besichtigen und ein Blick auf die Sonne möglich. Dann ist jemand da, der die Instrumente erklären kann. Die Sternwarte bietet etwa einmal im Monat Führungen für ältere Kinder an. Ob dann auch ein Blick in den Himmel durchs Teleskop möglich ist, hängt vom Wetter ab. Im Anschluss an die Führungen gibt es immer noch einen Vortrag zu einem astronomischen Thema. Donnerstagabends ab 19.30 Uhr gibt es die Möglichkeit, den Fernrohrführerschein zu machen, Sterne zu beobachten und am Leseabend teilzunehmen. Termine und Programm im Internet oder vor Ort.

Nach Absprache sind für Gruppen spezielle Kinderführungen möglich.

Streuobstwiesenzentrum

Freundeskreis Eberstädter Streuobstwiesen e.V., Steckenbornweg 65, 64297 Darmstadt-Eberstadt.
✆ 06151/53289, Fax 9518958. www.streuobstwiesen-eberstadt.de. zentrum@streuobstwiesen-eberstadt.de. Im Osten von Eberstadt. **Bahn/Bus:** Straba 1 (Mo – Fr), 7, 8 Carl-Ulrich-Straße, diese hinauf in den Langeweg, am Ende durch den Fußgängertunnel und hinter den Häusern links 300 m Richtung Wald. **Auto:** Von Heidelberger Straße am Nordrand von Eberstadt in Carl-Ulrich-Straße. **Rad:** Vom Großen Woog zuerst auf Radweg 13, dann 15.

▶ Der *Freundeskreis Eberstädter Streuobstwiesen* engagiert sich seit 1995 für die Erhaltung der Streuobstwiesen im Eberstädter Osten durch Neuanpflanzungen, die Pflege bestehender Obstwiesen und ein »Apfelsaftaufpreisprojekt« – Bioland-Apfelsaft wird

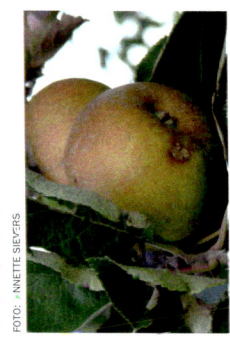

Darf krumm sein: Auf Streuobstwiesen dürfen die Äpfel noch wachsen wie ihnen der Schnabel gewachsen ist

▶ Die Landschaft im Naturpark Bergstraße-Odenwald wird von Geologen, die sich mit der Entstehung der Erde beschäftigen, in zwei Regionen unterteilt. Westlich von der Linie Aschaffenburg-Heidelberg wird die Gegend Vorderer Odenwald genannt, im Osten davon befindet sich der Hintere Odenwald.

DER NATURPARK BERGSTRASSE-ODENWALD

Im **Vorderen Odenwald** wurde die Schicht aus rotem Buntsandstein, die einst das gesamte Mittelgebirge bedeckte, im Laufe der Zeit abgetragen. Die darunter liegende härtere Schicht kam an die Oberfläche. Daher wird der Vordere Odenwald auch Kristalliner Odenwald genannt. Viele enge Täler sind charakteristisch für diese Region.

Im **Hinteren Odenwald** ist hingegen der rote Buntsandstein noch überall zu sehen, daher wird das Gebiet auch Buntsandstein-Odenwald genannt. Hier verlaufen lang gestreckte Bergrücken und Täler von Norden nach Süden zum Neckar hin.

Während an der **Bergstraße** schon die Obstbäume blühen, liegt auf den kühleren und rauen Höhen des Odenwaldes manchmal noch Schnee. An der Bergstraße können sogar Mandeln, Aprikosen und Pfirsiche geerntet werden. Weinreben gedeihen hier üppig an den sonnenbeschienenen Hängen. Der Vordere oder Kristalline Odenwald ist bekannt für seine Buchenwälder – 52 m maß hier ein Prachtexemplar. Laubwald mit mächtigen Eichen, Ahorn und Eschen bestimmt das Bild. Zum Sammeln und Basteln im Herbst eigenen sich vor allem die Früchte der vielen Kastanien. Auch Kirschbäume wachsen hier im Wald, ihre weißen Blüten leuchten im Frühling aus dem frischen Grün. Besonders farbenfroh zeigt sich der Ahorn im Herbst, mit seinen gezackten, in den prächtigsten Farbtönen strahlenden Blättern könnt ihr tolle Bilder basteln.

Der **Hintere** oder **Buntsandstein-Odenwald** ist weniger fruchtbar. Hier wachsen überwiegend Nadelhölzer, die die Menschen für die Holzindustrie anpflanzten. Fichten, Kiefern, Lärchen und Douglasien stehen hier, dazwischen auch vereinzelt Buchen und Eichen. Die Lärche ist übrigens der einzige Nadelbaum, der im Winter seine Nadeln abwirft. ◀

Lärchenzweig

gekeltert und verkauft. Der Verein, der mit der *Deutschen Waldjugend* kooperiert, hat ein Zentrum mit Schwerpunkt Umweltpädagogik aufgebaut und bietet zu bestimmten Terminen naturfreundliche Nachmittags- und Wochenendveranstaltungen für Kinder 5 – 13 Jahre, mehrtägige Ferienspiele, spannende, 2 1/2-stündige Naturerlebnisprogramme für Schulklassen und Kindergartengruppen sowie Geburtstagsfeiern an. Auch die ganz Kleinen kommen nicht zu kurz, sie können als 2- bis 3-jährige »Maulwürfe« an mehreren Tagen in der Woche (Mi, Do, Fr 8.30 – 12.30 Uhr) in den Eberstädter Streuobstwiesen auf Entdeckungstour gehen. Außerdem gibt es noch die festen **Kinder- und Jugendgruppen,** die sich einmal wöchentlich (außer in den Ferien) im Streuobstwiesenzentrum treffen. Die Aktivitäten sind allesamt so aufgebaut, dass die jungen Naturforscher sich das Wissen zu bestimmten Themen aktiv-spielerisch aneignen. Da werden Hütten und Nistkästen gebaut, Apfelsaft gekeltert, Eichelkuchen gebacken, geritten oder Schlitten gefahren, Bergrettung gespielt oder einfach nur geklettert. Wie nah uns die Natur sein kann, erfahren die Kinder beim Zubereiten von Brennnesselsalat und Löwenzahnhonig, beim Papier schöpfen und Wolle filzen. Beliebt sind auch die selbst gemachte Holunderbowle und der Spitzwegerichsirup. Zum Programm gehören ferner das **Schafschurfest** (Mai), das **Honigfest** (August) und das **Kelterfest** (Oktober).

 **Naturkindergarten Am Streuobstwiesenzentrum,** 64297 Darmstadt. ✆ 06151/53289. Mo–Fr 8 – 13.30 Uhr. Ab 12.30 Uhr Mittagessen zu 3 €, Gebühr pro Monat 150 €. Darmstädter Kindern vorbehalten.

Tierparks und Gärten

Spielen und Spazieren im Herrngarten
Prinz-Georg-Palais, Porzellanmuseum, Schlossgartenstraße 10, 64285 Darmstadt. ✆ 06151/713233, Fax 712920. www.porzellanmuseum-darmstadt.de. info@porzellanmuseum-darmstadt.de. Haupteingang am Karolinenplatz, hinter dem Hessischen Landesmu-

🦋 Attraktionen des Spielplatzes im Süden: Wippe, Dreifachschaukel, Balancierbalken, Drehpirouetten, Labyrinth und … ein großer Wasserspielbereich zum Staudämmebauen und Rummatschen.

🦋 **Spielplätze in Darmstadt** gibt einen Überblick über alle Spielplätze der Stadt, ihre Lage und Ausstattung samt vielen Fotos. Auch als PDF zum Herunterladen unter www.darmstadt.de.

Schön bunt: Im Prinz-Georg-Garten

FOTO: ANNETTE SIEVERS

seum. **Bahn/Bus:** Straba 2, 3, 9, Bus F, H, K, L, Dadina-Busse K55, K56, RKH-Busse 5507, 5510 bis Schloss. **Auto:** Via Rhein-, Kasino- und Frankfurter Landstraße. **Zeiten: Spielplatz:** ganzjährig Mo – Fr 13 – 18 Uhr, Ausgabe von Sportgeräten und Spielen zur halben und vollen Stunde; in den Ferien zusätzliche Öffnungszeiten. **Preise: Museum:** Mo – Do 10 – 13 und 14 – 17 Uhr, Sa, So, Fei 10 – 13 Uhr. Erw 2,50 €, Kinder ab 6, Schüler, Studenten, Gruppen 1,50 €, Schulklassen, Kindergärten 0,50 €. Sonntags interessante Themenführungen wie »Durch die Blume gesagt« oder »Durch den Kakao gezogen«, 4 €. **Infos:** Betreutes Spielen durch Mitarbeiter des Jugendamtes für Kinder 5 – 14 Jahre, ✆ 06151/712022, Schulnachhilfe im Spielhaus. Mo Jungen-, Mi Mädchen-, Do Aktionstag.

▶ Der **Schlossgarten** und der im Norden anschließende **Herrngarten,** der älteste und größte Park der Darmstädter Innenstadt, sind gut für Spaziergänge mit dem Kinderwagen oder die ersten Touren ganz kleiner Wander- und Radelfans. Das Wegenetz ist wetterfest. Es gibt einen großen Teich mit Enten und zwei Spielplätze. Während der variantenreiche Kompakt-Spielplatz im Süden den Bedürfnissen der kleineren Kids entgegenkommt, ist der ausgedehnte **Aktivspielplatz** im Norden für die größeren Kids: Hier gibt es eine Seilbahn und einen Bolzplatz. Ein Verleih bietet kostenlos Geräte für Basket-, Fuß- oder Federball, Tischtennis, Skateboard und Rollschuhlauf – nur ein Pfand (Ausweis o.ä.) müsst ihr dafür hinterlegen. Es gibt sogar einen Lagerfeuerplatz, für den ihr das Brennholz selbst mitbringt. Im Feuer machen werdet ihr dann durch Mitarbeiter des Spielhauses angeleitet und betreut. Viel los ist hier während der Oster-, Sommer- und Herbst-**Ferienspiele.**

Gegen den Trubel in Schloss- und Herrngarten ist der **Prinz-Georg-Garten** am nordöstlichen Ende des Herrngartens geradezu beschaulich-ruhig. Die Anlage mit ihrer Symmetrie, den Blumenrabatten, Kräuter- und Gemüsebeeten und dem kleinen **Prinz-**

Beschaulich: Prinz-Georg-Garten

Georg-Palais im Hintergrund ist ein Augenschmaus für erholungsbedürftige (Groß-)Eltern. Das auch *Porzellanschlösschen* genannte Palais enthält eine umfangreiche Porzellansammlung.

Kurztrip in den Süden: Die Orangerie
Bessunger Straße 44, 64285 Bessungen. ✆ 06151/3966446, Fax 3966447. www.orangerie-darmstadt.de. info@orangerie-darmstadt.de. **Bahn/Bus:** Straba 3 bis Orangerie.

▶ Um Zitronen- und Orangenbäume, Bananenstauden und Palmen zu sehen, müsst ihr nicht erst weit weg fliegen, sondern könnt die Orangerie besuchen. Der Name kommt von den Orangenbäumen. Schon vor 300 Jahren begeisterten sich die Fürsten und Grafen für die exotischen Gewächse mit den saftigsüßen Früchten. Sogar von Sizilien wurden Orangenbäume nach Darmstadt gebracht, natürlich mit der Kutsche. Schaut mal auf einer Europakarte nach, wie viele Kilometer das sind! Für die kälteempfindlichen exotischen Pflanzen, die im Winter in Deutschland erfrieren würden, wurden eigene Häuser errichtet, in denen sie überwintern können. Auch in Bessungen wurde 1721 so ein Haus gebaut. Es ähnelt einem Schloss, hat sehr große Fenster, durch die das notwendige Sonnenlicht fällt, und steht in einem Park. Viel Luxus für ein bisschen Grünzeug!

Hunger & Durst
Herrngarten Café, Schleiermacherstraße 29, 64293 Darmstadt. ✆ 06151/5047773. www.tuttibooking.de/herrngarten. Mo – Sa ab 14, So ab 10 Uhr. Café, Restaurant und Biergarten mit großen und kleinen Speisen sowie Frühstück.

Für 2- bis 7-Jährige befindet sich direkt neben dem Gewächshaus ein Spielplatz mit Spieltempel, Rutschen, Sandkiste, Spielhäuschen, Schaukeln und Wipptieren. Im Südosten des Geländes könnt ihr auf zwei Bolzplätzen nach Lust und Laune kicken.

Hunger & Durst

Restaurant Orangerie, Bessunger Straße 44, ✆ 06151/664946, Mo – So 12 – 14 und 18.30 – 22.30 Uhr. Italienische Küche in sehr feiner Atmosphäre.

Heute werden im großen Saal im Südflügel der Orangerie Konzerte veranstaltet, im Westflügel hat sich ein **Restaurant** mit Gartenterrasse niedergelassen. Aber im barocken Parkgelände könnt ihr nach wie vor in der wärmeren Jahreszeit die »Südfrüchte« bewundern.

Dromedar, Tapir & Co.: Das Vivarium

Tiergarten Vivarium Darmstadt, Schnampelweg 4, 64287 Darmstadt. ✆ 06151/13339-4 (Infolinie), 13339-2 (Zooschule), 41002 (Förderverein Kaupiana), Fax 13339-3. www.zoo-darmstadt.de. vivarium@darmstadt.de. Am Südostrand Darmstadts. **Bahn/Bus:** Straba 2 Luisenplatz, dann K-Bus bis Botanischer Garten/Vivarium. **Auto:** Via Rhein-, Neckar- und Heinrichstraße. **Rad:** Vom Großen Woog Radweg 13. **Zeiten:** April – Sep 9 – 19, März und Okt 9 – 18, Nov – Feb 9 – 17 Uhr; **Fütterungszeiten:** Totenkopfaffen 15.15, Schopfmakaken 15, Piranhas Di, Sa 14.30 Uhr. **Preise:** 4,50 €; Kinder 2 – 18 Jahre 1,50 €; freier Eintritt für Mitglieder des *Fördervereins Kaupiana,* Jahresbeitrag 19 €, Kinder und Jugendliche bis 18 Jahre 5 €, preiswerter Familienbeitrag. **Infos:** In den Sommermonaten regelmäßig The-

Skippy: Das kleine Wallaby kann sich bequem auf seinen dicken Schwanz setzen

FOTO: ALICE SELINGER

menführungen, in den Wintermonaten interessante Vorträge; Veranstaltungskalender und preiswerter Zooführer am Eingang erhältlich.

▶ Das weiße Kamel liegt auf dem Rücken und sonnt sich genüsslich, die Stachelschweine machen sich grunzend über ihr Gemüse her – wenn ihr gerne Tiere beobachtet, ist das Vivarium ein tolles Ausflugsziel für euch. Der Name ist ungewöhnlich, aber das lateinische Wort *Vivarium* bezeichnet einfach eine Anlage zur Haltung lebender Tiere. Es ist also nichts anderes als ein Zoo. Mehr als 700 Tiere aus über 150 Arten leben hier. Die Gehege sind geräumig, artgerechte Lebensbedingungen sind das Ziel. Es gibt Yaks aus Tibet, Totenkopfäffchen, Zebras und Wildesel, vorlaute Papageien und glatzköpfige Geier zu sehen. Im Vivarium seht ihr auch einige Tiere, die in deutschen Tiergärten ganz selten sind, wie die Seychellen-Riesenschildkröte, die Krokodilschwanz-Höckerechse, der Mönchsgeier, der Kleine Vasapapagei, die Schopfmakake und der Binturong – klingt interessant, oder?

Ein großes **Affenhaus** und das **Exotarium** mit Schlangen, Echsen und Fischen sind weitere Höhepunkte, die auch im Winter Spaß machen, denn hier drin ist es immer warm. Im **Vogelhaus** befindet sich ein großer, wettergeschützter Sandspielkasten. Die kleinen Ziegen dürft ihr in einem **Streichelgehege** anfassen. Und den Kängurus aus Australien kommt ihr in der begehbaren Känguru-Anlage ziemlich nahe!

Zwei Stunden solltet ihr für das große Gelände mindestens Zeit haben.

 Snacks gibt's im **Café Eulenpick** rechts neben der Kasse, dort sind auch Toiletten vorhanden. Auf dem Gelände verteilt stehen Picknicktische.

 Um die Ecke liegt der ↗ Botanische Garten.

Hunger & Durst

Ristorante Vivarium, Schnampelweg 4, 64287 Darmstadt. ✆ 06151/47651. 11.30 – 15 und 18 – 24 Uhr. Neben dem Besuchereingang. Größere Mahlzeiten ab 10 €, Pizza und Pasta, Wiener Schnitzel und Kindergerichte.

Freizeit- und Erlebnisparks

Freizeitspaß im Bürgerpark

Alsfelder Straße, 64289 Darmstadt. tourist@darmstadt.de. Eingang Ostseite von der Kranichsteiner Straße, Eingang zu den Sportplätzen von der Alsfelder Stra-

Hunger & Durst

Bayerischer Biergarten/Gasthaus Zum Scheinheiligen, Kastanienallee 4, Darmstadt. ✆ 06151/711163. www.bayerischer-biergarten.de. Mai – Sep 11 – 23, sonst 11.30 – 14 und 17 – 24, So aber 11.30 – 24, Ende Dez – Feb geschlossen. Am Rande des Bürgerparks Nord. 1000 Sitzplätze. Im Sommer Selbstbedienung und angenehme Schattenplätze unter großen Bäumen, für Kinder Spielplatz und ein kleines Tiergehege. Bayerische Spezialitäten, draußen ist das Essen schlicht: Handkäs, Gegrilltes und Würstchen.

ße. **Bahn/Bus:** Bus 4, 5 bis Eissporthalle. **Auto:** In der Nähe des Messegeländes, neben dem Nordbad; großer Parkplatz, ausgeschildert. **Zeiten:** frei zugänglich.

▶ Dieser wiesenreiche Park ist etwas für sportlich Aktive: Tennis, Volleyball, Badminton, Basketball ... hier gibt es jede Menge Sportplätze, die jeder kostenlos benutzen darf. Im **Südteil** des Bürgerparks gibt es einen Wasserspielplatz für die Kleinen, im **nördlichen Teil** einen Spielplatz mit Seilbahn für ältere Kinder. Ebenfalls bestens geeignet ist der große Park, um im Sommer auf der Wiese zu picknicken oder zu spielen, fernab von Straßen das Radfahren zu üben oder im Herbst Drachen steigen zu lassen. Sogar wenn Darmstadt ausnahmsweise mal winterlich weiß ist, ist hier allerhand los: Dann geht's in rasender Abfahrt mit dem Schlitten den Schuttberg hinunter.

Kletterwald Darmstadt

Im Wäldchen am Stadion, Atzwinkelweg/Lichtwiese, 64287 Darmstadt. ✆ 0611/5325157, Fax 5802247. www.kletterwald-darmstadt.de. info@kletterwald-darmstadt.de. **Bahn/Bus:** Straba 2, 9 Jahnstraße. **Auto:** Von Nieder-Ramstädter Straße Richtung TU in Lichtwiesen-, dann Atzwinkelweg. **Rad:** Vom Ostbhf Radweg 15 zur TU. **Zeiten:** Mi – Fr ab 13 Uhr, Sa, So, Fei ab 9 Uhr; Sommer- und Herbstferien Mo – Fr schon ab 10 Uhr; Schluss 2 Std vor Eintritt der Dämmerung, jedoch spätestens um 20 Uhr. Büro: Mo, Mi, Fr 10 – 18 Uhr. **Preise:** 18 €; Kinder und Jugendliche 8 – 17 Jahre 12 €, bei Kindergeburtstagen ab 8 Pers 10 €; Familienticket 50 € (2 Erw, 2 Kinder), Familientag Do 44 € (2 Erw, 3 Kinder). **Infos:** Mindestalter 8 Jahre, bis 14 Jahre nur in Begleitung eines Erw.

▶ Auf 8 Laufwegen – unterschiedlich hoch und unterschiedlich schwierig – balanciert, rutscht und klettert ihr auf einer spannenden Tour von Baum zu Baum. Spezielle erlebnispädagogische Angebote für Familien, Firmen, Schul- und Jugendgruppen auf Anfrage.

Ein Sommertag am Oberwaldhaus

Freizeitzentrum am Steinbrücker Teich und Ausflugslokal Oberwaldhaus, Dieburger Landstraße 259, 64287 Darmstadt. Handy 0163/8636196 (Bootsverleih, Minigolf). www.freizeitpark-darmstadt.de. webmaster@freizeitpark-darmstadt.de. **Strecke:** Großer Woog – Freizeitzentrum Steinbrücker Teich. **Länge:** 4 km, Flur und Wald, leicht, für Kinder ab 5 Jahre. **Bahn/Bus:** Bus F bis Oberwaldhaus. **Auto:** Vom Darmstädter Schloss via Alexander- und Dieburger Straße. **Rad:** Vom Botanischen Garten Radweg 15, von Arheilgen, Jagdschloss Kranichstein (2 km), Badesee Grube Prinz von Hessen (4 km), Messel und Dieburg. **Preise:** Ponyreiten Kinder 20 Min 5 €, Kutsche 10 €.

Bei Sommerwetter kommt ein **Eiswagen** zum Spielplatz, zudem ist dann der Imbiss-Kiosk vorm Oberwaldhaus geöffnet.

▶ Auch wenn im Steinbrücker Teich nicht gebadet werden darf, können Kinder doch viel unternehmen: Ruder- und Tretboot fahren, den See umwandern, Minigolf spielen, reiten und mit der Ponykutsche fahren, auf dem Bolzplatz kicken oder auf dem gut eingerichteten Spielplatz werkeln. Wer die entsprechenden Utensilien mitbringt, spielt Tischtennis, während die anderen die Würstchen auf den Grill legen. An-

Piratenalarm! Auf dem Spielplatz am Oberwaldhaus ist ihr Schiff gestrandet

Hunger & Durst
Café-Restaurant Oberwaldhaus, Dieburger Straße 257, ✆ 06151/712266. www.oberwaldhaus-darmstadt.de. Täglich 11 – 24 Uhr. Geräumig, im Sommer mit großer Freiterrasse. Deutsche und Balkanspezialitäten.

Happy Birthday!
Geburtstag Mi, Fr und Sa, 15 – 18 Uhr 3 €, mit Ponyreiten 4 € pro Kind.

Die Kinder- und Jugendfarm hält die Tiere artgerecht und stellt eine Station im Rahmen des **Kinder-Umwelt-Diploms** *des Umweltamtes Darmstadt dar. Insgesamt will sie für die Bedürfnisse der Tier- und Pflanzenwelt sensibilisieren.*

ziehungspunkt auch für Radler und Wanderer ist zudem das Ausflugslokal **Oberwaldhaus.** Dort sitzt man sehr schön auf einer großen Terrasse, Kinder können herumhüpfen und große Bäume spenden Schatten. Es gibt Gegrilltes, Pommes, Eis und Kuchen zu familienfreundlichen Preisen. Wer sich nach dem Essen die Füße vertreten möchte, kann in das angrenzende Waldgebiet oder bloß einmal um den kleinen See laufen, was auch mit Kinderwagen möglich ist.

Kinder- und Jugendfarm Darmstadt e.V.
Maulbeerallee 59, 64289 Darmstadt. ✆ 06151/781954 (Helga Feyerabend), www.kinderfarm-darmstadt.de. M.Feyerabend@gsi.de. **Bahn/Bus:** Straba 6, 7, 8 Gleisschleife Merck. **Auto:** Vom Herrngarten via Frankfurter Straße, am Südrand von Arheilgen rechts in die Maulbergallee. **Rad:** Vom Ostbhf via Jagdschloss und Eisenbahnmuseum Kranichstein. **Zeiten:** Mi, Fr, Sa 15 – 18 Uhr, Di – Fr 9.30 – 12.30 Uhr für Kindergärten und Schulklassen. **Preise:**; Kinder 2 – 14 Jahre 2 €, Mitgliedschaft 80 € pro Jahr; Mitgliedschaft Familien 100 € pro Jahr. **Infos:** Auch Angebote für Schulklassen und Kindergartengruppen, zwei Betreuerinnen.
▶ Das ist eine spannende Mischung aus Naturerlebnisraum und Abenteuerspielplatz: Auf dem weitläufigen Gelände findet ihr Koppeln, Schafweiden, ein Feuchtbiotop und eine Obstbaumwiese. Hier sind Ponys, Esel, Hasen, Ziegen, Schafe, Katzen, Meerschweinchen, Hühner und Enten zu Hause. Ihr könnt auf Ponys reiten, auf dem Tastpfad gehen, Tiere füttern, im Garten säen und ernten, Hütten bauen, Feuer machen, im Schlamm matschen und vieles, vieles mehr.

Spiel & Spaß, rotzfrech
Das rotzfreche Spielmobil, Fuchsstraße 9, 64289 Darmstadt. ✆ 06151/9187-65, Fax 9187-66. www.spielmobil-darmstadt.de. info@spielmobil-darm-

stadt.de. **Bahn/Bus:** Ende Mai – Anfang Okt Mo – Do oder Fr nach Standort zwischen 14 – 18 oder 12 – 19 Uhr. Termine, Dauer der Aufenthalte unter www.spielmobil-darmstadt.de.

▶ Von Mai – Oktober sind Bus und Hänger des Rotzfrechen Spielmobils schwer bepackt mit Spielgeräten in der Stadt unterwegs. Es lässt sich auf Spielplätzen und öffentlichen Plätzen nieder, baut für euch seine Rollenrutsche und seinen Schminkstand auf, holt seine vielen Spiele heraus und packt seine Hämmer, Zangen, Nägel und vielen anderen Sachen aus – und los kann es gehen mit dem Toben und Spielen.

@ Die vielen anderen Angebote wie Verleih von Spielgeräten, Kinderprogramme bei Festen, Stadt-Rallyes etc. findet ihr unter www.spielmobil-darmstadt.de.

Toben und Hüpfen in Leos Spielpark

Leos Spielpark, Landwehrstraße 75, 64293 Darmstadt. ✆ 06151/9576560, Fax 9576562. www.leos-spielpark.de. leo@leos-spielpark.de. **Bahn/Bus:** HAV-Bus 5506 (Mo – Sa) oder HAV-Bus 5513 bis Mainzer Straße. **Auto:** A5 Ausfahrt 25 Weiterstadt, dann via Gräfenhäuser, Pallaswiesen-, Kasino- und Landwehrstraße; kostenlose Parkmöglichkeiten im Hof. **Zeiten:** Mo – Fr 14 – 19, Sa, So und in den Ferien 10 – 19 Uhr, für Gruppen ab 20 Pers auch vormittags. **Preise:** 3 €; Kinder 1 – 3 Jahre 3,80, 4 – 14 Jahre 6,50 €; Familientag Do Erw 2 €, Kinder 1 – 3 Jahre 2,30, 4 – 14 Jahre 4,50 €; Gruppentarife ab 8 Pers. Mo freier Eintritt für alle Großeltern.

Aus hygienischen Gründen besteht Sockenpflicht. Tipp: Zieht Socken mit Rutsch-Stopp-Noppen an.

▶ Mit mehreren Kindern ein teures Vergnügen, aber bei schlechtem Wetter vielleicht die Rettung des Tages. Kleinkinder mit überschüssiger Energie können auf Hüpfburgen und Klettergerüsten, im Ballpool, auf Riesenrutschen und Trampolinen Dampf ablassen. Für ältere Kinder gibt es Tischfußball, Billard, Airhockey und einen Indoor-Fußballplatz. Ein Café gehört zu der riesigen Anlage, mitgebrachte Speisen und Getränke sind aber auch erlaubt. Kinder ab 8 Jahre dürfen ohne Erwachsene da bleiben, wenn ein Erziehungsberechtigter das entsprechende Formular unterschrieben hat.

Happy Birthday!
Alle Geburtstagskinder bis 100 Jahre haben freien Eintritt. Ausweis mitbringen!

Winterspaß

Eissporthalle Darmstadt
Alsfelder Straße 45 (Bürgerpark Nord), 64289 Darmstadt. ✆ 06151/77790, Fax 76056. www.darmstadt-online.de/eissporthalle. koch@bauvereinag.de. Im Norden der Stadt bei Nordbad und Bayerischem Biergarten. **Bahn/Bus:** Straba 4, 5 Eissporthalle. **Auto:** Vom Herrngarten Frankfurter Straße, nach circa 800 m rechts in Alsfelder Straße; Parkplätze beim Nordbad und Messplatz. **Zeiten:** Ende Sep – Ende März Mo – Fr 8.30 – 12.30, 13.30 – 16.30 Uhr, zusätzlich Fr 19 – 23 Uhr, Sa 15.30 – 19, 19.30 – 23, So 10 – 17 Uhr; Weihnachtsferien Mo – Fr durchgehend 8.30 – 16.30 Uhr, 24. u. 25.12. geschlossen, 31.12. u. 1.1. kürzere Öffnungszeit. Kassenschluss 40 Min vor Laufzeitende. **Preise:** 5 €, 5er-Karte 22,50 €; Kinder 6 – 17 Jahre 3,50, 5er-Karte 15 €; Ermäßigung für Kindergärten und Schulklassen. **Infos:** Schlittschuhverleih 3,50 €, Schlittschuhschleifen 4 €.

▶ Ist das nicht herrlich, so elegant übers Eis zu flitzen? Wenn ihr ein bisschen übt, könnt ihr bestimmt sogar rückwärts fahren oder eine Drehung machen. Manchmal gibt es neben der Eisdisco für Große *Disco on Ice,* Ende Sep – März Fr 19 – 23 Uhr, auch eine *Kinder-Ice-Disco*. Ein Infoblatt mit den Terminen ist in der Eishalle erhältlich.

HANDWERK UND GESCHICHTE

Museen und Schlösser

Bitte einsteigen! Die Roßdorfer Garteneisenbahn
REC Roßdorfer Eisenbahnclub 1983 e.V., Bahnhof, Holzgasse, 64380 Roßdorf. ✆ 06154/83347 (Pressereferent), www.rossdorfer-eisenbahnclub.com. lutz.chico@t-online.de. **Bahn/Bus:** ab ↗ Darmstadt Hbf Bus 673 bis Roßdorf Dieburger Straße. **Auto:** B26 Ausfahrt nordwestlich von Roßdorf, via Darmstädter Straße ins

Zentrum, dort Alte Bahnhofstraße, Holzgasse. **Zeiten:** April – Aug min. 1x im Monat, Termine der öffentlichen Fahrtage ↗ Internetseite.

▶ Der Club hat auf dem ehemaligen Bahngelände hinter dem alten Roßdorfer Bahnhof eine Gartenbahn Spur 5 (127 mm) eingerichtet. Auf der 550 Gleismeter langen Fahrstrecke mit 13 Weichen verkehren Dampf-, Elektro- und Benzinloks. Nicht nur Kinder dürfen auf den kleinen Wagen mitfahren – aber diesen bereitet das besonders großen Spaß. Der Rangier- und Abstellbereich misst etwa 100 m, der Modellmaßstab der Fahrzeuge beträgt bei den Regelspur- 1:11 und bei den Schmalspurmodellen 1:8. Des Weiteren ist die Gartenbahn mit Schiebebühne, Lokschuppen, Rampe und Ölbunker ausgestattet.

Ein buntes und schiefes Haus
Waldspirale, Bad Nauheimer Straße, 64287 Darmstadt. www.darmstadt-marketing.de. information@darmstadt.de. Bürgerparkviertel, am nördlichen Stadtrand. **Bahn/Bus:** Straba 4, 5 bis Messplatz. **Zeiten:** Nur von außen zu besichtigen, jedoch Führungen von der Wissenschaftsstadt Darmstadt Marketing GmbH, ✆ 06151/134513.

▶ Wenn ihr dieses Haus anseht, werdet ihr merken, dass es sehr ungewöhnlich ist. Über hundert Wohnungen, ein Restaurant, ein **Café** und zwei kleine Läden sind in dem Gebäude untergebracht. Der Künstler **Friedensreich Hundertwasser** (1928 – 2000) wollte in seinen Bauten Mensch und Natur zusammen bringen und von den üblichen Baunormen und eckigen Grundrissen abweichen. Die unregelmäßigen Fenster, die ihr an der Waldspirale seht, empfand er als Befreiung »von der pfeilgeraden Linie«. Er liebte ungewöhnlich bunte Farben, runde Formen und grüne Innenhöfe. Selbst auf dem Dach wachsen Pflanzen.

Hunger & Durst
Café Coyote, Waldspirale 1 a, 64287 Darmstadt. ✆ 06151/6690555. Mo – Fr ab 17 Uhr, So 12 – 23 Uhr. Im großen Turm ganz oben.

Halali: Jagdschloss Kranichstein

Stiftung Hessischer Hof, Kranichsteiner Straße 261, 64289 Darmstadt-Kranichstein. ✆ 06151/971118-0, Fax 971118-18. www.jagdschloss-kranichstein.de. info@jagdschloss-kranichstein.de. **Bahn/Bus:** Straba 4, 5 Siemensstraße, dann Bus U bis Jagdschloss Kranichstein. **Auto:** L3097 Richtung Messel, kurz hinter Kranichstein auf der rechten Seite. **Rad:** Vom Großen Woog via Fiedler- und Seitersweg zum Bernard-Sälzer-Platz, dann 1,7 km auf R8 entlang den Bahngleisen nach Norden, nach rechts in den Wald und auf den R18 abbiegen, der nach 2,6 km zum Jagdschloss Kranichstein führt. **Zeiten:** April – Okt Mi – Sa 13 – 18, So, Fei 10 – 18 Uhr; Nov – März Mi – Sa 14 – 17, So, Fei 10 – 17 Uhr; So öffentliche Führungen mit thematischem Schwerpunkt. **Preise:** 2,70 €; Kinder ab 6 Jahre, Schüler, Studenten, Jagdscheininhaber, Gruppen, Behinderte 1,60 €; Familie 7,50 €, Schulklassen 0,80 €/Person; Kinderführungen 4,50 €/Person. **Infos:** Teilnahme an Führungen vorher anmelden, Veranstaltungskalender ↗ Internet.

▶ Die Landgrafen von Hessen-Darmstadt jagten häufig in den dichten Wäldern um Darmstadt, in denen es viel Wild gab. Sie übernachteten im Jagdschloss Kranichstein vor den Toren der Stadt, wenn sie auf die Jagd gingen. Ihr könnt sehen, wie sie gewohnt haben und wie bedeutend die Jagd damals war. Für dieses Vergnügen wurde sehr viel Aufwand betrieben, es kostete Unmengen. Mehrere Angestellte kümmerten sich zum Beispiel nur um die Hundemeute, die das Wild hetzte. Schicke Uniformen wurden für die Jagd genäht, teure Waffen angefertigt,

Kleine Bude für den herrschaftlichen Ausflug: Jagdschloss Kranichstein

FOTO: ALICE SELINGER

Pferde abgerichtet. Viele Adlige waren im 18. Jahrhundert geradezu **jagdbesessen,** manche machten wegen ihres teuren Hobbys sogar Pleite.

Im **Museum** dreht sich alles um die Geschichte der Jagd: Das beginnt in der Steinzeit und reicht bis in die Gegenwart. Zu sehen sind Waffen und Trophäen, dazu Schautafeln mit viel Text. Doch nicht nur um die Jagdlust der Adligen, die das Töten der Tiere als sportliche Beschäftigung sahen, geht es hier. Auch über die Jagd der armen Leute, die das Fleisch zum Überleben brauchten, und über die Jagd in unseren Tagen erfahrt ihr einiges in durchaus kritischen Texten. ↗ auch Jagdkundlicher Lehrpfad.

Für Kinder wird viel geboten, z.B. Führungen mit dem Kranichsteiner Schlossgespenst (ab 5 Jahre), Entdeckungsreisen um den Weiher des Schlossgartens oder den **Backhausteich.** Zu Letzterem gelangt ihr hinter dem Jagdschloss; hier leben Enten, Gänse und Reiher. Auch dieser Teich wurde nur für die Jagd angelegt.

Im Jagdschloss gibt es ein luxuriöses Hotel und ein Restaurant/Café, doch zum Einkehren empfehlen wir euch den Biergarten der **Reiterschänke Kranichstein** auf der anderen Straßenseite.

*Besonders vom **Jagdfieber** gepackt war Ludwig VIII. von Hessen, er wurde deshalb auch der Jagdlandgraf genannt: 1753 erlegte er in nur 19 Tagen 61 große Hirsche. Er ließ auch Hirschkälber einfangen und abrichten, sodass er sie vor seine Kutsche spannen konnte.*

Hunger & Durst
Reiterschänke Kranichstein, Kranichsteiner Straße 252, 64289 Darmstadt-Kranichstein. ✆ 06151/669606. Di – So 11.30 – 14.30 und 18 – 23.30 Uhr. Viele leckere Pizzen!

Bioversum Kranichstein
Museum biologischer Vielfalt, Zeughaus Jagdschloss Kranichstein, Kranichsteiner Straße 253, 64289 Darmstadt. ✆ 06151/97111888, Fax 97111889. www.bioversum-kranichstein.de, anfrage@bioversum-kranichstein.de. **Bahn/Bus:** Ab Hbf Bus H bis Kesselhutweg, 10 Min Fußweg. Bus U bis Jagdschloss. **Zeiten:** Di – Sa 11 – 17, So, Fei 10 – 18 Uhr. Programme für Kindergarten- und Schulgruppen nach Vereinbarung auch außerhalb der Öffnungszeiten. **Preise:** 3 €, Themenführung 60 €; Kinder, Schüler, Studenten, Senioren und Behinderte 2 €; Schulklassen 1 €, Familienkarte 9 €. Kombikarten für Bioversum und Jagdmuseum. **Infos:** Besucherlabor: jeden So, 2 €, keine Anmeldung erforderlich.

Happy Birthday!
Mit deinen Freunden kannst du hier einen richtigen Forschergeburtstag verbringen. Dauer ca. 2,5 Std, bis 15 Kinder von 6 – 12 Jahre. 90 € pro Gruppe, Essen und Getränke können mitgebracht werden. Bitte 2 Wochen vorher anmelden!

Hunger & Durst

Zum Zeughaus, Ingeborg Müller, ✆ 06151/9614686. Täglich ab 12 Uhr, Sa ab 14 Uhr, Mi Ruhetag. Biergarten, traditionelle hessische Speisen und Getränke. Außerdem 28 Übernachtungsplätze.

▶ In diesem Forschungslabor mitten in einem Buchenwald könnt ihr so richtig was erleben und entdecken! Wisst ihr zum Beispiel, was japanischer Knöterich ist oder ein Riesenbärenklau? In der Ausstellung könnt ihr wie durch ein Vergrößerungsglas ein Stück Buchenwald beobachten und an 17 Themenstationen Mikroorganismen, Pilze oder die verschiedenen Stockwerke des Waldes genauer anschauen. Außerdem erfahrt ihr, was für Tricks eine Pflanze anwendet, um die ganze Welt zu sehen, oder wie neue Tiere bei uns ankommen und wie sie heimisch werden – manchmal verdrängen sie dabei die Alteingesessenen. Immer wieder finden Exkursionen, Familien- und Aktionstage statt, die großen Spaß bringen.

Dampfloks im Eisenbahnmuseum Kranichstein

Museumsbahn e.V., 64291 Darmstadt-Kranichstein. ✆ 06151/376401, 377600 (Info), Fax 377600. www.museumsbahn.de. info@museumsbahn.de. Nahe Bhf Kranichstein. **Bahn/Bus:** RB 63 Darmstadt Hbf – Babenhausen, Bhf Kranichstein, Straba 4, 5 Bhf Kranichstein. **Auto:** Kranichsteiner, dann Jägertorstraße. **Rad:** Vom Ostbhf über Steinbrücker Teich und Jagdschloss Kranichstein. **Zeiten:** So 10 – 16 Uhr, außer So vor Heiligabend, 24. und 31.12., April – Sep auch Mi 10 – 16 sowie Karfreitag, Ostermontag, 1.5., Pfingstmontag, Fronleichnam und 3.10. **Preise:** Dampfzug 5, Triebwagen 4 €, Dampftage 6 €, Kranichsteiner Eisenbahntage 14 €; Kinder 4 – 14 Jahre Dampfzug 2,50, Triebwagen 2 €, Dampftage 3, Kranichsteiner Eisenbahntage 7 €; Familien (2 Erw, 3 Kinder) 10 €, Dampftage 15, Kranichsteiner Eisenbahntage 32 €; Gruppen ab 20 Pers min. 14 Tage vorher anmelden. **Infos:** Führungen nach Vereinbarung; Jahresprogramm im Internet sowie als Faltblatt im Museum erhältlich; Cafeteria im Museum und Spielplatz in der Nähe vorhanden.
▶ Wenn ihr euch für Lokomotiven begeistert, seid ihr hier genau richtig. 14 historische Dampf-, 15 Diesel-

Hälseausrenken im Lehrstellenwerk

© MUSEUMSBAHN E.V.

und 4 Elektrolokomotiven, 3 Triebwagen und mehr als 100 Wagen haben die begeisterten Eisenbahnfreunde hier versammelt. Die ältesten Dampfloks stammen sage und schreibe von 1887 und 1893! Alle sind sie schrottreif hierher gekommen. Einige wurden in mühevoller Kleinarbeit wieder instand gesetzt und können nun bestaunt werden. Die gewaltigen, über 100 t schweren schwarzen Stahlrösser sind schon eindrucksvoll. Sie stehen teils in einem echten alten Lokschuppen (an normalen Öffnungszeiten geschlossen), teils auf den Gleisanlagen. Das Gelände ist ein Bahnbetriebswerk aus dem Jahr 1898. Selbst die Kräne, mit denen einst die Kohlen für die Dampfkessel auf die Loks geladen wurden, stehen noch. Zusätzlich gibt es alles Mögliche zu sehen, was das Herz eines Eisenbahn-Liebhabers höher schlagen lässt: alte Fahrpläne, Signalanlagen, Uniformen, ein Stellwerk, eine Schmiede, eine Fahrkartendruckerei und ganz große **Modelleisenbahnen,** für die es sogar einen Extrazug gibt, den *MoBaTrain*.

Aufregend wird es an den monatlichen **Dampftagen** (April – Sep, 1. So im Monat). Dann lernt ihr nämlich sogar eine Dampflokomotive bei vollem Dreileb kennen und könnt sogar zum Lokführer hinaufsteigen. Spitze sind die **Kranichsteiner Eisenbahntage** mit ihrem großen Sonderprogramm (Mitte Mai Do – So), das an einem Wochenende Mitte September stattfindende **Dampflokfest** und die **Kranichsteiner Modellbahntage,** an denen die Möglichkeit besteht, die tollen Modellbahnen zu sehen (3. Nov-Wochenende und letztes Wochenende im Jahr).

© MUSEUMSBAHN E.V.

Mitfahrt auf dem Führerstand

Modellbahnfans schwärmen vom **MoBaTrain**, zu dem 6 geräumige Wagen gehören, von denen zwei zu auswärtigen Festen fahren können. Im 26,4 m langen Wagen 54120 ist seit 1985 eine bestaunenswerte H0-Modelleisenbahn zu Hause. Auf 18,50 x 1,80 m gibt es 5 Bahnhöfe, 3 Brücken und mehrere Tunnels, die Gleise sind 200 m lang und liegen auf echtem Schotter. 24 Züge können vollautomatisch fahren. In Aktion ist der MoBaTrain an den Kranichsteiner Eisenbahn- und Modellbahntagen, ↗ www.mobatrain.de.

Hunger & Durst

A la carte, Bernhard Nöhre, Sabaisplatz 1, 64287 Darmstadt-Mathildenhöhe. ✆ 06151/711535. www.alacarte-mathildenhoehe.de. Di – So 10 – 18 Uhr, So ab 10 Uhr Brunchbuffet. A la carte, Mittagstisch, Kaffee und Kuchen.

Schließlich unternimmt das Eisenbahnmuseum eine Reihe von Sonderfahrten mit seinen dampfenden Oldies, z.B. auf der Hausstrecke von Darmstadt-Ost zum Bessunger Forsthaus (4,7 km, Dauer 15 Minuten), außerdem auf anderen Strecken.

In luftiger Höhe: Der Hochzeitsturm

Olbrichweg 13, 64287 Darmstadt-Mathildenhöhe. ✆ 06151/7010087, www.hochzeitsturm.de. mathildenhoehe@darmstadt.de. **Bahn/Bus:** Bus F bis Mathildenhöhe/Lucasweg. **Auto:** Vom Darmstädter Schloss via Alexander- und Dieburger Straße. **Zeiten:** März – Okt Di – So 10 – 18 Uhr. **Preise:** 1,50 €; Kinder ab 6 Jahre und Schüler 1 €; Behinderte, Gruppen ab 10 Pers, Studenten 1 €.

▶ Dieser ungewöhnliche Turm mit den fünf eigenartige Zinnen ist das Wahrzeichen Darmstadts. Er war ein Hochzeitsgeschenk. Die Stadt Darmstadt schenkte ihn ihrem *Großherzog Ernst Ludwig von Hessen,* anlässlich dessen Hochzeit mit *Prinzessin Leo-*

BALLONPIONIERE

▶ Der erste unbemannte Ballonflug in Deutschland fand in Darmstadt statt. Der Darmstädter Erbprinz war ein großer Fan der Luftfahrt, er hatte den ersten bemannten Ballonaufstieg in Paris am 21.11.1783 gesehen. Von seinen Reisen brachte er Ballons unterschiedlicher Qualität mit nach Darmstadt, dort experimentierte *Johann Heinrich Merck,* ein Apothekersohn, »hochfürstlicher Kriegsrat« und Freund Goethes. Kurz vor Weihnachten 1783 gelang ihm der erste unbemannte Aufstieg in Deutschland, doch die Aktion blieb relativ unbeachtet. Wesentlich spektakulärer war die erste bemannte Ballonfahrt im nahen Frankfurt. Auf der Bornheimer Heide bei Frankfurt stieg am 3.10.1785 der Franzose *Jean-Pierre Blanchard* auf und flog eine Stunde bis nach Weilburg im Taunus. Bei einem ersten Versuch am 27.9. war auch der Darmstädter Erbprinz mit von der Partie gewesen, der Ballon war jedoch geplatzt und unsanft gelandet. Der Prinz kam mit Schrammen und einer lädierten Nase davon. ◀

nore zu Solms-Hohensolms-Lich am 2. Februar 1905. Gebaut wurde der Turm aus dunkelrotem Klinker 1906 – 08 nach Plänen von **Joseph Maria Olbrich.** Wegen seiner Spitze wird er auch Fünffingerturm genannt. Von der Aussichtsplattform im 7. Stock auf 48,5 m Höhe bietet sich nicht nur ein herrlicher Blick auf Darmstadt, auch die Skyline von Frankfurt und die Hügel von Taunus und Odenwald sind bei gutem Wetter zu sehen. Reste des Hochzeitskuchens von 1905 sind in einer Originalschachtel ausgestellt.

Der Wiener Architekt Joseph Maria Olbrich (1867 – 1908) war einer der berühmten Kreativen der Künstlerkolonie auf der Mathildenhöhe. Sie war 1899 durch Großherzog Ernst Ludwig von Hessen-Darmstadt ins Leben gerufen worden, um Kunst, Handwerk und Wirtschaft zu fördern.

Museum Künstlerkolonie
Ernst-Ludwig-Haus, Olbrichweg 13, 64287 Darmstadt-Mathildenhöhe. ✆ 06151/133-385, Fax 133-739. www.mathildenhoehe.info. mathildenhoehe@darmstadt.de. **Bahn/Bus:** Bus F bis Mathildenhöhe/Lucasweg. **Zeiten:** Do – So 10 – 17 Uhr. **Preise:** 5 €; Kinder bis 6 Jahre frei, Schulklassen frei, Schüler 3 €; Behinderte, Studenten, Wehrdienstleistende, Gruppen ab 10 Personen 3 €.

▶ Früher befanden sich in diesem Gebäude die Ateliers, in denen die Künstler gemeinsam an der Verschönerung der Welt arbeiteten. Vor über 100 Jahren, nämlich im Jahr 1901, gründete der Großherzog Ernst Ludwig von Hessen auf der Mathildenhöhe diese Künstlerkolonie. Er holte berühmte Maler, Bildhauer und Architekten nach Darmstadt. Natürlich entwarfen sie das Atelierhaus selbst. Die beiden riesigen steinernen Skulpturen vor dem Eingang stellen Adam und Eva dar. Möbel, Geschirr und vieles mehr, was die Darmstädter Jugendstil-Künstler entwarfen, kann hier bewundert werden. Im Keller finden wechselnde Ausstellungen statt.

Vom Setzen und Drucken: Wie früher Bücher gemacht wurden
Hessisches Landesmuseum: Abteilung Schriftguss, Satz und Druckverfahren, Kirschenallee 88, 64293 Darmstadt-Innenstadt. ✆ 06151/899176, Fax

Das Hessische Landesmuseum Darmstadt, Friedensplatz 1, ist wegen Sanierung und Erweiterungsmaßnahmen bis 2011 geschlossen. Das pädagogische Programm des Museums wird in den Außenstellen und in der Galerie der Schader-Stiftung möglichst aufrecht erhalten. Informationen und Termine, Kalendarium ↗ www.hlmd.de.

899177. www.hlmd.de. hik@hlmd.de. **Bahn/Bus:** Hbf Straba 3 bis Goethestraße, Bus 5513 bis Mainzer Straße, 5515 ab Luisenplatz bis Windmühle. **Zeiten:** Di – Sa 10 – 17, Mi 10 – 20, So 11 – 17 Uhr. Vorführungen durch die ehrenamtlichen Mitarbeiter Di und Fr 10 – 12, Do 15 – 17 Uhr sowie am letzten Sa des Monats 14 – 17 Uhr. **Preise:** 2,50 €; Kinder bis 6 Jahre und Schüler frei; Gruppen ab 10 Personen 1,20 €, Familien (2 Erw, alle Kinder) 5 €. **Infos:** Führungen für Schulklassen und Familien 30 € nach Absprache. Infos Im Internet unter Museum, Außenstellen.

▶ Heute werden Bücher mit einem Computer hergestellt. Am Computer werden die Texte geschrieben und später auch die Überschriften größer gemacht und Bilder hinzugefügt. Früher funktionierte das Drucken ganz anders. Es war eine schwierige und anstrengende Arbeit. Die Buchstaben waren aus Holz oder Blei. Sie mussten einzeln in einem Setzkasten zu Worten zusammengesetzt werden, deshalb dauerte es sehr lang, ein Buch zu machen. Die Setzer waren sehr geschickte Menschen, die unglaublich schnell arbeiteten. Sie brauchten dafür aber eine lange Ausbildung und viel Berufserfahrung. Die Druckmaschinen waren gewaltige, teils laut ratternde Kolosse. In diesem Museum sind viele verschiedene Druckmaschinen ausgestellt. Das Tolle ist, dass sie auch vorgeführt werden. Ehemalige Drucker betreuen das Museum, sie können euch viel über ihren interessanten Beruf erzählen.

BÜHNE, LEINWAND & AKTIONEN

Theater

Kindertheater im großen Haus
Staatstheater Darmstadt, Theater im Kontakt, Georg-Büchner-Platz 1, 64283 Darmstadt. ✆ 06151/2811-314, Fax 296581. www.staatstheater-darmstadt.de. TheaterImKontakt@staatstheater-darmstadt.de. **Bahn/Bus:** Vom Luisenplatz 5 Min zu Fuß via Sandstraße.

Auto: Neckar-, dann Hügelstraße/Georg-Büchner-Anlage; Parkplatz neben dem Staatstheater. **Preise:** Kindervorstellungen 5 – 10 €; Mitgliedschaft Klub Theaterkiste für eine Spielzeit 10 €. **Infos:** zu Eintrittspreisen ✆ 2811-600, zu Abos ✆ -213; für den Klub Theaterkiste frühzeitige Anmeldung erforderlich.

▶ Zwar ist das Staatstheater nach wie vor hauptsächlich die große Bühne der Erwachsenen, doch Kinder können hier jede Menge Kinderkonzerte, Musicals und sogar Kinderopern erleben.
Außerdem gibt es noch den Klub *Theaterkiste* für Kinder 5 – 13 Jahre. Deren Mitglieder dürfen sogar einen Blick hinter die Kulissen werfen, können Proben der Kindervorstellungen sehen und gemeinsam jede Menge Theater erleben.

Kikeriki-Theater
Comedy Hall, Roland Hotz, Heidelberger Straße 131, 64285 Darmstadt-Bessungen. ✆ 06151/964260, 964266 (Vorverkauf, Kartenbestellungen, Anfragen), Fax 964261. www.kikeriki-theater.de. verwaltung@comedy-hall.de. **Bahn/Bus:** Straba 6 – 8, Bus R bis Landskronstraße. **Auto:** Parkplatz Heinrich-Heine-Schule, Donnersbergring 69. **Zeiten:** Okt – April 1 x pro Woche, fast immer So 15 Uhr, manchmal auch an anderen Tagen, vor allem Do; Gruppenvorstellungen für Kindergarten- und Grundschulgruppen nach Absprache auch außerhalb des Spielplans. **Preise:** Kindertheater 5 € pro Person. **Infos:** Bei Kindertheater gelten für Erw und Kinder die gleichen Eintrittspreise; Programm ↗ Internet.

▶ Das Kikeriki-Theater spielt Stücke für Kinder ab 3 Jahre, vom Märchen über Kasperlegeschichten bis zu pädagogisch Anspruchsvollem. Dies ist ein ganz spezielles Theater: Jeden Monat gibt es ein anderes Stück aus Puppentheater, Handpuppenspiel oder Theater mit Puppen und Menschen. Entsprechend oft sind die Vorstellungen ausverkauft, deshalb solltet ihr euch möglichst frühzeitig Karten beschaffen!

Hunger & Durst
Comedy Hall-Lokal, Heidelberger Straße 131, 64285 Darmstadt. Mo – Sa 17.30 – 1 Uhr. Spezialitäten aus der hessischen Küche.

Nachbarschaftsheim Darmstadt: halbjährlicher Veranstaltungskalender mit Terminen wie Kinderfasching und -flohmarkt, Bücherfrühling sowie Kursen.

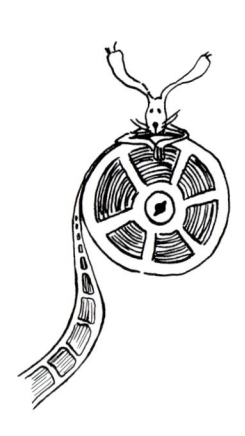

Theater im Schlösschen im Prinz-Emil-Garten

Nachbarschaftsheim Darmstadt e.V., Heidelberger Straße 56, 64285 Bessungen. ✆ 06151/63278, Fax 663647. www.nbh-darmstadt.de. info@nbh-darmstadt.de. **Bahn/Bus:** Straba 6 (Mo – Fr), 7, 8 Prinz-Emil-Garten. **Auto:** Heidelberger Straße. **Zeiten:** Kartenvorverkauf Mo – Fr 8 – 13 Uhr; Vorstellung häufig So 11 und 15 Uhr, auch Mo und Mi. **Preise:** Kinder ab 3 Jahre je nach Veranstaltung 1,50 – 4 €. **Infos:** Im Schlösschen halbjährliches Programmheft *Kinder-Kultur Schlösschen im Prinz-Emil-Garten* mit Kurzbeschreibungen der Theaterstücke und Kinderfilme erhältlich.

▶ Im **Schlösschen** – eine der Hochburgen der Darmstädter Kinderkulturszene – wird regelmäßig Puppen- und Clownstheater für Kinder 3 – 12 Jahre geboten. Außerdem gibt es Lesungen für Kinder, Kinderkino und Veranstaltungen im Rahmen der Ferienspiele zu Ostern, im Sommer und im Herbst, sowie an Fasching.

Der **Prinz-Emil-Garten** selbst ist ein schöner Park mit einem großen Teich. Ferner gibt es hier einen Minigolfplatz und zwei tolle Spielplätze. Der eine mit den vielen Spielgeräten befindet sich im unteren Teil beim Eingang, der andere mit dem Bolzplatz im oberen Teil beim Schlösschen.

Die Stromer

Birgit Nonn und Thomas Best, Goebelstraße 21, 64293 Darmstadt. ✆ 06151/906796-0, Fax 906796-1. www.kindertheater-diestromer.de. mail@kindertheater-diestromer.de. **Bahn/Bus:** Ab Hbf 10 Min Fußweg über Zweifalltorweg nach Norden, Bismarckstraße bis Goebelstraße. **Infos:** Spieltermine und -orte ↗ Internet.

▶ Die beiden Schauspieler und Theaterpädagogen Birgit Nonn und Thomas Best machen seit 1994 mobiles Kindertheater. Sie spielen in verschiedenen Sälen und Theatern, d.h. wo immer sich Veranstalter zwischen Frankenberg und Stuttgart für ihre Kunst interessieren. Und weil sie so viel umherziehen, nennen sie sich die Stromer. In Darmstadt findet man sie vor allem im *Moller-Haus* und *halbNeun Theater*. Das Repertoire, auf Kinder 3 – 12 Jahre ausgerichtet, zählt mittlerweile 8 Produktionen.

Die Komödie TAP

Bessunger Straße 125, 64295 Darmstadt-Bessungen. ✆ 06151/33555, Fax 33556. www.die-komoedie-tap.de. info@die-komoedie-tap.de. **Bahn/Bus:** Straba 1, 6 – 8 Bessunger Straße. **Auto:** Neckar- und Heidelberger Straße, dann 2. Querstraße hinter dem Prinz-Emil-Garten links. **Zeiten:** Kindertheater Okt – April Sa 15.30, So 11 Uhr; Sondervorstellungen für Kindergärten und Schulklassen nach Absprache Di – Fr 9.15 oder 11 Uhr. **Preise:** Abendprogramm 18 €, Kinderprogramm 8 € pro Person; Abendprogramm 12 € für Schüler, Studenten, Auszubildende, Schwerbehinderte und Inhaber der Darmstadt-Card; Sondervorstellungen für Kindergärten und Schulklassen 6 €/Kopf. **Infos:** Bei Kindertheater gelten für Erw und Kinder die gleichen Preise.

▶ Die Komödie TAP, Darmstadts Boulevardbühne, spezialisiert auf Lustspiele, Komödien, Farcen und Schwänke, ist nicht ausschließlich für Erwachsene da, denn an 5 Vormittagen, am Samstagnachmittag sowie am Sonntag wird Kindertheater aufgeführt. Fast monatlich steht ein anderes Stück auf dem Programm. Pro Saison gibt es 2 bis 3 Produktionen. Die Bandbreite reicht von »Meister Eder und sein Pumuckl« bis zu den beliebten Geschichten von »Pettersson und Findus«.

Feste & Märkte

Kinderkarussell vor dem Schloss

Weihnachtsmarkt in Darmstadt, 64283 Darmstadt. tourist@darmstadt.de. **Bahn/Bus:** Wie Landesmuseum. **Zeiten:** 4 Wochen bis zum 23.12. Mo – Sa

Im **halbNeun Theater** nahe dem Staatstheater sitzen die Zuschauer an kleinen Tischen und genießen beim Essen das Spiel. Sonntagnachmittags gibt es häufig Programm für Kinder ab 4 Jahre.

Das Programm könnt ihr auf Wunsch regelmäßig per eMail oder Post erhalten.

Weitere Weihnachtsmärkte in den Ortsteilen **Bessungen,** Forstmeisterplatz, 1. und 2. Adventwochenende jeweils Fr – So, **Eberstadt,** Schwanenstraße u. Marktplatz, an den vier Adventssamstagen 16 – 20.30, und **Wixhausen** 1. Adventwochenende Sa 15 – 21, So 11 – 19 Uhr.

10.30 – 21, So 11 – 21 Uhr, Kunstmarkt 3 Wochen bis 21.12. Mo – Fr 12 – 21, Sa, So 11 – 21 Uhr.

▶ Darmstadts Weihnachtsmarkt findet vor der historischen Kulisse des Schlosses statt. Er gehört zu den größten im Rhein-Main-Gebiet. Zwar dominieren die professionellen Weihnachtsmarkthändler, doch für Kinder ist es schön, dass es Kinderkarussells gibt und eine Eisenbahn Runden dreht. Auch aus dem breiten Rahmenprogramm auf der Bühne täglich um 16.30, 17 oder 17.30 Uhr ist das ein oder andere für sie interessant wie Advents- und Weihnachtslieder, die Jugendbläser und Jugendposaunisten oder die Alphornbläser – und ganz bestimmt der Auftritt des Nikolaus am 6.12. sowie das Kasperletheater mittwochs um 10.30 Uhr. Dagegen ist der Kunstmarkt in dem großen Zelt fast ausschließlich Sache der Erwachsenen.

FESTKALENDER

Mai: **Jugendstiltage:** Führungen, Ausstellungen und Aktionen in Museen sowie ein Fest auf der Mathildenhöhe. Restaurants kochen Jugendstilgerichte,
Anfang Mai, 10 Tage, Darmstadt, **Frühjahrsmesse** mit Deutsch-Amerikanischem Freundschaftsfest,
4. Wochenende, Do – So, Darmstadt, **Schlossgrabenfest.**

Juli: 1. Do – Mo: **Heinerfest,** großes Volksfest in der Innenstadt.

August: 3. Do – So, Darmstadt, **Marktplatzfest** zwischen Schloss und Altem Rathaus.

September: Erste Septemberhälfte: **Darmstädter Bauernmarkt.**
Ende Sep – Anfang Okt, 10 Tage, Darmstadt, auf dem Messplatz am Berufsschulzentrum, **Herbstmesse** mit Deutsch-Amerikanischem Freundschaftsfest.

Dezember: Tag nach Totensonntag – 23., täglich: **Weihnachtsmarkt.**

BERGSTRASSE

- DARMSTADT
- BERGSTRASSE
- HEIDELBERG
- AM NECKAR
- NORDEN & WESTEN
- IM MÜMLINGTAL
- AN MAIN, MUD & ELZ
- INFO & VERKEHR
- FERIENADRESSEN
- KARTENATLAS

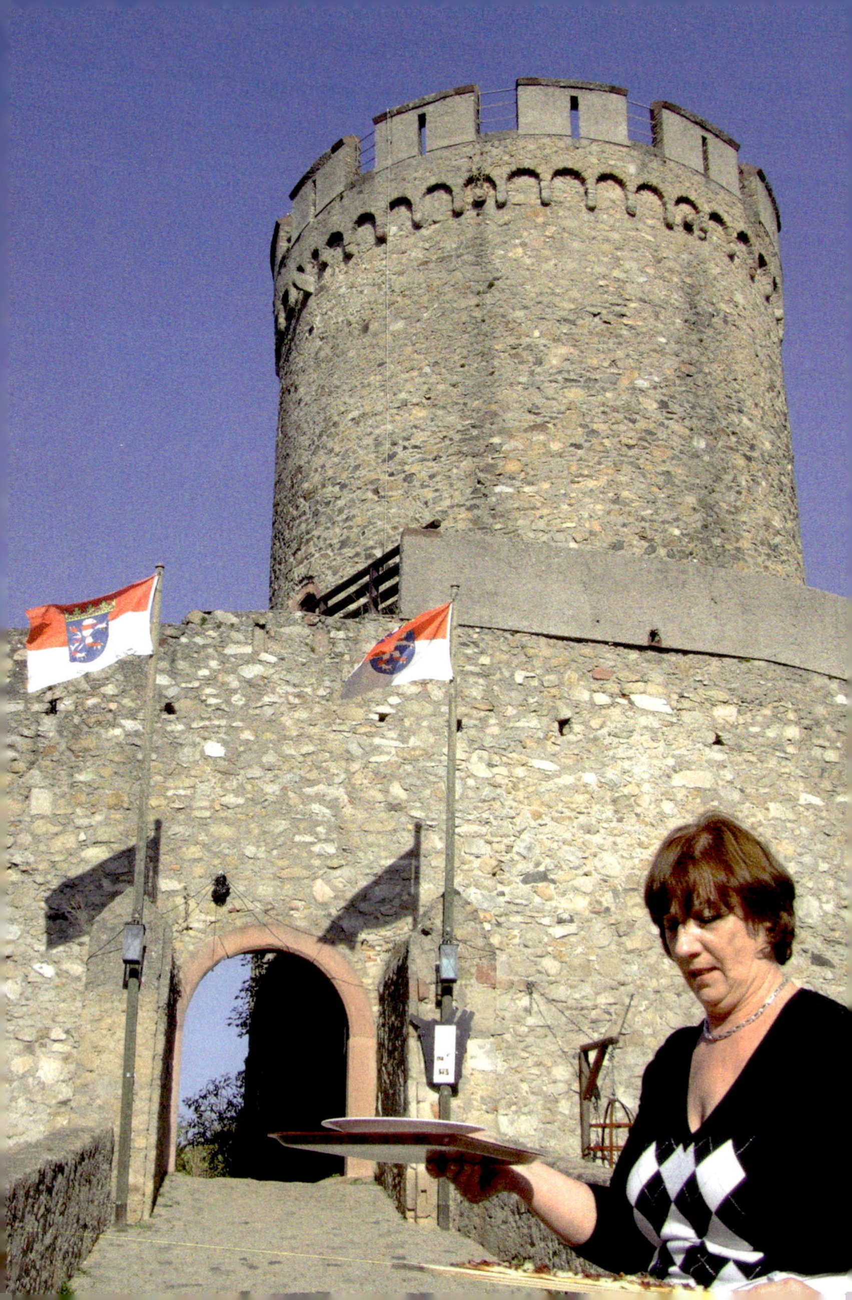

BADEN, WANDERN & LECKER SCHLEMMEN

Die Bergstraße bildet den Übergang von der flachen Rheinebene zu den Höhen des Odenwaldes. In dieser sonnenverwöhnten Region bedecken Weinreben die Hänge. Im Frühjahr zeigen die blühenden Obstbäume wie weit der Frühling schon ins Land gezogen ist. Schon vor Jahrhunderten waren die Menschen an der Bergstraße wohlhabend, weil sie Wein und Obst anbauen konnten und alles üppig gedieh.

Der römische Kaiser Trajan sandte um 100 n.Chr. Straßenbauer, um diesen wichtigen Handelsweg zu befestigen. Nicht nur die Römer, auch die mittelalterlichen Ritter zog es an die Bergstraße. Heute könnt ihr die Ruinen ihrer Burgen erobern, wie Perlen an einer Schnur sind sie von Nord nach Süd aufgereiht. Die Fachwerkstädte laden zum Bummel ein und in der Ebene locken einige Seen zum Badespaß.

Frei- und Hallenbäder

TIPPS FÜR WASSERRATTEN

Waldschwimmbad Schriesheim

Interessengemeinschaft zur Erhaltung und Betreibung des Waldschwimmbades e.V., Talstraße 186, 69198 Schriesheim. ✆ 06203/660011, www.waldschwimmbad-schriesheim.de. info@schriesheim-iews.de. **Bahn/Bus:** ↗ Schriesheim, Bus Richtung Altenbach, Wilhelmsfeld bis Schwimmbad. **Zeiten:** Täglich 10 – 18.30 Uhr. **Preise:** 3 €; 6 – 14 Jahre 1 €, 15 – 17 Jahre 1,50 €; Studenten, Rentner, Auszubildende 1,50 €.

▶ In diesem schönen Schwimmbad gibt es einen Kleinkinderbereich mit toller Rutsche und Wasserpilz, einen Sandspielplatz und ein Kinderbecken. Im beheizten großen Schwimmer- und Nichtschwimmerbereich vergnügen sich die Älteren auf der großen Wasserrutsche. Das Beachvolleyballfeld und Tischtennisplatten bringen euch sportlich auf Trab. Diejenigen, die es lieber ruhig angehen lassen, können sich beim Außenbrett-Schachspiel oder dem schönen Bouleplatz entspannen.

Hereinspaziert: So gastlich war das Alsbacher Schloss einst nicht

BERGSTRASSE

Hunger & Durst

Schöne Aussicht, Am Berg 9, 64342 Stettbach. ✆ 06257/61965. Mi, Do, Fr ab 17 Uhr, Sa ab 15 Uhr mit Kaffee und Kuchen, So, Fei ab 12 Uhr mit warmer Küche bis 20.30 Uhr.

Freibad Seeheim-Jugenheim

Burkhardtstraße 21, D-64342 Seeheim-Jugenheim. ✆ 06257/2023, www.seeheim-jugenheim.de. **Bahn/Bus:** Von Darmstadt Straba 8, von Bensheim Bus K44, vom Bhf Bickenbach Bus 5511. **Auto:** A5 Abfahrt 28 oder B3. **Rad:** Nahe R8, Alte Bergstraße. **Zeiten:** Mitte Mai – Mitte Sep Mo – Fr 6.30 – 20, Sa, So und Fei 8 – 20 Uhr. **Preise:** 3,50 €, 10er-Karten 30 €; Kinder und Jugendliche 6 – 17 Jahre 1,80 €, 10er-Karten 12 €.

▶ Beheiztes Freibad mit einem 50-m-Schwimmbecken und einem Nichtschwimmerbecken mit Kleinkind-Plantschbecken.

Basinus-Bad Bensheim

Hallen- und Freibad, Spessartstraße 2, 64625 Bensheim. ✆ 06251/1301-301 (Kasse), Fax 1301-341. www.basinus-bad.de. **Bahn/Bus:** ↗ Bensheim, 5 Min Fußweg. **Zeiten:** Hallenbad: Mo, Mi, Fr 10 – 22 Uhr, Di und Do 6.30 – 22 Uhr, Sa und So 8 – 22 Uhr, im Sommer bei gutem Wetter Freibad täglich 8 – 22, Di und Do ab 6.30 Uhr. **Preise:** 4,50 €; Kinder 2,50 €.

▶ Für flotte Schwimmer gibt es in diesem Bad ein großes Sportbecken, für größere Kinder das Erlebnisbecken mit Wellenball und Strömungskanal und für die Kleinen ein Plantschbecken mit Wassergrotte. Schwimmkurse und Babyschwimmen werden angeboten. Der Hit aber ist die 65 m lange Rutsche.

Städtisches Freibad

Walther-Rathenau-Straße 36, 64646 Heppenheim. ✆ 06252/5642 (Kasse), 132810 (Stadtwerke), Fax 132811. www.heppenheim.de. Am Bahnhof. **Bahn/Bus:** ↗ Heppenheim, nur 2 Min Fußweg in südliche Richtung. **Zeiten:** 5. Mai – 15. Sep Mo – So 8 – 20 Uhr, Di und Do bis 21 Uhr. **Preise:** 3 €; Kinder bis 18 Jahre, Schüler, Studenten, Behinderte 1,50 €.

▶ Das 1931 eröffnete Freibad ist in den letzten Jahren mehrfach modernisiert und erweitert worden. Jetzt bietet es ein 50-m-Schwimmer- und ein Nichtschwimmerbecken mit Rutsche, ein Lehrschwimmbecken mit 25-m-Rutsche und für die ganz Kleinen ein Babyplantschbecken. Außerdem gibt es Liegewiesen, Klettergerüste, Tischtennisplatten und einen Ballspielplatz. Euren Hunger könnt ihr am Kiosk stillen.

Erlebnisbad Miramar bei Weinheim

Waidallee 100, 69469 Weinheim. ✆ 06201/6000-0, -60, Fax -48. www.miramar-bad.de. **Bahn/Bus:** ↗ Weinheim, Bus 635 bis Waid und Miramar, viele Verbindungen. **Auto:** B3, Ausfahrt Viernheim-Ost, ausgeschildert. Südlich von Weinheim. Großer Parkplatz. **Zeiten:** Mo – Do 9.30 – 22, So, Fei 9 – 22, Fr 9.30 – 24, Sa 9 – 24 Uhr. **Preise:** Tageskarte 14,20 €, 4 Std 12,50 €, 10er-Karte 124 bzw. 110 €, 20er-Karte 229 €; Kinder bis 5 Jahre 2,50 €, Tageskarte 6 – 15 Jahre 9,60 €, 4 Std 7,90 €, Gruppentarife auf Anfrage. **Infos:** Di ab 18 und Sa ab 19 Uhr FKK im ganzen Bad, Teilnahmepflicht.
▶ Dank Erdwärme ist im Miramar auch mitten im Winter ein Tag in der Badehose wie im Urlaubsland unter Palmen möglich. Viel Spaß garantieren die Riesenrutschen, das Plantschbecken in der Dschungelbucht, die künstliche Meeresbrandung, der Strömungskanal, Sprudelbäder und Saunen. Im 800 qm großen Wellenbad, im Massagebad, in den Rutschenbecken und Whirlpools können sich Eltern und Kinder gleichermaßen austoben und entspannen. Es gibt eine Cafeteria und ein Restaurant mit Terrasse.

Wasserspaß in Badeseen

Erlensee bei Bickenbach

Gemeindeverwaltung Bickenbach, 64404 Bickenbach. ✆ 06257/9330-0, 9330-14, www.bickenbach-bergstrasse.de. **Bahn/ Bus:** Bickenbach ist Bhf auf der Strecke Darmstadt – Heidelberg, ungefähr halbstündlich. **Auto:** A5 Austahrt 28 Seeheim-Jugenheim, in Bi

Happy Birthday!
Geburtstagskinder haben gegen Vorlage des Ausweises freien Eintritt!

Hunger & Durst
Mirabell-Selbstbedienungsrestaurant, Öffnungszeiten wie Bad. Leichte Gerichte, Salatbuffet, Hausmannskost, wechselnde Tagesangebote.

BERGSTRASSE

🍎 **Imkerei Schemel,** Schulzengasse 1, 64404 Bickenbach. ✆ 06257/62379. Nach Absprache ab 17 Uhr. Viele Honigsorten und andere Bienenprodukte.

Vogelpark Bensheim, Berliner Straße 121. ✆ 06251/39150. März – Okt Sa und So 9 – 13 Uhr geöffnet. Eintritt frei. Der Vorsitzende des Vereins, der sich um den Park kümmert, ist Hr. Roth.

ckenbach Richtung Bahnhof, hinter den Gleisen ausgeschildert. **Preise:** Eintritt frei.

▶ Der ehemalige Baggersee lädt zum Baden ein, Bäume am Ufer spenden Schatten. Es gibt einen Spielplatz, Kiosk mit Getränken und Snacks (✆ 3443), Toiletten, aber keine Duschen.

Badesee Bensheim

Am Berliner Ring, 64625 Bensheim. ✆ 06251/1301-308, -309, www.basinus-bad.de. **Bahn/Bus:** ↗ Bensheim, 30 Min Fußweg. **Auto:** ↗ Bensheim, Richtung Stadtmitte, abbiegen in den Berliner Ring, Parkplatz vor dem Gelände. **Zeiten:** Mai – Sep täglich 8 – 20 Uhr, Juni – Aug bis 21 Uhr außer bei schlechtem Wetter. **Preise:** 2 €, 10er-Karte 18, Saisonkarte 50 €; Kinder 5 – 18 Jahre 1 €, 10er-Karte 9 €, Saisonkarte 25 €; Saisonkarte Familien 100 €.

▶ Das Wasser in dem Baggersee schimmert verlockend. Vom Ufer geht es aber steil ins kühle Nass, der See ist nur für Schwimmer geeignet! Es gibt einen Spielplatz, ein Beach-Volleyballfeld und einen Kiosk. Die Sanitäranlagen mit Toiletten, Umkleidekabinen sowie Innen- und Außenduschen sind neu. Der

Fast wie an der Adria: Strand des Bensheimer Badesees. Habt ihr Specki, den lustigen Specht, schon entdeckt?

FOTO: ALICE SELINGER

Sandstrand ist 300 m lang, die Liegewiese riesig. Ein Nichtschwimmerbereich ist gekennzeichnet.

Strandbad Waidsee

Stadt Weinheim, Hammerweg 61, 69469 Weinheim. ✆ 06201/53270, www.weinheim.de. Südlich von Weinheim, westlich von Lützelsachsen. **Bahn/Bus:** ↗ Weinheim, OEG-Busse zum Ortsteil Waid, Infos ✆ 0621/33940. **Auto:** A5 Abfahrt 33 Weinheim, dort ausgeschildert. Parken kostenlos. **Zeiten:** Mai und Sep 10 – 19, Juni – Aug Mo – Fr 10 – 20, Sa, So, Fei 9 – 20 Uhr, Kassenschluss 1 Std vor Badeende. **Preise:** 2,80 €, Abendkarte ab 17.30 Uhr 1,50 €, Saisonkarte 36 €, Elternteilkarte für Alleinerziehende mit Kindern unter 18 Jahre 36 €, Familienkarte 58 €. Kinder ab 6 Jahre, Schüler, Jugendliche in Ausbildung 1,50, Saisonkarte 18 €; Feierabendtarif ab 17.30 Uhr Erw 1,30 €. Ermäßigungsberechtigte zahlen wie Kinder. Familienkarte 50 €. **Infos:** Tagessurfkarte Erw 7,50, Kinder 5 €. Tageskarte Taucher 6 €. Familienkarten nur nach Vorlage entsprechender Nachweise im Bürgerbüro Weinheim.

▶ Im Sommer ist der riesige Waidsee ein schöneres Ausflugsziel als das benachbarte Superbad ↗ Miramar. Am Waidsee kommen alle auf ihre Kosten – Segler und Surfer, Taucher, Angler und Schwimmer. Mit Gaststätte, Spielplatz, schier endlosen Liegewiesen und Plätzen zum Ballspielen. Das einzige, was am Waidsee manchmal knapp ist: der Schatten. Der See entstand zwischen 1966 und 1970, als die Autobahn zwischen Darmstadt und Heidelberg gebaut wurde. 2 Mio Kubikmeter Schüttmaterial wurden dort gewonnen, sodass der See stellenweise 30 m tief ist.

Wiesensee bei Hemsbach

Camping Hemsbacher Wiesensee GmbH, Ulmenweg 7, 69502 Hemsbach. ✆ 06201/72619, Fax 493426. www.hemsbach.de. **Bahn/Bus:** Hemsbach ist Bahnstation für Züge aus Mannheim, Darmstadt oder Frankfurt,

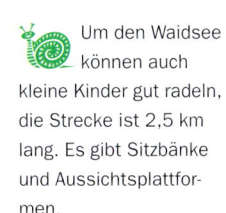

🐌 Um den Waidsee können auch kleine Kinder gut radeln, die Strecke ist 2,5 km lang. Es gibt Sitzbänke und Aussichtsplattformen.

BERGSTRASSE

Für Radler vom ADFC Kreisverband Bergstraße: »Südliches Ried Bergstraße/Rhein-Neckar«, 1:30.000, deckt die Bergstraße von Zwingenberg bis Heidelberg ab, mit Worms, Ludwigshafen, Mannheim. 7 € mit Beiheft und Schutzhülle, ISBN 3-931273-46-0, www.adfc-bergstrasse.de.

RAUS IN DIE NATUR

Vergesst nicht, immer einen Helm zu tragen, und euch Knie-, Ellenbogen- und Handgelekschoner umzuschnallen!

dann zu Fuß zum anderen Ende des Ortes. **Auto:** A5 oder B3 Ausfahrt 32 Hemsbach, Zufahrt vom Kreisverkehr (gleich hinter Autobahnabfahrt Hemsbach) beschildert, Campingplatz angeschrieben. **Zeiten:** Je nach Wetterlage Mitte Mai – Mitte Sep täglich 8 - 20 Uhr, letzter Einlass 19 Uhr. **Preise:** 3 €, Saisonkarte 50 €, Familienkarte 60 €; Kinder 7 – 18 Jahre 1,50 €, Saisonkarte 25 €; Ermäßigte (Behinderte, Auszubildende) 2 €, Saisonkarte 30 €.

▶ Der Wiesensee ist sehr groß. Viele Campingfreunde haben ihre Dauerplätze an seinem Ufer, auch eine Kolonie von Wochenendhäusern steht hier. Im Strandbad gibt es einen Sandstrand, großflächige Liegewiesen, einen Spielplatz, Tischtennisplatten und ein Volleyballnetz, ein eigenes beheiztes Kinderschwimmbad sowie ein Restaurant. Aber ihr müsst aufpassen: Wer nicht schwimmen kann, darf auf keinen Fall über die Bojen hinausgeraten, denn dahinter wird das Wasser sofort sehr tief. Einziger Wermutstropfen: der Lärm von der in der Nähe vorbeiführenden Autobahn. Durch den dichten Baumbewuchs ist er aber auszuhalten. Einen Imbiss bekommt ihr entweder im **Seerestaurant** oder auf dem angrenzenden ↗ **Campingplatz.** In der Nähe des Parkplatzes vor dem Strandbad, rechter Hand, wenn ihr mit dem Gesicht zum Haupteingang steht, befindet sich ein Spielplatz. Er ist sehr ungewöhnlich gestaltet, ein großes Schiff aus Holz lädt zum Piratenspiel ein.

Radeln und Skaten

Skaten in Bensheim

Parkplatz des Weiherhausstadions, 64625 Bensheim. www.bensheim.de. info@bensheim.de. **Bahn/Bus:** ↗ Bensheim.

▶ Die Skateranlage am Parkplatz des Weiherhausstadions bietet auf einer Fläche von 1000 qm für Skater und BMX-ler anspruchsvolle Herausforderungen. Wegen der Vielzahl der Geräte – Quarter- und Halfpipe, Pyramiden-Corner, Bank, Curbs und Rail – ist für jeden etwas dabei.

Radeln von Schwabenheimer Hof nach Ladenburg

Dossenheim. www.dossenheim.de. gemeinde@dossenheim.de. **Länge:** einfache Strecke etwa 4 km. **Bahn/Bus:** ↗ Dossenheim. **Auto:** ↗ Dossenheim, Schwabenheimer Hof liegt zwischen der B3 und der A5 auf der Höhe von Dossenheim.

▶ Ein asphaltierter Weg führt in der Ebene am Neckar entlang bis Ladenburg, einem netten Ort mit vielen mittelalterlichen Fachwerkhäusern. Für Buggies, Inline-Skater oder zum Radeln ist diese Strecke gut geeignet. Ihr könnt in Ladenburg einkehren, es gibt dort viele Cafés und Gasthäuser, oder euch dort das ↗ Automuseum Carl Benz ansehen.

Radeln zu Kühen, Fliegern und Störchen

Weinheim. www.weinheim.de. rathaus@weinheim.de. **Länge:** reine Fahrzeit ungefähr 1 Std. **Bahn/Bus:** ↗ Weinheim, Wormser Straße über Mannheimer Straße westlich vom Bahnhof. **Auto:** In der Ebene westlich von Weinheim an den Dämmen der Weschnitz.

▶ Der Radausflug beginnt an der Wormser Straße, dort ist die Kfz-Zulassungsstelle, sie ist ausgeschildert. Ihr fahrt in die Felder hinaus Richtung Viernheim. An einem Bauernhof könnt ihr vielleicht Kälber sehen. Dann geht es rechts ab zu einem Segelflugplatz und Modellflugplatz. Der Radweg schlängelt sich bis zur *Römerbrucke,* einem schönen Picknickplatz unter einer großen Eiche. Ihr kommt dabei an einigen Bauernhöfen vorbei. Etwa 100 m nach der Römerbrücke steht rechter Hand eine hohe Stange, dort nisten oft Störche. Wenn ihr Glück habt, könnt ihr sie sehen und klappern hören. Ihr radelt auf den Dämmen der Weschnitz und könnt im Sommer am Bach spielen.

@ **Allgemeiner Deutscher Fahrrad-Club (ADFC) Kreisverband Bergstraße,** Mainstraße 79, 64625 Bensheim. www.adfc-bergstrasse.de.

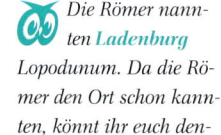

Die Römer nannten Ladenburg Lopodunum. Da die Römer den Ort schon kannten, könnt ihr euch denken, dass er sehr alt ist.

Für Radler: Region Rhein/Neckar, offizielle Karte des ADFC, 1:75.000, Bielefelder Verlagsanstalt, 6,80 €.

Spazieren und Wandern

Spaziergang zum Kirchberghäuschen
Kirchberghäuschen, Außerhalb 2, 64625 Bensheim. ✆ 06251/3267, Fax 3267. www.kirchberghaeuschen.de. kirchberghaeuschen@t-online.de. **Länge:** 30 Min Fußweg vom Ortszentrum. **Bahn/Bus:** ↗ Bensheim. **Zeiten:** Mo Ruhetag, sonst bei gutem Wetter ab 11 Uhr, Nov, Dez nur Sa, So 11 – 17 Uhr. Wenn die Fahne gehisst ist, ist geöffnet.

▶ Bei schönem Wetter lohnt es sich, vom Ortszentrum in Bensheim zum Kirchberghäuschen zu laufen. Schon von Weitem seht ihr das weiß leuchtende Häuschen auf einer Anhöhe südlich von Bensheim, es ist nicht zu verfehlen. Der Weg führt euch zunächst durch den Stadtpark und dann durch die Weinhänge über Bensheim. Es geht bergauf. Das Restaurant befindet sich in einem ehemaligen Lustschloss von 1852, auf einer Anhöhe über Bensheim. Ihr sitzt an einfachen Holztischen im Freien, genießt das Essen und den weiten Blick in die Ebene hinunter. Es gibt auch einen kleinen Spielplatz.

Bei der Tourist-Info Bensheim könnt ihr Fahrräder leihen, es sind komfortable 7-Gang-Räder, sie kosten 5 € pro Rad.

Zur Höhle des Eremiten
Dossenheim. www.dossenheim.de. gemeinde@dossenheim.de. **Länge:** Gehzeit 2,5 Std, auch mit Kinderwagen. **Auto:** In Dossenheim Richtung Osten auf die Kuppen des Odenwaldes zufahren. Am Tennisplatz mit Gaststätte und Parkplatz vorbei, die Straße rechts den Berg hinauf. Dann am ersten Parkplatz im Wald auf der linken Seite parken.

▶ Der Weg beginnt links vom Parkplatz. Überhaupt gilt für diese Rundtour: immer links halten. Die Wanderung verläuft auf einem breiten Weg, es gibt kaum Steigungen. Im Oktober solltet ihr ein Säckchen mitnehmen, es sind dann Unmengen der leckeren **Maronen** reif. Die Esskastanien könnt ihr zu Hause im Backofen bei 180 Grad (Ober- und Unterhitze) garen; dafür die Schale obendrauf kreuzförmig einritzen.

Alternative: Der **Waldlehrpfad Mühltal-Kirchberg** beginnt beim Parkplatz hinter dem Tennisplatz und führt 3 km den Mühlbach entlang. Schöne Strecke, aber nicht mit Kinderwagen zu begehen.

Wenn sich die Schale aufbiegt, sind sie gut. Die süßen Nussfrüchte heiß pellen und genießen!

Nach etwa 45 Minuten lässt es sich in der **Zimmerholzhütte** oder auf den *Zimmerholzwiesen,* durch die der Mühlbach fließt, herrlich picknicken. Haltet euch von der Picknickhütte aus weiter links auf dem breiten Weg, dann gelangt ihr zur Klause: Hier hauste im 18. Jahrhundert der **Eremit von Dossenheim** – ein gewisser *Johann Georg Kernstock* – mutterseelenallein mitten im finsteren Wald unter einem Felsbrocken. Kinder haben keine Probleme, unter dem großen Bolder in die Erdhöhle zu klettern, die nur durch zwei schmale Eingänge zu erkrabbeln ist. Sportliche Erwachsene passen gerade so durch. Der Raum, in dem der Einsiedler lebte, ist etwa 2 m breit und 3 m lang. Hinten hatte er eine Mauer gebaut, vorne ist das Erdloch nur knapp 60 cm hoch. Unglaublich, dass da drin wirklich jemand wohnte!

Etwas oberhalb des hier genannten Start-Parkplatzes liegt der **Waldparkplatz Drei Eichen,** an dem ein Brunnen, eine kleine Hütte, ein Sandkasten und Schaukeln sowie Sitzgruppen stehen. Von hier kann man zur Höhengaststätte »Weißer Stein« wandern, 8 km.

▶ Wenn ihr spazieren geht, sucht doch mal nach Blättern, auf denen rötliche, grüne oder gelbe Kugeln sitzen. Am häufigsten könnt ihr diese Kugeln auf den Blättern der Eiche finden. Sie sind die Larven von Insekten, den Gallwespen. Daher werden die Kugeln auch *Galläpfel* genannt. Das Insekt, das seine Larven auf die Blätter der Eiche legt, heißt Eichengallwespe. Die Wespen legen ihre Eier mit einem Legestachel in das Blatt und in der Kugel, die sich an dieser Stelle bildet, wächst ihre Larve heran. Früher machten die Menschen übrigens aus diesen Gallen Tinte. Schon die Ägypter wussten, wie das geht. Auch im Mittelalter waren Eichengallen ein wichtiger Stoff, um Tinte herzustellen. Und bereits vor 5000 Jahren nutzten die Menschen in Sumer die Galläpfel, um damit Kranke zu behandeln. ◀

DIE GALLWESPE

Blatt einer Stieleiche mit Früchten

BERGSTRASSE

Hunger & Durst

Zum neuen Schwanen, Bahnhofstraße 1, 69221 Dossenheim. ✆ 06221/869686. Täglich ab 17 Uhr, März – Okt auch 11 – 14 Uhr. Biergarten, gute Küche, auch Vegetarisches, preiswert.

Wie wäre es mit einer zünftigen Schneeballschlacht bei Fackelschein? Informiert euch beim Weißen Stein nach den aktuellen Terminen!

Um die Klause herum stehen mächtige Eichen, die als Naturdenkmäler gekennzeichnet sind. Der Rundweg folgt nun ein Stück dem **Waldlehrpfad Mühltal-Kirchberg.** Jetzt geht es stetig bergab, bis zum Tennisplatz im Tal, an dem ihr auf dem Hinweg vorbeifuhrt. Vom **Tennisplatz** aus müsst ihr dann das letzte Stück auf der asphaltierten Straße eine Viertelstunde bergauf zum Parkplatz keuchen. Wer einen Kinderwagen schiebt, sollte sich beim Tennisplatz abholen lassen, das letzte Stück ist zwar kurz, aber eine Qual.

Höhengaststätte Weißer Stein

Zum weißen Stein 1, 69221 Dossenheim. ✆ 06220/ 1787, Fax 913211. www.zum-weissen-stein.eu. zum-weissenstein@aol.com. **Bahn/Bus:** ↗ Dossenheim. **Auto:** Von Dossenheim ausgeschilderte Straße. **Zeiten:** Di – So 10 Uhr – Einbruch der Dunkelheit, durchgehend warme Küche.

▸ Der Weiße Stein ist der Hausberg von Dossenheim, er ist 552 m hoch. Die gleichnamige Waldgaststätte ist ein schönes Ziel, besonders an einem heißen Sommertag. Ihr könnt entweder auf der Terrasse des Restaurants sitzen oder im großen Gartenlokal mit Selbstbedienung, wo sich die Auswahl auf kleine Gerichte beschränkt. Bei der Gaststätte gibt es einen Spielplatz und einen Aussichtsturm, erbaut 1906. Außerdem gibt's Schweinchen in verschiedenen Größen zu bestaunen.

Nicht weit entfernt kommt ihr über einen befestigten Weg zu einem **Wildschweingehege,** auch mit Kinderwagen eine schöne Strecke. Steht ihr mit dem Rücken zum Gasthaus, müsst ihr nach rechts gehen, auf dem breiten Waldweg. Es dauert etwa eine halbe Stunde, bis ihr das Gehege erreicht, wenn ihr Glück habt, stürzen sich die Wutzen gerade auf ihr Futter. Hinter dem Gehege befindet sich der **Parkplatz Langer Kirschbaum,** der auch von Ziegelhausen am Neckar per Auto zu erreichen ist. Von diesem Parkplatz aus führt ein Weg in Richtung Osten in etwa 20 Minuten zu einem Damwildgehege. Eine Tafel zeigt euch diesen und außerdem noch zwei längere Rundwanderwege (7,1 und 10,7 km).

Natur und Umwelt erforschen

Das Naturschutzzentrum Bergstraße
An der Erlache 17, 64625 Bensheim. ✆ 06251/7087-93, Fax 7087-29. www.naturschutzzentrum-bergstrasse.de. info@naturschutzzentrum-bergstrasse.de.
Bahn/Bus: Für Gruppen ab 20 Personen ab ↗ Bensheim Ruf-Bus unter ✆ 06251/708793. **Auto:** ↗ Bensheim, B47 Richtung Bürstadt/Worms. Abfahrt Gewerbegebiet Süd-West auf Höhe der Brücke über die B47. Nach der Brücke rechts in Feldweg, ausgeschildert. Oder A67 Ausfahrt 9 Lorsch, B47 Richtung Bensheim bis Abfahrt Gewerbegebiet Süd-West. Dann gleich rechts und sofort wieder links abbiegen (Feldweg), ausgeschildert. **Zeiten:** Mo – Fr 8.30 – 12 und Mi 13 – 17 Uhr, Sa 14 – 17 (im Winter bis 16 Uhr), So 11 – 18 Uhr (im Winter 14 – 17 Uhr). **Infos:** Im Dez und Jan ist das Haus an den Wochenenden geschlossen.

▶ Am Ufer eines Kiesbaggersees am Stadtrand von Bensheim liegt das Naturschutzzentrum Bergstraße. Es wurde 2004 eröffnet. Durch Vorträge, Ausstellungen, Exkursionen und Workshops können Kindergärten, Schulklassen und Einzelbesucher Natur erleben. Viele Naturschützer arbeiten ehrenamtlich für dieses Projekt, also ohne Bezahlung. Das Haus wurde so gebaut, dass es der Umwelt nicht schadet. Auf seinem Dach wachsen heimische Pflanzen, Vögeln stehen zahlreiche Nistmöglichkeiten am Haus zur Verfügung und für Fle-

Das würde Nils Holgersson gefallen: Gänse überm See beim Naturschutzzentrum Bergstraße

© NATURSCHUTZZENTR. IM BERGSTRASSE

Hunger & Durst

Vetters Mühle, Gronauer Straße 73, 64625 Bensheim-Zell. ✆ 06251/2404. Mo und Fr Ruhetag. Von der B3 ausgeschildert. Großer Parkplatz etwa 50 m rechts hinter dem Lokal. Wollt ihr mal ein richtiges Mühlrad sich drehen sehen? Das könnt ihr in diesem Biergarten haben – und außerdem leckeren hausgemachten Kuchen oder, wenn ihr eher auf etwas Deftiges Lust habt, Odenwälder Kochkäse genießen.

dermäuse gibt es Einflugschlitze. Ihr erfahrt viel über Steine, Tiere und Pflanzen, ihr könnt Schlangenhäute, Insekten und Fische entdecken.

Das umfangreiche Jahresprogramm bietet zu verschiedenen Themen tolle Veranstaltungen, zum Beispiel »Hobby-Imker gesucht« oder »Bauen rund um die Sonne«. Es gibt Bastelaktionen, aber vor allem viel zu erfahren und zu entdecken im Freien.

Starkenburg-Sternwarte

64646 Heppenheim. ✆ 06252/798844, www.starkenburg-sternwarte.de. info@starkenburg-sternwarte.de. **Bahn/Bus:** ↗ Heppenheim. **Auto:** ↗ Heppenheim, nahe Parkplatz unterhalb der Burg. **Zeiten:** Je nach Witterung, vorher anrufen. **Preise:** Eintritt frei. **Infos:** Postanschrift: Starkenburg-Sternwarte e.V., Niemöllerstraße 9, 64646 Heppenheim.

▶ Mit etwas Glück erhascht ihr einen Blick in die Sterne oder lernt, wie Sterne entstehen oder was Kometen sind. Nach Absprache sind in der Sternwarte Führungen möglich, auch für Schulklassen oder Einzelpersonen. Regelmäßig finden Vorträge und Beobachtungsabende statt, an denen jeder teilnehmen und bei wolkenlosem Wetter in den Himmel schauen darf. Etwa 40 Leute passen in den Vortragsraum der Warte. An Ostern gibt es immer Tage der Offenen Tür. Die Starkenburg-Sternwarte ist eine Amateursternwarte mit etwa 160 Mitgliedern.

Der Hinkelstein von Alsbach

64665 Alsbach-Hähnlein. www.schloss-alsbach.org. info@schloss-alsbach.org. **Bahn/Bus:** RB Heidelberg – Frankfurt bis Alsbach, ab Bhf und Alsbach-Hähnlein Bus 5511 bis Melibokusschule. **Auto:** Von Alsbach nach Westen Richtung Hähnlein, an der Melibokusschule Schild »Hinkelstein Fußweg 200 m«. Auf dem Schulparkplatz parken. Ein breiter Feldweg führt zum Stein.

▶ Sicher kennt ihr die unförmigen, länglichen Felsbrocken, die Obelix auf dem Rücken trägt und hin und wieder – locker aus dem Handgelenk – seinen Gegnern auf den Kopf haut. Wer einmal einen echten Hinkelstein sehen möchte, hat dazu in Alsbach Gelegenheit. Zwar mag der Anblick des Steins euch etwas enttäuschen, er ist eher unscheinbar, aber er ist trotzdem etwas ganz Besonderes: Es ist der einzige noch vollkommen beobachtbare Kalenderstein in Hessen. In der Steinzeit wurde er zur Einteilung des Jahres benutzt. Dazu wurde jeder Sonnenaufgang über die Spitze des Menhirs, also des Hinkelsteins, hinweg beobachtet. An der **Wintersonnenwende** – mit weniger als 8 Stunden der kürzeste Tag des Jahres – geht die Sonne am *Melibokus* auf, bei Tag- und Nachtgleiche erscheint sie am *Darsberg*, an der **Sommersonnenwende** – auf der Nordhalbkugel der Erde mit 16 Stunden der längste Tag des Jahres – an der *Alexanderhöhe*. An einer Tafel hinter dem Stein ist alles genau erklärt.

Wintersonnenwende ist am 21./22. Dezember (Winteranfang), die Sommersonnenwende am 21./22. Juni (Sommeranfang).

Das Felsenmeer bei Reichenbach-Lautertal

Gemeindeverwaltung Lautertal, Nibelungenstraße 280, 64686 Lautertal. ✆ 06254/940160, www.felsenmeer-informationszentrum.de. informationszentrum@felsenmeer.eu. **Bahn/Bus:** ↗ Bensheim, dort etwa stündlich BRN Bus 665 Richtung Reichenbach, bis Reichenbach-Markt. Von dort 10 Min ausgeschilderter Fußweg. **Auto:** A5 Bensheim Ausfahrt 29 Zwingenberg, dann B47 Richtung Lautertal und Lindenfels, ausgeschildert. **Zelten:** Informationszentrum März – Mitte Nov täglich von 10 – 18 Uhr, Mitte Nov – Feb Sa, So 10 – 16 Uhr, **Infos:** Führungen zu Themen wie »Was ist das Felsenmeer?«, »Märchen und Sagen« oder »Römer im Felsenmeer« beim Rathaus, ✆ 06254/3070, tourismus@lautertal.de, pro Person 1,50 €, Dauer 2 Stunden.

▶ Das Felsenmeer ist sicherlich eines der bekanntesten Ausflugsziele in der Region. Hier liegen Hunderte riesiger Felsbrocken übereinander getürmt, wie ein mächtiger Wasserfall aus gigantischen Steinen

Happy Birthday!

Falls ihr euren Geburtstag mit einer Kletterpartie feiern wollt, gibt es für Kinder ab 8 Jahre gleich mehrere Angebote. Infos erhaltet ihr von der Hexe Urisula unter ✆ 0173/6656975.

Sturzbach aus Steinen: Das Felsenmeer bildet mal eine Schneise, mal liegen die Felsen im Wald verstreut

Im Infozentrum erfahrt ihr alles über das Felsenmeer.

Wenn ihr ein Picknick einpackt, dann vergesst nach eurer Stärkung nicht, allen Müll wieder mitzunehmen und nicht einfach in der Natur zu lassen.

ergießen sie sich den Hang ins Tal hinunter. Die Brocken bestehen aus Granit. Natürliche Verwitterungsprozesse führten dazu, dass die großen Blöcke freigelegt wurden. Die Römer nutzten das Felsenmeer im 3. Jahrhundert n.Chr. als Steinbruch. Es ist kaum zu glauben, dass es ihnen gelang, die gewaltigen Brocken zu zersägen und zu bearbeiten! Ebenso erstaunlich ist es, dass sie diese dann zu Tal transportierten und weiter zum Fluss, wo die schweren Steine auf Schiffe verladen wurden. Überlegt doch selbst einmal Methoden, wie ihr die Steine bewegen würdet und wie viele Helfer ihr dafür bräuchtet!

Überall am Felsenmeer sind von den **Römern bearbeitete Steine** zu sehen, die nicht mehr fertig wurden. Manche Felsen gingen auch beim Bearbeiten kaputt, sie wurden dann einfach liegen gelassen. Ihr werdet auf viele interessante Felsen stoßen, die aufgrund ihrer Formen zum Beispiel als Sarg, Altar, Krokodil oder Schiff bekannt sind.

Neben dem Parkplatz Felsenmeer am Fuße des Hangs ist die **Siegfriedsquelle,** eine der Stellen, von denen behauptet wird, hier habe der finstere Hagen den Held Siegfried erschlagen. Von hier führen mehrere Wege den Hang hinauf. Ganz oben könnt ihr euer Picknick bei einem Unterstand auspacken und die legendäre Riesensäule bewundern. Sie ist fast 30 t schwer, auch ein Überbleibsel der römischen Steinmetze und war sicher einst für einen Prunkbau gedacht.

Fahrt ihr auf der Straße nach Reichenbach noch ein Stück weiter, kommt ihr zu dem höher gelegenen **Parkplatz Römersteine,** an dem ein geologischer Lehrpfad mit vielen interessanten Infos zur Steinmetzkunst der Römer beginnt.

Volkssternwarte Schriesheim

Christian-Mayer-Volkssternwarte, Ladenburger Fußweg 4, 69198 Schriesheim. ℡ 06203/68487, Fax 040/3603712481. www.volkssternwarte-schriesheim.de.

AVSeV@aol.com. **Bahn/Bus:** ↗ Schriesheim, OEG-Bus 628. **Auto:** ↗ Schriesheim. Die Sternwarte liegt zwischen der B3 und der Autobahn. In der Ortsmitte Richtung Ladenburg, an der Einfahrt Sportzentrum vorbei, nach ca. 50 m rechts, ausgeschildert. **Preise:** 3 €; Kinder bis 12 Jahre 2 €; Familie mit 2 Kindern unter 12 Jahre 7 €, Gruppen, Behinderte 2,50 €. **Infos:** Sternwartenleiter Herr Janz, ✆ 06203/65218 oder Arbeitsgemeinschaft Volkssternwarte Schriesheim e.V., Geschäftsstelle Entengasse 3, 69198 Schriesheim, ✆ 06203/65002, Postfach 1149, 69191 Schriesheim, Fax 040/3603712481.

▶ Faszinierend ist das Funkeln der Sterne nachts. Und habt ihr mal beobachtet, wie der Mond ab- und wieder zunimmt? Himmelskunde ist nicht nur für Erwachsene spannend. Vor einem Besuch der Sternwarte solltet ihr dort anrufen oder im Internet nach dem aktuellen Programm schauen. Da steht auch drin, zu welchen Themen Vorträge gehalten werden. Jedes Jahr veranstaltet die Sternwarte Tage der Offenen Tür, eine gute Gelegenheit für Interessierte, sich zu informieren. Außerdem werden von den Sternenfreunden häufig Filme zur Astronomie vorgeführt. Ein sehr engagierter Verein betreut die Sternwarte. An mehreren Abenden im Jahr werden Programme für Kinder zwischen 8 und 12 Jahre angeboten. Ihr könnt lernen, eine Sternenkarte zu lesen, bastelt Modelle von Sternbildern, erfahrt viel über das Planetensystem und könnt bei gutem Wetter die Sterne durch das Teleskop beobachten und sogar über die Kraterlandschaft des Mondes spazieren.

Hunger & Durst

Gaststätte auf der Ruine Strahlenburg, in Schriesheim, ✆ 06202/61232. Mo, Mi – Fr ab 14 Uhr, Sa und So ab 10 Uhr. Di Ruhetag, Jan und Feb geschlossen. Freisitze in der Burg.

Abnehmender Mond: die Sichel könnte ein a bilden; zunehmender Mond: die Sichel ist links offen wie ein z.

Tierparks, Gärten, Erlebnisparks

Im Staatspark Fürstenlager

Bachgasse, 64625 Bensheim-Auerbach. ✆ 06251/9346-0, Fax 9346-46. www.schloesser-hessen.de. info@schloesser-hessen.de. **Bahn/Bus:** ↗ Auerbacher

Schloss, vom Bhf Bensheim-Auerbach 30 Min Fußweg. **Zeiten:** frei . **Preise:** Eintritt frei. **Infos:** ↗ Touristeninfo Bensheim. Die Dauerausstellung im Park ist 1. März – 31. Okt geöffnet.

▶ Dieser **Landschaftspark** ist im Sommer ein herrliches Ausflugsziel. Durch die schöne Anlage führen breite Wege, auch für Kinderwagen geeignet. Im Park liegt ein Teich und ein gediegenes Restaurant-Hotel mit einer schönen Terrasse. Exotische Baumriesen sind zu bewundern. In einem Gebäude finden regelmäßig Kunstausstellungen statt, in einem anderen erfahrt ihr einiges über die Geschichte des Parks. Außerdem stoßt ihr auf ein Informationszentrum des Nationalparks Bergstraße-Odenwald.

Die Landgrafen von Darmstadt ließen diesen Landschaftspark anlegen, hier lustwandelten sie, um sich von ihren anstrengenden Pflichten als Grafen zu erholen. Eine Quelle, deren Wasser gesund und hilfreich gegen verschiedene Krankheiten gewesen sein soll, bildete mit dem *Guten Brunnen* den Mittelpunkt. Außer dem **Schloss,** in dem die Grafen wohnten, seht ihr noch mehrere, aufwändig renovierte Gebäude, die früher verschiedenen Zwecken dienten: Es gab Ställe für die vielen Pferde und Kutschen, Wirtschaftsgebäude, in denen gebacken und gekocht wurde, sowie ein Gästehaus für die Besucher. Auch der Verwalter,

Hunger & Durst

Alte Dorfmühle, Bachgasse 71, 64625 Bensheim. ℅ 06251/788496. www.alte-dorfmuehle.de. Mi – Mo ab 18, Sa ab 15, So und Fei ab 12 Uhr. Am Ortseingang von Auerbach. Gemütliche, alternativ angehauchte Gaststätte. Produkte aus eigener Herstellung.

Brot backen im Fürstenlager – und anschließend könnt ihr das leckere Brot probieren!

Stimmungsvoll: Blick über die bewaldeten Hänge zur Starkenburg

der sich um alles kümmerte, hatte ein eigenes Wohnhaus. Und schließlich gab es sogar ein so genanntes Weißzeughäuschen, in dem die Wäsche gewaschen wurde.

Im Vogelpark am Bruchsee bei Heppenheim

64646 Heppenheim. ℗ 06252/76630, 71876, Fax 73858. www.vogelpark-heppenheim.de. office@vogel-park-heppenheim.de. Der Vogelpark befindet sich am südlichen Ende des Bruchsees. **Bahn/Bus:** ↗ Heppenheim, Bus 669. **Auto:** Im Süden von Heppenheim, westlich der Bahngleise. **Zeiten:** April – Okt bei gutem Wetter täglich ab 14, So ab 10 Uhr bis Einbruch der Dunkelheit. **Preise:** 2 €; Kinder 6 – 13 Jahre 1 €; Gruppenpreise auf Anfrage. **Infos:** Imbiss und Spielplatz auf dem Gelände.

▶ Zwar ist in diesem See schwimmen verboten, doch lässt sich durchaus ein erholsamer Sonnentag an ihm verbringen. Große Wiesen und schattenspendende Bäume laden zu Ballspiel, Picknick oder Faulenzen ein. Sogar einen kleinen Sandstrand gibt es. Auch mit Kinderwagen kann man in etwa 45 Minuten auf einem breiten Weg gemütlich den See umrunden. Infotafeln am See geben Auskunft zur Ökologie des Gewässers, ein Teil des Sees ist Vogelschutzgebiet.

BERGSTRASSE

Doch am spannendsten ist es im Vogelpark, in dem über 300 verschiedene Arten leben, darunter Flamingos und die langbeinigen Emus.

Im Weinheimer Schlosspark

69469 Weinheim. ✆ 06201/12400, 874450 (Touristeninfo), Fax 874430. www.weinheim.de. rathaus@weinheim.de. **Länge:** Zu Fuß etwa 10 Min von der Stadtmitte. **Bahn/Bus:** ↗ Weinheim, ab Bhf Bus 682 bis Hexenturm, von dort zu Fuß. **Auto:** Ausgeschildert, im Osten der Stadt. Viele Parkplätze direkt am Park. **Zeiten:** frei zugänglich. Führungen durch Exotenwald und Schlosspark April – Okt Sa 16 Uhr, durch den Heilpflanzengarten 1. So im Monat 11 Uhr. **Preise:** Eintritt frei. **Infos:** Einen Plan des Parks gibt es kostenlos an den Kiosken.

▶ Zunächst gelangt ihr sowohl von der Innenstadt als auch vom Parkplatz in den **Schlosspark.** In dieser schönen Anlage gibt es viel zu sehen und zu tun. Ein Minigolfplatz, eine Vogelvoliere, ein Kneippbecken, Springbrunnen und mehrere Spielplätze bieten jede Menge Abwechslung. Rundwege führen durch die Anlage, sehr gut auch für Kinderwagen geeignet. Sehr interessant ist der **Heilpflanzengarten,** der euch zeigt, wogegen alles ein Kraut gewachsen ist. Ihr könnt mit Picknickkorb und Spielen bewaffnet einen sonnigen Tag im Schlosspark verbringen, an den der **Exotenwald** grenzt (in der Nähe des Mausoleums). Er wurde im 19. Jahrhundert mit vielen

Zarte Blumen und riesige Mammutbäume: Der Schlosspark ist eine Augenweide

Bäumen, die normalerweise in Amerika oder Asien wachsen, angelegt. Sie sind alle beschildert. Fast 100 verschiedene Arten gedeihen hier, darunter der Zuckerahorn, aus dem in Amerika der beliebte Ahornsirup gewonnen wird, den nicht nur Kinder dort so gern mit Pfannkuchen essen. Faszinierend sind die riesigen Mammutbäume. In Amerika werden sie bis zu 100 m hoch und erreichen einen Umfang von mehreren Metern. Es gibt dort welche, durch deren ausgehöhlten Stamm Autos fahren können! Die hiesigen sind nicht ganz so gigantisch, aber auch noch groß. Immerhin steht ihr im kleinen Weinheim im größten Mammutbaumwald Europas! Gepflanzt wurde der Exotenwald von einem Freiherrn von Berckheim. Dieser sammelte begeistert Pflanzen, er brachte sie von ausgedehnten Reisen aus der ganzen Welt mit.

Der Super-Kombi-Sommer-Ausflug
Vogelschutzpark und Abenteuerspielplatz Birkengarten, Kultur- und Verkehrsamt, Marktplatz 1, 64653 Lorsch. ✆ 06251/5967400, www.lorsch.de. touristinfo@lorsch.de. **Bahn/Bus:** Bus BRN 641 und 642 bis Schwimmbad. **Auto:** Im Westen von Lorsch, Ausschilderung Waldschwimmbad folgen, viele Parkplätze vor dem Bad. **Zeiten:** Vogelschutzpark: Bei gutem Wetter Mitte April – Mitte Nov Di – Sa 14 – 20 Uhr, So ab 10 Uhr. Abenteuerspielplatz Birkengarten jederzeit zugänglich. **Preise:** Eintritt frei.

▶ Den Besuch des **Vogelparks** könnt ihr mit einem Aufenthalt auf dem tollen **Spielplatz Birkengarten** und einer Abkühlung in dem schön gelegenen Schwimmbad kombinieren. Zwischen dem Vogelpark und dem Spielplatz gibt es auch noch eine Boule-Bahn, wo ihr wie die Franzosen Kugeln werfen könnt. In vielen Volieren (Vogelhäusern) und auf einem Teich leben Hunderte von Vögeln.

Beim Vogelpark befindet sich der **Waldparkplatz Birkengrund,** an dem drei Rundwege (30, 45 und 90

Hunger & Durst
Schlosspark-Restaurant, Obertorstraße 9, 69469 Weinheim. ✆ 06201/99550. www.schlosspark-restaurant.de. Täglich ab 11 Uhr. Sehr schön sitzen Gäste auf der Terrasse. Ein **Kiosk** ist an der Voliere.

BERGSTRASSE

Waldschwimmbad, Am Birkengarten 1, 64653 Lorsch. ✆ 06252/57368. Mitte Mai – Mitte Sep je nach Wetterlage 7 – 20 oder 8 – 20 Uhr. Erw 3,50 €, Kinder 2,20 €. Beheizt, gleich neben dem Spielplatz, Rutsche, Sprungturm, Volleyballnetze, Fußballfeld. Große Liegewiesen, Kiosk.

Min) beginnen. Ein Waldlehr- und ein Waldsportpfad sind ebenfalls am Parkplatz auf einer Tafel angegeben.

Die **Anlage Birkengarten** neben dem Waldschwimmbad ist gut ausgestattet. Ein großer Abenteuerspielplatz mit tollen Geräten bietet Kindern viel. Die Wiese am Spielplatz eignet sich zum Picknicken. Für Sportfans gibt es ein kleines Fußballfeld mit Toren. Ein Teich mit Springbrunnen sorgt für eine nette Atmosphäre. Es gibt Toiletten.

Wenn ihr zum Birkengarten radeln oder wandern wollt: Unter dem Motto »Umwelt bewusst erleben« gibt es einen **Umweltwanderweg** in Lorsch. Drei Routen stehen zur Auswahl: eine lange Südroute (16 km), eine kurze Südroute (8 km) oder die 8 km lange Nordroute. Die beiden Südrouten beginnen am Rathaus Lorsch und führen euch am Birkengarten vorbei. Auf allen Routen findet ihr Infotafeln zu Themen wie Fischzucht, Landwirtschaft und Naturschutz. Sie sind gut ausgeschildert.

Klettern in Bensheim

Kletterhalle High Moves GmbH, Albert-Einstein-Allee 8, 64625 Bensheim. ✆ 06251/9894-363, Fax 9894-885. www.kletterhalle-bensheim.de. info@kletterhalle-bensheim.de. **Bahn/Bus:** ↗ Bensheim, zahlreiche Busverbindungen. **Zeiten:** Kletterhalle täglich 9 – 23 Uhr, Hochseilgarten Mo 18 – 20 Uhr, auf Anfrage für Gruppen auch zu anderen Zeiten. **Preise:** 13 €; Kinder 5 – 12 Jahre 8 €; Schüler, Azubis, Zivis, Wehrdienstleistende, Studenten, Behinderte 11 €, Familien mit 2 Kindern 30 €.

▶ In dieser Kletterhalle, deren Kraxelwände bis 13 m hoch reichen, findet ihr verschiedene Kletterrouten in allen Schwierigkeitsgraden. Auch ein Boulderraum, eine Slackline, ein Indoor-Hochseilgarten und ein Niederseilgarten warten darauf, von euch getestet zu werden. Im Bistro könnt ihr, wenn die Kräfte nachlassen, neue Energie tanken.

Unter Tage

Besucherbergwerk Grube Anna-Elisabeth

Talstraße 157, 69198 Schriesheim. ✆ 06203/68167, Fax 660186. www.bergwerk-schriesheim.de. fuehrungen@bergwerk-schriesheim.de. Im Osten von Schriesheim. **Bahn/Bus:** ↗ Schriesheim. OEG Bus 628, Haltestelle Edelstein direkt beim Bergwerk. **Auto:** ↗ Schriesheim. Parken in der Ortsmitte am Festplatz, von dort 15 Min zu Fuß, ausgeschildert. **Zeiten:** Mitte März – Ende Okt So und Fei (außer Karfreitag und Allerheiligen) 11 – 16.30 Uhr (letzter Einlass), Sonderführungen für Gruppen Mitte März – Ende Nov (außer So, Fei) nach Anmeldung möglich. **Preise:** Normale Führung (ca. 1 Std 15 Min) 3,50 €; Kinder 4 – 14 Jahre 2,40 €. **Infos:** Erlebnis-Führung: Verschmutzbare Kleidung notwendig. Dauer ca. 2 Std 15 Min, Erw 7 €, Kinder 12 – 14 Jahre 4,80 €. Mindestpreis für Führungen mit Tiefsohle 58 €.

▶ Mit Helm und wasserdichtem Umhang ausgerüstet, könnt ihr wie ein Bergmann in die Grube einfahren, allerdings zu Fuß. Die normale Führung dauert ungefähr eine Stunde, es geht durch schmale Gänge und über steile Leitern rauf und runter. Silber und Eisenvitriol wurden hier abgebaut, und zwar mit Unterbrechungen schon seit dem Mittelalter. Ein halbes Jahrtausend soll dieses Bergwerk alt sein. Eisenvitriol ist ein hellgrünes, krustenförmiges Mineral, eine Art Salz, das die Menschen früher brauchten, um Leder zu gerben. Während der Führung erfahrt ihr viel

HANDWERK UND GESCHICHTE

Das sieht doch schon sehr bergmännisch aus!

FOTO: KIRSTEN WAGNER

BERGSTRASSE

über die anstrengende und manchmal auch gefährliche Arbeit, die die Bergleute in den dunklen Stollen verrichteten. Fragt mal, wie alt die Arbeiter waren bzw. wurden. Auch die **Außenanlagen** sind zum Teil noch erhalten und zu besichtigen, dort gibt es eine Gaststätte, die an So und Fei offen hat und Bergbau-Andenken und Mineralien verkauft.

Burgen und Schlösser

Gruseln auf Burg Frankenstein

Restaurant und Event GmbH, Burg Frankenstein, 64367 Mühltal-Nieder-Beerbach. ✆ 06151/501501, Fax 54985. www.burg-frankenstein.de. info@burg-frankenstein.de.
3,5 km, mit »B« markierter Wanderweg von Eberstadt-Kirche 1 Std durch Wald, erst leicht, dann steil bergan. **Bahn/Bus:** Straba 1, 6, 7, 8 Eberstadt, weiter zu Fuß s.o. Oder von Eberstadt-Wartehalle Bus NB bis Frankenberger Mühle im Kühlen Grund, dort Einstieg in die sehr steile, berühmte Himmelsleiter oder gemächlicher über Fahrweg (Herrnweg, roter Querbalken). **Auto:** Südlich von Eberstadt an der B3/B426, Parkplatz Sommergrund, Wanderweg B; an der L3098 im Kühlen Grund kein Parkplatz; während des Festivals Sperrung der Auffahrt zur Burg, dafür Bus-Shuttle ab Parkplatz im Industriegebiet Pfungstadt. **Rad:** Von Eberstadt Richtung Mühltal, kurz vor Mühltal rechts ab, Aufstieg durch den Wald zu Burg. **Zeiten:** Genaue Termine des Halloween-Spektakels Ende Okt im Internet. **Infos:** Nach Vereinbarung sind 15- bis 60-minütige Burgführungen möglich; ab 200 Pers

FOTO: ANNETTE SIEVERS

Hunger & Durst
Burg Frankenstein, 64367 Nieder-Beerbach. ✆ 06151/54618. www.frankenstein-restaurant.de. Di – So warme Küche 11 – 22 Uhr. Regionales wie Handkäs mit Musik, Standards wie paniertes Schnitzel, etwas edler Filetspitzen vom Schwein, Spezialitäten »Gruseldinner« oder »Kleiner Vampir«. Preise mittel bis gehoben.

werden auf Wunsch regelrechte Burgfeste samt Gauklern, Burgschreibern und Ritterturnieren organisiert.

▶ Die Ruine der Burg Frankenstein ist vor allem für das **Halloween-Fest** bekannt, das alljährlich stattfindet. Tausende von Horror-Fans pilgern an den Wochenenden Ende Oktober und Anfang November hierher. Hobby- und Profi-Schauspieler lehren den Gästen das Gruseln, auf mehreren Bühnen finden diverse Spektakel statt. Es wimmelt von Werwölfen, Vampiren und Hexen. Nachmittags gibt es ein Kinder-Halloween – esst vorher vorsichtshalber tüchtig Knoblauch gegen die Vampire!

Doch auch wenn es nicht so unheimlich zugeht, lohnt ein Besuch der **Ruine** auf dem steilen Eberstädter Hausberg (Eintritt dann frei). Ein Wohnturm der Burg, die 1252 im Hochmittelalter erbaut wurde, ist noch gut erhalten und kann bestiegen werden. Das äußerlich wenig ansprechende **Restaurant** in der Burg hat eine Aussichtsterrasse, die praktisch über dem Abgrund schwebt und bei klarem Wetter einen tollen Ausblick auf die Rhein-Main-Ebene gewährt.

Schöne **Spaziergänge** in der Umgebung sind möglich, am Parkplatz unterhalb der Burg sind mehrere Rundwege angegeben. Einer von ihnen, gekennzeichnet mit einer roten Raute bzw. »B« für Burgenweg (nicht mit Kinderwagen möglich), führt euch zu Magnetsteinen. Falls ihr einen Kompass dabei habt, werdet ihr feststellen, dass er hier verrückt spielt.

Oder ihr umrundet den Burgberg auf dem spannenden **Naturlehrpfad**. Er ist 3 km lang, gut mit gelbem »L« markiert und abwechslungsreich: Riechgarten, Barfußpfad, Baumuhr und Laubtunnel könnt ihr hier erkunden, sogar einen Teich mit Spiel- und einen Picknickplatz gibt es.

Die Gruselfigur Frankenstein hat sich die englische Schriftstellerin Mary Wollstonecraft Shelley (1797 – 1851) ausgedacht. Mary Shelley besuchte als 18-Jährige während einer Reise Burg Frankenstein. Vorbild für ihre Romanfigur war wahrscheinlich ein Mann, der einst auf der Burg lebte. Er hieß Johann Konrad Dippel und versuchte um 1750, ein künstliches Lebewesen zu erschaffen. Dafür soll er auf dem Friedhof von Nieder-Beerbach Leichen ausgegraben haben. Es ist nachgewiesen, dass Mary Shelley von ihm gehört hatte.

Burgruine Schloss Auerbach

64625 Bensheim-Auerbach. ✆ 06251/72923, www.schloss-auerbach.de. info@schloss-auerbach.de. Nordöstlich von Bensheim. **Bahn/Bus:** ↗ Bensheim,

Aberwitzig: Auf der Burgmauer von Schloss Auerbach wächst eine Kiefer

FOTO: PETER MEYER

vom Bhf 1,5 Std Fußweg. **Auto:** Von der B3 ausgeschildert, A5 Ausfahrt 29 Zwingenberg, Parkplatz unterhalb der Ruine. **Zeiten:** 10 – 17 Uhr frei zugänglich. **Infos:** Infos zu Veranstaltungen und Führungen auf Anfrage bei der ↗ Touristeninformation Bensheim.

▶ Das Auerbacher Schloss ist eigentlich eine Burg und war vor über 700 Jahren die größte und wichtigste Burg an der Bergstraße. Was ihr heute seht, wurde allerdings zum größten Teil in den letzten 200 Jahren an- und aufgebaut. Doch mit den mächtigen Außenmauern seht ihr noch echte Teile aus dem Mittelalter. Wenn ihr auf den Turm klettert, habt ihr wie die Wachleute einst einen fantastischen Blick auf die Rheinebene.

In dieser Burg sind grausame Dinge passiert: 1674 zog der französische Marschall Turenne – ein sehr erfolgreicher Feldherr – mit seinem Heer gegen die Niederlande, auf dem Weg dorthin verwüsteten seine Söldner die Gegend an der Bergstraße. Die entsetzten Bewohner von Auerbach und aus zwei weiteren Dörfern flüchteten sich in das Schloss. Doch trotz der starken Mauern gelang es den Söldnern schließlich, in den Schlosshof einzudringen. Sie richteten ein Blutbad an, ermordeten Männer, Frauen und Kinder. Danach verfiel das Schloss langsam, nur ein Förster hauste hier noch eine Weile ganz allein.

Heute ist das Schloss restauriert und einige tolle Veranstaltungen, wie die **Ritterspiele** an Pfingsten, finden jedes Jahr statt. Schaukämpfe und Turniere, Gaukler und allerlei fahrendes Volk bieten Unterhaltung. In bunten Zelten wird altes Handwerk vorgeführt, es gibt deftige Speisen wie im Mittelalter. Die grausamen Waffen, mit denen man sich damals die Köpfe einschlug, sind heute aus Sperrholz oder Pap-

Hunger & Durst
Ritterschänke,
✆ 06251/72923. März – Sep täglich 11 – 22 Uhr. Mit Balkonterasse; Spezialität sind Rittermahle für Familien, immer So um 12 Uhr, wenn mindestens 20 Personen angemeldet sind. Reservierung wird dringend empfohlen.

pe zu haben: Streitäxte, Schwerter, Morgensterne und Hellebarden – eine Art Stangenaxt, wie sie die Schweizergarde des Papstes in Rom noch zur Zierde benutzt.

In der Nacht zum 1. Mai wird auf dem Schloss die **Walpurgisnacht** gefeiert. In dieser Nacht fliegen die Hexen auf ihren Besen zu Plätzen, an denen sie gemeinsam tanzen. Berühmt ist der Blocksberg im Harz, wo sich besonders viele Hexen treffen.

Die Starkenburg

64646 Heppenheim. www.heppenheim.de. info@stadt.heppenheim.de. **Länge:** 25 Min zu Fuß von Heppenheim aus recht steil bergauf, ausgeschildert. **Bahn/Bus:** ↗ Heppenheim. **Auto:** ↗ Heppenheim, Parkplatz unterhalb der Burg. **Zeiten:** Turmbesichtigung Karfreitag – Ende Sep Sa, So und Fei 14 – 18 Uhr. **Preise:** Turmbesichtigung 0,80 €; ermäßigt 0,50 €.

▶ Die Ruine der Starkenburg liegt malerisch auf einem Bergkegel über der Stadt, der Hang ist mit Weinreben bewachsen. Durch die Weinberge führen viele Wege, die sogar im Winter an sonnigen Tagen zum Spaziergang einladen. Ihr könnt von Heppenheim zur Burg hinauf kraxeln, es dauert eine knappe halbe Stunde.

Die Starkenburg wurde 1065 vom nahe gelegenen mächtigen Kloster Lorsch als Passsperre gegründet und um 1680 von den Mainzer Erzbischöfen zur Festung ausgebaut. Leider ist von der ältesten Burganlage an der Bergstraße nicht viel übrig. Der heutige Burgturm wurde erst 1930 erbaut, nachdem der alte Bergfried wegen Baufälligkeit 1924 in die Luft gejagt worden war. Aus den späten 1950er Jahren stammt das Gebäude der ↗ Jugendherberge.

Starkes Modell: Die Starkenburg war eine große Anlage

Hunger & Durst

Burgschänke, Auf der Starkenburg, ✆ 06252/78142. April – Okt Di – Fr 14 – 22, Sa 13 – 22, So 11 – 22 Uhr. Nov – März Sa 14 – 18, So 11 – 18 Uhr oder nach Voranmeldung. Von der Terrasse habt ihr einen eindrucksvollen Rundblick.

Unterhalb der Burg am Parkplatz liegt ein schattiger Spielplatz mit Sitzgruppen und einem kleinen Bolzplatz im Wald.

Hunger & Durst

Burgschänke, ✆ 06257/2147014. www.schloss-alsbach.de. Mitte März – Mitte Okt Mi – Fr 14 – 19 Uhr, Sa 11 – 19, So und Fei 9.30 – 19 Uhr. Mitte Okt – Mitte März Sa 11 – 17, So und Fei 9.30 – 18 Uhr. Bei schlechter Witterung geschlossen.

Ein sehr schöner **Spaziergang** von 20 Minuten führt vom Parkplatz unter der Burg auf ebener Strecke durch die Weinberge am Hang entlang, mit herrlichem Ausblick auf Heppenheim. Auch mit Kinderwagen möglich. Nach etwa 15 Minuten gelangt ihr an die kleine Helenen-Hütte, in der ihr picknicken könnt. Wer will, kann noch weiter laufen, verschiedene Wege sind markiert.

Alsbacher Schloss

Zum Schloss, 64665 Alsbach-Hähnlein. ✆ 06257/688-99, Fax 955808. Handy 0177/2147014. www.schloss-alsbach.org. info@schloss-alsbach.org. **Bahn/Bus:** RB Darmstadt – Heidelberg bis Alsbach-Hähnlein, ab dort Bus 5511 bis Alsbach. Oder Straba 8 ab Darmstadt Luisenplatz bis Alsbach. **Auto:** B3 oder A5 Ausfahrt 29 Zwingenberg, ab Alsbach ausgeschildert. **Zeiten:** Burganlage Mitte Okt – Mitte März täglich 10 – 18 Uhr, Mitte März – Mitte Okt täglich 9 – 19 Uhr. **Preise:** Eintritt Burganlage frei, Turmbesteigung 0,50 €; Kinder 0,20 €. **Infos:** Anmeldung für Gruppen außerhalb der Öffnungszeiten und Termine für kostenlose Führungen unter ✆ 0177/2147014 oder 0177/3317708.

▶ Massiv und wehrhaft präsentiert sich das Alsbacher Schloss, das eigentlich eine Burg ist. Es sieht aus, als hätte es niemals erobert werden können. Im Vergleich zu anderen Burgruinen könnt ihr noch viel von der mächtigen Ringmauer und den Türmen sehen. Der Erbauer hieß Gottfried von Bickenbach. Zuerst gab es nur die Kernburg, sie war von einem stellenweise 7 m breiten Graben umgeben. 1280 wurde noch eine Mauer um den Graben gebaut, der so genannte Zwinger.

1463 gab es eine Fehde zwischen der Stadt Frankfurt und dem damaligen Burgherren *Hartmann Ulner.* Und tatsächlich gelang es den Frankfurtern, die Burg einzunehmen: Sie brannten sie einfach nieder. Zwei Jahre später wurde sie wieder aufgebaut. Im 30-jährigen Krieg diente sie den Alsbacher Bürgern als Zufluchtsort, sie brachten sich hinter ihren Mauern vor den plündernden und mordenden schwedischen Soldaten in Sicherheit.

Den Turm im **Innenhof** dürft ihr besteigen. Im **Kräutergärten** könnt ihr erschnüffeln, wie Lavendel, Rosmarin und Salbei riechen. Im Burghof seht ihr eine Steinschleuder, wie sie im Mittelalter verwendet wurde. Zwei kurze **Rundwege** (30 und 45 Min) sind an der Tafel vor der Burg angegeben. Am unteren Parkplatz beginnen vier längere Rundwege für Wanderfreudige.

*Jede Burg hatte im Mittelalter einen **Kräutergarten**, mit den Kräutern wurde das Essen gewürzt, sie wurden aber auch als Heilmittel verwendet.*

Auf der Strahlenburg

Burgweg 32, 69198 Schriesheim. ✆ 06203/61232, Fax 68685. www.strahlenburg-schriesheim.de. info@strahlenburg-schriesheim.de. **Bahn/Bus:** ↗ Schriesheim, 2 km Fußweg. **Auto:** ↗ Schriesheim, an der Kreuzung rechts auf die B3, Parkplatz vor der Burg. **Zeiten:** Ruine frei zugänglich. Gaststätte Jan und Feb geschlossen, Anfang März – Ende Okt ab 11 Uhr, Nov und Dez ab 12 Uhr.

▶ Um 1235 begann *Conrad von Strahlenberg* mit dem Bau der Strahlenburg. Das Geschlecht der Strahlenberger gab also der Burg ihren Namen, während sonst oft der Name der Burg auf die Erbauer überging. Heute ist von der Burg nicht mehr viel übrig. Der Bergfried war einmal 30 m hoch.

Als Baumaterial wurde Granit und Prophyr benutzt. Viele andere Burgen wurden damals aus Sandstein gemauert. Die Burg wechselte oft die Besitzer, es gab viele Kämpfe und wahrscheinlich auch einen großen Brand. Ein *Ludwig von Veltenz* besaß die Burg um 1470. Er war ein Feind des Heidelberger Kurfürsten Friedrich I. Dieser schickte ein Heer nach Schriesheim und eroberte die Burg schon nach wenigen Tagen der Belagerung. Die Verteidiger wurden gefangen genommen und einige im Stadtgraben ertränkt. Vorräte und Waffen mussten abgeliefert werden.

Beim Touristik-Service Odenwald-Bergstraße e.V., Marktplatz 1, 64711 Erbach, ✆ 06062/943330, Fax 943317, www.odenwald.de, bekommt ihr die Broschüre »Radwandern im Odenwald« kostenlos, komplett mit handlichen Karten und guten Beschreibungen.

Hunger & Durst

Burg-Gasthof Strahlenburg, Burgweg 32, 69198 Schriesheim. ✆ 06203/61232. Täglich ab 11 Uhr.

Ruine Schauenburg

Dossenheim. www.dossenheim.de. gemeinde@dossenheim.de. **Bahn/Bus:** ↗ Dossenheim. **Auto:** Durch Dossenheim Richtung Osten bis Ortsende, letzte Möglichkeit zwischen Waldrand und Ort links Richtung Norden bis zum Parkplatz am Ende dieser Straße.

Zweite Möglichkeit: Vom Parkplatz aus parallel zum Hang Richtung Norden laufen, zunächst asphaltiert, dann schmaler Feldweg. Linker Hand wachsen Weinreben. An der Metall-Schranke dann rechts bergauf zur Ruine kraxeln, die schon zu sehen ist. Nichts für Kinderwagen.

▶ Eine Eiche wächst malerisch mitten in der Ruine Schauenburg, Kinder können ausgiebig auf den Mauerresten klettern. Der Blick in die Rheinebene ist toll: Die Schauenburg wurde um 1100 vom Kloster Lorsch zur Absicherung und Verwaltung seines Besitzes erbaut, ehemals war es eine große Anlage. 1130 wohnte hier ein Herr *Gerhard von Schauenburg*, er war ein Lehensmann des Klosters, das heißt, er kümmerte sich für das Kloster um dessen Besitz. Seine Familie herrschte über Dossen-, Handschuhs- und Seckenheim. All diese Dörfer gehörten nämlich dem Kloster Lorsch. Es ist heute eine merkwürdige Vorstellung, dass Orte früher einfach zum Besitz von jemandem gehörten, so wie ihr heute ein Fahrrad oder euer Spielzeug besitzt. Um 1280 starb der letzte aus der Familie Schauenburg, ohne Kinder zu hinterlassen. 1320 erwarb das Bistum Mainz die Burg. Kurfürst Friedrich I. zerstörte Mitte des 15. Jahrhunderts die Dörfer Dossen- und Handschuhsheim und belagerte auch die Schauenburg. Deren Besatzung, 18 Ritter und 30 Schützen, verteidigte sich tapfer. Doch schließlich musste sie sich der feindlichen Übermacht ergeben. Die Burg wurde daraufhin innerhalb von sechs Wochen niedergerissen. Seitdem dienten die Überreste der Ruine als Baumaterial; wer Steine brauchte, holte sich hier einfach welche. Die Evangelische Kirche in Dossenheim soll aus Steinen der Schauenburg entstanden sein.

Vom **Parkplatz** sind es etwa 25 Minuten auf dem zunächst asphaltierten und dann befestigten Weg R (bis man die Ruine sieht) bergauf, anstrengend. Trotzdem haben wir oben Leute mit einem geländegängigen Kinderwagen getroffen.

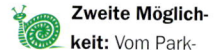

Zu den Burgruinen Windeck und Wachenburg

Burgschenke Windeck, 69469 Weinheim. ✆ 06201/2173, Fax 14522. www.wachenburg.de. info@wachenburg.de. **Länge:** 1 Std Fußweg. **Bahn/Bus:** ↗ Weinheim, ab Bhf 10 Min Fußweg bis Marktplatz. **Auto:** Richtung Innenstadt, ab dort der Beschilderung folgen. **Zeiten:** Beide Burgen sind ab 10 Uhr geöffnet. Turmbesichtigung Windeck April – Okt täglich ab 10 Uhr, Nov – März nur Sa und So. **Preise:** 0,30 €; Kinder 0,20 €. **Infos:** Burgschenke Mi – So 11.30 – 14.30, Di 17 – 23 Uhr, Mo Ruhetag, Gerichte ab 13 €. Biergarten mit Selbstbedienung und kleinen Gerichten bei gutem Wetter von 10 Uhr bis zur Dunkelheit.

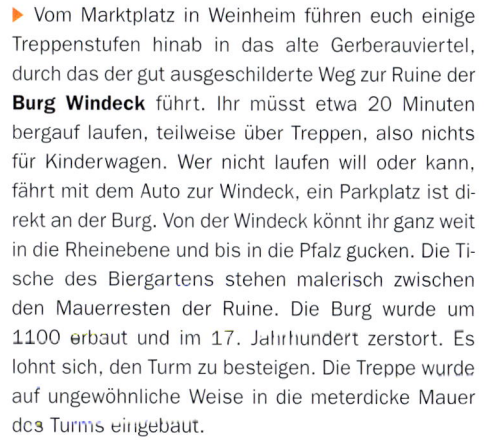

Burg Windeck

▶ Vom Marktplatz in Weinheim führen euch einige Treppenstufen hinab in das alte Gerberauviertel, durch das der gut ausgeschilderte Weg zur Ruine der **Burg Windeck** führt. Ihr müsst etwa 20 Minuten bergauf laufen, teilweise über Treppen, also nichts für Kinderwagen. Wer nicht laufen will oder kann, fährt mit dem Auto zur Windeck, ein Parkplatz ist direkt an der Burg. Von der Windeck könnt ihr ganz weit in die Rheinebene und bis in die Pfalz gucken. Die Tische des Biergartens stehen malerisch zwischen den Mauerresten der Ruine. Die Burg wurde um 1100 erbaut und im 17. Jahrhundert zerstört. Es lohnt sich, den Turm zu besteigen. Die Treppe wurde auf ungewöhnliche Weise in die meterdicke Mauer des Turms eingebaut.

Wer noch weiter bergauf will, kann zur **Burgruine Wachenburg** weiterlaufen, auch dieser Weg ist gut markiert. Es dauert ungefähr eine halbe Stunde. Die Wachenburg ist nicht echt – deshalb sieht sie auch noch so ganz aus. Sie wurde nämlich erst zu Beginn des 20. Jahrhunderts von **Corps**studenten erbaut.

Hunger & Durst
Auf der Wachenburg, ✆ 06201/12173. März, April Fr – So 12 – 20 warme Küche, Mai – Dez Mi und Do 16 – 22 Uhr, Fr und Sa 12 – 22, So 12 – 20 Uhr.

Corps sind Vereinigungen, um uralte studentische Traditionen aufrechtzuerhalten; es geht viel um Männerehre, um Mutproben und Saufen, aber nicht um Politik oder Religion. Noch heute treffen sich auf Wachenburg jedes Jahr Mitglieder der Studentenverbindungen.

Museen und Stadtführungen

Museum der Stadt Bensheim
Marktplatz 13, 64625 Bensheim. ✆ 06251/5847865 (Kasse), Fax 5847866. www.bensheim.de. museum@bensheim.de. Im Zentrum bei der Kirche. **Bahn/Bus:** ↗ Bensheim, 10 Min Fußweg zum Zentrum. **Zeiten:** Do und Fr 15 – 18 Uhr, Sa und So 12 – 18 Uhr. **Preise:** Erw 1,50 €; Schüler und Studenten 0,75 €, Kinder bis 6 Jahre frei; Gruppen auf Anfrage.

▶ Früher mussten die Menschen ihre Stoffe selbst herstellen, aus Schafwolle oder Pflanzenfasern wurden Fäden gesponnen, die dann zu Stoffen verwebt wurden. Über das Spinnen und Weben könnt ihr im Bensheimer Museum etwas erfahren. Außerdem darüber, wie Wein angebaut wird und wie die Bauern früher arbeiteten. Geologische Funde (Steine), alte Möbel und eine Krippe sind ausgestellt. Über die Geschichte der Stadt Bensheim wird viel erzählt.

Im Heppenheimer Museum
Museum für Stadtgeschichte und Volkskunde, Amtsgasse 5, 64646 Heppenheim. ✆ 06252/69112, Fax 69162. www.heppenheim.de. museum@stadt.heppenheim.de. **Bahn/Bus:** ↗ Heppenheim, von dort 10 Min Fußweg. **Zeiten:** Mi, Do und Sa 14 – 17, So und Fei 14 – 18 Uhr, Führungen nach Voranmeldung. **Preise:** Eintritt frei. **Infos:** Mehrmals im Jahr Veranstaltungen für Kinder, Infos an der Kasse. Für Schulklassen und Kindergruppen sind Projekte nach Absprache möglich.

▶ In einem der ältesten Gebäude der Altstadt, dem Kurmainzer Amtshof, befindet sich das Museum zur Stadtgeschichte und Volkskunde. Einige Räume dieses liebevoll betreuten Museums sind allerdings hauptsächlich für Heppenheimer interessant, die etwas über die Geschichte ihrer Stadt erfahren möchten. Die volkskundliche Abteilung im 2. Stock hingegen kann auch ortsfremden Kindern Spaß machen. Hier erfahrt ihr etwas über Feste an der Bergstraße

Hunger & Durst
Kupferkessel, Graben 5, 64646 Heppenheim. ✆ 06252/2634. www.kupferkessel-hp.de. Mo ab 17 Uhr, Di – Sa 11 – 14.30 und 17 – 23 Uhr, So ab 10 Uhr. Deftige deutsche Küche, preiswert. Biergarten, kleiner Spielplatz.

und im Odenwald, zum Beispiel wie die Fastnacht oder Weihnachten gefeiert wurden und woher diese Bräuche kommen.

Nachts in dunklen Gassen

Laternenweg Heppenheim, 64646 Heppenheim. ✆ 06252/131242 (Kulturamt), www.laternenweg.de. tourismus@stadt.heppenheim.de. **Bahn/Bus:** ↗ Heppenheim. **Zeiten:** Im Sommer finden regelmäßig Führungen statt, Informationen beim Kulturamt der Stadt Heppenheim. **Infos:** Treffpunkt zur Führung ist der Marktplatz in Heppenheim.

▶ Im Sommer findet in Heppenheim regelmäßig eine Führung statt, die ihr euch auf keinen Fall entgehen lassen solltet. Ihr erkundet gemeinsam mit einem mittelalterlich gekleideten Führer dunkle Gassen und romantische Orte, und lauscht geheimnisvollen, tragischen und komischen Geschichten aus der Vergangenheit der Stadt. Unterwegs macht ihr Halt an den vielen Laternen, die alle in den vergangenen Jahren mit kunstvoll gestalteten **Scherenschnitten** verziert wurden. Mehr als 150 Motive erzählen aus der

Hunger & Durst

Winzerkeller, Amtsgasse 5. Täglich 11.30 – 14 Uhr und ab 17.30 Uhr. ✆ 06252/5228.

▶ Im mittleren und südlichen Odenwald tanzten die Dorfbewohner früher um große Fastnachtsfeuer. Damit wurde der Winter symbolisch verbrannt. Entweder waren es große Holzhaufen, die mit Grün abgedeckt wurden und von denen zuerst eine Rauchsäule aufstieg, oder es wurde ein Holzrost auf etwa einen Meter hohe Pfähle gelegt und auf diesen dann Reisig gehäuft. Eichenschälholzfackeln waren zudem eine regionale Besonderheit. Von Eichenknüppeln wurde die Rinde abgezogen. Der Prügel wurde an einem Ende gespalten und mit einer Axt auf einem Holzklotz so lange geklopft, bis er besenartig zerfaserte. Die Fackel wurde am Feuer entzündet. Feuerräder aus Stroh, Sinnbilder der erwarteten Sommersonne, wurden in vielen Orten zu Tal gerollt. ◀

Sagenwelt der Region: von Riesen und Zwergen, Rittern, Werwölfen und vergrabenen Schätzen.

Feuerwehrmuseum Heppenheim
Rudolf Kohl, Kirchengasse 12, 64646 Heppenheim. ✆ 06252/4698, www.feuerwehrmuseum-heppenheim.de. info@stadt.heppenheim.de. **Bahn/Bus:** ↗ Heppenheim. **Zeiten:** Nach telefonischer Absprache, Führung möglich. **Preise:** Eintritt frei.

▶ In diesem kleinen, privaten Museum fühlt ihr euch wie echte Feuerwehrmänner und -frauen! Rudolf Kohl hat in jahrelanger Arbeit Feuerwehrutensilien aus der ganzen Welt gesammelt, die ihr hier bewundern könnt. Unter den vielen Schutzhelmen findet ihr sogar einen, der von der Feuerwehr im Vatikan stammt. Und zu jedem einzelnen Stück kann Herr Kohl euch eine spannende Geschichte erzählen.

Von Mönchen und Küchen
Museumszentrum Lorsch, Nibelungenstraße 35, 64653 Lorsch. ✆ 06251/103820, 596773, Fax 5871-40. www.kloster-lorsch.de. muz@kloster-lorsch.de. **Bahn/Bus:** RB Bensheim – Bürstadt, beschilderter Fußweg vom Bhf, Gehzeit etwa 10 Min. **Auto:** A67 Ausfahrt 9 Lorsch, Karolingische Königshalle ist ausgeschildert, großer Parkplatz. **Zeiten:** Ganzjährig Di – So 10 – 17 Uhr. Klosterpark mit Königshalle, der Rest der romanischen Kirche und der Kräutergarten sind ganzjährig frei zugänglich. **Preise:** 3 €; Kinder 6 – 16 Jahre und Schüler 1,50 €; Studenten 1,50 €, Familien-Tageskarte 6 €. **Infos:** Die Museumspädagogen der klostergeschichtlichen Abteilung bieten vielfältige Angebote zu tollen Themen wie »Kochen und Backen im Kloster« oder »Schreiben wie im Mittelalter« an.

▶ In Klöstern wurde im Mittelalter nicht nur fromm gebetet, manche waren sehr reich und hatten großen politischen Einfluss. Ihnen gehörten Wälder und Dörfer, Ländereien, Weinberge, Fischereirechte und riesige Gutshöfe. Im Osten des Odenwaldes herrschte

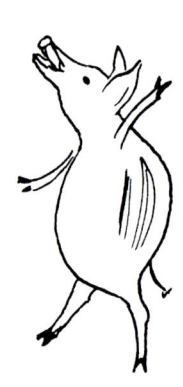

Weltbekannt: Lorscher Königshalle

das Kloster Amorbach, im Westen das Kloster Lorsch. Das **Kloster Lorsch** war eines der mächtigsten im ganzen Reich. Viele der Burgen, die ihr vielleicht im Odenwald und an der Bergstraße besucht, gehörten diesem Kloster. Allerdings ist nicht viel von ihm übrig, nur ein Teil der Kirche und eine kleine, aber berühmte Torhalle. Sie ist eines der bedeutendsten Baudenkmäler Deutschlands, weil sie so alt ist, nämlich über 1000 Jahre. Sie wurde nach Vorbildern aus Rom zur Zeit Karls des Großen gebaut und wird deshalb »karolingische Torhalle« genannt. Mit dem Bau des Klosters wollte Karl zeigen, dass er als Kaiser so mächtig sei wie einst die römischen Cäsaren.

Neben einer informativen Schau zur *Klostergeschichte* sind im **Museumszentrum** ein *Tabakmuseum* und eine *Volkskundesammlung* untergebracht. Während die Klostergeschichte für Kinder ohne besondere Vermittlung nicht so aufregend ist, könnt ihr mit der Volkskundesammlung bestimmt schon mehr anfangen, dort gibt es unter anderem Ausstellungsstücke zur Geschichte der Hygiene, darunter einige der frühesten Toiletten, zu bewundern.

Auch zu Haus und Herd in Uromas Zeiten gibt es viel zu sehen: Was gegessen wurde, wie man die Lebensmittel haltbar machte und wie man sie zubereitete. Schlau, wie die Menschen vor der Erfindung von Kühlschrank, Tiefkühltruhe und Mikrowelle zurechtkamen! Aus der jüngeren Vergangenheit ist sogar ein Exemplar der berühmten »Frankfurter Küche« ausgestellt, die erste Einbauküche. Sie galt als supermodern und sollte der Hausfrau die Arbeit erleichtern – ersonnen hat sie 1928 eine Frau, die Architektin Margarete Schütte Lihotzky.

Die Sammlung rund um den Tabak umfasst nicht nur unzählige Pfeifen und Tabakdosen, ihr könnt lernen, wie die Tabakpflanze angebaut, geerntet, getrocknet und zu Tabak verarbeitet wird. Die Gegend um Lorsch ist nämlich traditionell ein Zentrum des Tabakan-

Hättet ihr gedacht, dass sie Besitzer der ersten »Leibstühle«, wie man die Toiletten nannte, so stolz auf ihr feines Möbelstück waren, dass sie ihre Angestellten auf dem Klo sitzend empfingen?

Hunger & Durst

In der Nähe des Museumszentrums und der Königshalle gibt es mehrere Cafés und Restaurants, so:

Café am Kloster, Nibelungenstraße 31, ✆ 06251/55411, 10 – 1 Uhr, Sommerterrasse, Snacks, Kuchen;

Rathauscafé, Marktplatz 1, ✆ 06251/587548, 9 – 18.30 Uhr, Sommerterrasse, Konditorei, Tagescafé.

Sehr schön ist der **Kräutergarten,** *der nach Beschreibungen in mittelalterlichen Texten angelegt wurde.*

baus. Achtet einmal auf Äcker mit Pflanzen mit länglichen, dunkelgrünen Blättern und hübschen Blüten, wenn ihr in dieser Gegend seid. Die Tabakpflanze stammt aus Amerika und wurde bei uns erst zu Beginn des 16. Jahrhunderts eingeführt. Zunächst hielt man Tabak für eine Medizin! Lange wurde er nur geschnupft, erst im 19. Jahrhundert kam das Rauchen auf. Auch Kinder rauchten früher schon, denn man wusste lange nicht, wie ungesund das ist.

Im Heimatmuseum Zwingenberg

Scheuergasse 11, 64673 Zwingenberg. ✆ 06251/73986, 848059, www.zwingenberg.de. kontakt@zwingenberg.de. Die historische Scheuergasse zweigt von der B3 nach Westen ab. **Bahn/Bus:** ↗ Zwingenberg. 3 Min Fußweg. **Zeiten:** März – Okt So, Fei 15 – 18 Uhr, Gruppen nach Vereinbarung. **Preise:** 1,50 €; Kinder bis 16 Jahre 1 €. **Infos:** Führungen nach Absprache. Infos im Internet unter Bildung & Kultur.

▶ **Zwingenberg** ist die älteste Stadt an der Bergstraße und sieht noch heute mittelalterlich aus. Es gibt enge, steile Gassen und viele Fachwerkhäuser. Einzigartig ist die historische Scheuergasse, in der auch das **Heimatmuseum** liegt. Sie lag früher außerhalb der Stadtmauern. Zwingenberg lag früher an einer der wichtigen Handels- und Heeresstraßen. Jeder, der in Nord- oder Südrichtung auf der Bergstraße unterwegs war, konnte gezwungen werden, durch den Ort zu ziehen und dafür Zoll zu bezahlen – daher der Name »Zwingenberg«.

Die **Scheuergasse** gab es schon vor 500 Jahren. Wegen der großen Brandgefahr innerhalb der Stadt befahl der Landgraf damals, alle brennbaren Vorräte außerhalb der Stadtmauern zu lagern. Nur Vorräte für 3 Tage durften im Ort aufgehoben werden. Wahrscheinlich wurde die Scheuergasse oft geplündert, denn sie lag schutzlos und verlockend gefüllt vor den Mauern Zwingenbergs. Ein letzter verheerender Brand wütete 1832, die Scheunen auf der Nordseite der Gasse brannten alle ab und wurden mit Stein wieder aufgebaut. Die Scheunen auf der Südseite bestanden früher aus Fachwerk.

Im kleinen **Heimatmuseum** erfahrt ihr viel zur Geschichte des Ortes und zu alten Handwerken.

Wo die PS brummen: Automuseum Dr. Carl Benz

Am Sägewerk 6 – 8, 68526 Ladenburg. ✆ 06203/181786, www.automuseum-ladenburg.de. info@auto-museum-ladenburg.de. **Bahn/Bus:** RB Heidelberg – Frankfurt, Bensheim – Mannheim, Bensheim – Mainz, RE Frankfurt – Mannheim. Vom Bahnhof 15 Min Fußweg über Ilvesheimer Straße und Benzstraße. **Auto:** A5 Ausfahrt 35 Ladenburg, Abzweig »Ladenburg West«, an der Kreuzung Benzstraße rechts und nach 60 m wieder rechts. **Zeiten:** Mi, Sa und So 14 – 18 Uhr, Gruppen nach Vereinbarung. **Preise:** 4 €; Kinder 2,50 €; Familienkarte 8 €, Gruppen 3 € pro Person.

▶ Wenn ihr wissen wollt, wie die Anfänge einer heute weltberühmten Automarke aussahen, seid ihr im Automuseum richtig. Oder wenn ihr euch einfach für Autos und Motorräder begeistert. Als Herr Benz 1886 seinen ersten Motorwagen baute, lebte er noch in Mannheim. Doch 1905 erwarb er ein Anwesen in Ladenburg, am heutigen **Carl-Benz**-Platz, und zog in diese Stadt, in der er auch 1929 starb. 1906 gründete er mit seinen Söhnen seine Automobilfirma. In dem nach ihm benannten Museum wird natürlich viel zur Firmengeschichte gezeigt. Darüber hinaus sind Rennwagen, Oldtimer – der erste Benz von 1886, ein Wagen mit nur drei Rädern – sowie Motorräder ausgestellt. Nebenbei wird die Geschichte des umweltfreundlichen Fahrrades erzählt – immerhin.

Carl Friedrich Benz (1844 - 1929) war Ingenieur und konstruierte 1885 einen Einzylinder-Viertakt-Benzinmotor (1 PS), mit diesem wurde erstmals ein Wagen angetrieben. Gottlieb Daimler (1834 – 1900) werkelte ebenfalls an Motoren herum und baute 1890 den ersten »Mercedes« (4 PS). 1926 tat sich seine Firma mit der von Benz zusammen. Wer von euch findet heraus, warum das Auto ausgerechnet einen Mädchennamen trägt?

Die harte Arbeit der Steinbrecher

Heimatmuseum Dossenheim, Rathausstraße 47, 69221 Dossenheim. ✆ 06221/86510, Fax 865115. www.dossenheim.de. **Bahn/Bus:** ↗ Dossenheim, 10

Min Fußweg über Bahnhofstraße und Hauptstraße.
Auto: Im alten Ortskern. **Zeiten:** Am 3. So im Monat 14 – 17 Uhr. **Infos:** Terminvereinbarungen für Führungen bei Hermann Fischer, Schriesheimer Straße 46, 69221 Dossenheim, ✆ 06221/869769. Infos im Internet unter Bildung & Kultur.

▶ Leitmotiv des Museums ist das Thema »Leben und arbeiten im Steinbrecherdorf Dossenheim«. Steinbrecher brachen Steine, das war eine sehr schwere und staubige Arbeit. Auch Kinder mussten mit einer Drahtbrille als Augenschutz täglich viele Stunden mit den Steinklopfhämmerchen Steine zu Schotter zerkleinern. In Dossenheim gab es früher sehr große Steinbrüche. Auch über die Geschichte der ↗ Schauenburg erfahrt ihr viel, ein Modell der Burg ist ausgestellt und Funde, die dort ausgegraben wurden. Gruselig sind Nachbildungen von Schädeln in einer Vitrine, besonders der eines Kriegers aus der Zeit um 720, dem im Kampf die linke Gesichtsseite mit einer Axt abgeschlagen wurde.

Alte Handwerksberufe wie Schmied, Sattler, Schuster, Schneider und Wagner werden erklärt. Eine alte Küche aus der Zeit eurer Ur-Ur-Großeltern ist zu sehen und vieles mehr.

Es gibt eine **museumspädagogische Werkstatt,** Studenten der Pädagogischen Hochschule Heidelberg bieten Projekte für Schulklassen an.

Wegen der im Boden gefundenen Kadaver glaubten die Altsteinzeit-Sibirier, das Mammut habe in unterirdischen Gängen gelebt. Sie verehrten es daher als vermeintlichen Helfer ihrer Erdgötter. In ihrer Sprache bedeutete »Maa« Erde und »mutt« Maulwurf.

Mammuts im Museum

Museum der Stadt Weinheim, Amtsgasse 2, 69469 Weinheim. ✆ 06201/82334, Fax 962044. www.museum-weinheim.de. museum@weinheim.de. **Bahn/Bus:** ↗ Weinheim, knapp 1 km Fußweg Richtung Marktplatz. **Zeiten:** Di – Sa 14 – 17 Uhr, So 10 – 17 Uhr. **Preise:** Erw 2 €; Kinder und Jugendliche frei. **Infos:** Führungen nach Vereinbarung.

▶ Echte Schädel und Stoßzähne von prähistorischen **Mammuts** seht ihr im Weinheimer Museum. Mammuts waren große Säugetiere, sahen so ähnlich wie

Elefanten aus, nur waren sie noch größer und hatten ein dichtes, rotbraunes Fell. Sie lebten während der Eiszeit in Europa, ganz Nordasien und Nordamerika. In Sibirien findet man heute noch Knochen, Zähne und sogar ganze eingefrorene Tiere. Aus den bis zu 5 m langen Stoßzähnen, mit denen das Mammut den Schnee wegschaufelte, um an das Steppengras heranzukommen, fertigen die Elfenbein-Schnitzer bei ↗ Erbach Schmuck an. Weitere Zimmer sind so eingerichtet, wie es die Grafen von Berckheim in ihrem Schloss mochten. Doch auch die Arbeitsgeräte von Bauern und Handwerkern aus früheren Zeiten sind zu sehen. Funde aus der Bronze- und Römerzeit sind ebenfalls im Museum ausgestellt.

Theater & Feste

Das Pipapo-Kellertheater
Wambolterhof, 64625 Bensheim. ✆ 06251/67740, www.kellertheater-bensheim.de. touristinfo@bensheim.de. **Bahn/Bus:** ↗ Bensheim, 5 Min Fußweg.
Infos: Vorverkauf: Musik Box (im Kaufhaus Ganz), Hauptstraße 56, 64625 Bensheim.
▶ Das Pipapo-Theater spielt häufig Stücke für Kinder, zum Beispiel Märchen. Es gibt zudem viele verschiedene Veranstaltungen, große und kleine Bands sowie andere Theatergruppen treten auf. Jedes Jahr werden Theaterworkshops für Kinder und Erwachsene veranstaltet.

Malhaus am Blauen Hut
Hauptstraße 140, 69469 Weinheim. ✆ 06201/16404, Fax 340299. www.malhaus-am-blauen-hut.de. malhaus-am-blauen-hut@web.de. **Bahn/Bus:** ↗ Weinheim, 15 Min Fußweg über Ehretstraße durch die Altstadt. **Auto:** Beim Schlosspark. **Zeiten:** Kindergartenkinder: Mo, Di, Do 14.15 Uhr, Mi 15.30 und Do 16.45, Grundschüler: Mo, Di, Do, 15.30, Mi 14.15 und 16.45; Jugendliche:

BÜHNE, LEINWAND & AKTIONEN

BERGSTRASSE

Mo 17 und Di 16.45 Uhr. **Infos:** telefonisch Mo 9 – 12 und Mo, Di, Do 18 – 19 Uhr.

▶ In einem 700 Jahre alten Haus könnt ihr malen, zeichnen und andere künstlerische Techniken lernen. Eine Probestunde ist kostenlos und ohne Anmeldung möglich. Bei gutem Wetter finden die Stunden im Schlosspark statt.

FESTKALENDER

Februar: Mitte Feb: Bensheim, **Fastnachtsmarkt** (Krammarkt) in der Altstadt.

Mai: Nacht zum 1. Mai: Schloss Auerbach, **Walpurgisnacht.**

3. So, in ungeraden Jahren: **Autofreie Bergstraße,** die B3 wird für Autos gesperrt. Dann tummeln sich auf 21 km Radler, Skater und Fußgänger auf der landschaftlich schönen Strecke.

Pfingsten: **Schloss Auerbach,** Ritterspiele.

Juli: 1. Sa: Bensheim, großer **Flohmarkt** in der Altstadt.

1. Woche: 10 Tage lang **Bergsträßer Weinmarkt.**

1. Wochenende: **Bergwerksfest** im Besucherbergwerk Grube Anna-Elisabeth, Schriesheim.

Mitte Juli – Ende August: Weinheim, **Internationales Kulturfest und Kultursommer.**

Ende Juli – Anfang Sep: Heppenheim, **Festspiele.**

August: 2. Wochenende: Weinheim, **Altstadtfest,** das größte seiner Art an der Bergstraße.

September: Ab 1. Wochenende: Bensheim, 9 Tage lang **Winzerfest.** Wenn die historische Bürgerwehr Böllerschüsse feuert, sind die Straußwirtschaften offen. Am 1. So Festumzug mit dekorierten Wagen.

Letzter Sa: Bensheim, **Tag der offenen Tür** im Museum Bensheim.

Dezember: Anfang Dez – Wochenende vor Heiligabend: Bensheim, **Weihnachtsmarkt** auf dem Marktplatz.

2. – 4. Adventswochenende: Weinheim, **Weihnachtsmarkt.**

HEIDELBERG

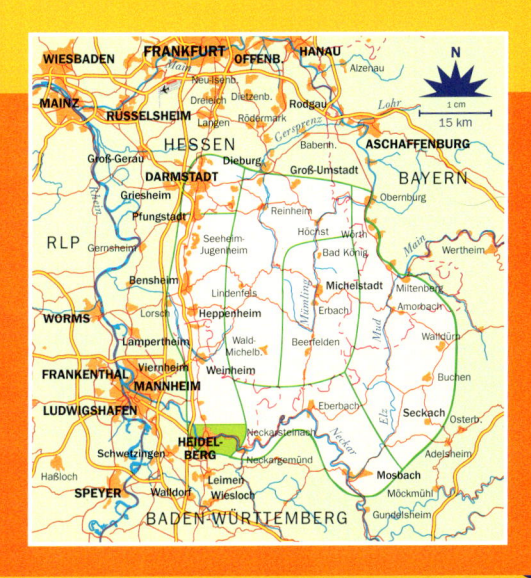

DARMSTADT

BERGSTRASSE

HEIDELBERG

AM NECKAR

NORDEN & WESTEN

IM MÜMLINGTAL

AN MAIN, MUD & ELZ

INFO & VERKEHR

FERIENADRESSEN

KARTENATLAS

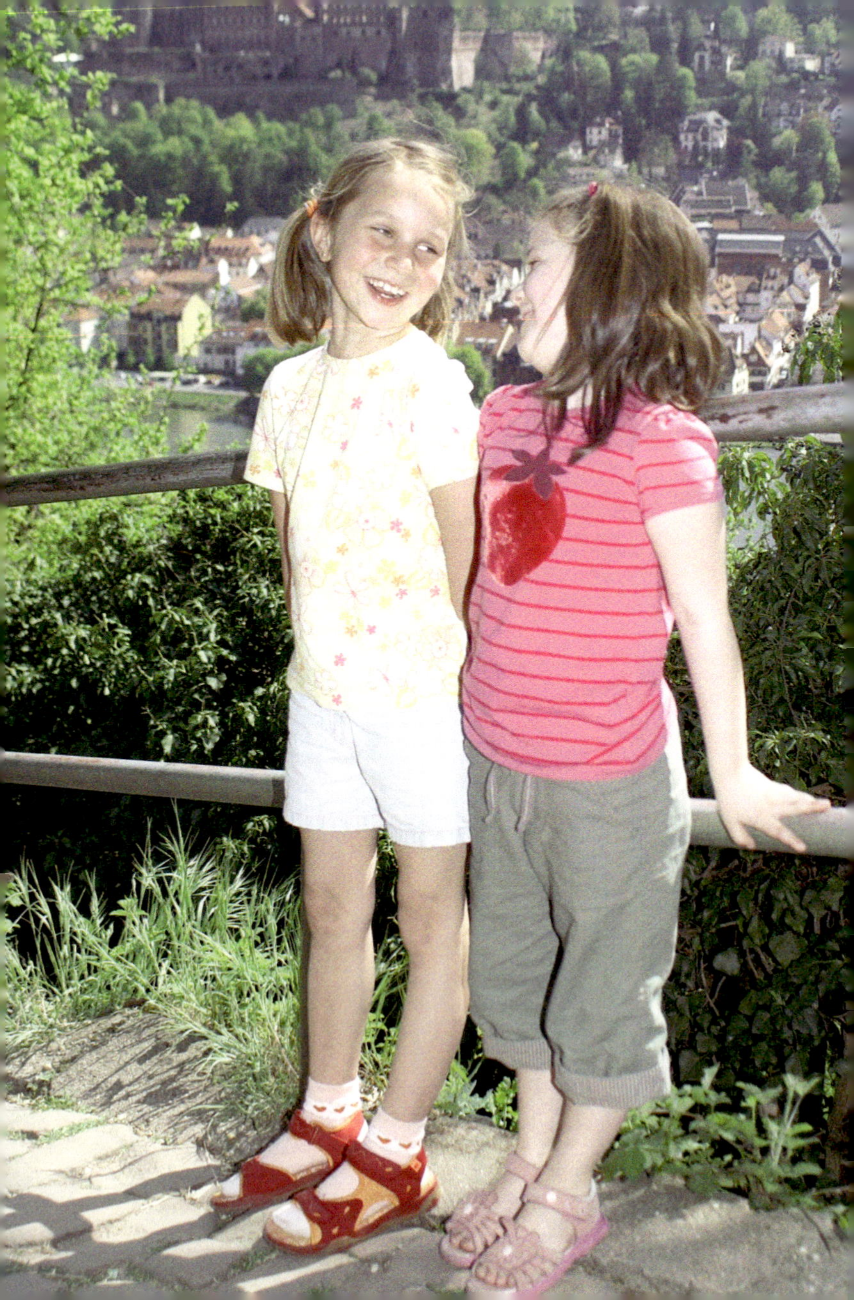

Für kleine Prinzessinnen und Ritter ist Heidelberg genau die richtige Stadt. In der romantischen Burgruine fühlt man sich gleich ins Mittelalter zurückversetzt. Aber auch sonst hat euch die Stadt viel zu bieten. Wie wäre es mit einer sanften Tour mit dem Solarschiff auf dem Neckar oder dem Besuch des Völkerkundemuseums? Da findet bestimmt jeder seinen Lieblingsausflugstipp.

STADT, LAND, FLUSS

Frei- und Hallenbäder

Thermalschwimmbad
Vangerowstraße 4, 69115 Heidelberg. ✆ 06221/513-2877, Fax 513-3335. www.heidelberger-schwimmbaeder.de. info@hvv-heidelberg.de. **Bahn/Bus:** RNV-Bus 2 und 35, Haltestelle Volkshochschule. **Zeiten:** Die Saison beginnt Ende April und endet je nach Wetterlage Mitte oder Ende Oktober. Die Öffnungszeiten sind witterungsabhängig, am besten vorher anrufen. **Preise:** 5,20 €; Kinder 4 – 9 Jahre 2,60 €, ebenfalls Kinder 10 – 17 Jahre, die Inhaber eines Heidelbergpasses sind, ansonsten 10 – 17 Jahre 3,50 €; Schüler, Studenten bis 26 Jahre, Wehrpflichtige, Zivildienstleistende, Behinderte ab 80% Minderung der Erwerbsfähigkeit 3,50 €. **Infos:** Bei einer Badbenutzung bis 2,5 Std erhalten Erwachsene eine Rückzahlung von 1,50 €, Ermäßigte und Kinder 0,50 €.

▶ Beim Thermalbad handelt sich um ein beheiztes Freibad, wobei der Name noch an eine früher bestehende Thermalquelle erinnert. Es gibt eine Wasserrutschbahn, Schwimmer-, Nichtschwimmer- und Plantschbecken, Cafeteria, Kiosk und Tischtennisplatte. Die Anlage ist behindertengerecht.

Hallenbad im Darmstädter-Hof-Centrum
Fahrtgasse 12, 69117 Heidelberg. ✆ 06221/513-2873, www.heidelberger-schwimmbaeder.de. info@hvv-heidelberg.de. Zentrale Lage am Bismarckplatz. **Bahn/**

TIPPS FÜR WASSERRATTEN

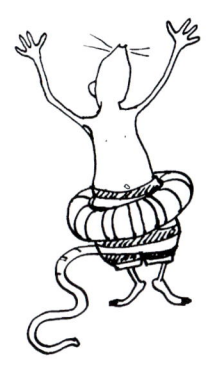

HEIDELBERG

Super Blick: Das Heidelberger Schloss am Hang des Königstuhls ist die Kulisse für diesen tiefen Freundinnenblick

Weitere schöne Tipps für das südliche Heidelberg findet ihr in »Kraichgau mit Kindern« von Marion Landwehr, 320 Seiten, 14,95 €, Peter Meyer Verlag, ISBN 3-89859-426-4.

Bus: zahlreiche Busse und S-Bahnen. **Zeiten:** Mo 14 – 18, Di 7 – 14 und 16 – 21.30, Mi 7 – 18, Do, Fr 7 – 19.30, Sa 11.30 – 17.30 Uhr, So geschlossen. **Preise:** 3 €; Kinder 4 – 9 Jahre 1,70 €; Schüler, Studenten bis 26 Jahre, Wehrpflichtige, Zivildienstleistende, Behinderte 2,30 €.

▶ Es gibt ein Schwimmbecken mit 25 m, Nichtschwimmerbecken und Massagedüsen. Warmbadetage sind Freitag und Samstag.

Hallen- & Freibad Köpfel in Ziegelhausen

Stiftsweg 32, 69118 Heidelberg-Ziegelhausen. ✆ 06221/513-2880, www.heidelberger-schwimmbaeder.de. info@hvv-heidelberg.de. **Bahn/Bus:** RNV-Bus 33 Haltestelle Köpfel. **Zeiten:** Mo, Di, Mi, Fr 7.30 – 20.30 Uhr, Do 7.30 – 14 Uhr, Sa, So 10 – 18 Uhr. **Preise:** 3 €, Sauna 9 €; Kinder 4 – 9 Jahre 1,70 €, Sauna 1,70 €; Schüler, Studenten bis 26 Jahre, Wehrpflichtige, Zivildienstleistende, Behinderte ab 80 % Minderung der Erwerbsfähigkeit 2,30 €.

▶ Das Hallenbad gehört zum Sportzentrum Ziegelhausen. Es gibt eine Sauna, Cafeteria mit Terrasse, Solarium und im Sommer eine Liegewiese. Behindertengerecht.

Freizeit-Bad Tiergartenstraße

Tiergartenstraße 13, 69121 Heidelberg. ✆ 06221/412594, www.heidelberger-schwimmbaeder.de. info@hvv-heidelberg.de. Im Neuenheimer Feld. **Bahn/Bus:** RNV-Bus 12 und 33, Haltestelle Schwimmbad. **Zeiten:** Etwa Ende April – Mitte Okt bei gutem Wetter täglich durchgehend. **Preise:** 3 €; Kinder 4 – 9 Jahre 1,70 €; Schüler, Studenten bis 26 Jahre, Wehrpflichtige, Zivildienstleistende, Behinderte ab 80% Minderung der Erwerbsfähigkeit 2,30 €. **Infos:** Bei einer Badbenutzung bis 2,5 Std erhalten Erwachsene eine Rückzahlung von 1,50 €, Ermäßigte und Kinder 0,50 €.

▶ Ein behindertengerechtes Schwimmbad mit 50-m-Schwimmerbecken, Nichtschwimmerbecken mit Kin-

derrutsche, Springerbecken mit 1 m, 3 m, 5 m und
10 m hohen Sprungtürmen, Kinderplantschbecken,
Parkanlage, Kinderspielplatz mit Nass- und Trocken-
spielzone, zwei Volleyballplätze, ein Basketballplatz
und zwei Tischtennisplatten. Auch eine Cafeteria ist
vorhanden.

Hallenbad Hasenleiser
Baden-Badener-Straße 14, 69126 Heidelberg.
✆ 06221/513-2871, www.heidelberger-schwimmbae-
der.de. info@hvv-heidelberg.de. **Bahn/Bus:** RNV-Bus
11 und 40 Haltestelle Erlenweg. **Zeiten:** Mo, Mi, Fr
15 – 22 Uhr, Di 15 – 18 (Frauenschwimmen), Do
16.30 – 22, Sa 13 – 19.30, So 8.30 – 14.30 Uhr. **Preise:** 3 €, Sauna 9 €; Kinder 4 – 9 Jahre 1,70 €, Sauna
1,70 €; Schüler, Studenten bis 26 Jahre, Wehrpflichtige, Zivildienstleistende, Behinderte ab 80% Minderung
der Erwerbsfähigkeit 2,30 €.

▶ Sauna, Schwimmerbecken und Kinderbecken. Behindertengerecht. Warmbadetage Mittwoch und Donnerstag.

Paddeln und Schiffstouren

Paddeln nach Herzenslust
Luftbootverleih Kiwi Paddel, Thomas Schmitt, Waldweg
15, 69121 Heidelberg. ✆ 06221/1363-88, Fax 1363-
87. www.kiwi-paddel.de. info@kiwi-paddel.de. **Bahn/
Bus:** Ab Bhf Heidelberg Handschuhsheim Bus 38 bis
Waldweg. **Auto:** A5 Ausfahrt 36 Heidelberg-Dossen-
heim, über Dossenheimer Landstraße bis Heidelberg-
Handschuhsheim. **Zelten:** Ganzjährig. **Infos:** Im Internet
kann ein Bestellformular für die Boote ausgefüllt werden.

▶ Soll es an den nahen Neckar gehen oder lieber
richtig weit weg? Egal, wo euer Ziel ist – wenn es dort
ein Gewässer gibt, solltet ihr ein Boot dabei haben.
Kiwi Paddel in Heidelberg vermietet Luftboote, die ihr

bequem überall zu Wasser lassen könnt. In den leichten und transportablen Kanus oder Kajaks könnt ihr Seen- oder Flusslandschaften individuell, ungebunden und spontan erkunden, ohne auf Vermieter vor Ort angewiesen zu sein. Die Boote sind sehr kenterstabil und eignen sich deshalb auch hervorragend für Paddelneulinge sowie Familien mit Kindern, die erlebnisreiche Paddelabenteuer in der Natur erleben wollen. Ein Kanu kostet für eine Woche ab 88 €, ein Kajak 92 €. Auf Wunsch werden die Boote auch geliefert. Zubehör pro Boot: Paddel, Packsack, Sicherheitsschloss, Rucksack, Hochleistungspumpe, Ankerleine und Schwimmwesten.

Mit dem Schiff auf Neckar und Rhein

Rhein-Neckar-Fahrgastschifffahrt, Untere Neckarstraße 17, 69117 Heidelberg. ✆ 06221/20181, Fax 20211. www.rnf-schifffahrt.de. info@rnf-schifffahrt.de. **Bahn/Bus:** Ab Hbf Bus 31, 32 bis Stadthalle/Kongresszentrum. **Zeiten:** Büro Anlegestelle Stadthalle: Ostern – Okt täglich 8 – 17.30 Uhr; Büro Untere Neckarstraße 17: Okt – Ostern Mo – Do 9 – 12 und 13 – 16 Uhr, Fr bis 15 Uhr. **Preise:** Alle Preise beziehen sich auf Hin- und Rückfahrt. **Infos:** Anlegestelle Stadthalle/Kongresshaus.

▶ Von Heidelberg aus kann man auf dem Neckar schöne Ausflüge mit dem Schiff machen. An Bord gibt es Restaurantbetrieb. Die genannten Preise beziehen sich alle auf Rundfahrten, natürlich sind auch einfache Fahrten möglich. Kinderpreise gelten für 4- bis 12-Jährige. Es gibt Gruppenermäßigungen und Sondertarife für Schulklassen. Jedes Jahr werden auch Sonderfahrten zu bestimmten Themen oder Ereignissen veranstaltet. Lasst euch am besten das aktuelle Programm und den aktuellen Fahrplan schicken. Hier einige der **Rundfahrten:**

Von Heidelberg tuckern die Dampfer täglich zur Vier-Burgen-Stadt Neckarsteinach, in der Hauptsaison mehrmals täglich. Erw 11, Kinder 6 €.

Mai – Sep gibt es eine einstündige geschichtliche Frühschoppen-Rundfahrt, inkl. Wurst und 1 Getränk. Erw 12, Kinder 8 €.
Heidelberg-Rundfahrten dauern etwa 40 Min, diese Touren finden aber nur statt, wenn mindestens 15 Pers an Bord gehen wollen. Erw 6, Kinder 3 €.
Eine 1,5-stündige Neckartalfahrt kostet für Erw 9, für Kinder 5 €.

Mit dem Solarschiff auf dem Neckar

Heidelberger Schifffahrtsgesellschaft mbH, Ingo Ilzhöfer, Spechtstraße 16, 74924 Neckarbischofsheim. ✆ 07263/4092-84, Fax -85. Handy 0173/9838637. www.HDSolarSchiff.com. HDSolarSchiff@aol.com.
Bahn/Bus: ↗ Heidelberg, zahlreiche Bus- und Bahnlinien bis Innenstadt, von dort Fußweg bis Karl-Theodor-Brücke. **Zeiten:** März – Okt Di – So 10, 11.30, 13, 15, 16.30 und 18 Uhr. **Preise:** 6,50 €; Kinder 3 – 14 Jahre 3 €, Schüler und Studenten 5 €; Behinderte 6 €, Schulklassen (bis 13 Jahre) 3 €. **Infos:** Buchung auch bei der ↗ Touristik-Information Heidelberg.

Umweltfreundliche Bootstour: Auf der »Heidelberg« könnt ihr euch von der Sonne treiben lassen und vielleicht sogar bei einem für euch organisierten Fest im Malwettbewerb gewinnen

ADFC-Kreisverband Rhein-Neckar/Heidelberg, Bergheimer Straße 80, 69115 Heidelberg. ✆ 06221/23910, Fax 23910. www.adfc-bw.de/heidelberg. In zweiter Auflage ist der »Heidelberger RadGeber« erschienen zum Thema Fahrrad und Radfahren in Heidelberg. Erhältlich für 1 € im ADFC-Infoladen Heidelberg.

Hunger & Durst
Schiffsrestaurant Schlossblick, 69115 Heidelberg. ✆ 06221/475450. www.schiffs-restaurant-schloss-blick.de. Täglich 11 – 24 Uhr.

▶ Lautlos und ohne Abgase in die Luft zu blasen gleitet das Solarschiff über den Neckar. Es wird von der Sonne angetrieben. Eine Rundfahrt dauert 50 Minuten. Das Schiff ist verglast, ihr könnt also auf allen Seiten rausschauen. Kaffee und leckeren Kuchen gibt es an Bord. Das Schiff fährt nur im Sommerhalbjahr und legt an der Karl-Theodor-Brücke (Alte Brücke, Altstadtseite) an.

Am Neckarufer
Heidelberg. www.heidelberg.de. stadt@heidelberg.de. **Bahn/Bus:** ↗ Heidelberg. **Preise:** Fußgänger-Fähre Mary Ann 1,50 €; Kinder bis 6 Jahre 0,50 €, 6 – 11 Jahre 1 €. Hunde und Kinderwagen 0,50 €. **Infos:** Bootsverleih: Tret- und Ruderboote, April – Sep täglich 10 Uhr – Sonnenuntergang, bei gutem Wetter auch noch im Okt, 7,50 € für 4 Pers 1 Std.

▶ Ein sonniger Nachmittag lässt sich mit Kindern und Picknickkorb sehr angenehm am der Altstadt gegenüberliegenden Neckarufer bei der Theodor-Heuss-Brücke verbringen. Zum Radfahren bietet sich das Neckarufer ebenfalls an. Auf dem breiten Rasenstück tummeln sich im Sommer Spaziergänger, Radfahrer, Sonnenanbeter, viele Kinder, Graugänse und Schwäne. Es gibt einen Spielplatz für die ganz Kleinen und einen für größere Kinder. Direkt an der Theodor-Heuss-Brücke ist ein Bootsverleih. Ab der Theodor-Heuss-Brücke in Richtung Alte Brücke wird das Ufer schmal, ein hübscher kleiner Weg führt am Wasser entlang bis zur schönen Alten Brücke (Karl-Theodor-Brücke). Auch mit Kinderwagen zu gehen, allerdings muss man dann bereits ein Stück vor der Alten Brücke links hoch schieben, denn vorne gibt es nur Treppen.

Hinter dem Bootsverleih liegt das **Café- und Restaurantschiff Schlossblick,** mit Blick auf die Heidelberger Altstadt. Ein Stück weiter seht ihr eine Glocke an der Mauer hängen, von dort verkehrt eine kleine Fußgänger-Fähre, mit der ihr euch zur anderen Flussseite bringen lassen könnt. Einfach die Glocke läuten, dann kommt sie angefahren.

Wandern und Spazieren

Ausflug auf den Heiligenberg

69121 Heidelberg. stadt@heidelberg.de. **Länge:** Von Heidelberg zu Fuß über den Philosophenweg etwa 1 Std, steil, ausgeschildert. **Bahn/Bus:** Straba 3 ab Hbf und 4 ab Bismarckplatz nach Handschuhsheim, dort Bus 38. **Auto:** Von Dossenheim Richtung Heidelberg kommend der Dossenheimer Landstraße folgen, die Richtung Heiligenberg links abknickt. In Handschuhsheim ausgeschildert.

▶ Die beliebte Ausflugsstätte auf einem 330 m hohen Hügel gegenüber von Heidelberg bietet gleich mehrere Sehenswürdigkeiten. Etwa 200 m vom Parkplatz ist linker Hand die **Waldschenke.** Geht ihr daran vorbei, gelangt ihr an die **Thingstätte,** die heute als Theater dient, ↗ Geschichte des Heiligenbergs. Es hat über 8000 Sitz- und 5000 Stehplätze. In den zwei 6-eckigen Flaggentürmen werden dann Licht und Ton gesteuert.

Noch ein Stück weiter kommt ihr zu den Ruinen des **Michaelsklosters.** Zwei Türme sind noch erhalten und können bestiegen werden. An Wochenenden und

RAUS IN DIE NATUR

Hunger & Durst

Waldschenke, Heiligenberg, ✆ 06221/480337. Ab Nov Mo Ruhetag, sonst durchgehend geöffnet und warme Küche. Wildgerichte, Kuchen und kleine Gerichte. Großer Biergarten, im Sommer ist hier viel los.

Hier könnt ihr euch Gehör verschaffen: Stellt euch auf die Bühne und probiert die Akustik des Amphitheaters selbst aus

▶ Seit Jahrtausenden ist der **Heiligenberg** besiedelt. Die Ersten waren vermutlich vor 2500 Jahren Kelten, die am Berg bereits Eisenerz abbauten. Eisenerz war ein wertvolles Tauschmittel und sein Vorkommen machte die frühen Bewohner der Höhensiedlung wohlhabend und mächtig. 1964 wurden auf dem Heiligenberg Teile eines keltischen Streitwagens ausgegraben. Er ist im *Kurpfälzischen Museum* in Heidelberg zu sehen.

DER HEILIGENBERG

Bedeutend wurde der Heiligenberg wieder im Mittelalter, als Mönche das **Michaels**- und das **Stephanskloster** bauten. Das Stephanskloster geht auf den Mönch Arnold zurück, der ab 1090 in einer winzigen Klause als Einsiedler hauste.

Die **Thingstätte,** eine gigantische Theateranlage für Veranstaltungen im Freien, ließen die Nationalsozialisten 1934/35 errichten. In allen Teilen des Reiches wurden damals solche Anlagen gebaut. Als Vorbild diente das germanische »Thing« oder »Ding«. Es war zunächst die Versammlung aller freien, waffenfähigen Männer einer Region, die in regelmäßigen Abständen stattfand und auch Gericht sprach. Solche Things wurden immer im Freien, unter mächtigen Eichen oder Linden, manchmal auch an Quellen abgehalten. Die Verhandlungen dauerten von Sonnenaufgang bis Mittag. Verfahren und Vollzug der Strafe waren öffentlich. Feiglinge, die im Krieg versagt hatten, und Unzüchtige wurden im Sumpf versenkt, Verräter an Bäumen aufgehängt. Kleinere Vergehen wurden mit Geldstrafen oder der Abgabe von Vieh geahndet. Ein Teil des Geldes ging an den König, ein anderer an das Opfer oder seine Angehörigen.

Die Nazis behaupteten, es habe früher einen solchen Kultplatz auf dem Heiligenberg gegeben, was wahrscheinlich nicht stimmt, sondern nur als Propaganda diente. Propagandaminister Joseph Goebbels weihte das Bauwerk 1935 im Rahmen einer Sonnwendfeier als »wahre Kirche des Reiches«. Es war ein gewaltiges Spektakel vor 20.000 Zuschauern mit Uniformen, Fahnen, Musik und Riesenchor. Schreitet man heute die breiten Wege zwischen den Sitzreihen hinab, kann man sich gut vorstellen, wie dramatisch die Aufführungen und Zeremonien mit lauter Musik und effektvoller Beleuchtung gewirkt haben müssen. Die Nationalsozialisten verstanden sich bereits gut auf solche »special effects«. ◀

Feiertagen klettern etliche Kinder vergnügt über die Mauern. Die Ruine ist von riesigen, alten Buchen umgeben. Eine Broschüre und Postkarten sind in der Waldschenke erhältlich.

In entgegengesetzter Richtung erreicht ihr nach wenigen Metern die Ruine des **Stephansklosters** und den **Aussichtsturm**. Tafeln informieren am Heiligenberg über die Geschichte und die Fundstücke, ein **Rundweg** führt an den Sehenswürdigkeiten vorbei. Mit Kinderwagen ist nicht jede Stelle zugänglich, aber auf den breiten Waldwegen lässt es sich gut schieben.

Natur und Umwelt erforschen

Ökologische Forschungsstation für Kinder

Haus der Jugend Heidelberg, Römerstraße 87, 69115 Heidelberg. ✆ 06221/602926, Fax 168312. www.hausderjugend-hd.de. hausderjugend@heidelberg.de. **Bahn/Bus:** Ab Hbf Straba 21 Bismarckplatz bis Stadtbücherei oder Straba 24 Rohrbach bis Christuskirche, dann jeweils 15 Min Fußweg in südliche Richtung bis Römerstraße.

▶ Haus der Jugend & Ökostation, es gibt Angebote für verschiedene Altersgruppen 10 – 18 Jahre. Offener Treff, außerdem feste Termine für Tennis, Fußball, Kraftraum, Jazztanz und Breakdance. Der Erlebnisgarten und der Spielhügel sind die ökologischen Komponenten des Treffs.

Walderlebnispfad und »via naturae«

Heidelberg. www.heidelberg.de/kultur/waldpfad.htm. stadt@heidelberg.de. **Länge:** via naturae 8 km, Walderlebnispfad 2 km. **Bahn/Bus:** Bergbahn täglich ab 9 Uhr alle 20 Min ab Station Kornmarkt/Rathaus. **Auto:** Auf dem Königstuhl, beim Märchenparadies. Schloss/Königstuhl ausgeschildert. **Zeiten:** Ganzjährig.

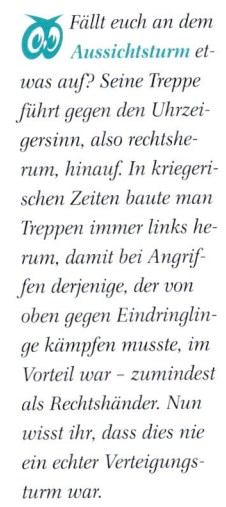

Fällt euch an dem Aussichtsturm etwas auf? Seine Treppe führt gegen den Uhrzeigersinn, also rechtsherum, hinauf. In kriegerischen Zeiten baute man Treppen immer links herum, damit bei Angriffen derjenige, der von oben gegen Eindringlinge kämpfen musste, im Vorteil war – zumindest als Rechtshänder. Nun wisst ihr, dass dies nie ein echter Verteigungsturm war.

Flockenblume mit Biene: Wer entdeckt den ersten Schmetterling, Ameisenhaufen oder so eine lila Blume?

FOTO: ANNETTE SIEVERS

▶ Auf diesem neuen und ungewöhnlich gestalteten Walderlebnispfad könnt ihr fühlen, tasten, riechen, sehen und hören, was es im Wald zu entdecken gibt. Alle paar Meter gibt es etwas zu tun. In einer Klangoase könnt ihr die Geräusche des Waldes mit verschiedenen Klangkörpern nachahmen. Und ihr könnt viel Interessantes erfahren, zum Beispiel, wie man Waldkönig wird.

Die »**via naturae**« führt euch tief in den Schonwald **Königstuhl.** Wem 8 km zu lang sind, der kann einen kürzeren Weg mit 3,5 km nehmen. Der gut markierte Rundweg verläuft zunächst über eine Strecke von 2 km leicht bergab bis zu einer Hütte. Hier am *Hohlen Kästenbaum* könnt ihr picknicken. Von der Hütte aus geht der Weg nach Süden und hat auf den nächsten beiden Kilometern einen spannenden Namen: *Oberer Drachenhöhlenweg*. Ihr kommt über den *Kaiser-Franz-Weg* zum *Linsenteicheck*. Jetzt seid ihr nur noch 310 m hoch, es ist der tiefste Punkt der Strecke. Hier steht ebenfalls eine Hütte, noch einmal könnt ihr rasten, denn nun wird es anstrengender. Auf den folgenden 4 km geht es stetig leicht bergauf. Über den *Alten Hilsbacher Weg,* vorbei an *Kraussteinhütte* und *Kaltteichhütte,* geht's zurück zum Ausgangspunkt auf dem Königstuhl und 560 m Höhe.

Blick in die Sterne
Landessternwarte Heidelberg, Königstuhl 12, 69117 Heidelberg. ✆ 06221/541706, 541734, Fax 603217. www.abenteuer-astronomie.de. B.Farr@lsw.uni-heidelberg.de. **Bahn/Bus:** Bergbahn täglich ab 9 Uhr alle 20 Min ab Station Kornmarkt/Rathaus, Bus 21 oder nach 20 Uhr mit dem Ruftaxi Linie 904. **Auto:** Parken vor der Sternwarte. **Zeiten:** Führungen (außer in den Semesterferien) Do 14.30 Uhr. Bei Gruppen max. 25 Pers. Unbedingt vorher anmelden. **Preise:** Führung kostenlos.

▶ Wenn ihr euch für Astronomie interessiert, solltet ihr einmal an einer Führung in der Sternwarte Heidelberg teilnehmen. Sie befindet sich in einem schö-

Happy Birthday!
Kinder können eine Führung und einen Workshop an der Sternwarte als Geburtstagsfeier mit ihren Freunden unternehmen. Infos zum »Abenteuer Astronomie« unter ✆ 06221/541769.

nen alten Gebäude von 1895, das schmiedeeiserne Tor ist mit Sonne und Mond geschmückt. Jeden Donnerstagnachmittag wird durch die Sternwarte geführt, dabei wird u.a. erklärt, mit welchen Geräten man dort arbeitet. Der Rundgang dauert etwa 1 Stunde. Die Sternwarte ist eine wissenschaftliche Einrichtung und erforscht faszinierende Themen rund ums Universum. Auf dem Außengelände sind die Planeten unseres Sonnensystems im kleinen Maßstab dargestellt. Hier bekommt ihr ein Bild davon, wie groß die Erde im Verhältnis zu den anderen Planeten ist.

Etwas Besonderes ist das **Astronomiezentrum** für Schüler und ihre Lehrer. Bei der Besichtigung von Teleskopen aus verschiedenen Zeiten erfahrt ihr, wie sich die Beobachtungstechniken entwickelt haben. Eigene Beobachtungen am Fernrohr sind möglich. Die Geschichte der Erforschung des Himmels und aktuelle Projekte, wie die Untersuchung der Planeten durch Raumsonden, werden erklärt.

Tierparks und Gärten

Ein Besuch im Zoo

Zoo Heidelberg, Tiergartenstraße 3, 69120 Heidelberg. ✆ 06221/6455-0, Fax 6455-88. www.zoo-heidelberg.de. info@zoo-heidelberg.de. Auf der südlichen Neckarseite im neuen Universitätsgelände. **Bahn/Bus:** Ab Heidelberg Bhf oder Bismarckplatz Bus 31/32 Richtung Neuenheimer Feld/Zoo. **Auto:** A5 und A656 bis Ausfahrt Heidelberg. Richtung Heidelberg der Beschilderung Zoo und Universitätsklinikum folgen. **Zeiten:** Nov – Feb 9 – 17, März und Okt 9 – 18 Uhr, April – Sep 9 – 19 Uhr **Preise:** 7 €; Kinder 3 – 17 Jahre 3 €; Rentner, Studenten, Behinderte 5 €. Familienkarte A (1 Erw, max. 4 Kinder) 12 €, Familienkarte B (2 Erw, max. 4 Kinder) 19 €. **Infos:** Großer Spielplatz, Zoorestaurant. Kiosk am Spielplatz. Führungen nach Vereinbarung.

Happy Birthday!

Die Kindergeburtstage im Zoo sind der Renner bei Kindern und Eltern. Bei bis zu 8 Kinder kostet das 45 €, für jedes weitere Kind zuzüglich 4,50 €. Informationen unter ✆ 06221/395570.

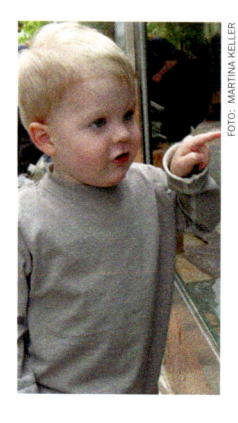

Erste Begegnung: Diese Katze ist doch größer als es Mika bisher gewohnt war

Die Fütterungszeiten der Tiere stehen auf dem Schild bei den Toiletten, links hinter dem Eingang. Oder an der Kasse danach fragen.

▶ Der Zoo in Heidelberg ist eine sehr schöne Anlage mit vielen beliebten Tierarten und einem Streichelzoo. Der Hit ist die **Robbenfütterung,** die man auf gar keinen Fall verpassen darf. Sie findet täglich außer freitags um 11 und 16 Uhr statt.
Toll ist auch das tropisch bepflanzte **Affenhaus,** in dem ihr euch gut vorstellen könnt, in einem dichten Dschungel zu sein. Oder möchtet ihr statt nach Afrika lieber an die Nordsee? Dann besucht doch die **Nordsee-Küstenlandschaft,** wo sich Meeresvögel zwischen Wellen, Reetdach-Haus, Leuchtturm und Sandstrand tummeln. Weitere Besonderheiten des Tiergartens sind die Sumatra-Tiger und die seltenen kleinen Pandas. Der Zoo hat auch eine **Zooschule,** in der ihr die Einmaligkeit der Tierarten kennen lernt: zooschule@zoo-heidelberg.de. In diesem Rahmen könnt ihr auch an Camps, Kursen und Zoo-Ferien teilnehmen. Eine Zooführung bzw. ein Zookurs kostet für Gruppen bis 15 Personen 50 €.

Botanischer Garten
Im Neuenheimer Feld 340, 69117 Heidelberg.
✆ 06221/546178, 545783, www.botgart.uni-hd.de.
redaktion@rektorat.uni-heidelberg.de. Auf der nördlichen Neckarseite im neuen Universitätsgelände.

Bahn/Bus: RNV-Bus 33 Haltestelle Kinderklinik. **Zeiten:** Mo – Do 9 – 16 Uhr, Fr 9 – 14.30 Uhr, So, Fei 9 – 12 und 13 – 16 Uhr, Sa geschlossen. **Preise:** Eintritt frei.

▶ Der Botanische Garten der Universität wurde 1593 als Medizinkräuter-Garten gegründet. Damals gab es noch keine Medikamente, wie wir sie heute kennen. Wenn jemand krank wurde, versuchte er, mit Hilfe von Kräutern gesund zu werden. Der Botanische Garten Heidelberg gehört zu den ältesten Einrichtungen dieser Art in Deutschland. Ihr könnt durch verschiedene Landschaften und Länder spazieren. Orchideen und Kakteen sind in Gewächshäusern zu bewundern.

Bonsai Zentrum Heidelberg

Mannheimer Straße 401, 69123 Heidelberg-Wieblingen. ✆ 06221/7570762, Fax 849130. www.bonsai-heidelberg.de. info@bonsai-heidelberg.de. **Bahn/Bus:** Bus 33, 34 bis Walldorfschule. **Zeiten:** Mi – Fr 14 – 18 Uhr, Sa und So 10 – 16 Uhr oder nach Vereinbarung.

▶ Habt ihr schon einmal das Wort Bonsai gehört? Es kommt aus dem Japanischen. In Japan ist es eine eigene Kunstform und für viele Menschen ein Hobby, Bäume zu beschneiden und sie dadurch ganz klein zu halten. Sie stehen in Töpfen und sind nicht höher als eine große Blume. Solche Mini-Bäume könnt ihr im Heidelberger Bonsai-Zentrum sehen. Ein kleines Museum zeigt Bonsai aus aller Welt. Ihr könnt euch auch erklären lassen, wie Bonsai entstehen.

Das Heidelberger Schloss

Karl-Theodors großes Fass

Service Center Schloss Heidelberg, Im Schlosshof 1, 69117 Heidelberg. ✆ 06221/538431, 655716, Fax 538430. www.service-center-schloss-heidelberg.de. info@service-center-schloss-heidelberg.com. **Bahn/Bus:** Bergbahn ab Station Rathaus/Kornmarkt. **Zeiten:**

🐌 Den Besuch von **Botanischem Garten** und Zoo kann man gut verbinden. Die beiden liegen nur 10 Min voneinander entfernt.

🐌 Wunderschöne große Bäume stehen im **Schlosspark.** Ein idealer Ort, um Bäume zu bestimmen: Es gibt nämlich unter anderem mächtige Eiben, Hain- und Blutbuchen, echte Tannen, Zedern, Eichen, Kastanien, Eschen und Gingko. Wer von euch erkennt die meisten Bäume?

TECHNIK UND GESCHICHTE

Hunger & Durst

Vor dem Eingang des Schlosses ist ein kleines **Restaurant,** im Innenhof ein **Bistro.** Außerdem vor dem legendären Fass Holztische und ein Getränkeverkauf.

Specki, das Schlossgespenst …

Schlossinnenhof 8 – 18 Uhr, letzter Einlass 17.30 Uhr. **Preise:** Apothekenmuseum und Großes Fass 3 €; Kinder 6 – 16 Jahre 1,50 €; Studenten, Behinderte, Azubis 1,50 €, Schlossführung 1 Std Erw 4 €, Kinder 2 €. **Infos:** Das WC im Schlosshof kostet extra.

▶ Bei gutem Wetter besuchen Tausende von Menschen aus aller Welt täglich das Schloss, auch den Führungen schließen sich dann riesige Gruppen an. Eigentlich macht es mehr Spaß, im Winter hierher zu kommen, dann ist es nicht ganz so voll.

Das **Schloss** ist eine malerische Ruine und hat eine tolle Lage über Heidelberg. Es wurde durch den Einschlag eines Blitzes 1764 in Brand gesetzt und zerstört. Zu besichtigen sind dennoch die Wohnräume der Kurfürsten, denen das Schloss früher gehörte sowie die Schlosskapelle.

Eine besondere Attraktion des Heidelberger Schlosses ist das **Große Fass,** in das ihr richtig hineingehen könnt. Außerdem sind hier über den Dächern der Stadt allerhand Sagen und Mythen im Umlauf. Da ist der Abdruck eines Gebisses in einem Eisenring, der angeblich von einer Hexe stammt – findet ihr ihn? Oder auf der Besucherterrasse wartet ein mysteriöser Fußabdruck darauf, euch die Geschichte des Ritters zu erzählen, der sich bei dem Brand aus einem Fenster gestürzt haben soll. Seid gespannt, was euch alles erwartet!

Apothekenmuseum im Heidelberger Schloss

69117 Heidelberg. ✆ 06221/25880, Fax 181762. www.deutsches-apotheken-museum.de. info@deutsches-apotheken-museum.de. **Bahn/Bus:** ↗ Schloss. **Auto:** ↗ Schloss. **Zeiten:** April – Okt täglich 10.15 – 18 Uhr, Nov – März täglich 10 – 17.30 Uhr. **Preise:** Apothekenmuseum und Großes Fass 3 €; Kinder bis 6 Jahre frei, Schüler 1,50 €; Studenten, Gruppen, Behinderte, Azubis 1,50 €. **Infos:** Familienführung letzten So im Monat 16 Uhr, 7 € (2 Erw, 3 Kinder).

▶ Das Apothekenmuseum zeigt in 14 Räumen des Ottheinrichsbaus im Schloss originalgetreu aufgebaute alte Apotheken aus verschiedenen Jahrhunderten. Mit Schnitzereien verzierte Theken aus Holz sind zu sehen, hinter denen früher der Apotheker stand. In Hunderten von Schubfächern und unzähligen Gefäßen lagerte er seine vielen Kräuter, Salben, Säfte und andere Heilmittel. In einem Gewölbe ist das gruselige Labor eines Apothekers nachempfunden, denn mit Hilfe der Waagen und verschiedenen Geräte, die ihr im Museum seht, wurden Arzneimittel gemischt und für die Kranken frisch angerührt. Könnt ihr euch vorstellen, dass Medikamente früher solche Dinge wie getrocknete Eidechsen, Schlangenhaut

Hunger & Durst

Oberhalb des Heidelberger Schlosses im Wald liegt die **Historische Gaststätte Schützenhaus,** Elisabethenweg 1, ✆ 06221/21879, www.heidelberg1490.de Di – Fr ab 18 Uhr, Sa ab 15 Uhr, So ab 12 Uhr. Große Terrasse. Badische Spezialitäten und Wildgerichte.

Das **Service Center** im Schloss bietet jede Menge Sonderführungen an, die meisten davon sind auch für Kinder sehr spannend. Von Führungen in historischen Kostümen über Entdeckungsreisen durch Burg und Schloss mit Familien bis zur Ausbildung zum Hofnarren werden viele Themenbereiche angeboten für Gruppen bis 20 Pers ab 180 €. Sonderführungen für Kindergruppen bis 20 Pers 90 €. Informationen beim Service Center des Schlosses: ✆ 06221/538431 oder 655716.

@ Auf der Internetseite des Apothekenmuseums finden sich allerlei spannende und abenteuerliche Angebote für Kinder. Da könnt ihr eine Museumsrallye machen, im Harry-Potter-Programm lernen, wie man Zaubermittel herstellt, oder auf einem Schiff nach Amerika auswandern. Alle Programme sind auch als Kindergeburtstage buchbar. Kosten: 75 – 120 € pro Gruppe bis 12 Kinder.

oder ägyptische Mumien enthielten? Ihr werdet erstaunt sein, was die Menschen alles so als Heilmittel benutzten.

Auf dem Marktplatz von Heidelberg ist immer was los – aber lasst euch auch den Rest der schönen Altstadt zeigen!

Museen und Stadtführungen

Stadtführungen Heidelberg
Tourist-Information, Willy-Brandt-Platz 1, 69115 Heidelberg. ✆ 06221/19433, Fax 142254. www.heidelberg-marketing.de. touristinfo@heidelberg.de. **Bahn/Bus:** ↗ Heidelberg. **Zeiten:** April – Okt täglich 10.30 Uhr 1,5-stündige Altstadtrundgänge ab Marktplatz, Haupteingang Rathaus. Nov – März nur Sa. **Preise:** 7 €; Kinder 6 – 16 Jahre 5 €; Studenten, Gruppen ab 10 Pers, Behinderte, HeidelbergCARD-Inhaber 5 €. **Infos:** Gruppenführungen: ✆ 06221/142223.

▶ Zusätzlich zu den normalen Rundgängen gibt es spezielle Angebote für Kinder und Schüler, entweder als Cityrallye oder als Kinderführungen. Beide Angebote richten sich nur an Gruppen. Bei den Kinderführungen gehen Kinder ab 5 Jahre für circa 2 Stunden auf Entdeckungsreise in der Altstadt und am Schloss.

Explo Heidelberg

Technologiepark, Im Neuenheimer Feld (INF), Gebäude 582, 69120 Heidelberg. ℘ 06221/421404 (Anmeldung und Info), 477409 (Medienlabor), Fax 421410. www.explo-heidelberg.de. wendt@explo-heidelberg.de.
Bahn/Bus: Straba 4 Richtung Handschuhsheim, Haltestelle Heiligenbergschule. Etwa 50 m zurücklaufen, die Berliner Straße überqueren und dem Fußgängerweg zwischen den Gebäuden folgen. Nach ca. 50 m links abbiegen, auf der rechten Seite ist das Gebäude 582.
Auto: Technologiepark im Neuenheimer Feld ausgeschildert. **Zeiten:** Mo – Fr 14 – 18 Uhr, Sa und So 13 – 18 Uhr, Mo – Fr 8 – 14 Uhr nach Voranmeldung. **Preise:** 4 €; Kinder bis 18 Jahre 3 €; Studenten, Behinderte 3 €, Familien 10 €, Gruppen ab 7 Pers 2,50 €, Schulklassen 30 €.

▶ Die Explo hat sich zum Ziel gesetzt, ältere Kinder und Jugendliche spielerisch an die Naturwissenschaften heranzuführen. Mit Hilfe einer Ausstellung und mit interaktiven Exponaten und Versuchen sollen naturwissenschaftliche Phänomene und Erkenntnisse leicht verständlich und kreativ vermittelt werden. Schüler können nicht nur einen Eindruck von den Wissenschaften bekommen, sondern auch selbst experimentieren. Es gibt ein Lernlabor für 32 Teilnehmer, in dem sogar biologische Experimente durchgeführt werden können, die in einer Schule aus Sicherheitsgründen nicht möglich sind. Schülerschnupperkurse werden angeboten. Ein Medienlabor mit Webcast-Studio gehört dazu.

Deutsches Verpackungsmuseum

Hauptstraße 22 (Innenhof), 69117 Heidelberg. ℘ 06221/21361, Fax 658414. www.verpackungsmuseum.de. info@verpackungsmuseum.de. **Bahn/Bus:** Bus 11, 12, 33, 35, 41 und 42 bis Bismarckplatz. **Zeiten:** Mi – Fr 13 – 18, Sa und So 11 – 18 Uhr. **Preise:** 3,50 €; Kinder 6 – 16 Jahre 2,50 €; Gruppen, Studenten, Behinderte 2,50 €.

@ Unter www.kinder-hd-uni.de findet ihr das Projekt **Kinder-Uni im Netz.** Die Vorlesungen der Kinder-Uni werden hier internettauglich aufbereitet und illustriert, es gibt eine Kinder-Redaktion und ein interaktives Forum für Kinder 8 – 12 Jahre.

Dieser lustige Sprinter wetzt vor der Zentrale der Heidelberger Druckmaschinen AG, der größte Hersteller von Bogendruckmaschinen – auch dieses Buch wurde auf einer »Heidelberger« gedruckt

© HEIDELBERG MARKETING GMBH

Hunger & Durst
Zum Roten Ochsen, Hauptstraße 217, 69117 Heidelberg. ✆ 06221/20977. www.roterochsen.de. Mo – Sa 11.30 – 14 und 17 – 24 Uhr. Traditionelles Studentenlokal.

Hunger & Durst
Café Extrablatt, Hauptstraße 162, 69117 Heidelberg. ✆ 06221/161712. www.cafe-extrablatt.de. Mo – Do 8 – 1 Uhr, Fr, Sa 8 – 3 Uhr, So, Fei 9 – 1 Uhr.

▶ Bei fast jedem Produkt, das ihr in einem Laden kaufen könnt, hat sich jemand Gedanken über die Verpackung gemacht. Wie sollte eine Cremedose, ein Paket Waschpulver oder eine Milchtüte aussehen? Im Verpackungs-Museum sind viele Beispiele ausgestellt. Es ist in einer ehemaligen Kirche untergebracht. Die ältesten Verpackungen stammen aus der Zeit um 1800. Viele bekannte Marken seht ihr hier, zum Beispiel Nivea und Persil, Odol und Milka. Es gibt wechselnde Sonderausstellungen.

Weltreise im Völkerkundemuseum
Hauptstraße 235, 69117 Heidelberg. ✆ 06221/22067, Fax 914370. www.voelkerkundemuseum-vpst.de. mail@voelkerkundemuseum-vpst.de. In der Fußgängerzone. **Bahn/Bus:** Bus 11, 12, 33, 35, 41 und 42 bis Bismarckplatz. **Zeiten:** Mi – Sa 14 – 18, So und Fei 11 – 18 Uhr. **Preise:** 3 €; Kinder bis 6 Jahre frei, Schüler 2 €; Behinderte 2 €, Familien 6 €.

▶ Eine Entdeckungsreise zu einem Volk am anderen Ende der Welt. In die Kultur der Asmat, eines Volkes aus Neuguinea, könnt ihr euch in diesem Haus vertiefen. Neuguinea ist die zweitgrößte Insel der Erde, nördlich von Australien. Die Asmat leben noch heute wie in der Steinzeit. Wie sie sich die Welt vorstellen, wie sie jagen und sich kleiden, wie sie ihre Häuser bauen und zusammenleben zeigt euch die gute Ausstellung.

Außerdem werden in diesem Museum immer wieder interessante Wechselausstellungen organisiert, so gab es zum Beispiel eine zum Thema Mutter und Kind in verschiedenen Kulturen.

Bei Römern und Zinnsoldaten
Kurpfälzisches Museum, Hauptstraße 97, 69117 Heidelberg-Altstadt. ✆ 06221/5834-020, 5834-000, Fax 5834-900. www.museum-heidelberg.de. kurpfaelzischesmuseum@heidelberg.de. An der Fußgängerzone in der Altstadt. **Bahn/Bus:** Ab Bhf Bus 32, 33 bis Uni-

versitätsplatz, 33 bis Peterskirche und 35 bis Kongresshaus. **Auto:** Über Neckarstaden, Parkhaus Kongresshaus/Stadthalle oder andere Parkhäuser der Innenstadt. **Zeiten:** Di – So 10 – 18 Uhr. **Preise:** 3 €; Kinder bis 16 Jahre frei, Schüler bis 18 Jahre 1,80 €; So Erw 1,80 €, Schüler bis 18 Jahre 1,20 €, Gruppen, Auszubildende, Studenten, Wehrpflichtige, Zivildienstleistende, Behinderte 1,80 € bzw. 1,20 €. **Infos:** Führungen nach Anmeldung unter ✆ 06221/5834000.

▶ Im Kurpfälzischen Museum gibt es Geschichte pur. Die ältesten Ausstellungsstücke stammen aus der Steinzeit. Auch Funde aus der Römerzeit sind ausgestellt, darunter das Modell einer römischen Galeere. Schlachten, die einst um Heidelberg geführt wurden, sind mit Zinnsoldaten nachgestellt. Aber auch Gemälde, Skulpturen und Kunsthandwerk werden gezeigt. Das Museum lockt im Sommer mit seinem **Café-Bistro** im schönen Innenhof.

BÜHNE, LEINWAND & AKTIONEN

So ein Theater!

KinderTheaterFestival

Kulturfenster e.V., Kirchstraße 16, 69115 Heidelberg-Bergheim. ✆ 06221/13748-78 (Reservierungen für die Tages- bzw. Abendkasse), 01805/700733: Hotline für Ticketbuchung (gegen Gebühr – Karten werden zuge-

Faszination Theater: Was auch immer auf der Bühne passiert – es ist spannend!

sendet), Fax 1374879. www.kulturfenster.de/kindertheaterfestival.php. kontakt@kulturfenster.de. **Bahn/Bus:** Ab Hbf 5 Min Fußweg. **Zeiten:** Jedes Jahr im Herbst.

▶ Jedes Jahr findet Ende September/Anfang Oktober in einem großen Zelt auf der Neckarwiese im Ortsteil Neuenheim das KinderTheaterFestival statt. Es gibt einen Kindermitmachzirkus, Workshops und ein Spielmobil. Für aktuelle Termine und das Programm anrufen oder im Internet schauen.

Theater Zwinger

zwinger1 & zwinger3, Zwingerstraße 3 – 5, 69117 Heidelberg. ✆ 06221/5835020, Fax 5835990. www.theaterheidelberg.de. claudia.villinger@heidelberg.de. **Bahn/Bus:** Ab Hbf Bus 11, 33 bis Rathaus/Bergbahn. **Zeiten:** Nach Angebot. **Preise:** 12 €; Kinder ab 2 Jahre 6 €; Workshops, Amateurtheatergastspiele, Club3-Vorstellungen im zwinger3 4 € pro Person; Gruppen ab 10 Pers 5,50 € pro Kind plus Freikarten für Begleitpersonen. **Infos:** Vorverkauf Theaterkasse/HeidelbergTicket, Theaterstraße 4, 69117 Heidelberg, ✆ 06221/58200-00, Fax 584620-000, Mo – Fr 11 – 19, Sa 10 – 15 Uhr. heidelberg-ticket@heidelberg.de. www.ticketonline.de.

▶ Für alle Altersgruppen werden Stücke gespielt, sonntags gibt es Familienvorstellungen. Puppenstücke für die ganz Kleinen erzählen dann von Janoschs beliebten Figuren oder Geschichten von Michael Ende.

Für Schulen finden vormittags oder am frühen Abend Aufführungen statt. Jugendliche begeistern die Musicals oder anspruchsvolles Theater, das sich mit zeitgemäßen Themen beschäftigt. Ungewöhnlich vielfältig sind die theaterpädagogischen Angebote. Da könnt ihr z.B. nach dem Stück selbst auf die Bühne gehen (Anmeldung dafür bei der Reservierung). Schulklassen und Gruppen dürfen Proben begleiten, am Programmheft und der Foyergestaltung helfen. Auf diese Weise testen die Schauspieler schon vor der Premiere, wie das Stück auf Kinder und Jugendliche wirkt.

Einmal im Jahr finden die **Heidelberger Schülertheatertage** mit Aufführungen, Workshops und Gesprächen statt. Schülergruppen aller Alters- und Schulstufen können mitmachen. Schüler ab 14 Jahre können auch bei einem Schnupperpraktikum das Theatermachen kennen lernen. Wer in einer Schule oder Kinder- und Jugendeinrichtung selbst Theater machen will, kann an einer einmaligen kostenlosen Fortbildung teilnehmen.

CLUB3 heißt der Kinder- und Jugendtheaterclub, der eigene Stücke erarbeitet oder Stücke aufführt. Er hat schon rund 300 Mitglieder im Alter 6 – 19 Jahre. CLUB3 wird geleitet von Barbara Perau und Alexandra Gesch, Infos über barbara.perau@heidelberg.de bzw. alexandra.gesch@heidelberg.de.

Winterspaß

Eislaufen auf dem Heidelberger Weihnachtsmarkt

Karlsplatz, 69117 Heidelberg. www.heidelberg-marketing.de. info@heidelberg-marketing.de. **Bahn/Bus:** Ab Heidelberg Hbf Straba 21 bis Bismarckplatz, von dort Bus 30 bis Karlsplatz. **Zeiten:** Nov – Jan 10 – 21.30 Uhr, 24. Dez geschlossen, 25. und 26. Dez 12 – 22 Uhr. **Infos:** Kursangebot bei Patrizia Wittich, ✆ 0172/1613801, patrizia.wittich@yahoo.de. Die Kinderkurse kosten 30 € und die Erwachsenenkurse 35 €.

▶ Auf dem Heidelberger Weihnachtsmarkt gibt es nicht nur Schleckereien, sondern auch die Möglichkeit, sich sportlich mit dem Eislaufen zu betätigen. Kleine und große Eisläufer drehen am Fuße des Heidelberger Schlosses ihre Runden. Den Blick auf diese bekannte touristische Attraktion gibt es gratis. Für Kinder und Erwachsene werden sogar Eislaufkurse angeboten.

Icehouse, Rudolf-Diesel-Straße 20, 69214 Heidelberg-Eppelheim. ✆ 06221/768392. www.icehouse-eppelheim.de. Ab Hbf mit Bus 32 oder 5 Min zu Fuß bis Betriebshof, weiter mit S22 bis Jakobsgasse. Mo – Fr 9 – 12 sowie Di – Do 13 – 16.30 und Fr 13 – 17.30 Uhr. Sa 14 – 18.30, 19 – 23 Uhr, So 11 – 18 Uhr. Erw 5 €; Kinder 4 – 6 Jahre 3 €, 7 – 11 Jahre 4 €, ab 12 Jahre 4,50 €; Familienkarten. Schlittschuhlaufen mit der gesamten Familie und Veranstaltungen wie »Halloween on Ice«.

🍎 **Weihnachtsmarkt:** Vom 28. Nov bis zum 22. Dez stehen über 140 Holzbuden in der Altstadt, vom Universitätsmarktplatz bis zum Kornmarkt. Mit Kindereisenbahn.

Eislaufen zu Füßen der Schlossruine: Der Heidelberger Weihnachtsmarkt bietet Abwechslung

© HEIDELBERG MARKETING GMBH

FESTKALENDER

Juni:	Aktionstag **Lebendiger Neckar:** Buntes Programm am Flussufer mit Kinderzirkus, lebendigen Tieren aus der Zooschule, Bungee-Jumping und Bogenschießen.
Juni – September:	**Schlossfestspiele:** Theateraufführungen von Mitte Juni bis Mitte August. **Schlossbeleuchtung:** Konzerte, Kunstausstellungen, Rahmenprogramm, drei wechselnde Termine zwischen Juni und Sep.
Juli:	**Stadtfest Happy Eppelheim:** Heuwagenrennen und Fahrradturnier für Kinder. In der Stadtmitte rund um das Rathaus.
September:	**Heidelberger Herbst:** Mittelalterlicher Markt, Flohmarkt, Weinstände, mehrere Bühnen in der Innenstadt, wechselnder Termin.
Dezember:	28. Nov – 22. Dez: **Weihnachtsmarkt,** über 140 Holzbuden in der Altstadt, vom Universitätsmarktplatz bis zum Kornmarkt. Mit Kindereisenbahn.

AM NECKAR

DARMSTADT

BERGSTRASSE

HEIDELBERG

AM NECKAR

NORDEN & WESTEN

IM MÜMLINGTAL

AN MAIN, MUD & ELZ

INFO & VERKEHR

FERIENADRESSEN

KARTENATLAS

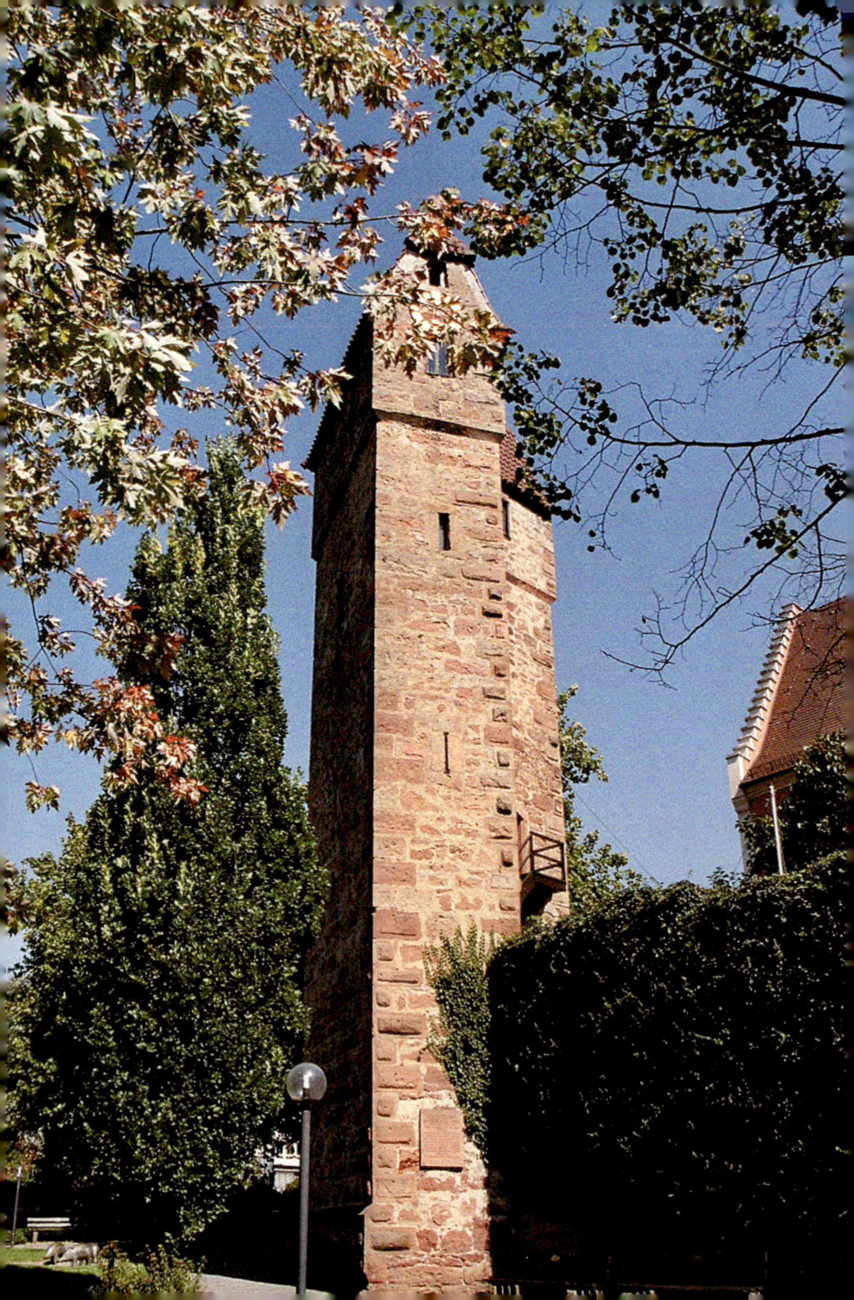

Am Neckar gibt es besonders viele Burgen. Früher bauten die Burgherren gerne an einem Fluss, denn vorbeifahrenden Schiffen knöpften sie Zollgelder ab. Am südlichen Neckarufer steht die Feste Dilsberg, gegenüber liegt Neckarsteinach mit seinen berühmten vier Burgen. Eberbach und Mosbach sind größere Städte, wo viele Aktivitäten möglich sind.

2, 3, VIELE BURGEN

Frei- und Hallenbäder

Mit der Liane ins kühle Nass

Freibad Neckargemünd, Schwimmbadstraße, 69151 Neckargemünd. ✆ 06223/74403, 8057889 (Schwimmbad-Förderverein Neckargemünd e.V.), Fax 863603. www.neckargemuend.de. stadtverwaltung@neckargemuend.de. Nördliche Neckarseite. **Bahn/Bus:** ↗ Neckargemünd, 20 Min Fußweg. **Auto:** Ab Heidelberg über B37 bis Neckargemünd. **Zeiten:** Mo, Mi, Fr – So 9 – 20, Di und Do 8 – 20 Uhr. **Preise:** 4 €; Kinder 6 – 9 Jahre 1,60 €; Schüler, Studenten, Behinderte, Rentner 3 €, Familienkarte 9 €, Familiensaison 100 € (2 Erw, Kinder).

▶ Im beheizten **Nichtschwimmerbereich** und im **Kleinkinderbereich** sorgen eine Breitrutsche, ein Brodelberg, ein Wasserpilz, Massagedüsen und ein Wasser-Breitspeier für Spaß. Schwimmbecken und Sprungbecken sind als Naturbad gestaltet. Im Randbereich des Schwimmerbeckens befindet sich ein mit Platten ausgelegter Strand, ein Wasserfall und eine flache Eingangszone. Die Attraktionen des Sprungbeckens sind ein 1-m-Sprungfelsen und der 3- und 5-m-Sprungturm. Eine schwingende Liane ermöglicht den Sprung in die kühlen Fluten.

Schwimmen mit Blick auf den Neckar

Badezentrum In der Au, In der Au, 69412 Eberbach. ✆ 06271/7611 (Kasse), 920960, www.eberbach.de. post@sw-eberbach.de. Südliche Neckarseite. **Bahn/**

TIPPS FÜR WASSERRATTEN

AM NECKAR

Alles verpulvert. In dem hohen Turm lagerten die Eberbacher einst ihr Schießpulver

Die Neckarfähre »Frischling« fährt im Sommer Sa, So und Fei 10 – 19.30 Uhr.

Bus: ↗ Eberbach, ca. 20 Min Fußweg. **Zeiten:** Freibad: Mo – Fr 7 – 20 Uhr, Sa, So, Fei 8 – 20 Uhr. Hallenbad: Di 13 – 20.30, Mi 15 – 22, Do 8 – 20.30, Fr/Sa 13 – 18, So/Fei 9 – 16 Uhr. **Preise:** 3 €, 10er-Karte 25, Saisonkarte 150, Saisonkarte 1 Erw, Kinder 160, Saisonkarte 2 Erw, Kinder 310 €; 1,50 €, Kinder bis 6 Jahre frei, 10er-Karte 12,50, Saisonkarte 75 €.

▶ Direkt am Neckar mit Blick auf die Stauferstadt. Mit riesiger Liegewiese, Spiel- und Bolzplätzen, 50-m-Schwimmerbecken mit 1- und 3-m-Brett, 3 Kinderbecken mit Wasserrutsche. Sauna mit Dampfbad und Solarium.

Spaßbad faMos

Hammerweg 3, 74821 Mosbach. ✆ 06261/8905-60, 89050, Fax 8905-20. www.swm-online.de. info@swm-online.de. **Bahn/Bus:** ↗ Mosbach. **Zeiten:** Mai – Sep 9 – 20 Uhr, in den Ferien bis 20.30 Uhr. **Preise:** 3 €, 10er-Karte 25 €, Saison-Karte 50 €; Kinder 6 – 18 Jahre 1,50 €, 10er-Karte 13 €, Saison-Karte 25 €; Feierabend-Karte (ab 17.30) 1,50 €, Familien-Saisonkarten ab 60 €.

▶ Eine 75 m lange Riesenrutsche, ein Kinderbecken und ein Beachvolleyballfeld sorgen hier für Unterhaltung. Und mittendrin liegt ein großes Schiff mit weißem Segel!

Paddeln und Boot fahren

Kanutouren auf dem Neckar

Thomas Strifler, Schwimmbadstraße 40, 69151 Neckargemünd. ✆ 06223/805508, Fax 805509. www.hochseilgarten-neckargemuend.de. info@hochseilgarten-neckargemuend.de. **Bahn/Bus:** Bootsein- und ausstieg von den S-Bahn-Stationen Hirschhorn und Neckargemünd 10 Min Fußmarsch entfernt. **Auto:** An der B37 im Neckargemünder Ortsteil Kleingemünd. Orientierung an Sportplätzen und Schwimmbad. **Zeiten:** Sa, So und Fei für Einzelbucher und Gruppen, Mo – Fr nur Gruppen. **Preise:** 2 Pers 10 €/Std, jede weitere Person im Boot 3 € (inkl. Paddel und Schwimmweste). **Infos:** Bei Bootstransporten bis zu 2 Booten wird eine Pauschale von 25 € berechnet.

▶ Kanutouren im 3er- oder 4er-Kanadier, auch für Firmen, Vereine und Schulklassen. Start am Hochseilgarten in Neckargemünd, dort könnt ihr auch stundenweise Kanus leihen. Es werden zudem Halbtagestouren von Hirschhorn nach Neckargemünd oder von Neckargemünd nach Heidelberg angeboten, für Schulklassen Mo – Fr 13 €, Sa und So 15 €, für sonstige Gruppen 16 bzw. 18 € (alle Preise pro Person). Außerdem ist eine Tagesfahrt von Hirschhorn nach Heidelberg möglich, auf Wunsch mit Grillen im Hochseilgarten. Für Schulklassen Mo – Fr 20 €, Sa und So 22 €, für sonstige Gruppen 24 bzw. 28 €. Die Preise der Halbtages- und Tagesfahrten beinhalten ab 3 gemieteten Kanus die Transportkosten der Boote.

Paddeln wie die Indianer: Das macht Spaß und ist gar nicht so schwierig

Mit dem Dampfer auf dem Neckar

Eberbacher Personenschifffahrt, Andreas Kappes, Binnetzgasse 1, 69412 Eberbach. ✆ 06271/4071085, Fax 3061. Handy 0176/83071434. www.eps-kappes.de. eps-kappes@web.de. **Bahn/Bus:** ↗ Eberbach, 5 Min Fußweg vom Bahnhof in südliche Richtung über Luisenstraße und Friedrich-Ebert-Straße. **Zeiten:** Mai – Sep. **Preise:** Die ermäßigten Preise gelten für Kinder 4 – 12 Jahre. **Infos:** Fahrräder und Hunde kosten die Hälfte des Kindpreises.

▶ Die Fahrten mit der »Burg Eberbach« durch das Tal des Neckars sind ein besonderes Abenteuer. Das Schiff zieht an Burgen und Schlössern vorbei, Reiher stehen an den Ufern. An allen Orten, die angefahren werden, könnt ihr zusteigen.

Neckartalrundfahrten, So, 1,5-stündige Rundfahrt. Beginn ist in Eberbach um 14 und um 16 Uhr. Erw 7,50 €, Kinder 6 €.

Di gibt es eine 2-stündige Schleusenrundfahrt von Eberbach über Zwingenberg (ohne Halt) und zurück nach Eberbach. Abfahrt ist um 14 Uhr, Erw 9, Kinder 7 €.

Von Anfang Juli – Mitte Sep könnt ihr mittwochs eine Ganztagestour nach Heidelberg machen, Abfahrt in Eberbach um 9 Uhr, zurück seid ihr um 19 Uhr. Erw 18,50, Kinder 12,50 €. Von Sep – Ende Juni hingegen besteht die Möglichkeit, eine 1,5-stündige Rundfahrt zu unternehmen. 14 Uhr ab Eberbach, Erw 7,50 €, Kinder 6 €.

Do geht es von Eberbach über Zwingenberg nach Neckargerach und zurück, Start um 14 Uhr, Rückkehr 18 Uhr. Erw 10 €, Kinder 7 €; für Schulklassen Sondertarife.

Aufgepasst: Die Fahrten finden nur bei einer Belegung von mindestens 25 erwachsenen Personen statt. Ruft am besten vorher an und erkundigt euch. Am Telefon erfahrt ihr auch, wo ihr samstags hinfahren könnt – da gibt es nämlich wechselnde Angebote.

Natürlich sind alle Fahrten auch als Einzelfahrten möglich, eine ideale Möglichkeit, um eine Strecke am Neckarufer entlang mit dem Rad zu fahren.

Brücken über den Neckar befinden sich in Neckargemünd, Eberbach, Neckargerach und Gundelsheim. In Zwingenberg fährt eine kleine Fähre.

Radeln

Radeln auf der Wanderbahn von Mosbach nach Mudau

Mosbach. www.mosbach.de. info@mosbach.de. **Länge:** einfache Strecke 30 km. **Bahn/Bus:** ↗ Buchen, Bus 821 bis Mudau Bhf. **Infos:** Tourist-Information beim Verkehrsverbund Rhein-Neckar.

▶ In den 1970er Jahren wurde die Bahnstrecke zwischen Mudau und Mosbach stillgelegt. Auf der ehemaligen Schmalspurtrasse, die aus den ersten Jahren des 20. Jahrhunderts stammt, lässt es sich heute gut radeln oder wandern. Ein geschotterter und teilweise asphaltierter Weg führt durch eine schöne und abwechslungsreiche Landschaft. Sie führt euch durch mehrere Dörfer – Lohrbach, Fahrenbach, Krumbach, Limbach, Laudenberg und Langenelz – an Waldlehrpfaden und Kneipptretstellen vorbei.

Ab Mudau Bahnhof, am großen Parkplatz bei der Feuerwehr, geht es stetig bergab, das ist auch mit jungen Radlern gut zu fahren und dauert zwischen 2 und 3 Stunden, je nach Tempo. Auf der umgekehrten Strecke von Mosbach aus müsst ihr einige Höhenmeter erklimmen, zum Glück ist die Steigung recht gemächlich. Etwa 3 Stunden solltet ihr mindestens für die einfache Tour von Mosbach aus einplanen, für selbst fahrende kleine Kinder ist sie zu lang.

In Mudau steht eine der alten Lokomotiven, die früher die Strecke befuhren. In allen Orten gibt es Gaststätten zum Rasten.

Wandern und Spazieren

Wanderung von Neckarsteinach zur Feste Dilsberg

Neckarsteinach. www.neckarsteinach.de. **Länge:** etwa 10 km, Dauer ca. 2,5 Std. **Bahn/Bus:** ↗ Neckarsteinach. **Infos:** Für Kinderwagen ungeeignet.

RAUS IN DIE NATUR

Erkundigt euch vorher nach den aktuellen (seltenen) Busverbindungen, falls ihr nicht die ganze Strecke radeln wollt, ↗ Info & Verkehr.

Kutschfahrten, Björn Schmitt, Ebernacher Straße 25/1, 69412 Ebersbach-Pleutersbach. ✆ 06271/71848. Im Sommer werden an festen Terminen Fahrten angeboten.

AM NECKAR

Der Neckar entspringt im Schwenninger Moos, fließt zischen Schwarzwald und Schwäbischer Alb Richtung Norden, durch Stuttgart und Heilbronn hindurch, fließt dann nach Westen Richtung Rhein und bildet dabei die Grenze zwischen Hessen und Baden-Württemberg. Insgesamt ist er 367 km lang. Nach Aare, Mosel und Main ist der Neckar der viertgrößte Nebenfluss des Rheins.

▶ Von der Schiffsanlegestelle in **Neckarsteinach** geht ihr an der Uferpromenade flussaufwärts bis zur Schleuse. Fußgänger können über einen schmalen Steg **Schleuse** und **Neckar** überqueren. Vielleicht habt ihr Glück und seht wie sich die Schleusenkammer gerade mit Wasser füllt! Dann könnt ihr schon gleich besser verstehen, wie eine Schleusenanlage funktioniert.

Hinter der Schleuse geht es links, und dann führt euch rechts ein ausgeschilderter Weg zur **Feste Dilsberg** hinauf. Zurück könnt ihr den Dilsberg auf der anderen Seite hinab- und am Neckar entlang zum Campingplatz laufen. Von da geht es dann wieder zur Schleuse und zurück nach Neckarsteinach.

Rundtour um das Wildgehege im Naherholungsgebiet Holdergrund

69412 Eberbach. www.eberbach.de. stadt@eberbach.de. **Länge:** 3,5 km, 1 Std. **Bahn/Bus:** ↗ Eberbach, 10 Min Fußweg über Odenwaldstraße, Gässel und Scheuerbergstraße. **Auto:** In Eberbach Richtung Norden, hinter der zweiten Kirche erste Straße rechts Richtung Krankenhaus, in die Alte Dielbacher Straße einbiegen, etwa 1,5 km bergauf durch den Wald bis zur Schranke an der Tafel, Parkplatz Holdergrund. **Infos:** Für Kinderwagen ungeeignet.

▶ Vom Parkplatz erreicht ihr in etwa 10 Minuten das Wildschweingehege. Wenn ihr Glück habt, balgt sich gerade eine Rotte quiekender Frischlinge um das Futter. Bis hierhin kann man auch einen Kinderwagen schieben, doch der Pfad führt dann neben dem Gehege steil den Hang hinab ins Tal des Holderbaches. Unten liegt ein idyllischer, schattiger Picknickplatz mit Feuerstelle und Sitzgruppen. Beinahe erwartet man, Trolle und Feen zwischen den bemoosten Steinen zu entdecken. Für Kinder gibt es einen seichten Bach zum Plantschen und Spielen. Leider ist die Kneipptretstelle auf der anderen Seite des Baches völlig verrottet.

Der Rundweg führt weiter am Bach entlang, an das Schwarzwildgehege schließt sich ein Rotwildgehege an und ein Vogellehrpfad beginnt. Am Weg stehen auch mehrere Infotafeln, auf denen ihr viel über das Rotwild erfahrt. Nach etwa 40 Gehminuten vom Parkplatz aus erreicht ihr einen kleinen Teich, wo noch einmal eine Feuerstelle und Sitzgruppen zu benutzen sind, auch in sonnigerer Lage. Nach etwa 1 Stunde (ohne Pause) erreicht ihr wieder den Parkplatz.

Eine Wanderung nach Ober- und Unterdielbach ist vom Parkplatz aus als Fortsetzung des Vogellehrpfades möglich, auch für Kinderwagen geeignet. Statt am Schwarzwildgehege links runter zu steigen, geradeaus weiter gehen.

Oh, sind die süß: Frischlinge bei der Bache

Ausflug zum Landgasthaus Zur Mühle in Ober-Höllgrund

Landgasthaus Zur Mühle (Holzners Mühle), Rainer Holzner, Ober-Höllgrund 3, 69429 Waldbrunn-Ober-Höllgrund. ✆ 06274/356, www.landgasthaus-zurmuehle.de. info@landgasthaus-zurmuehle.de. **Bahn/Bus:** ↗ Waldbrunn. **Auto:** Östlich von Eberbach ab Strümpfelbrunn etwa 1,5 km nach Norden. **Zeiten:** Di – So 10 – 22 Uhr, warme Küche bis 14 und ab 18 Uhr.

▶ Bereits die Anfahrt von dem kleinen Ort **Strümpfelbrunn** aus über eine steile und schmale Straße durch dichten Wald ist abenteuerlich. Ober-Höllgrund besteht aus einer Hand voll Häusern. Eines davon ist das **Landgasthaus Zur Mühle,** eine alte Wassermühle, deren Rad sich noch immer dreht. Seit 1918 wird es von der Familie Holzner bewirtschaftet. Das Gasthaus liegt wirklich traumhaft, ganz einsam im Tal

Vom **Parkplatz Holznersmühle** vor dem Gasthaus sind 3 Rundwege (6 und zweimal 7,5 km) möglich, die ihr vor oder nach einem üppigen Mahl bewältigen könnt. Vorschlag für einen gemütlichen Spaziergang mit Kinderwagen: Von Ober- nach Unter-Höllgrund laufen, eine schmale, asphaltierte und kaum befahrene Straße führt fast eben durch das Tal am Bach entlang, einfache Strecke etwa 2 km.

AM NECKAR

🍎 **Kurgestüt Hoher Odenwald,** Simmestraße 17, Waldbrunn-Mülben. ✆ 06274/242. www.kurgestuet.de. Verkauf ab Hof Mo – Sa 9 – 12 Uhr, bundesweiter Versand. Stutenmilch, biologisch-dynamischer Anbau, Demeterqualität.

☀ Drei tolle **Führungen,** 1 – 1,5 Std, zeigen Euch die Burg Zwingenberg von ihren schönsten Seiten. Mal von Flötenspiel begleitet, mal von der Schlosskatze Minka!

🦉 *Der Komponist Carl Maria von Weber war bei einem Ausflug von der Wolfsschlucht tief beeindruckt. Sie inspirierte ihn zu seiner bekannten Oper Freischütz. Seit 1983 finden die Zwingenberger Schlossfestspiele statt, häufig wird dann der Freischütz im Schlosshof der Burg aufgeführt. Es gibt auch Vorstellungen für Kinder.*

mit Blick auf die sanften Kuppen des Odenwaldes. Das Tal ist Landschaftsschutzgebiet. Neben der Terrasse des Gasthofes stehen Kühe auf der Weide. Hektik und Lärm sind plötzlich weit entfernt, Urlaubsgefühle stellen sich unweigerlich ein. Auf der Speisekarte finden sich viele Produkte eigener Erzeugung, denn ein landwirtschaftlicher Betrieb ist an das Gasthaus angeschlossen. Hausmacherwurst, selbst gebackenes Brot, gutbürgerliche Küche, Kinderteller, Vesperkarte.

In die Wolfsschlucht und zur Burganlage Zwingenberg

Zwingenberg. ✆ 06263/411010 (Anmeldung Mo – Fr 9 – 15 Uhr), Fax 4110114. www.schloss-zwingenberg.de. sekretariat@schloss-zwingenberg.de. **Bahn/Bus:** ↗ Zwingenberg. **Auto:** Von ↗ Eberbach kommend liegt am Ortseingangsschild Zwingenberg links der Parkplatz Wolfsschlucht. **Infos:** Schlossbesichtigung, auch spezielle Erlebnisführungen für Kinder, für Gruppen nach Voranmeldung.

▶ Direkt am Parkplatz befindet sich das **Restaurant Wolfsschlucht,** dahinter führt der Weg nach links zur Schlucht, ein Schild weist euch den Weg. Die Schlucht ist wildromantisch, Pflanzen wuchern so üppig, dass es an einen Urwald erinnert. Von mächtigen Ulmen hängen Lianen hinab, moosüberwachsene Felsen liegen in einem kleinen Wildbach, der in der Schlucht rauscht. Kleine Brücken überqueren den Bach an mehreren Stellen. Zu beiden Seiten des Baches führen schmale Trampelpfade an den Hängen der Schlucht entlang. Vorsicht bei Regen, alles ist dann sehr glitschig! Ihr solltet hier unbedingt feste Schuhe tragen, auch im Sommer. Am Ende der Schlucht könnt ihr ans Wasser hinab und dort über die zugewucherten Steine kraxeln. Auf der rechten Schluchtseite (wenn ihr mit dem Gesicht zur Schlucht steht) geht ein Weg den Hang hinauf, er führt zur Burg Zwingenberg. Der Aufstieg zur Burg lohnt sich, obwohl sie für Einzelpersonen nicht zu besichtigen ist.

Vor der Burg steht ein riesiger alter Mammutbaum, außerdem habt ihr einen herrlichen Blick auf den Neckar. Die Burg wurde im 13. Jahrhundert auf steilen Buntsandsteinfelsen erbaut. Ursprünglich war sie Zollstation für das Neckartal. Die Burgherren kassierten also von jedem, der auf dem Fluss Waren transportierte, Zoll. Damit machten sie sich natürlich nicht gerade beliebt und mussten immer damit rechnen, angegriffen zu werden. Da ein Angriff nur von der Bergseite her möglich war, ließen sie dort einen 10 m tiefen Graben in den Fels schlagen. Die Zwingenberger Herren verlangten so räuberische Wegzölle, dass Kaiser Karl IV. schließlich die Nase voll hatte und 1364 die Burg schleifte, das heißt, er ließ sie zerstören. Anfang des 15. Jahrhunderts wurde mit dem Wiederaufbau begonnen. Ein Umbau im 19. Jahrhundert nahm ihr den wehrhaften Charakter, sie sieht heute mehr wie ein Schloss aus. Nur der Bergfried ist aus dem Mittelalter erhalten.

Der breite Weg führt weiter bis nach Dielbach-Post. 1866 wurde angeblich in der Nähe dieses Ortes der letzte Wolf des Odenwaldes erlegt.

Die Burgfrau von Schloss Zwingenberg mit dem sehr zahmen Burgkater Minka

Wanderung zur Ruine Minneburg

Neckargerach. **Lage:** Die mächtige Ruine liegt westlich des Neckars auf einem bewaldeten Berghang über Neckargerach. Etwa 1 Std Fußweg. **Bahn/Bus:** RB Eberbach – Mosbach. **Auto:** Bei Neckargerach den Neckar überqueren, hinter der Brücke gleich wieder rechts abbiegen und am Fluss entlang. Zuerst kommt der Waldparkplatz »Ziegelhütte«, der Fahrweg endet am nächsten Parkplatz.

Hunger & Durst

Zur Wolfsschlucht, Alte Dorfstraße 1 (an der B37), 69439 Zwingenberg. ✆ 06263/427562. www.zurwolfsschlucht.de. Täglich ab 11 Uhr. Preiswert, gutbürgerlich, im Sommer gemütlicher Biergarten.

Woher weiß man, wie alt ein Baum ist? Das könnt ihr auszählen, wenn ihr einen zersägten Baumstamm oder Ast entdeckt. Ihr müsst nur die Jahresringe zählen, die auf der Schnittfläche zu sehen sind. So viel Ringe, so viele Jahre alt war der Baum, als man ihn fällte. Innen im Kreis liegen immer die ältesten Jahresringe, direkt unter der Rinde die jüngsten.

Wanderkarte Neckartal-Odenwald mit Hirschhorn, 1:20.000, 7 € bei der Tourist-Information.

▶ Vom Parkplatz weist das Schild »Minneburg« steil einen Pfad hinauf, hier werdet ihr am Ende des Rundweges herunterkommen. Ihr nehmt nun aber zunächst den breiten Weg nach Westen, der in den Wald hineinführt. Es geht stetig bergan. Nach ungefähr 20 Minuten zweigt der Weg R links ab, auch dieser Weg führt zur Minneburg. Falls ihr schon schlapp sein solltet, folgt ihm. Ansonsten weiter geradeaus gehen, bis zu einer Kreuzung (bis hierher braucht ihr ungefähr 40 Minuten). Hier ist »Minneburg 2,2 km« angeschrieben, und nun geht es in einer Haarnadelkurve zurück Richtung Osten. Bevor ihr diesen Weg nehmt, könnt ihr aber noch wenige Meter weiter geradeaus zum **Kellersbrunnen** laufen. Dort steht eine kleine Hütte und Wasser sprudelt in einen Trog (kein Trinkwasser). Danach also zurück zur Kreuzung und jetzt verläuft der Weg auf gleicher Höhe fast eben.

Die **Minneburg** sieht durch ihre gewaltigen Befestigungstürme beeindruckend aus. Es ist sehr spannend, die große Ruine zu erkunden. Ihr könnt in einen finsteren Keller hinabsteigen, wo es ohne Taschenlampe sehr unheimlich ist. Oder im Palas, dem früheren Wohngebäude, eine Wendeltreppe erklimmen. Vor der Burg gibt es eine Wiese mit Feuerstelle, an der Grillen und Feuermachen erlaubt sind. Dazu gibt's einen herrlichen Ausblick. Neben der Burg ist eine kleine Wiese mit Sitzgruppen, wo man an heißen Tagen im Schatten seine mitgebrachten Sachen verzehren kann.

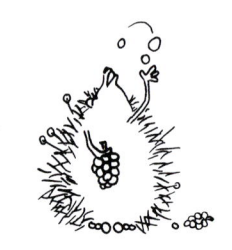

Natur und Umwelt erforschen

Naturparkzentrum Eberbach

Kellereistraße 36, 69412 Eberbach. ✆ 06271/72985, Fax 942274. www.naturpark-neckartal-odenwald.de. info@naturpark-neckartal-odenwald.de. **Bahn/Bus:** ↗ Eberbach. 5 Min Fußweg in die Altstadt. **Zeiten:** Di – Do 14 – 16.30 Uhr. Für Schulklassen und andere Gruppen nach telefonischer Vereinbarung. **Preise:** Eintritt frei.

▶ In den 10 Räumen des historischen *Thalheimschen Hauses* – das älteste Steingebäude der Stadt – geht es um ökologische Zusammenhänge und Wechselbeziehungen zwischen Mensch und Natur, aber auch um die Kulturgeschichte der Region. Dabei werden die Besucher mit eingebunden, zum Beispiel sollen sie beim Thema »Lebensraum Streuobstwiese« Tiere erkennen und ihrem natürlichem Lebensraum zuordnen. Sehr interessant für etwas ältere Kinder. Vor allem auch für Schulklassen ist das hervorragende, fächerübergreifende Informationsangebot in dieser Ausstellung lohnend.

Auf dem Katzenbuckel

Alte Marktstraße 4, 69429 Waldbrunn. ✆ 06274/9302-12, Fax 9302-51. www.waldbrunn-odenwald.de. tourismus@waldbrunn-odenwald.de. **Bahn/Bus:** ↗ Waldbrunn. **Zeiten:** Mo – Fr 8.30 – 12 Uhr. **Infos:** Zu geologischen Führungen bei der Tourist-Information oder bei Mineralogisches Büro Dr. Andreas Landmann, ✆ & Fax 07261/63430, www.mineral-fascination.biz, dralandmann@t-online.de.

▶ Der höchste Berg des Odenwaldes sieht trotz seiner 628 m, wenn ihr vom Neckar her über Waldbrunn kommt, enttäuschend flach aus. Aber wusstet ihr, dass er aus einem Vulkan entstanden ist? Eine Infotafel am Parkplatz bei der Turmschenke erzählt euch mehr darüber. Vom Parkplatz aus braucht ihr etwa 20 Minuten bis zum **Aussichtsturm** auf dem Gipfel. Wer die 98 Stufen des Turms erklimmt (oder waren es 89, 97 oder 99?), wird zumindest mit einem prächtigen Panoramablick belohnt. Natürlich könnt ihr auch von Waldbrunn aus hinlaufen, es ist gut ausgeschildert. Ihr könnt in der **Turmschenke** einkehren. Am Ende des Parkplatzes liegt ein schöner kleiner See in einem Steinbruch, in dem man leider nicht baden darf.

Ein sehr interessantes Programm hat die natur- und erlebnispädagogische Aktionswerkstatt Wurzel-Werk.e.V., Unterhöllgrund 23, 69429 Waldbrunn. ✆ 06274/927619.

Hunger & Durst

Turmschenke Katzenbuckel, 69429 Waldbrunn. ✆ 06274/383. www.turmschenke.de. 10 – 22 Uhr, Di Ruhetag. Wildgerichte, Odenwälder Spezialitäten und Vollwertkost. Bei schlechtem Wetter sitzt man geschützt im verglasten Vorbau, bei Sonne draußen.

Der Stoff, aus dem die Burgenträume bestehen: Roter Neckarsandstein

Interessant ist der **Lehrpfad Weg der Kristalle,** der an der Turmschenke beginnt und auch zum Turm hinaufführt. Er informiert über die einzigartige Geologie des Katzenbuckels. Achtung: Der Pfad führt abenteuerlich um den Vulkansee herum, er ist nicht durch ein Geländer gesichert. Vorsichtig sein, die Felswand geht steil in die Tiefe.

Tierparks und Gärten

Wo gegen alles ein Kraut gewachsen ist: Der Heilkräutergarten in Eberbach

In der Au, 69412 Eberbach. www.eberbach.de. tourismus@eberbach.de. Auf der südlichen Seite des Neckars, gegenüber der Altstadt, hinter den Tennis- und Sportplätzen. **Bahn/Bus:** ↗ Eberbach. **Zeiten:** Immer geöffnet. **Preise:** Eintritt frei.

▶ Sicher wisst ihr, dass viele Pflanzen wie Pfefferminze, Anis, Kamille oder Hagebutte Wirkstoffe enthalten, die Krankheiten heilen können. Als es die Arzneimittel von heute noch nicht gab, kannten die Menschen sich aber schon gut mit Mitteln aus, die ihnen zum Beispiel gegen Erkältung oder Durchfall halfen. In diesem Heilkräutergarten seht und riecht ihr Pflanzen, die gegen Krankheiten eingesetzt werden, z.B. die sonnengelbe Ringelblume. Aus ihr werden Salben

Bei der Tourist-Info gibt es eine Broschüre zum Heilkräutergarten, in der Pflanzen abgebildet sind und erklärt wird, gegen welche Krankheit sie helfen.

gemacht, die Wunden gut verheilen lassen. Manche Pflanzen werden auch als Gewürze in der Küche verwendet, wie der Salbei, der aber auch in vielen Hustenbonbons und Erkältungssäften enthalten ist. Andere Pflanzen sind hochgiftig, nur in genau dosierten Mengen sind sie als Heilmittel zu verwenden, wie die Tollkirsche, die hier ebenfalls gezogen wird. Also Vorsicht, nichts in den Mund stecken!

Lest nach, wozu all die anderen Kräuter dienen, ↗ Norden & Westen, Kleine Odenwälder Pflanzenkunde.

Auf dem Gelände der Landesgartenschau in Mosbach

74821 Mosbach. www.mosbach.de. info@mosbach.de. Am Ufer der Elz in der Nähe des Bahnhofs neben den Gleisen, ausgeschildert. **Bahn/Bus:** ↗ Mosbach. **Zeiten:** Frei zugänglich. **Preise:** Eintritt frei. **Infos:** Hunde verboten. Toiletten beim Pavillon in der Nähe des Kinderspielparadieses, im Kleinen Elzpark bei der Gaststätte und am anderen Ende des Geländes bei den großen Hallen (dort auch Wickelraum), zum Teil nur an Wochenenden und im Sommer geöffnet.

▶ Das Gelände der Landesgartenschau von 1997 unterteilt sich in den Großen und den Kleinen Elzpark, den Stadtgarten und den Loretto-Park. Von der Altstadt aus erreicht ihr es über eine Fußgängerbrücke, gut ausgeschildert. Ihr trefft zunächst auf das **Kinderspielparadies** mit vielen Klettermöglichkeiten. Im Haus des Kunstvereins Neckar-Odenwald, dem **Alten Schlachthaus,** könnt ihr Di, Do und am Wochenende Kunstausstellungen ansehen. Dahinter spaziert ihr durch einen **Klanggarten** und kommt zu einem Teich, in dessen Mitte sich ein buntes Kunstobjekt langsam dreht.

Durch den bald 100 Jahre alten **Stadtgarten,** in dem im Sommer eine herrliche Blütenpracht aus den farblich aufeinander abgestimmten Beeten leuchtet, gelangt ihr in den **Kleinen Elzpark.** In diesem Gebiet gibt es für Kinder viel zu entdecken. Zum Beispiel den Weidenspielplatz, auf dem Hütten und Tunnel nur aus Weidenästen gebaut sind, sowie einen Fel-

Braucht ihr viel Platz für Ballspiele oder Ähnliches, geht ihr vom Kleinen Elzpark weiter geradeaus, an den Hallen vorbei, über eine Fußgängerbrücke zum **Großen Elzpark,** in dem es große Naturwiesen gibt.

Lustig: Die Skulptur sieht aus, als sei ein Narr samt Kappe baden gegangen

AM NECKAR

FOTO: A. DE SELINGER

Verklemmt: Entweder ist das Kind zu groß oder die Schaukel zu klein ...

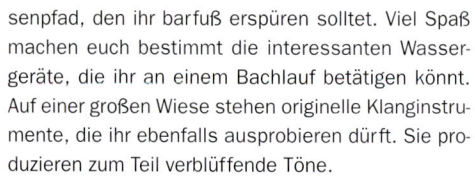

senpfad, den ihr barfuß erspüren solltet. Viel Spaß machen euch bestimmt die interessanten Wassergeräte, die ihr an einem Bachlauf betätigen könnt. Auf einer großen Wiese stehen originelle Klanginstrumente, die ihr ebenfalls ausprobieren dürft. Sie produzieren zum Teil verblüffende Töne.

Geht ihr vom Kleinen Elzpark über die Brücke zum anderen Ufer der Elz, kommt ihr zur »Street«, wo ein Parcours für Inline-Skater und Skateboards aufgebaut ist, außerdem gibt es ein Streetballfeld. Durch den Skulpturengarten und den angrenzenden **Loretto-Park,** in dem die alten Bäume noch aus der Zeit stammen, als Mosbach 1913 Luftkurort gewesen war, gelangt ihr wieder zur Fußgängerbrücke, eurem Ausgangspunkt.

Freizeit- und Erlebnisparks

Klettern und kraxeln im Hochseilgarten Neckargemünd

Thomas Strifler, Schwimmbadstraße 40, 69151 Neckargemünd. ✆ 06223/805508, Fax 805509. www.hochseilgarten-neckargemuend.de. info@hochseilgarten-neckargemuend.de. **Bahn/Bus:** ↗ Neckargemünd, 10 Min Fußweg am Neckar entlang. **Auto:** An der B37 im Neckargemünder Ortsteil Kleingemünd. Orientierung an Sportplätzen und Schwimmbad. **Zeiten:** Sa, So und Fei für Einzelbucher und Gruppen ganzjährig geöffnet; nicht jedes Wochenende geöffnet, vorher Homepage ansehen oder anrufen. Mo – Fr nur Gruppen. **Preise:** Programm für Kinder 8 – 12 Jahre 17 € (ab 8 Kinder), Selbstsicherungsbereich (ab 1,50 m Körpergröße) 25 €; Familienpreis (ab 3 Pers) 20 % auf den Normalpreis. Gruppen: Schulen und soziale Einrichtungen ca. 3,5 Std 21 € pro Person. **Infos:** Anmeldung erforderlich.

▶ Ein aufregendes Ziel! Auf Baumstämmen in luftiger Höhe ist ein Hindernisparcours errichtet. In bis zu

12 m Höhe könnt ihr Übungen mit unterschiedlichen Schwierigkeitsgraden ausprobieren. Noch am Boden bekommt ihr eine Einweisung in den Klettergarten und die Ausrüstung. Dann kraxelt ihr auf Seil- und Balkenkonstruktionen herum. Die Trainer des Hochseilgartens unterstützen euch dabei.

Das **Kinderprogramm** gilt für etwa 8- bis 12-Jährige, dazu gehören Kletterwand, Riesenschaukel und Pamper-Pole, Dauer ca. 2 Stunden. Mindestens 8, höchstens 12 Kinder können teilnehmen, Personen ab 1,50 m Körperlänge dürfen in den Selbstsicherungsbereich, mind. 8 Teilnehmer, Dauer ca. 1,5 Stunden. Mit Teamübungen dauert es im Selbstsicherungsbereich 2,5 Stunden, mind. 2 Personen.

Indoorspielplatz BenneÜ

Jörg Grothe, Am Eisweiher 10, 74821 Mosbach. ✆ 06261/136139, www.hallenspielplatz-mosbach.de. jsggrothe@aol.com. **Bahn/Bus:** ↗ Mosbach. **Zeiten:** Mo – Fr 14.30 – 19 Uhr, Sa 13 – 19.30 Uhr, So, Fei und in den Ferien täglich 11 – 19 Uhr. **Preise:** 3 €, ab 17 Uhr 1,80 €. Monatskarte 14 €; Kinder 16 Monate – 2 Jahre 4,80 €, 2 – 16 Jahre 5,80 €, ab 17 Uhr 4 €, Monatskarte 29 €; Studenten, Senioren und Behinderte 2,70 €. Familien (2 Erw, 2 Kinder) 16 €, ab 17 Uhr 10 €. **Infos:** Mo freier Eintritt für Mütter, Mi für Väter und Großeltern. Sonderpreise für Gruppen möglich.

▶ In diesem Spielparadies kann ein regnerischer Tag gut überstanden werden. Es gibt einen riesigen Kletterturm mit Ballschussanlage und einen Kletterberg (14 x 15 m). Zum Austoben stehen außerdem Trampoline und eine Hüpfburg zur Verfügung. Ein weiterer Anziehungspunkt ist die Riesenrutsche, und für alle, die eine Badehose einpacken, der Wasserspielplatz. Für Kleinkinder bis 3 Jahre ist ein eigener Bereich abgetrennt. Fahrkünstler können ihre Fähigkeiten entweder auf den Bumper-Booten oder im großen Fuhrpark testen, für Sportliche gibt es die Fußballfelder.

Hunger & Durst

Die Rainbach, Ortsstraße 9, 69151 Neckargemünd-Rainbach. ✆ 06223/2455. www.rainbach.de. Täglich 11 – 23 Uhr.

Happy Birthday!

Für eure Party stehen ein Raum und extra Angebote zur Verfügung. Teller, Besteck und Becher sowie eine Überraschung fürs Geburtstagskind sind inklusive. Ab 2,40 € zzgl. Eintritt pro Person. Geburtstagskinder zahlen keinen Eintritt!

HANDWERK UND GESCHICHTE

Die 4 Burgen von Neckarsteinach

Hauptstraße 47, 69239 Neckarsteinach. ✆ 06229/9200-0, Fax -19. www.neckarsteinach.com. **Länge:** Vom Parkplatz Vier Burgen führen Pfade hinauf zu den Ruinen, nicht mit Kinderwagen begehbar. Wanderwege auf Infotafel angegeben. **Bahn/Bus:** S-Bahn Heidelberg – Eberbach. **Auto:** B37 am Neckar entlang. Zu den Burgen: von Heidelberg kommend links Parkplatz Vier Burgen, 250 m vor Ortsbeginn Neckarsteinach. **Zeiten:** Mo – Fr 8 – 12, Do 14 – 17 Uhr. **Infos:** Besucher mit Kinderwagen: im Ort parken oder vom Parkplatz in den Ort laufen, von dort führt ein breiter Weg hinter der Mittelburg entlang zur Hinterburg hinauf. Die höchst gelegene Ruine, das so genannte Schwalbennest (Schadeck), ist mit dem Kinderwagen nicht zu erreichen.

▶ Neckarsteinach ist einer der wenigen Orte, in dem die viel befahrene Straße nicht direkt am Fluss entlangführt. So ist Neckarsteinachs 5 km lange Uferpromenade auch mit Kinderwagen ideal für einen Spaziergang geeignet. Neckarsteinach hat außerdem eine nette Altstadt mit Fachwerkhäusern und schmalen Gassen.

An der Hauptstraße hat der **Schifferverein** einen Ausstellungsraum eingerichtet, eine Art großes Schaufenster, neben der Bushaltestelle. Darin ist der originalgetreue Nachbau eines Neckarschiffes aus dem späten 17. Jahrhundert ausgestellt. In jener Zeit erlebte die Neckarschifffahrt ihren ersten Höhepunkt. Holzschiffe wie dieses schöne Modell mit 120 t Tragfähigkeit transportierten Güter zum Rhein.

Hunger & Durst

Zum Schwanen, Neckarstraße 42, 69239 Neckarsteinach. ✆ 06229/7566. Biergarten Di – So 11 – 23 Uhr. Warme Küche 11.30 – 14.30 und 17.30 – 22 Uhr. Preiswerte, gutbürgerliche Gerichte. Prächtiger Biergarten unter alten Kastanien.

Die Hinterburg und das Schwalbennest

Neckarsteinach. ✆ 06229/313 (Tourist-Information), info@neckarsteinach.de. **Bahn/Bus:** ↗ Neckarsteinach. **Zeiten:** Immer zugänglich. **Preise:** Eintritt frei.

▶ Kraxelt ihr auf den schmalen Wegen etwa 10 Minuten vom Parkplatz den Hang hinauf, gelangt ihr zunächst zur Hinterburg. Sie wurde um 1200 erbaut und war die Stammburg der Herren von Steinach. Die

Burgherren konnten von hier oben das Neckartal überwachen. Die Hinterburg war klein, aber sehr wehrhaft. Ihre Bewohner rechneten wohl ständig mit Angriffen. Von dem hohen Turm, dem Burgfried, ließen sich anrückende Bösewichte früh erkennen. Bei Gefahr flüchteten sich die Burgbewohner über einen Zugang, der hoch über dem Boden lag, in den dickwandigen Turm. Rasch zogen sie die Leiter hinter sich ein, und schon waren sie hinter den mächtigen Mauern in Sicherheit, zumindest solange ihre Wasser- und Lebensmittelvorräte nicht aufgebraucht waren. Ein breiter und tiefer Graben, der die ganze Anlage umgab, bildete ein zusätzliches Hindernis für Angreifer.

Der Erbauer hieß Bligger I., dieser seltsame Name stammt von den Germanen und bedeutet soviel wie Blitzspeer. Die Herren von Steinach hatten eine Vorliebe für diesen Namen, auch der nächste Erbe der Burg hieß so. In den Jahren 1165 bis 1210 ließ der Minnesänger und Dichter **Bligger II. von Steinach** die Burg ausbauen. Gut hundert Jahre darauf, im Jahr 1344, war sie angeblich schon »wüst und zerfallen«. Was war wohl geschehen? Keiner weiß es. Denkt euch eine Geschichte aus! Seit 1910 sind die malerischen Ruinen Eigentum des Landes Hessen. Ihr könnt auf den von Pflanzen überwucherten Mauerresten herumklettern und einen Aussichtsturm mit Blick auf den Neckar besteigen.

Doch eine Steigerung ist tatsächlich noch möglich: Noch romantischer und mit noch fantastischerer Aussicht präsentiert sich die Burgruine Schadeck, auch Schwalbennest genannt, bestimmt, weil sie so hoch oben am Berg klebt. Weitere 15 Minuten müsst ihr euch von der Hinterburg aus auf dem Weg Nr. 1 nach oben kämpfen, um den atemberaubenden Blick genießen zu können. Um 1230 wurde das Schwalben-

FOTO: ALICE SELINGER

Verwirklichung hoch fliegender Träume: Burg Schadeck, das Schwalbennest unter den 4 Burgen

*Die Harfe in Neckarsteinachs Stadtwappen geht auf **Bligger II.** (1152 – 1210) zurück. Minnesänger lobpreisten in ihren zur Harfe vorgetragenen Liedern die Vorzüge ihrer »frouwe«, einer Burgherrin, der sie ergeben dienten. Die Minnesänger waren selbst meist adliger Herkunft, aber an Heirat mit der Vergötterten war trotzdem nicht zu denken, denn dann hätten sie ja keinen Grund mehr für ihre Liebeslieder gehabt!*

AM NECKAR

nest von einem weiteren Bligger erbaut. Dieser hatte nämlich für sein Bauvorhaben auf dem nun schon mit Burgen dicht bebauten Bergrücken kaum noch einen geeigneten Platz gefunden, daher errichtete er sein Heim wohl in einer so ungewöhnlichen Lage. Der Bau der Schadeck muss sehr kompliziert gewesen sein. Bei Gefahr zogen sich die Bewohner auf den gedeckten Wehrgang der hohen Schildmauer zurück. Den Zugang zur Schildmauer (ihr könnt sie selbst besteigen) sicherte ein Guckloch, durch das Angreifern Pech oder glühende Kohlen auf den Kopf gekippt werden konnten.

1657 wurde die Schadeck an Wolf Heinrich von Metternich verkauft, einem Mitglied des rheinischen

ZUGBRÜCKE, BERGFRIED & ANGSTLOCH: ALLES, WAS EINE BURG SO BRAUCHTE

▶ Burgen wurden oft auf einem **Berg** angelegt, damit Angreifer schon in der Ferne zu erkennen waren. Es standen auch keine Bäume oder Büsche um die Burgen herum, denn sie hätten Feinden Deckung geboten. Das Burggelände umschloss meist ein Graben, der manchmal mit Wasser gefüllt war. Umschloss er die ganze Burg, nennt man ihn *Ringgraben*. Zum äußeren Burgtor führte eine **Brücke**, meist eine *Zugbrücke*, die hochgezogen werden konnte. Ein eisernes Fallgitter, an Seilen oder Ketten aufgehängt, sicherte das Tor zusätzlich.

Vor der *Kernburg* lag oft noch eine **Vorburg** mit Wirtschaftsgebäuden. Vor die **Ringmauer**, die die Burg umfasste, wurde oft noch eine zweite, niedrigere Mauer gesetzt. Der freie Platz dazwischen bildete den so genannten *Zwinger*. Auf der Ringmauer verlief der *Wehrgang*. Eine Brüstung sicherte ihn, auf die Zinnen aufgesetzt waren, hinter denen die Verteidiger stehen konnten. In Deutschland war der Wehrgang wegen der Witterung oft überdacht. *Schießscharten* ermöglichten den Burgmännern, mit Schusswaffen, Bogen oder Armbrust zu schießen. Je nach Art der benutzten Waffen waren die Schießscharten unterschiedlich gestaltet. Bei manchen Anlagen gab es noch eine *Schildmauer*, einen gewaltigen Mauerbau, der nur die Angriffsseite der Burg

Adelsgeschlechts, das im 18. Jahrhundert zu österreichischen Fürsten erhoben wurde und großen politischen Einfluss hatte.

Die Mittel- und die Vorderburg
Neckarsteinach. ✆ 06229/313 (Tourist-Information), Fax 318. info@neckarsteinach.de.

▶ Vom Schwalbennest könnt ihr euch nun wieder hinab zur Hinterburg begeben und von dort dann auf einem breiten Weg in wenigen Minuten nach Neckarsteinach laufen. Auf dem Weg von der Hinterburg nach Neckarsteinach kommt ihr an der **Mittelburg** vorbei, sie liegt näher bei der Stadt. Sie ist heute noch in Privatbesitz und bewohnt, hier leben die Herdeckte. Auf ihrer Wehrplatte konnten Wurf- und Schleudermaschinen aufgestellt werden.

Der innere Bereich der Burg war der **Burghof.** Er war meist ganz von Gebäuden umschlossen, die an die Innenseite der Ringmauer gebaut waren. Im Burghof stand der **Bergfried,** der Hauptturm, der als letzte Zuflucht diente, wenn Feinde ins Innere der Burg eindrangen. Er hatte meterdicke Mauern und sein Zugang lag einige Meter über der Erde und war nur über eine Leiter erreichbar, die dann hoch gezogen wurde. Im Schacht unterm Bergfried lag oft ein Verlies. Gefangene wurden durch das *Angstloch* mit einer Art Winde in das Verlies hinuntergelassen – wenn sie nicht einfach reingeworfen wurden.

Im obersten Geschoss des Bergfrieds befand sich eine Wachstube und darüber eine Plattform, die von einer Brüstung mit Zinnen umgeben war. Das eigentliche Wohngebäude war der **Palas,** bei großen Burgen befand sich im Obergeschoss des Palas ein Saal mit einem riesigen Kamin für Feste und Versammlungen. Im Erdgeschoss lagen oft die Küche und der Speiseraum. *Kemenaten,* die mit einem Kamin beheizt wurden, hießen die Schlafzimmer.

Eine **Burgkapelle** gehörte zu jeder Burg. Um unabhängig zu sein, brauchte jede Burg einen Brunnen, ein Backhaus, Speichergebäude und Kellerräume für Lebensmittel und Getränke sowie Ställe für die Tiere. ◀

Hunger & Durst
Bistro Stadtgarten, Schiedweg 22, ✆ & Fax 06229/2434. März – Okt täglich 12 – 22 Uhr. Netter Biergarten unter Platanen, direkt am Neckar. Französische Spezialitäten, bretonische Crêpes. Die Chefin ist Französin. Kinder können herumtollen, denn der kleine Stadtgarten mit Springbrunnen schließt gleich an.

Im Sommer finden **Konzerte** und **Theateraufführungen** wie das historische Volksstück »Rose von Dilsberg« im Burghof statt.

ren von Warsberg, Nachfahren der Herren von Steinach, die einst all die Burgen gebaut haben. Die Mittelburg ist nicht zu besichtigen, nur in den Innenhof dürft ihr hineinschauen.

Sie wurde 1170 erbaut, von dem Bruder des Minne singenden Bligger, einem gewissen Conrad. Die Stammburg erbte nämlich immer der älteste Sohn, die jüngeren mussten dann sehen, wie sie es zu einer eigenen Burg brachten. Conrad errichtete also seine Mittelburg ein Stück entfernt von der Stammburg seiner Familie. Sie wechselte in ihrer langen Geschichte häufig den Besitzer. Von 1530 bis 1653 gehörte sie der Familie der Landschaden, die auch das Schwalbennest lange Zeit besaß. Durch Umbauten 1820 hat die Mittelburg ihren wehrhaften Charakter verloren, sie sieht seitdem eher wie ein Schloss aus. Noch ein Stück neckaraufwärts baute sich ein weiterer jüngerer Sohn eine Burg – die **Vorderburg,** die ebenfalls in Privatbesitz und nicht zu besichtigen ist. Von ihr ist nicht viel zu sehen, da sie von einem Park umgeben ist. Sie ist kleiner als die anderen Burgen und liegt direkt über Neckarsteinach.

Burgen und Brunnen

Wie Huckleberry Finn die Feste Dilsberg erkunden
Neckargemünd-Dilsberg. ✆ 06223/6154, 4877289, Fax 4877298. www.burg-dilsberg.de. info@burg-dilsberg.de. **Bahn/Bus:** ↗ Neckargemünd, BRN Bus 7021, 16 x täglich, an den Wochenenden seltener. Bus 35 ab Heidelberg/Bismarckplatz. **Auto:** Östlich von Neckargemünd, am südlichen Neckarufer. (B37 führt bei Neckargemünd an das Nordufer). Großer Parkplatz vor dem alten Stadttor, von dort wenige Min Fußweg durch die romantische kleine Altstadt zur Burgruine. **Zeiten:** März – Okt täglich 10 Uhr bis zur Dämmerung. Nov – Feb an regenfreien Wochenenden und Fei 13 – 17 Uhr.

Preise: 2 €; Kinder 6 – 16 Jahre 1 €; Gruppen, Studenten, Behinderte 1 €, Familien 5 € (Eltern mit ihren schulpflichtigen Kindern). **Infos:** Wechselnde Veranstaltungen im ganzen Jahr, Kinderprogramme an den Wochenenden und in den Ferien.

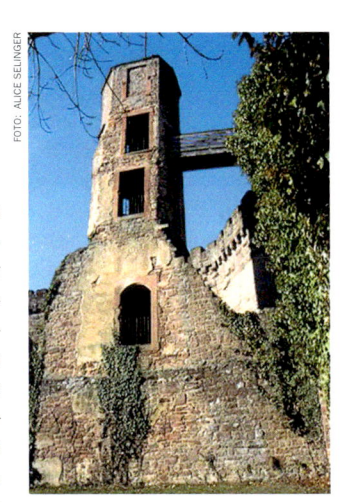

▶ Hoch über dem Fluss gelegen, bieten die Ruinen der Feste Dilsberg Abenteuerliches. Als Erstes könnt ihr oben auf der Burgmauer wie ein mittelalterlicher Wachmann zwischen den Zinnen entlang stolzieren oder den prächtigen Blick vom Turm genießen, der von der Mauer aus über einen Steg betreten wird. Die mächtige Mauer gehört zu den ältesten Teilen der Burg, die Zinnen, die sie bekrönen, sind jedoch eine Zutat des 19. Jahrhunderts. Mehrere Gebäude der Burg sind relativ gut erhalten, auch der Turm aus dem 16. Jahrhundert.

Kulisse für Spiele und Konzerte: Feste Dilsberg

Die Grafen von Lauffen, eine einflussreiche Adelsfamilie, die zwischen 900 und 1100 eifrig in der Geschichte mitmischte, ließen die Burg auf dem Dilsberg um 1150 errichten. Zum einen bot die Burg die Möglichkeit, die Verkehrswege durch das Neckartal zu kontrollieren. Zum anderen drückte der Besitz einer Burg auf eindeutige Weise aus, dass man etwas Besonderes war.

Der sagenhafte Brunnenstollen

▶ Im Burghof der **Feste Dilsberg** befindet sich ein tiefer Brunnen, mit dem es eine ganz besondere Bewandtnis hat. Zu diesem Brunnen führt nämlich ein sehr alter Stollen, der zu besichtigen ist. An der Kasse bekommt ihr den Schlüssel zum Eingang des Stollens gegen einen Pfand ausgehändigt. Schilder »Historischer Brunnenstollen« weisen euch den Weg um den Burgberg herum den Hang hinab. Der Pfad ist sehr schmal und mit Kinderwagen nicht zu bewältigen.

Hunger & Durst
Pippifax Burgcafé, Obere Straße 13, Feste Dilsberg, 69151 Dilsberg, ✆ 06223/925900, www.pippifax.net. Mi 13 – 20, Do 12 – 20, Fr 13 – 22, Sa 13 – 20 und So 13 – 18 Uhr. Do Suppentafel. Nach Voranmeldung auch außerhalb der Öffnungszeiten.

Ab Mai gibt es bei gutem Wetter jeden Sonntag um 14.30 Uhr eine **Burgführung.** Treffpunkt Burghof, Erw 2,50 €, Kinder 1 €. Nach Anmeldung bei der Tourist-Information 1- bis 2-stündige **Altstadtführungen** und Themenführungen wie »Auf den Spuren Mark Twains« oder »Neckargemünd in Malerei und Literatur«, für Gruppen bis 30 Pers, 30 – 56 €.

Hunger & Durst
Gasthaus Deutscher Kaiser, Burghofweg 8, 69151 Neckargemünd. ✆ 06223/2186. www.kaiser-dilsberg.de. Ab 11.30 Uhr durchgehend geöffnet, warme Küche bis 14.30 und 17.30 – 21.30 Uhr. Nachmittags Kuchen und Vesperkarte. Innerhalb der Burgfeste.

Der Stollen wurde 1650 – 1680 waagrecht in den Hang hinein gebaut. Lange wurde vermutet, dass er als Fluchtweg für die Burgbewohner gedacht war. Doch wahrscheinlich diente er nur als Belüftungsstollen, damit die Arbeiter bei der Vertiefung des Brunnens nicht durch giftige Gase gefährdet wurden. Der Brunnen wurde in reiner Handarbeit, ohne Sprengungen, nur mit Hammer, Meißel und Schlägel 78 m in die Tiefe getrieben. Etwa 105 Schritte können Wagemutige zwischen engen, feuchten Felswänden dem leicht gewundenen Gang bis zum Burgbrunnen folgen, der hier unten nur noch wenige Meter tief ist. Stellenweise ist der Gang nur etwa 1,50 m hoch!
Wie es zur Entdeckung des Stollens kam? Vor der Wiederentdeckung des Stollens gab es lange Jahrzehnte die Sage, ein Geheimgang ginge unter dem Neckar hindurch von der Burg Dilsberg zu einer der vier Neckarsteinacher Burgen. Diese Geschichte beeindruckte auch den amerikanischen Schriftsteller **Mark Twain,** den Verfasser der berühmten Abenteuergeschichten von »Tom Sawyer« und »Huckleberry Finn«. Nach einem Besuch der Festung Dilsberg schrieb Mark Twain eine Erzählung darüber. Die Lektüre dieser Erzählung wiederum beschäftigte den Deutsch-Amerikaner Fritz von Briesen so sehr, dass er extra aus New York zur Dilsberg reiste, um den sagenhaften Tunnel zu suchen. Er seilte sich in den Brunnen ab und entdeckte dort unten tatsächlich den Stolleneingang. Daraufhin finanzierte er sogar die Arbeiten, um den Stollen 1926 wieder freilegen zu lassen.
Zurück vom Stollen kommt ihr an dem **Historischen Schlossgarten** vorbei, einem wunderbaren Picknickplatz mit Rosenbeeten und großer Rasenfläche.

Geheimnisumwitterte Burgruine: Burg Reichenstein
Neckargemünd. ✆ 06223/3553, Fax 73784. www.neckargemuend.de. touristinfo.neckargemuend@t-on-

line.de. **Bahn/Bus:** S1, S2 bis Neckargemünd Bhf.
Auto: Von Heidelberg über B37 nach Neckargemünd.
Zeiten: Ganzjährig frei zugänglich.

▶ Lust auf ein kleines Abenteuer? Dann nichts wie los auf die Burg Reichenstein, deren geheimnisvolle Ruine ihr heute erforscht. Die Ruine Reichenstein befindet sich südlich, oberhalb der Altstadt von Neckargemünd, in einem kleinen, parkähnlichen Wäldchen auf dem Berg Hollmuth. Als die Burg vermutlich im 12./13. Jahrhundert als staufische Reichsburg errichtet wurde, wurde sie strategisch so angelegt, dass man von oben aus das Neckartal, das Elsenztal und das Wiesenbacher Tal kontrollieren konnte. Der sogenannte Halsgraben schützte die Burg gegen den Bergrücken. Die Mauerreste könnt ihr noch heute erkunden und erklettern. So könnt ihr erahnen, wie sich die Ritter vor 800 Jahren vor Angriffen geschützt haben. Von den Innenbauten ist allerdings nichts mehr erkennbar.

Als königlicher Dienstmann saß Dieter Nessel von Mauer auf der Burg und wachte von dort aus über die Stadt. Einige der Herren von Mauer tragen in den Urkunden den Beinamen »Teufel«. 1286 wurde Dieter Nessel von Mauer wegen Hochverrats durch König Rudolf von Habsburg von der Burg vertrieben.

… und noch eine verwunschene Ruine
Burgruine Eberbach, 69412 Eberbach. stadt@eberbach.de. Im Osten von Eberbach. **Bahn/Bus:** ↗ Eberbach. **Auto:** An der Straße in Richtung Unterdielbach, linker Hand Parkplatz Burg Eberbach.

▶ Etwa 20 Minuten dauert der Aufstieg vom Parkplatz zur Ruine der Burg Eberbach, am Ende wird der Weg ziemlich steil, nichts für Kinderwagen. Diese Burg stammt aus dem 11. Jahrhundert und diente den Wormser Bischöfen sowie den Staufern zur Sicherung ihrer Machtgebiete. 1403 wurde sie zerstört und erst zu Beginn des 20. Jahrhunderts wieder freigelegt. Von hier oben habt ihr einen schönen Blick auf den Neckar, es ist ein toller Picknickplatz. Es gibt auch eine große Grillhütte, bei Regen habt ihr ein Dach über dem Kopf. Die Ruine ist weiträumig und von vielen Pflanzen überwuchert. Die verschiedenen Burgteile – Vorder-, Mittel- und Hinterburg – sind durch Stege miteinander verbunden.

AM NECKAR

Minigolf: Auf dem Campingplatz am Neckarufer gegenüber der Altstadt, neben dem Hallen- und Freibad. ✆ 06271/1071.

Hunger & Durst
Schlosshotel Hirschhorn, Auf der Burg, ✆ 06272/92090. www.schlosshotel-hirschhorn.de. Di – So 11 – 22.30 Uhr. Gerichte 14 – 20 €.

Alles andere als langweilig: Bei der Kinderführung durch die Burg Hirschhorn gibt es viel zu lachen und zu staunen

Wenn ihr Lust auf einen längeren **Fußmarsch** habt: Auch von Eberbach oder vom ↗ Wildgehege Holdergrund ist die Burgruine zu erreichen, von beiden Ausgangspunkten gut ausgeschildert.

Auf der Burg Hirschhorn
Hirschhorn (Neckar). www.hirschhorn.de. **Bahn/Bus:** ↗ Hirschhorn. **Zeiten:** Turmbesteigung 8 – 17 Uhr 0,30 €. **Infos:** Anmeldung zur Kinderführung bei der Tourist-Information, ✆ 06272/1742.

▶ Der erste Ritter von Hirschhorn wurde um 1270 erwähnt, aber erst im 14. Jahrhundert spielte die Sippe ein wichtige Rolle. Engelhard I. verstand sich gut mit dem damaligen Kaiser Karl IV. und wurde sehr reich. Um 1200 war die Hirschhorner Hangburg noch klein, doch dann baute Engelhard sie aus. Ein Palas mit 3 Stockwerken entstand und eine Burgkapelle. Die Kernburg wurde von einem noch inneren und äußeren Zwinger mit mächtigen Schildmauern umfasst. Zu Beginn des 15. Jahrhunderts entstand die Obere Vorburg mit ihren hohen Wehrmauern und Türmen. Im Süden, an einer besonders engen Stelle, wurde das Torhaus errichtet.

Seit neuestem könnt ihr bei einer **Führung nur für Kinder** die Burg erkunden. Keine Bange, dies ist keine öde Führung, bei der ihr euch langweilen müsst. Der Burgführer hat jede Menge spannende und unheimliche Geschichten zu erzählen und beantwortet viele Fragen: Wie verbringt ein Ritter seinen Tag? Womit haben Ritterkinder eigentlich gespielt? Mussten die auch zur Schule gehen, und hatten die überhaupt ein Klo?

© BURG HIRSCHHORN

Museen und Stadtführungen

Museum der Stadt Eberbach

Am Alten Markt, 69412 Eberbach. ✆ 06271/1664, Fax 807882. www.eberbach.de. tourismus@eberbach.de.
Bahn/Bus: ↗ Eberbach. 5 Min Fußweg die Bahnhofstraße und rechts in Hauptstraße bis Am Alten Markt.
Zeiten: Di und Fr 15 – 17, Sa und So 14 – 17 Uhr. Gruppen auch zu anderen Zeiten nach Voranmeldung.
Preise: Eintritt außer bei Sonderveranstaltungen frei.

▶ Hier lernt ihr viel zur Geschichte der Stadt und der Region. Es wird gezeigt, wie die Menschen früher Fische aus dem Fluss fingen, und wie wichtig der Neckar überhaupt einst für die Leute war, die an ihm wohnten. Wollt ihr wissen, wie die Kettenschifffahrt funktionierte, so könnt ihr es hier erfahren. Außerdem ist eine alte Apotheke ausgestellt, mit allerlei Gerätschaften zur Medikamentenherstellung und Porzellangefäßen, in denen Kräuter und Mineralien aufgehoben wurden.

Unter dem Dach gibt es eine Abteilung zu Wald und Natur, in der ihr allerlei über Pflanzen und Tiere erfahrt. Dort seht ihr zudem etwas ganz Besonderes, nämlich den letzten Wolf des Odenwaldes – leider ausgestopft.

Das Zinnfigurenkabinett im Haspelturm

Bürger- und Heimatverein Eberbach e.V., Alte Dielbacher Straße 5/2, 69412 Eberbach. ✆ 06271/87242, Fax 1319. www.eberbach.de. tourismus@eberbach.de. In unmittelbarer Nähe des Bahnhofs. **Bahn/Bus:** ↗ Eberbach. 3 Min Fußweg. **Zeiten:** Mai – Okt Mi und Sa 15 – 17 Uhr, So 14 – 17 Uhr sowie nach Vereinbarung. **Preise:** 1 €; Kinder bis 14 Jahre und Schüler frei.

▶ Habt ihr schon einmal mit einer Zinnfigur gespielt? Das Zinnfigurenkabinett zeigt die ganze Bandbreite der einst bei euren Großvätern so beliebten Figürchen, komplette Armeen sind zu bewundern, die in Gruppen zu bestimmten Szenen aufgebaut sind. Die

Weitere schöne Tipps für die Region südlich des Neckars findet ihr in »Kraichgau mit Kindern« von Marion Landwehr, 320 Seiten, 14,95 €, Peter Meyer Verlag, ISBN 3-89859-426-4.

AM NECKAR

Schmucker Gasthof: Am Marktplatz von Eberbach stehen schöne Häuser

große Vielfalt ist erstaunlich. Heute sind diese Figuren kostbare und begehrte Sammlerstücke.
In den fensterlosen Keller des Haspelturms aus dem 14. Jahrhundert wurden Gefangene mit Hilfe einer Winde (»Haspel«) hinabgelassen – und eventuell auch wieder heraufgezogen …

Ein Museum voller Fässer
Küferei-Museum, Werner und Friedel Helm, Pfarrhof 4, 69412 Eberbach. ✆ 06271/2704, Fax 2704. www.eberbach.de. **Bahn/Bus:** ↗ Eberbach. 5 Min Fußweg ins Ortszentrum. **Zeiten:** 1. Mai – 1. Oktoberwochenende Fr, Sa, So 14 – 17 Uhr. Andere Termine nach Absprache. **Preise:** Eintritt frei.
▶ Dieses kleine Küferei-Museum, das noch so aussieht, wie sie der letzte Eberbacher Küfermeister 1987 verlassen hat, beschäftigt sich mit einem Handwerk, das heute wohl kein Kind mehr kennt. Küfer stellten früher vor allem Fässer und Bottiche her. Ihr könnt euch vorstellen, dass es nicht einfach ist, aus geraden Holzbrettern ein rundes Fass zu bauen. Lasst euch zeigen, wie das gemacht wurde! Die einzige Maschine ist eine fast 100 Jahre alte Bandsäge, alles andere ist echte Handarbeit.

Das Langbein-Museum
Alleeweg 2, 69434 Hirschhorn (Neckar). ✆ 06272/1742, www.hirschhorn.de. tourist-info@hirschhorn.de. **Bahn/Bus:** ↗ Hirschhorn. **Zeiten:** Ostern – Okt Mi und So 15 – 17 Uhr, Führungen für Gruppen vormittags nach Absprache. **Infos:** Führungen für Schulklassen und andere Gruppen vormittags nach Absprache mit der Tourist-Information.
▶ Carl Langbein, der vor über 100 Jahren starb, war ein eifriger Sammler, und die Früchte seiner Bemühungen sind in dem nach ihm benannten Museum zu bewundern. Langbein wurde in Hirschhorn geboren, handelte mit Holz, Getreide und Rindern, betrieb eine Gaststätte und verdiente wohl recht gut. Doch er war

nicht nur als Geschäftsmann vielseitig, er sammelte die unterschiedlichsten Kunstgegenstände und Mineralien aus der Region, und nebenbei stopfte er noch eifrig Tiere aus. Deshalb könnt ihr im Museum neben Jagdwaffen und Trophäen, Volkskunst und Möbel, Skulpturen und Gemälden, ein großes Diorama betrachten, in dem über 180 einheimische Tiere präpariert sind.

Mosbach von oben: Der Rathausturm

Hauptstraße 29, 74819 Mosbach. ✆ 06261/9188-0, www.mosbach.de. **Bahn/Bus:** ↗ Mosbach, wenige Min Fußweg. **Zeiten:** Turmbesteigung Mai – Sep während der Stadtführung Mi 14.30 Uhr. **Preise:** 1 €; Kinder bis 12 Jahre frei, ab 12 Jahre 0,50 €; Behinderte 0,50 €.

▶ 1909 verließ der letzte Türmer seinen Arbeitsplatz über den Dächern der Stadt. Ein Türmer war früher Feuermelder und Zeitansager. Der Mosbacher Türmer war außerdem noch Schuster. Kaputte Schuhe konnten die Besitzer in eine Kiste stellen, die der Türmer mit einem Seil hinaufzog. Waren sie repariert, ließ er einen Schuh wieder hinab. Wenn der Besitzer mit der Reparatur zufrieden war, legte er das geforderte Geld in die Kiste und bekam erst danach seinen zweiten Schuh zurück.

Stadtmuseum im Alten Hospital

Hospitalgasse 4, 74819 Mosbach. ✆ 06261/899240, Fax 899241. www.mosbach.de/stadtmuseum. museum@mosbach.de. **Bahn/Bus:** ↗ Mosbach, mitten in der Altstadt. **Zeiten:** April – Okt Mi und So 15 – 18 Uhr. **Preise:** Eintritt frei.

▶ Rund um den Spitalhof ist das Museum auf mehrere Gebäude verteilt. Einen Teil bildet das 1788 erbaute Haus Kickelhain, ein schmales Fachwerkhäuschen, dessen Wohnfläche von 52 qm sich auf drei winzige Geschosse erstreckt. Es vermittelt ein anschauliches Bild vom beengten Wohnen im 18. und 19. Jahrhundert. Außerdem gibt es eine Ausstellung

Hunger & Durst

Viktoria-Café, Konditorei-Bäckerei, Friedrichstraße 5 – 9, ✆ 06271/2018. www.cafe-viktoria.de. Der Eberbacher Konditormeister Strohauer erfand die berühmte Viktoria-Torte, benannt nach der englischen Königin, die um ein Haar 1819 in Eberbach zur Welt gekommen wäre. Am Heiligabend 1962 wurde im Buckingham-Palast die erste Viktoria-Torte serviert. Von Eberbach aus wird sie in alle Welt verschickt. Die Köstlichkeit lässt sich im Garten- oder im Straßencafé genießen.

Stadtführungen für Einzelpersonen und ohne Voranmeldung Mai – Sep Mi 14.30 Uhr, Treffpunkt Tourist-Information am Marktplatz, 2 €. Für Gruppen nach Absprache interessante Themenführungen, zum Beispiel Okt – März eine Nachtwächterführung bei Dunkelheit.

Druckwerkstatt Mosbach e.V., Karl Kreschmer, Hospitalgasse 4, Mosbach. ✆ 06261/14805. www.kremo.de. Tolle Angebote rund ums Drucken für Gruppen.

zur Stadt- und Zunftgeschichte, eine Fayencesammlung und ländliche Odenwälder Gebrauchskeramik zu sehen.

Kommunales Olympia Kino
Hölderlinstraße 2, 69493 Hirschhorn-Leutershausen. ✆ 06201/509195, www.olympia-leutershausen.de. **Bahn/Bus:** ↗ Hirschhorn. **Preise:** 3,50 €.
▶ Kleines Programmkino mit Kinder- und Jugendprogramm. Kindervorstellung sonntags 14 Uhr.

FESTKALENDER

Januar:	31., 24 Uhr: Neckargemünd, **Nachtwächterumzug** vom Torturm aus durch die Gassen von Dilsberg.
März & April:	Wochenende nach Himmelfahrt: Eberbach, **Altstadtfest,** der Frühling wird willkommen geheißen.
Mai:	2. Wochenende: Mosbach, **Frühlingsfest,** viele Verkaufsstände und Musikgruppen in der Altstadt.
Juli – September:	Mosbach, Konzerte, Freilichttheateraufführungen und Open-Air-Kino im Rahmen des **Mosbacher Sommers.** Programm bei der Tourist-Information.
Juli:	In ungeraden Jahren: **Mosbacher Buchmachermarkt** im Industriepark. Bücher und ihre Herstellung stehen im Mittelpunkt. Es wird vorgeführt, wie Papier geschöpft, wie ein Buch gebunden und wie früher Buchstaben aus Blei gegossen wurden.
August:	Letzter So, Fr – Di: Eberbach, **Kukucksmarkt,** großes Volksfest auf dem Festplatz in der Au.
September:	1. Wochenende: Hirschhorn, **Ritterspiele** und **Historischer Markt** in der Altstadt. 2. Wochenende: Neckargemünd, **Burgfest.**
Oktober:	3. So: Eberbach, am **Apfeltag** dreht sich alles um dieses gesunde Obst.
Dezember:	**Weihnachtsmarkt Eberbach:** kein fester Termin, bei der Tourist-Info nachfragen. Ab 2. Adventswochenende: Mosbach, **Weihnachtsmarkt.**

NORDEN & WESTEN

DARMSTADT

BERGSTRASSE

HEIDELBERG

AM NECKAR

NORDEN & WESTEN

IM MÜMLINGTAL

AN MAIN, MUD & ELZ

INFO & VERKEHR

FERIENADRESSEN

KARTENATLAS

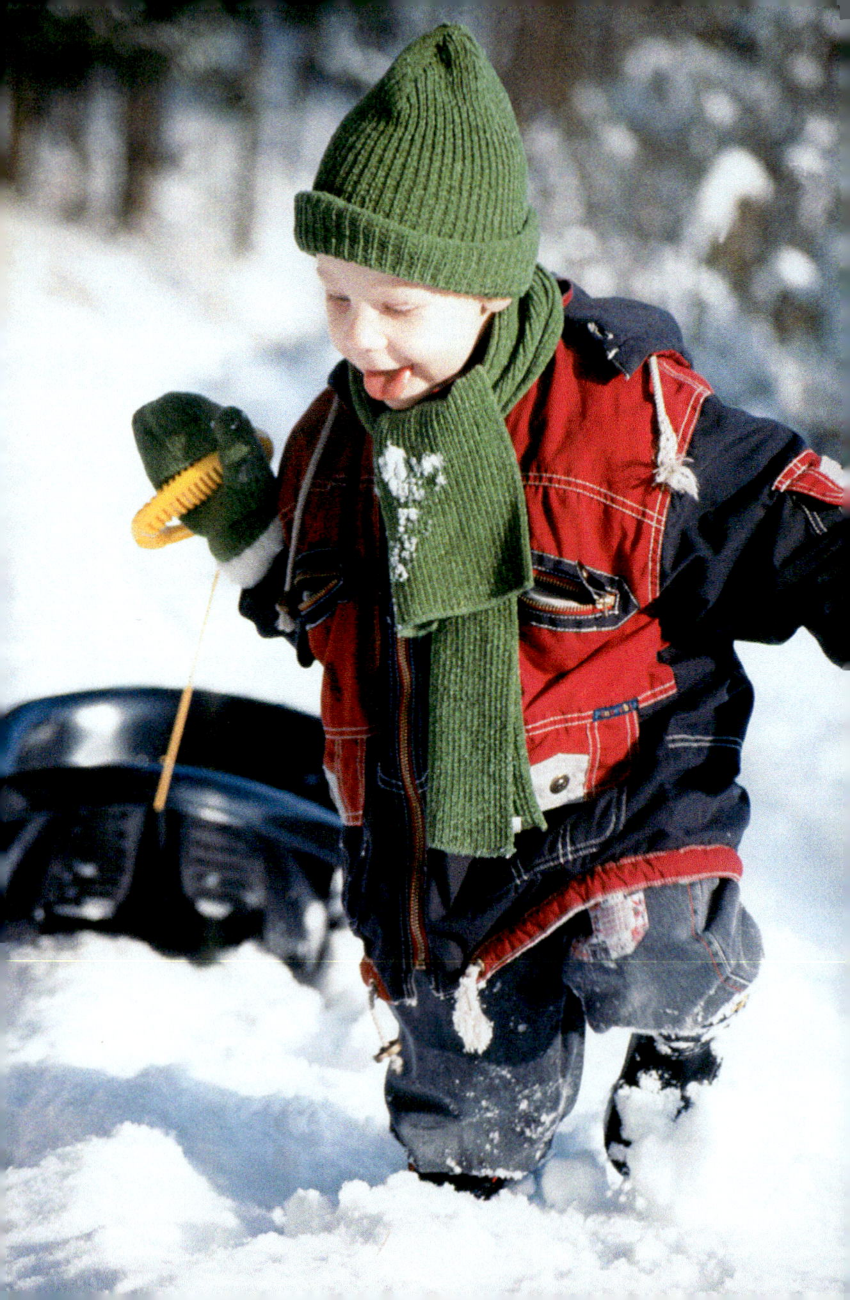

WALD, SO WEIT DAS AUGE REICHT

Nähert man sich dem Odenwald von Darmstadt oder Dieburg aus, ist er bis zu den ersten Erhebungen bei Groß-Umstadt und dem kleinen Ort Otzberg-Hering zunächst flach wie ein Pfannkuchen. Hier im nördlichen Odenwald befinden sich mit der Veste Otzberg und der Burg Breuberg zwei der sehenswertesten Burgen der Region.

Östlich der Bergstraße beginnt die Bundesstraße 38, die von Norden nach Weinheim verläuft. Hier im westlichen Odenwald thront Schloss Lichtenberg über dem Fischbachtal. Lindenfels mit seiner Burgruine und die Ruine Rodenstein bei Fränkisch-Crumbach sind besonders spannend.

Frei- und Hallenbäder

TIPPS FÜR WASSERRATTEN

Baden in Reichelsheim

Schwimmbad Reichelsheim, Konrad-Adenauer-Allee 15, Bademeister/in ✆ 06164/54387. **Schwimmbad Beerfurth,** Schwimmbadstraße 42, Bademeister ✆ 06164/1693. www.reichelsheim.de. **Zeiten:** 8 – 20 Uhr. **Preise:** Erw 3 €, Kinder 3 – 15 Jahre 1 €, Schüler und Ermäßigungsberechtigte 2 €.

▶ Zwei einfach ausgestattete, solarbeheizte Bäder mit großen Liegeflächen und Spielmöglichkeiten für Kinder. In Reichelsheim gibt es zusätzlich eine 45 m lange Rutsche und ein Beachvolleyballfeld.

Freibad Fränkisch-Crumbach

Saroltastraße 54, 64407 Fränkisch-Crumbach. ✆ 06164/1590, 9303-0 (Gemeinde), Fax 930393. www.fraenkisch-crumbach.de. gemeinde@fraenkisch-crumbach.de. **Bahn/Bus:** ↗ Fränkisch-Crumbach, ab Kirche 15 Min Fußweg über Brunnenweg und Klostergasse bis Saroltastraße. **Zeiten:** Mitte Mai – Mitte Sep 9 – 20 Uhr. **Preise:** 3 €, ab 17 Uhr 1,80 €; 10er-Karte 26, Dauerkarte 45 €; Kinder 3 – 17 Jahre 1,30 €, ab 17 Uhr 0,80 €, 10er-Karte 10, Dauerkarte 20 €; Schü-

NORDEN & WESTEN

Winterspaß: Rund um die 577 m hohe Tromm heißt es im Winter »Rodel gut«

Eine Skateanlage mit Table und Bank, Table und Curb, Rail, Tablebank und Sprungschanze ist direkt neben dem Parkplatz des Schwimmbads.

ler, Auszubildende, Studenten, Schwerbehinderte 1,30 €, ab 17 Uhr 0,80 €, 10er-Karte 10, Dauerkarte 20 €. Vergünstigte Familienkarten.

▶ Das Freibad am Waldrand von Fränkisch-Crumbach mag nicht spektakulär sein. Aber es hat ein Nichtschwimmerbecken, 1- und 3-m-Brett, Plantschbecken und eine Liegewiese – also alles, was ihr zum Spaßhaben braucht.

Freibad Fürth

Krumbacher Straße 39, 64658 Fürth. ✆ 06253/2001-0, www.gemeinde-fuerth.de. **Bahn/Bus:** ↗ Fürth, 15 Min Fußweg in nördliche Richtung. **Auto:** An der Straße Richtung Krumbach. **Zeiten:** Mai – Sep täglich 8 – 20 Uhr bei gutem Wetter. Letzter Einlass 19 Uhr. **Preise:** 3 €; Kinder 3 – 16 Jahre 1,50 €.

▶ In diesem beheizten Freibad gibt es eine Rutsche und einen Sprungturm. Das ist vielleicht nicht viel, aber dafür müsst ihr nicht weit fahren.

Schwimmbad Lindenfels

64678 Lindenfels. ✆ 06255/564, 30644 (Stadtverwaltung), Fax 30645. touristinfo@lindenfels.de. **Bahn/Bus:** ↗ Lindenfels, Bus 666 Lindenfels – Fürth bis Schwimmbad. **Zeiten:** Mai – Sep 10 – 20 Uhr, Juni – Aug Di und Do bis 21 Uhr. **Preise:** 3 €; Kinder 1,20 €; Behinderte, Schüler, Studenten 1,20 €.

▶ Ein ganz normales Familienfreibad, in dem ihr alles findet, was man zum Glücklichsein braucht: 50-m-Becken mit Sprungbrettern in 1, 3 und 5 m Höhe, Nichtschwimmerbecken, Plantschbecken mit Rutsche, Liegewiese und Wärmehalle, Tischtennis und Volleyballfeld. Im Bistro bekommt ihr Eis und kleine Speisen.

Der Odenwaldclub Hammelbach entzündet am Ostersonntagmorgen bei Sonnenaufgang ein großes **Osterfeuer.** Wenn ihr Frühaufsteher seid, eine tolle Veranstaltung!

Freibad Hammelbach

64689 Grasellenbach-Hammelbach. ✆ 06253/4847, 949494 (Tourist-Information), www.hammelbach.de. info@hammelbach.de. **Bahn/Bus:** ↗ Grasellenbach. **Zei-**

ten:** Je nach Wetterlage ungefähr Ende Mai – Ende Sep täglich 9.30 – 19 Uhr. **Preise:** 2,50 €; Kinder 2 €.

▶ Dieses kleine Freibad wird von einer Quelle gespeist. Es gibt eine große Liegewiese, Rutsche, Plantschbecken, Kiosk und einen Bolzplatz. Freier Eintritt für Geburtstagskinder, Organisation von Kindergeburtstagen ist möglich.

Radeln

Radtour von der Burg Breuberg zur Veste Otzberg

Länge: 14 km, leichte Steigung, gut ausgebaute Waldwege, keine Rundtour. **Bahn/Bus:** Wochentags stündlich Bus 21 von Ernst Göbel Schule Höchst.

▶ Die Radtour beginnt am **Parkplatz** unterhalb der Burg Breuberg (es gibt noch einen höher gelegenen Parkplatz direkt bei der Burg). Von dem unteren Parkplatz führt eine asphaltierte Straße in Kurven zur Burg hinauf, ein steiler Fußweg führt ebenfalls hinauf. Ihr nehmt jedoch den breiten, ebenen Feldweg, der vom Burgberg weg in entgegengesetzter Richtung in den Wald hineinführt. An der ersten Kreuzung folgt ihr weiter dem breiten Hauptweg. Ein hölzerner Wegweiser steht an der nächsten Kreuzung, dem Schild »Höchst/Heubach« weiter geradeaus folgen. Ab der folgenden Kreuzung weist dann schon die Markierung Weißer Punkt den Weg, sie führt bis zum Otzberg. Ungefähr nach der Hälfte der Strecke erreicht ihr eine Kreuzung mit einer **Holzhütte,** in der ihr bei schlechtem Wetter im Trockenen pausieren könnt. Hier ist bereits der Otzberg auf einem Wegweiser angeschrieben, es sind noch etwa 6 km. Nach einem weiteren knappen Kilometer erreicht ihr die B45 und einen Parkplatz. Der Weiße Punkt führt hier linker Hand wieder ein Stück in den Wald zurück, doch geht es nach wenigen Metern rechts ab durch eine Unterführung auf die andere Straßenseite. Von dem Park-

RAUS IN DIE NATUR

Alljährlich finden die **Odenwälder Kartoffelwochen** statt. 2 Wochen lang, meist im September, dreht sich alles um die Knolle. Auftakt ist ein Kartoffelmarkt, auf dem es neben vielen Leckereien auch Aktionen für Kinder und Produkte von Odenwälder Bauern gibt. An den Kartoffelwochen beteiligen sich etwa 60 Gaststätten, die in dieser Zeit besonders leckere Kartoffelgerichte anbieten. Eine Liste der Restaurants gibt es bei der Touristik-Information Erbach.

Hunger & Durst

Sophienhof, Zum Pitschgrund, 64747 Breuberg. ✆ 06165/543. Mi – So ab 11.30 Uhr. Hausmannskost und leckere Lammgerichte aus eigener Zucht, preiswert.

Hunger & Durst

Dornröschen, Annelsbacher Tal 43, 64739 Höchst-Annelsbach. ✆ 06163/2484. www.dornroeschen-annelsbach.de. Mo – So 9 – 22 Uhr, Di Ruhetag. Selbst gebackene Torten im Café, Herzhaftes in der Gaststube und im Herbst frischer Süßmost aus eigener Produktion.

platz dort führt der Weg – wieder mit dem weißen Punkt markiert – steil bergauf. Ihr kommt bald an einem kleinen Teich vorbei, als **Entenpfuhl** in manchen Karten vermerkt, an dem Tisch und Bank zur Rast einladen. Schließlich verlasst ihr auf einer Kuppe den Wald und müsst ungefähr 300 m geradeaus auf einer schmalen Straße entlangfahren. Der weiße Punkt führt euch dann rechts wieder in den Wald hinein. Nach wenigen Minuten kommt ihr an einen hölzernen Wegweiser und folgt dem Schild »Hering 1,2 km«, in dieser Ortschaft liegt die **Veste Otzberg.** Der letzte Kilometer führt bergauf durch den Ort zur Veste, die malerisch auf steiler Anhöhe liegt. Einkehren könnt ihr in der Burgschenke.

Wandern und Spazieren

Spaziergang mit Kinderwagen oder Radeln bei der Villa Haselburg

Bahn/Bus: ⤴ Höchst, Bus 23 Annelsbach. **Auto:** L3106 Höchst Richtung Brensbach auf der Anhöhe vor Hummetroth, 5 km von Höchst. Parkplatz bei der Villa.
▶ Auf asphaltierten oder befestigten Wegen gibt es viele Möglichkeiten, durch die umliegenden Felder zu radeln, auch mit Kinderwagen als Spaziergang gut möglich. Mein Vorschlag dauert etwa 40 Minuten zu Fuß: Vor der **Haselburg** geht ihr an dem einzigen Baum links hinunter bis zu einem kleinen, im Schilf versteckten Teich. Wer sich dort auf der Bank in der Sonne niederlässt, wird vielleicht bald von gierigen Enten bedrängt. Wollt ihr nicht pausieren, geht vor dem See gleich rechts weiter und vor Beginn des Waldes wieder rechts die Kuppe hinauf. Ein letztes Mal geht es dann auf der Anhöhe nach rechts; der Weg führt euch direkt zur Haselburg zurück.
Wer mag, kann an den Besuch der Römervilla noch einen Abstecher zur **Erholungsanlage Annelsbacher Tal** anschließen. Fährt man von der Haselburg nach

Höchst, kommt nach wenigen hundert Metern linker Hand Annelsbach. Hier abbiegen, den Ort nach links bis zum Ende durchfahren. Oder vor dem Ort parken und laufen. Am Ortsende in einem schattigen Tal ist ein Teich, dabei ein kleiner Spiel- und Bolzplatz und eine Tischtennisplatte.

Zum Kaiserturm bei Neunkirchen
Modautal-Neunkirchen. ✆ 06254/7145, www.modautal.de. **Bahn/Bus:** ↗ Modautal. **Zeiten:** Turm und Gaststätte Sa, So, Fei 10 – 17 Uhr, für Schulen und Vereine auch Mo – Fr nach Absprache.

▶ Auf einer der höchsten Kuppen des Odenwaldes, der Neunkirchner Höhe, ragt dieser Turm empor, den ihr besteigen könnt. Gemütlich ist die kleine Gaststube in dem steinernen Bau, zu der eine Treppe hinaufführt. Dicht gedrängt sitzen die Gäste im holzgetäfelten Zimmer, besonders auch im Winter ein uriger Platz zum Aufwärmen nach dem Rodeln.
Entweder ihr lauft vom Parkplatz direkt am Ort Neunkirchen hierher oder ihr fahrt am Ort vorbei weiter durch den Wald, bis zum Waldparkplatz rechter Hand, und startet von dort. Der Weg zum Kaiserturm ist von beiden Parkplätzen aus gut ausgeschildert. Vom Waldparkplatz sind es nur etwa 20 Minuten bis zum Turm, der Weg ist für Kinderwagen geeignet. Hat der Turm geschlossen, könnt ihr im Sommer an einer überdachten Sitzgruppe picknicken. Im Winter ist die Neunkirchner Höhe ein beliebtes Rodelgebiet. Vom Parkplatz am Ort geht es zudem zu einem Wald- sowie einem Vogellehrpfad, beide sind ausgeschildert.

Zum Siegfriedsbrunnen bei Grasellenbach
www.grasellenbach.de. **Bahn/Bus:** ↗ Grasellenbach.

▶ In Grasellenbach ist der **Siegfriedsbrunnen** ausgeschildert, ab Ortsmitte (Schwimmbad) etwa 30 Minuten Fußweg durch den Wald. Der Siegfriedsbrunnen liegt südöstlich des Ortes.

FOTO: ANNETTE SIEVERS

Schönes Paar: Pfauenauge und Butterblume

Hunger & Durst
Schardhof, 64689 Hammelbach.
✆ 06253/932166.
www.schardhof.de. Do Ruhetag, sonst 11 – 22 Uhr warme Küche. Kinderfeundliche Gaststätte im Wald.

KLEINE ODENWÄLDER PFLANZENKUNDE

Ackerschachtelhalm: Wie eine Pflanze aus der Urzeit sieht dieses auch Zinnkraut genannte Gewächs aus. Die harten Triebe wurden nämlich früher zum Putzen des Zinngeschirrs benutzt. Die Pflanze enthält Kieselsäure, dieser Stoff reinigt. Im Odenwald wurden noch 1950 die Biergläser mit diesem »Gläserschwenke-Kraut« geputzt.

Königskerze: Diese schöne Pflanze mit ihren Dolden meist gelber Blüten ist sehr auffällig. Sie wächst an Wegrändern oder auf Ödland und kann bis zu 1 m hoch werden. Weil sie so prächtig aussieht, wird sie auch oft in Bauerngärten gepflanzt. Aus der Königskerze wird ein Sirup hergestellt, der bei Husten hilft. Sie galt früher außerdem als Schutz gegen Blitzeinschlag, wenn man sie weihen ließ und im Haus aufhing. Daher hieß sie im Odenwald auch Donnerkerze.

Johanniskraut: Auf Ödland und an Wegrändern seht ihr diese gelb blühende Heilpflanze. Sie beginnt um Johanni, den 24 Juni, zu blühen. Vorsicht, es gibt mehrere Arten, nur das echte Heilkraut ist wirksam. Johannisöl hilft gegen Prellungen und Hautabschürfungen, es soll außerdem die Stimmung heben. Bei Amorbach wird es Hexenkräuti genannt. Auch bei Buchen galt ein getrockneter, übers Bett gehängter Strauß als Mittel, um eine Mutter und ihr neugeborenes Kind vor Hexen zu schützen. Im Volksglauben galt das Kraut auch als Symbol für Blut, denn wenn man die Blüten zerquetscht, verfärben sie sich rot. Eine Legende erzählt, die Pflanze bewahre das Blut von Johannes dem Täufer.

Rainfarn: Häufig wird euch der gelb blühende Rainfarn begegnen. Er wächst in großen Gruppen auf baumfreien Ödflächen. Seine Blütenköpfe sehen aus, als hätte man einer Margarite alle weißen Blätter ausgezupft. Sie erinnern an Knöpfe, deshalb heißt der Rainfarn im Odenwald auch Hemden- oder Kragenknöpfchen. Früher war der Rainfarn ein Abwehrmittel gegen Hexen. Kinder wurden, damit eine

Hexe ihnen nicht schaden konnte, mit dem Rauch der getrockneten und dann verbrannten Pflanze eingeräuchert. Außerdem galt die Pflanze als heilsam bei Würmern, daher nannte man sie auch Wurmkraut. Der Rainfarn ist leicht giftig, trotzdem würzte man in England den Osterkuchen damit. Getrocknet und als Bündel im Kleiderschrank aufgehängt, hilft der Rainfarn gegen Motten.

Schafgarbe: Sie wächst sehr häufig an Wegrändern und auf Wiesen. Die Schafgarbe ist eine viel benutzte Heilpflanze. Früher nahm man sie zur Wundheilung, heute gilt sie als beruhigend, krampflösend und hilfreich bei Magen- und Darmbeschwerden. Ihren Namen hat sie von den Schafen, die die Blätter gerne fressen, den Blütenstengel aber übrig lassen. Im östlichen Odenwald heißt sie auch Barbarakraut.

Wegwarte: Eine Form dieser Pflanze, die mit dem Chicorée, wurde früher gezüchtet, um aus den Wurzeln Zichorien-Kaffee zu machen. In der Odenwälder Mundart heißt sie daher auch Zigori. Die Wegwarte stand im Ruf, Zauberkräfte zu haben, sie wurde für alle möglichen Rituale verwandt. Übrigens soll die Wegwarte ein verwunschenes Mädchen sein: Als ihr Geliebter einst in den Krieg zog und nicht zurückkehrte, trauerte das Mädchen 7 Jahre lang. Alle, die sie kannten, redeten ihr zu, den Mann doch endlich zu vergessen. Doch sie erklärte, lieber wolle sie sich in eine Pflanze verwandeln und am Wegrand ewig auf ihren Liebsten warten, als ihn jemals zu vergessen. So geschah es, und bis heute leuchten die blauen Blüten an den Wegen.

Haselstrauch: Die Germanen hielten die Haselnuss für einen Zauberstrauch. Noch heute nehmen Wünschelrutengänger gerne Haseläste. Wenn ihr euch einen Bogen bauen wollt, liefert die Hasel dafür das ideale Holz. Im Odenwald galt die Hasel als guter Schutz gegen Blitze, weil angeblich die Muttergottes einmal bei einem Gewitter unter einem einsam stehenden Haselbusch Schutz gesucht hatte, und der Blitz dort nicht einschlug. Außerdem glaubte man im Odenwald lange, dass in einem Jahr, in dem viele Haselnüsse reifen, auch viele Buben geboren werden.

NORDEN & WESTEN

*Do der herre Sifrid
ob dem brunnen
tranch, er schoß in durch
das chruze
das von den wunden
sprانch das blut von
dem herzen
vast an du Hagenen
mat. So großer misse-
wende
ein held nu nimmer
begat.*

Alles klar?

Blutrot: Das Ahornblatt war nicht Schuld an Siegfrieds Verwundbarkeit, aber das Blatt einer Linde

Hunger & Durst
Landgasthaus Trommer Hof, Auf der Tromm 7, ✆ 06207/944990. Pension mit Café und großer Terrasse.

Mehrere Orte im Odenwald behaupten, die legendäre Siegfriedsquelle läge auf ihrem Gebiet. Am bekanntesten ist wohl die Quelle bei Grasellenbach. Doch auch am ↗ Felsenmeer an der Bergstraße gibt es eine Siegfriedsquelle. Der Königssohn Siegfried aus der berühmten Nibelungensage war schon als Junge ungewöhnlich stark und besiegte einen feuerspeienden Drachen. Nach seinem Sieg badete er im Blut des Drachens, was ihn unverwundbar machte. Doch zwischen seinen Schultern lag ein Blatt von einer Linde – es bedeckte an dieser Stelle seine Haut, und so kam es, dass er an dieser kleinen Stelle verletzbar blieb. Siegfried bestand viele Abenteuer und machte sich manchen Feind. Eines Tages ging er im Odenwald auf Bärenjagd. Als er sich an einer Quelle niederkniete, um zu trinken, ermordete ihn sein vermeintlicher Freund Hagen von Tronje, indem er sein Schwert in die einzig verwundbare Stelle an Siegfrieds Körper stieß.

Die Quelle bei Grasellenbach wird häufig als der Ort genannt, an dem der kühne Held durch den heimtückischen Hagen gemeuchelt wurde. Sie liegt am Fuße eines 548 m hohen Berges namens *Spessartskopf,* in dem der »Spehtsharte« der mittelalterlichen Dichtung gesehen wird.

Zum Ireneturm auf der Tromm
Grasellenbach-Scharbach. **Länge:** 1 Std Fußweg. **Bahn/Bus:** Bus 667 von ↗ Grasellenbach. **Auto:** Südwestlich von Grasellenbach ist der Höhenzug »Tromm« ausgeschildert. Parkplatz »Auf der Tromm«.

▶ Die Tromm ist 577 m hoch, und im Winter verwandelt sie sich in ein Skigebiet. Doch auch im Sommer ist sie eine der schönsten Gegenden des Odenwaldes. Vom Parkplatz »Auf der Tromm« ist der **Rundweg** zum Ireneturm ausgeschildert, ihr braucht hin und zurück etwa eine Stunde. Der Turm ist nach einer Prinzessin von Hessen-Darmstadt benannt. Von der Aussichtsplattform aus ist fast der gesamte Odenwald zu überblicken. Der Weg zum Turm führt an Kühen und weidenden Pferden vorbei, mit weiten Ausblicken über die Hügel des Odenwaldes. Hier sieht der Odenwald wie ein richtiges Gebirge aus, es stellen sich unwillkürlich Urlaubsgefühle ein. Nach wenigen Metern bereits kommt ihr an zwei **Gaststätten** vorbei, beide haben Sitzplätze im Freien und bieten gutbürgerliche Küche. Der Hinweg ist auch mit Kinderwagen möglich, aber dann müsst ihr vom Turm aus denselben Weg wieder zurückgehen, der zweite Teil des Rundweges ab Ireneturm ist nicht mit Kinderwagen machbar. Das macht aber nichts, denn die erste Hälfte des Weges ist viel schöner. Wer gerne länger wandern möchte, kann noch einen der anderen angegebenen Rundwege vom Parkplatz aus nehmen.

Spaziergang zum Wamboltschlösschen

Groß-Umstadt-Heubach. ✆ 06078/6577 (Helmut Strobl, Ausgrabungen), info@gross-umstadt.de. **Länge:** 2 km, 30 Min, teilweise steil bergauf. **Bahn/Bus:** ↗ Groß-Umstadt, Bus K68 ab Schloss. **Auto:** B45 von Groß-Umstadt Richtung Höchst, ausgeschildert. Durch Heubach in Richtung Osten fahren, nach dem Ortsende geht es ein Stück durch Wiesen und Felder, am Ende des asphaltierten Fahrweges liegt ein Bauernhof und der Parkplatz Kellergrund.

▶ Der Weg Nr. 9 führt euch vom Parkplatz Kellergrund zu einer römischen Ausgrabungsstätte. Der Weg ist breit, gut ausgeschildert und befestigt, geht aber teilweise steil bergauf.

Das so genannte **Wamboltschlösschen** ist eine römische Ruine. Es weiß aber niemand genau, wozu das Gebäude diente. Eine militärische Nutzung scheint unwahrscheinlich, da es zu weit vom Limes entfernt lag. Vielleicht handelte es sich um eine Straßenstation oder um einen Gutshof, wie die Villa Haselburg bei Höchst. Auf Infotafeln erfahrt ihr viel über die Römer in Hessen, über römische Kleidung, Alltagsleben, Gebräuche und Architektur. Tisch und

Hunger & Durst

Gasthaus Schöne Aussicht, Auf der Tromm 2, 64689 Grasellenbach. ✆ 06207/3310. www.schoene-aussicht-tromm.de. Di – So 8 – 20 Uhr. Terrasse und kleiner Biergarten. Gästezimmer.

Das **Hof Theater Tromm** hat auch Kinderstücke im Programm. Auf der Tromm 13, 64689 Grasellenbach, ✆ & Fax 06207/3323, www.Hof-Theater-Tromm.de.

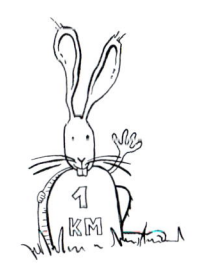

NORDEN & WESTEN

Bänke verlocken zum Picknick. Wenn ihr den kurzen Spaziergang noch verlängern wollt: Von dem Parkplatz aus bietet sich ein schöner, etwa 1-stündiger **Rundweg** um das kleine Tal an. In entgegengesetzter Richtung von Heubach geht ihr zunächst rechter Hand am Waldrand entlang und gelangt bei der Hälfte der Strecke am Ende der ausgedehnten Wiesen an eine Quelle. Auf der anderen Seite des Tales geht es dann zum Parkplatz zurück. Dort ist auch eine Hütte, falls es regnet und ihr euren Proviant im Trockenen essen wollt. Diesen Rundweg könnt ihr auch mit dem Rad fahren und er ist für Kinderwagen geeignet.

Natur und Umwelt erforschen

Geopark-Lehrpfad Bergbaulandschaft Reichelsheim

Touristinformation, Bismarckstraße 43, 64385 Reichelsheim. ✆ 06164/50826, Fax 50833. www.reichelsheim.de. **Bahn/Bus:** ↗ Reichelsheim, 10 Min Fußweg in südliche Richtung über Konrad-Adenauer-Allee.

▶ Im Odenwald wurde früher Erz abgebaut, Eisen und Mangan. Bereits in einer Urkunde aus dem 8. Jahrhundert werden Erzgruben genannt. Im 19. Jahrhundert arbeiteten 300 Bergleute in den Gruben bei Reichelsheim. Gruselig sind die alten Stollen, in denen die Temperatur immer gleich bleibt, es ist feucht und kühl. Heute wohnen Fledermäuse in diesen künstlichen Höhlen. Ein **Lehrpfad** beschreibt auf 17 Infotafeln den Bergbau, er führt an alten Stollen vorbei, die aber mit einem Gitter verschlossen sind, ihr könnt nur hineinschauen. Der ganze Lehrpfad ist 13 km lang, er ist aber in 2 Etappen unterteilt. Die *Etappe Rohrbach* ist ein 5,5, km langer Rundweg, er ist blau markiert. Ihr könnt ihn entweder am Naturpark-Parkplatz Dehnbuche an der Straße zwischen Unter-Ostern und Ober-Mossau beginnen oder am Naturpark-Parkplatz Stollwiese, ebenfalls bei Rohr-

🍎 **Herrnmühle,** Harald Feick, Darmstädter Straße 60, 64385 Reichelsheim. ✆ 06164/51525. www.herrnmuehle.com. Mo – Sa 7 – 18.30 Uhr. Eine der letzte aktiven Mühlen Südhessens: Getreide aus der Region wird mit Hilfe von Wasserkraft zermahlen. Mehle, Schrote, Heimtierbedarf.

bach an der Straße zwischen Unter-Ostern und Ober-Mossau. Wollt ihr die gesamte 13-km-Strecke oder die 7,5 km lange Etappe *Vierstöck* wandern, beginnt am Parkplatz Vierstöck an der B47 zwischen Reichelsheim und Michelstadt (rote Markierung).

Auf dem Waldlehrpfad zum Café Bauer

Gaßbachtal 1, 64689 Grasellenbach. ✆ 06253/5560, sekretariat@gemeinde-grasellenbach.de. **Länge:** 25 Min Gehzeit, vom Parkplatz am südlichen Ortsende von Grasellenbach beim Hotel Waldeck der Markierung G4 folgen. **Bahn/Bus:** ↗ Grasellenbach. **Auto:** Zufahrt mit dem Auto über Hammelbach auf einem Waldweg möglich. **Zeiten:** Di – So 10 – 18 Uhr, 11.45 – 13 Uhr auch kleine warme Gerichte. **Infos:** Weg für Kinderwagen und Rädchen geeignet.

▶ Dieser Spaziergang, der zugleich ein Waldlehrpfad ist, führt auf ebenen Wegen parallel zu dem kleinen Gaßbach, der sich im Tal durch grüne Wiesen und Wald schlängelt. Die Tafeln, auf denen ihr allerhand über Bäume und Wald erfahren könnt, sind ganz neu und bieten mehr Informationen als die meisten Lehrpfade. Auch an einer funktionstüchtigen Kneipptretstelle kommt ihr vorbei, barfuß durch das Becken zu

Rübenköpfe basteln: Sicher kennt ihr alle die großen, orangenen Kürbisse, die die Kinder in Amerika an Halloween aushöhlen. Im Odenwald haben die Kinder schon vor vielen Jahren statt Kürbissen große dicke Rüben bearbeitet. Das Innere dieser Rüben wird herausgekratzt und dann ein Gesicht in die Rübe geschnitzt. Mit einer Kerze oder einem Teelicht darin werden die Rübenköpfe dann ans Fenster gestellt, im Dunkeln sehen sie toll aus.

Lustige Idee: Frösche aus Kürbissen zusammengesetzt

Minigolf: Gegenüber vom Kurhotel Siegfriedsbrunnen, neben dem Schwimmbad. Schläger und Bälle bekommt ihr im Hotel.

Lecker: Aus Weintrauben wird auch feiner Saft gepresst

stapfen, ist sehr lustig und bei Hitze für alle angenehm.

Das **Café Bauer** liegt sehr schön mitten in einem Tal, im Sommer könnt ihr auf der großen Terrasse im Freien sitzen. Es gibt selbst gemachten Kuchen und Eisbecher.

Zu Fuß durch die Weinberge

Länge: nach Anreise mit der Bahn zu Fuß von der Innenstadt mindestens 45 Min. **Bahn/Bus:** ↗ Groß-Umstadt.
Auto: Ab Innenstadt den Schildern zum Restaurant »Farmerhaus« folgen. An diesem Restaurant vorbei noch etwa 400 m weiterfahren, bis zum Parkplatz »Auf dem Hainrichsberg« (264 m).

▶ Der **Hainrichsberg** thront über Groß-Umstadt, sein Südhang ist mit Weinreben bepflanzt. Groß-Umstadt trägt daher auch den Namen »Odenwälder Weininsel«. Hier wachsen überwiegend grüne Trauben, aus denen Weißwein gemacht wird. Drei verschiedene Rundwege sind am Parkplatz angegeben (30, 45 und 60 Min). Der halbstündige Rundweg führt über einen **Weinlehrpfad.** Von allen Wegen könnt ihr die schöne Aussicht zur Veste Otzberg genießen. Mit Kinderwagen kann man einen angenehmen Spaziergang auf dem breiten Weg machen, der am Parkplatz vorbeiführt, allerdings sollte man dann denselben Weg auch wieder zurückgehen.

Tierparks und Gärten

Wanderung um das Wildgehege und zur Ruine Schnellerts

www.brensbach.de. **Länge:** Gehzeit etwa 1 Std.
Bahn/Bus: ↗ Brensbach. **Auto:** B38, von Reinheim Richtung Fränkisch-Crumbach, im Brensbacher Ortsteil Nieder-Kainsbach links abbiegen, ausgeschildert »Wildgehege und Ruine Schnellerts«. Im Ortsteil Stierbach letzte Möglichkeit links, auch dort ein Schild.

▶ Direkt am Parkplatz beginnt rechts bereits das Wildgehege. An einem Baum sind die Rundwege 4, 5 und 6 gekennzeichnet. Die Nr. 4, ein breiter Rundweg, führt euch um das große Gehege mit Rot- und Damwild. Auch für Kinderwagen geeignet, man benötigt etwa 1 Stunde.

Mächtige Hirsche sind aus nächster Nähe in aller Ruhe zu beobachten. Sehr gut ist der Unterschied zwischen Dam- und Rotwild zu erkennen, weil die Tiere ausnahmsweise zusammen in einem Gehege gehalten werden. Die mit dem schaufelartigen Geweih, die insgesamt kleiner sind, sind Damhirsche. Vom Rot- und Rehwild könnt ihr sie an dem längeren Schwanz unterscheiden. Die größeren Tiere mit dem Geweih, das spitze Enden hat, sind Rothirsche. Die Weibchen haben kein Geweih.

Bergtierpark Fürth-Erlenbach

Gemeinde Fürth, Werner-Krauß-Straße, 64658 Fürth-Erlenbach. ✆ 06253/21326 (Kasse), 3389 (Auskunft), Fax 3389. www.bergtierpark-erlenbach.de. tierpark-er-

Beneidenswert: Der Alpensteinbock ist schwindelfrei und ein trittsicherer Kletterer

FOTO: ANNETTE SIEVERS

NORDEN & WESTEN

Für Radler: Radtouren zwischen Rhein, Neckar, Kraichgau und Odenwald, herausgegeben vom Landesvemessungsamt Baden-Württemberg und dem Landratsamt Rhein-Neckar-Kreis 2004, Maßstab 1:50.000, 6,90 €.

Hunger & Durst

Waldgaststätte Alt-Lechtern, Georg Regner, 64658 Fürth. ✆ 06253/3150. Mo, Di Ruhetag. Einsam und ruhig gelegener Bauernhof mit Gasthaus, Odenwälder Spezialitäten aus eigener Herstellung.

Happy Birthday!

Ihr könnt auch euren Geburtstag hier feiern, pro Kind kostet das 12 €. Im Preis inbegriffen ist der Eintritt, 1 Essen und 1 Getränk (0,5 l) nach Wahl.

lenbach@gemeinde-fuerth.de. **Bahn/Bus:** ↗ Fürth. **Zeiten:** 10 – 19 Uhr, So ab 9 Uhr, im Winter bis Einbruch der Dunkelheit. **Preise:** 2,50 €; Kinder 3 – 14 Jahre 1 €; Gruppen ab 20 Personen 2,30 €, Schüler, Studenten, Behinderte 1,50 €. **Infos:** siehe auch www.gemeinde-fuerth.de/bergtierpark.

▶ Auf Tiere, die im Gebirge leben, ist dieser Tierpark spezialisiert. Sie stammen von 5 Kontinenten. Die meisten sind gute Kletterer, wie die Alpensteinböcke und die asiatischen Zwergziegen. Aus Südamerika kommen wuschelige Alpakas und Guanakos, eine Wildform der spuckenden Lamas. Etwas Besonderes sind die tibetanischen Yaks, die in ihrer Heimat in 4000 bis 6000 m Höhe leben und bei vielen Himalaya-Expeditionen als Lasttiere eingesetzt werden. Gleich hinter dem Eingang erwarten euch freche Berberaffen. Vietnamesische Hängebauchschweine suhlen sich im Matsch. In einem verglasten Häuschen leben Winzlinge: Es wimmelt von Mäusen. Ihr dürft alle Tiere füttern, spezielles Futter gibt es an der Kasse.

Abenteuer und Spiel

Odenwälder Indoor-Spielplatz

Schleifweg 4, 64401 Groß-Bieberau. ✆ 06162/941554, 85154 (Büro), Fax 941556. www.indoor-spielplatz.com. info@indoor-spielplatz.com. **Bahn/Bus:** RB Darmstadt – Reinheim, ab Reinheim Bus K57 Gadernheim oder Bus 693 Fürth bis Groß-Bieberau Bahnhof. Wenige Minuten Fußweg in nördliche Richtung über Bahnhofstraße. **Auto:** B38 Richtung Reinheim schräg gegenüber der Shell-Tankstelle in den Schleifweg abbiegen. **Zeiten:** Mo – Fr 14 – 18 Uhr, Sa, So, Fei 11 Uhr – 18 Uhr, individuelle Öffnungszeiten für größere Gruppen und Schulklassen nach Vereinbarung. **Preise:** 3 €; Kinder bis 1 Jahr frei, 1 – 4 Jahre 4,50 €, ab 5 Jahre 5,50 €; Sondertarife für Kindergärten und Schulen, Mo haben Großeltern freien Eintritt. **Infos:** Wickelraum vorhanden.

▶ Eltern können im Bistro mit Produkten von Erzeugern aus dem Odenwald ausruhen, während der Indoor-Spielplatz mit einer Fläche von 1600 qm und noch einmal 1200 qm im Freien zuverlässig dafür sorgt, dass Kinder abends ermattet und zufrieden ins Bett fallen. Geeignet ist der Spielplatz für Kinder bis etwa 12 Jahre. Hüpfburgen, eine Trampolinanlage und vor allem der wabbelnde Riesen-Kletterberg beschäftigen Kinder stundenlang, in eine Hüpfburg ist sogar eine Riesenrutsche eingebaut. Für Kleinere gibt es eine kleinere Rutsche und ein Ballbad, Riesenbauklötze aus Schaumstoff und die offensichtlich sehr beliebten Riesenhüpfbälle. Die Kletterwand ist wirklich nur für Anfänger. Zwei Tischtennisplatten ergänzen das Angebot.

Die Preise im **Bistro** sind erschwinglich: Ein großer Milchkaffee kostet 1,80 €, 0,2 Apfelsaft 1 €. Das Angebot soll noch weiter ausgebaut werden. Einmal im Monat ist sonntags ein Frühstücksevent geplant. Geöffnet wird an diesen Sonntagen für die Frühstücksgäste ab 9 Uhr. Neben Kaffee, Tee und Kakao lädt ein leckeres und gesundes Buffet zum Genießen ein, Reservierung per eMail oder Telefon erforderlich.

Vergesst eure Rutschsocken nicht!

Für Wanderfreunde: Odenwald – Die schönsten Tal- und Höhenwanderungen, Rother Wanderführer von Bernhard Pollmann, 11,90 €.

Wintersport und -spaß

Wintersport in und um Grasellenbach

Verkehrsverein des Ortsteiles Scharbach-Tromm, 64689 Grasellenbach Scharbach. ✆ 06207/921085, Skilift auf der Tromm ✆ 06152/55751, Fax 782333. www.grasellenbach.de. sekretariat@gemeinde-grasellenbach.de. **Bahn/Bus:** ↗ Grasellenbach.

▶ Bei Schnee verwandelt sich die Gegend um den lang gezogenen Höhenrücken der Tromm bei dem Kurort Grasellenbach in ein Wintersportzentrum. Im

Schokoladenfabrik Wilhelm Eberhardt oHG, Schwimmbadstraße 3, 64385 Reichelsheim-Beerfurth. ✆ 06164/2231. Verkaufsraum Okt – Ostern Mo – Fr 8 – 12 und 13.30 – 18, Sa 8 – 13 Uhr. Ortsmitte, nicht weit vom Marktplatz. Preiswerte Möglichkeit, sich mit Schokolade einzudecken.

Zuckerbäckerstil: Burg Lindenfels im Schnee

Odenwald bietet diese Region sicherlich die größte Herausforderung für Schneefans. Es gibt geräumte Wanderwege, mehrere Rodelhänge, einen Skilift und etliche Langlaufloipen in verschiedenen Schwierigkeitsgraden und Längen, es ist also für jeden etwas dabei. Auskünfte zur Schneelage und rund um den Wintersport erhaltet ihr bei der Kurverwaltung Grasellenbach unter ✆ 06207/2554. Dort gibt es auch kostenlos die Karte »Wintersport in Grasellenbach«, auf der die Lifte, Rodelstrecken, Loipen und geräumte Wanderwege in den verschiedenen Ortsteilen eingezeichnet sind. Vor einem Winterausflug solltet ihr sie euch schicken lassen. Auf der Karte sind auch die hier beschriebenen Strecken aufgeführt.

Abfahrtsski & Rodeln: 500 m Schlepplift, vom Ortsteil Tromm auf dem gleichnamigen Höhenzug geht es hinunter nach Scharbach, dem Ort am Fuße der Tromm. Parken ist direkt an der Bergstation möglich. Ein wenig Skifahren solltet ihr für diese Strecke schon können, in der zweiten Hälfte wird es recht steil, und man muss in der Lage sein, zu bremsen. Neben dem Skilift sausen die Schlittenfahrer zu Tal.

Langlauf: Langlauf-Experten können sich an die 28 km lange Nibelungenloipe wagen, der Einstieg ist an allen genannten Startpunkten möglich. Für Anfänger und sportliche Kinder eignen sich:

Rundloipe Krumme Tanne: 6 km, Ausgangspunkt sind entweder die Parkplätze in Hammelbach »Felsenquelle« und »Café Bauer«, oder in Grasellenbach der Parkplatz »Nibelungenhalle«. Man läuft gegen den Uhrzeigersinn. Die Loipe verläuft überwiegend eben durch Wald, am Naturdenkmal Krumme Tanne vorbei.

Sonnenloipe: 8 km. In Grasellenbach Parkplatz »Nibelungenhalle«, im Ortsteil Wahlen »Tennisplatz« oder »Erholungsanlage Dachsbrunnen«. Diese Loipe führt am Fuße der Berge entlang von Grasellenbach über Wahlen nach Affolterbach.

Höhenloipe auf der Tromm: 12 km. Beginn in Hammelbach, am Schardhof oder in Tromm. Verläuft auf dem Höhenzug der Tromm, wenig Steigung, bei gutem Wetter habt ihr tolle Fernblicke. Kann mit der 4 km langen Rundloipe Schardhof kombiniert werden, die aber etwas Erfahrung erfordert.

Rodeln: In den Ortsteilen Hammelbach und Scharbach gibt es tolle Schlittenpisten, im Winter sind diese leicht zu finden: da, wo die Hänge bunt getupft sind mit kleinen und großen Rodlern.

Betriebsbesichtigungen

Beim Lebkuchenbäcker & Gäulchesmacher

Lebkuchenbäckerei Delp & Baumann, Marktplatz 8, 64385 Reichelsheim-Beerfurth. ✆ 06164/2313, Fax 515489. www.reichelsheim.de, gemeinde@reichelsheim.de. In der Ortsmitte. **Bahn/Bus:** ↗ Reichelsheim. **Zeiten:** Okt täglich 8 – 12 Uhr, Nov – Weihnachten 8 – 12 und 13 – 18 Uhr.

▶ Durch ein großes Holztor betretet ihr einen Innenhof, links weist ein Schild den Weg zur Lebkuchenbäckerei, es geht eine Treppe hinauf. Seit 1785 backt die Familie Baumann Lebkuchen. Eigentlich bewirtschaften sie einen Bauernhof, doch einige Wochen vor Weihnachten beginnen sie, Odenwälder Weihnachtsgebäck, Lebkuchen und Magenbrot nach traditionellen Rezepten herzustellen. In ihrer Backstube sieht es wie in einem Heimatmuseum aus, und auch der Duft nach Gewürzen und Teig ist ein Erlebnis. Besucher dürfen bei der Herstellung der Köstlichkeiten zusehen.

Holzspielwaren Krämer, Annette Krämer & Harald Boos, Siegfriedstraße 60, 64385 Reichelsheim-Beerfurth, ✆ 06164/1511, Fax 5887, www.gaeulschesmacher.de, info@gaeulschesmacher.de. Mo, Mi – Fr 9 – 18, Sa 9 – 14, So 11 – 14 Uhr.

HANDWERK UND GESCHICHTE

▶ Hier könnt ihr echt Odenwälder Gäulchen kaufen und vielleicht auch mal einen Blick in die Werkstatt werfen. Ach so, Ihr wollt wissen, was ein Gäulchen ist? Na, ein kleiner Gaul. Dieses spezielle Holzspielzeug hat im Odenwald eine lange Tradition, doch die Beerfurther Werkstatt ist heute die einzige, die es herstellt.

Burgen und Schlösser

Schloss Lichtenberg

Museum Schloss Lichtenberg, 64405 Fischbachtal-Lichtenberg. ✆ 06166/404, 930023 (Verkehrsamt), Fax 8888. www.fischbachtal.de. museum@fischbachtal.de. **Bahn/Bus:** ↗ Darmstadt, Bus K56, alle 2 Stunden. **Auto:** Von Norden B38 über Groß-Bieberau, von Westen B47. Parkplatz unterhalb des Ortes, von dort wenige Min Fußweg. **Zeiten:** Mitte März – Anfang Nov Mi, Fr 15 – 17 Uhr, Sa, So, Fei 11 – 18 Uhr. Für Gruppen nach Absprache auch andere Termine. **Preise:** 2 €; Kinder bis 14 Jahre 0,50 €; Behinderte 1 €.

▶ Das weiße, gut erhaltene Schloss seht ihr schon von weitem. Es thront hoch oben über dem schönen Fischbachtal. Vor über 400 Jahren baute einer der Grafen von Hessen-Darmstadt dieses Schloss als Feriensitz. Auf einem schmalen Pfad könnt ihr es ein-

Lichtenberger Landwirtschaft, Herr Schuchmann, Waldstraße 15, Fischbachtal, ✆ 06166/8378. Mo – Fr 17 – 20, Sa 9 – 16 Uhr, So nach Vereinbarung. Obst, Gemüse, Schweine- und Rindfleisch, Hausmacher Wurst, Schinken, Schnäpse, Kirschwein.

Wirkt von weitem wie ein Puppenschloss: Im Schloss Lichtenberg gibt es eine große Puppenstubenausstellung

mal umrunden und dabei die Landschaft unten im Tal bewundern.

In dem geräumigen Museum begeistert altes Spielzeug, vor allem Puppenküchen und -häuser, auch kleinere Kinder. In einem Raum könnt ihr die gesamte Weltgeschichte anhand von kleinen Zinnfiguren nachvollziehen. Bedeutende Ereignisse von der Antike bis heute sind in Miniaturszenen dargestellt. Ein Ausstellungsraum mit alten landwirtschaftlichen Geräten zeigt, wie sich die Bauern früher abmühen mussten … Vorstellungen vom idyllischen Landleben verblassen angesichts der schweren Geräte rasch. Doch nicht nur das Arbeitswerkzeug, auch die Möbel und Haushaltsgegenstände aus Uromas Zeiten sind zu sehen. Die Funde aus der Steinzeit und der Römerzeit sind für die meisten Kinder wohl nicht so fesselnd, die Ritterrüstungen und das Modell einer Burg aus dem Mittelalter schon eher. Außerdem wurde eine komplette alte Apotheke wieder aufgebaut.

Hunger & Durst

Gasthaus Alt Lichtenberg, direkt am Schloss, Landgraf-Georg-Straße 9, 64405 Fischbachtal-Lichtenberg. ✆ 06166/8432. www.alt-lichtenberg.de. Mo – Sa 11.30 – 15 und 17 – 24 Uhr, So durchgehend geöffnet, Mi Ruhetag. Aus dem verglasten Anbau der Gaststätte blickt ihr direkt auf das Bollwerk und den Eingang des Schlosses.

▶ Schloss Lichtenberg wurde im Mittelalter als Altersruhesitz für die Witwen des Hauses Hessen-Darmstadt gebaut. Die prominenteste Burgherrin des Schlosses war aber keine Witwe, sondern die Gattin des letzten Grafen von Katzenelnbogen, *Anna von Württemberg*. Offensichtlich war Graf Philipp seiner Frau gegenüber kaltherzig, und die verzweifelte Anna griff zu magischen Tricks, um die Liebe ihres Gatten zu gewinnen. Sie wandte Liebeszauber an, die ihr der Verwalter von Schloss Lichtenberg verriet. Er hatte wahrscheinlich viel Fantasie: Er wies Anna an, eine Spinne, in einer Nussschale versteckt, in den Mund zu nehmen und dann ihren Gatten zu küssen. Ein anderer Zauber bestand darin, dass die arme Anna nackt in ein Schwitzbad steigen und den Schweiß, der sich zwischen ihren Brüsten sammelte, auffangen und ihrem Gemahl auf ein Brot schmieren musste. Den Graf erschreckten diese eigenartigen Praktiken so sehr, dass er sich scheiden ließ und Anna fortan allein auf Schloss Lichtenberg leben musste. ◀

ANNA UND DIE SPINNEN

Geografisch-historischer Lehrpfad: Der Lehrpfad versteht sich als Ergänzung der Sammlung im Museum Schloss Lichtenberg. Auf etwa 6 km Länge werden eine Fülle von landschaftlichen und geschichtlichen Denkmälern vorgestellt. Entlang des Lehrpfades sind 36 mit Nummern versehene Tafeln aufgestellt, die Standorthinweise enthalten. Die Erklärungen dazu findet ihr in einer Broschüre, die es im Museum oder im Rathaus gibt.

Unheimliche Ruine

Mächtige Mauern gegen Feuerwaffen

▶ Nur wenige hundert Meter westlich vom Schloss Lichtenberg seht ihr auf einem Felsen einen mächtigen frei stehenden Turm, das so genannte Bollwerk. Es diente der Verteidigung gegen die Feuerwaffen, die im 16. Jahrhundert aufkamen. Der Turm, dessen Mauern fast 6 m dick sind, wird von einem Zinnenkranz gekrönt. Über dem Eingang ist im ersten Stock ein Ausguss-Erker. Aus ihm konnten die Verteidiger heißes Wasser oder siedendes Pech auf Angreifer schütten. Die Innenräume, in denen die Geschütze aufgestellt wurden, haben Abzugsöffnungen für den Pulverdampf.

Zur Ruine Rodenstein

Fränkisch-Crumbach. www.ruine-rodenstein.de. mail@ruine-rodenstein.de. Zu Fuß von Fränkisch-Crumbach etwa 40 Min. **Bahn/Bus:** ↗ Fränkisch-Crumbach. **Auto:** Durch Fränkisch-Crumbach Richtung Westen ausgeschildert.

▶ Der Weg zum Parkplatz Rodenstein führt bereits durch ein sehr hübsches Tal mit Obstwiesen, Kühen und vereinzelten Bauernhöfen. Am Parkplatz Rodenstein steht eine Tafel, auf der 3 Rundwege (1, 1 und 1,5 Std) angegeben sind. Vom Parkplatz zur Ruine sind es etwa 800 m auf einem asphaltierten Sträßchen, das durch ein weiteres Tal führt und links von dem Weg abbiegt, auf dem ihr gekommen seid. Das ist der kürzeste Weg und auch für Kinderwagen geeignet. Wer nicht laufen möchte, kann mit dem Wagen bis zum Gasthaus Rodenstein fahren, dort gibt es ebenfalls Parkplätze. Die Ruine selbst ist von hier über einige Stufen zu erreichen.

Wer Lust auf Bewegung hat, sollte jedoch einen der **Wanderwege** vom Parkplatz aus laufen, auch diese führen zum

Teil zur Ruine. Der Rodensteinrundweg (keine Kinderwagen) führt euch außerdem an einem kleinen Wasserfall vorbei, der besonders im Winter, wenn das Wasser gefroren ist, faszinierend aussieht.

Um die Ruine Rodenstein ranken sich viele **Sagen.** Sie wurde im 13. Jahrhundert von den Rodensteiner Rittern in einem Wald erbaut. Bis vor etwa 300 Jahren war sie noch bewohnt. Dann starben die letzten Bewohner an der Pest und die Burg zerfiel.

Der *Rodensteiner* ist eine der bekanntesten Sagenfiguren im Odenwald. Wenn ein Krieg drohte, flog er mit seinem Geisterheer nachts durch die Luft, viele berichten, sie hätten das Geräusch der Pferdehufe und das Säbelrasseln um Mitternacht gehört. Es wird erzählt, dass sein wildes Heer auch vor Beginn des Zweiten Weltkrieges vom Schnellerts, einer nahen Anhöhe, zur Ruine Rodenstein raste.

Hunger & Durst

Gasthaus Rodenstein, An der Burgruine, ✆ 06161/1087, 4368, nur Sa, So, Fei geöffnet. Unterhalb der Ruine idyllisch im Tal, im Sommer mit großer Terrasse.

Spannend erzählt Werner Bergengruen die Sage vom Rodensteiner: *Das Buch Rodenstein,* Insel Taschenbuch 1793, 12 €.

Noch immer jagt nachts der unheimliche Rodensteiner durch die Lüfte ...

Burg Lindenfels

Lindenfels. www.lindenfels.de. touristik@lindenfels.de.
Bahn/Bus: ↗ Lindenfels. **Zeiten:** immer zugänglich.
Preise: April – Okt 0,50 €; Kinder bis 16 Jahre frei.

▶ Lindenfels, entstanden im 11. Jahrhundert, gehörte einst dem mächtigen Kloster Lorsch. Kaiser Karl der Große verschenkte die Stadt 773 an das Kloster. Einer der Burgherren war der Bruder des berühmten Kaisers Barbarossa, was nichts anderes als Kaiser »Rotbart« heißt. Die Burg war bis ins 18. Jahr-

☀️ Auf dem Weg von oder zur Burg lohnt sich der kurze Abstecher zum Bürgerturm aus dem 14. Jahrhundert. 9 – 19 Uhr ist die Treppe zugänglich. Von oben lässt sich ein weiter Rundblick genießen. Der Turm ist knapp 20 m hoch, doch das Beeindruckendste sind seine 2 m dicken Mauern. Er war nie mit der Stadtmauer verbunden und diente wie ein Burgfried als Rückzugsmöglichkeit bei Angriffen. Der ursprüngliche Einstieg an der Nordseite lag knapp 8 m hoch.

hundert bewohnt, doch ab 1779 wurde sie als Steinbruch genutzt. Jeder konnte sich für ein paar Kreuzer dort eine Ladung Steine holen. Erst 1880 begannen die ersten Erhaltungsarbeiten an der Ruine.

Der Weg zur Burg führt euch durch eine kleine Fußgängerzone mit Geschäften und vielen Einkehrmöglichkeiten. Am Fuße des Burgberges liegt der hübsch angelegte kleine Kurpark, ihm gegenüber befindet sich das Heimatmuseum in der ehemaligen Zehntscheuer aus dem 17. Jahrhundert. Hinter diesem Gebäude führt ein Weg um den Burgberg herum hinauf zur Ruine. Geht ihr hier entlang, statt dem breiten Weg am Kurpark vorbei direkt zum Burgeingang zu folgen, gelangt ihr zur Minigolfanlage, einem kleinen Spielplatz und einem Bolzplatz.

Die Burgruine ist romantisch von Efeu überwuchert, der Burgberg mit hohen alten Bäumen bewachsen. Über eine Treppe erklimmt ihr die Burgmauer und habt von dort eine prächtige Aussicht. In den Überresten der Burg lässt es sich prima klettern und picknicken. Auf einem Rundgang könnt ihr die Burg umrunden.

Die römische Villa Haselburg

Höchst i.Ow. ✆ 06163/7080 (Fremdenverkehrsamt), Fax 70823. www.haselburg.de. webmaster@haselburg.de. **Bahn/Bus:** Ab ↗ Höchst Bus 23 bis Annelsbach. **Auto:** L3106 Höchst Richtung Brensbach auf der Anhöhe vor Hummetroth, 5 km von Höchst. Parkplatz bei der Villa. **Zeiten:** Täglich zugänglich. **Preise:** Spende erbeten.

▶ Die Ausgrabungsstätte der römischen Villa Haselburg liegt einsam mit herrlicher Rundsicht auf einer Anhöhe und ist von Feldern umgeben.

Das Areal von 182,5 auf 190 m ist von Mauerresten eingefasst, die einst zu einem römischen Gutshof aus dem 2. Jahrhundert n.Chr. gehörten. Dieser wurde erst 1979 beim Bau der Erdgaspipeline Russland – Frankreich entdeckt, und ist vielleicht die be-

Antikes Klo: Die Römer erledigten beim Geschäftmachen gern Handelsgeschäfte

eindruckendste römische Ausgrabung im Odenwald. Zum einen, weil es sich bei der Villa nicht um eine militärische Anlage, sondern um ein privates Wohnhaus handelt. Zum anderen, weil es ein bisschen mehr als nur Spuren der Fundamente zu sehen gibt, was ja sonst oft der Fall ist. Mit etwas Fantasie könnt ihr mit Hilfe der Schautafeln und der teilweise aufgestockten Mauerreste eine sehr anschauliche Vorstellung bekommen, wie das luxuriöse Anwesen einer reichen Römerfamilie aussah. Besonders lohnend ist es, an einer Führung teilzunehmen, dabei erwachen die steinernen Reste wieder zum Leben. Ein Modell des Gutshofes ist übrigens im ↗ Odenwaldmuseum in Michelstadt zu sehen, wer sich dafür interessiert, kann also dort noch genauere Eindrücke erhalten.

In der Villa Haselburg wurde früher ein recht angenehmes Leben geführt: Es gab verglaste Fenster und hübsche Wandmalereien, in dem Herrenhaus wurden Räume mittels **Fußboden-Heizung** erwärmt. Daneben stand ein Badehaus. Dort gab es ein Heiß- und ein Warmwasserbecken, zudem ein Kalt- und ein Schwitzbad. Besonders anschaulich ist die ansatzweise Nachbildung von Toilettensitz, Abwasserkanal und riesiger Badewanne in diesem Gebäudeteil. Neben dem Wohnhaus standen einst Ställe und Scheu-

Die Fußboden-Heizungen der Römer heißen Hypocausten. Der Fußboden der Räume ruhte auf gemauerten Säulchen. In einem Schürraum unter dem Fußboden wurde ein Holzfeuer unterhalten, dessen heiße Abluft durch den Hohlraum strömte. So wurde der Boden obendrüber angenehm warm, bis zu 25 Grad! Diese Methode hat natürlich viel Feuerholz verschlungen.

NORDEN & WESTEN

nen, die Unterkünfte der Diener sowie Küchen- und Vorratshäuser.

Bedenkt einmal, dass zur gleichen Zeit, als die Römer es sich gut gehen ließen, unsere germanischen Vorfahren noch in ganz einfachen Hütten hausten. An eine Toilette, warme Bäder oder gar eine Fußbodenheizung war bei ihnen noch lange nicht zu denken.

Vogteiburg mit mächtigem Burggraben: Burg Breuberg

Breuberg. ✆ 06163/7090 (Stadtverwaltung), www.burg-breuberg.de. l.eckhardt@web.de. **Bahn/Bus:** RB Frankfurt – Darmstadt – Reinheim – Höchst oder Hanau – Seligenstadt – Groß-Umstadt – Höchst. Von Höchst nach Neustadt stündlich Busverbindung, von dort 30 Min zu Fuß zur Burg. **Auto:** B45 bis Höchst im Odenwald, die Burg ist ausgeschildert. Parkplatz direkt an der Burg oder etwas unterhalb am Burgberg der Parkplatz Burg Breuberg mit zwei Rundwanderwegen (2/3,5 km), von dort geht es in etwa 15 Min recht steil zur Burg hoch. **Zeiten:** Führungen Mitte März – Mitte Okt Sa 13.30 und 14.45 sowie So und Fei um 13.30, 14.45 und 16 Uhr. Mo – Fr und im Winter Führungen für Gruppen nur nach Absprache. **Preise:** 2,50 €; Schüler 1,50 €; Behinderte, Studenten, Gruppen bis 25 Personen 1,50 €, Turmbesteigung 0,50 €. **Infos:** Infos und Buchung der Führungen bei der Stadtverwaltung Breuberg.

▶ Die Burg Breuberg, die 1150 gegründet wurde, ist vielleicht die prächtigste Burg des Odenwaldes, wie aus einem Bilderbuch. Sie hat wirklich alles, was eine Burg braucht: eine Brücke über den breiten Burggraben, mächtige Außenmauern, im Hof einen Bergfried und einen tiefen Brunnen. Es ist übrigens eine der größten Burganlagen Süddeutschlands. Noch heute bewacht eine alte Kanone den Eingang.

Auf einem schmalen Pfad könnt ihr die Burganlage umrunden und von allen Seiten bewundern, aber nicht mit Kinderwagen. In der Burg ist eine ↗ **Jugend-**

Happy Birthday!
Auf der Burg könnt ihr euren Geburtstag feiern, mit Geburtstagsführung, Schatzsuche und Ritterschlag. Abhängig von der Jahreszeit sind sogar Rundgänge mit Fackeln möglich. Preise ab 44 € für 12 Kinder.

Rote Perle: Die Breuburg aus der Vogelperspektive

herberge untergebracht, die Gebäude dürfen bis auf das Burgmuseum nur von den Gästen der JH betreten werden. Das **Museum** kann nur zu jeder vollen Stunde im Rahmen einer Führung mit dem Burgwart besucht werden. Es lohnt sich, auf die nächste Führung zu warten. Über die steinerne Wendeltreppe kommt ihr zunächst in die heimatkundliche Abteilung, wo ihr seht, mit welchen Werkzeugen die Handwerker früher Fässer, Wagenräder oder Seile anfertigten. Auch an die Arbeit von Strumpfstickern und Schneidern, Sattlern und Webern wird erinnert. Außerdem werden Funde aus der Römerzeit und zur Burggeschichte im Museum gezeigt. Das Prunkstück des Museums ist der Rittersaal. Auf der Stuckdecke sind Szenen aus antiken Mythen sowie 32 Wappen abgebildet. Viele Waffen sind in diesem Saal ausgestellt. Nach dem Rittersaal geht es in die ehemaligen Pferdeställe, und von dort in das frühere Zeughaus, in dem heute ein kleines Feuerwehrmuseum untergebracht ist. Hier seht ihr, welche Kleider die Feuerwehrleute anno dazumal trugen, wie ihre Ausrüstung aussah, und wie eine Pumpe im Jahr 1897 per Hand betrieben wurde. Zum Abschluss des Rundgangs wird noch der 85 m tiefe Brunnen bewundert.

Hunger & Durst

Hotel und Restaurant Burgterrasse, Außerhalb 2, 64747 Breuberg. ✆ 06165/2066. Mo Ruhetag. Unterhalb der Burg gelegen, eigener Parkplatz, oder vom Wanderparkplatz »Burg Breuberg« in wenigen Minuten Fußweg. Terrasse mit herrlichem Blick ins Tal, das nur durch zwei riesige Reifenfabriken verschandelt wird. Kleiner Spielplatz. Gutbürgerlich, preiswert.

Hunger & Durst

Burgschänke, ✆ 06162/72274. Di – So 11 – 22 Uhr, Sa, So ab 11 Uhr. Gutbürgerliche Küche, hessische Spezialitäten. Biergarten im Burghof. Hauptgerichte ab 10 €.

Hexen auf der Veste Otzberg

Sammlung zur Volkskunde in Hessen, Familie Tilly, Burgweg 28, 64853 Otzberg-Hering. ✆ 06162/71114 (Verkehrsamt), Fax 9152976. www.veste-otzberg.de. veste-otzberg@rolf-tilly.de. **Bahn/Bus:** ↗ Otzberg. **Zeiten:** Museum, Museumscafé Sa – Mo 11 – 18 Uhr. **Preise:** Museum 2,50 €, Zutritt zur Burganlage kostenlos; Kinder bis 12 Jahre frei.

▶ Die Veste Otzberg erhebt sich schon weithin sichtbar auf der einzigen Anhöhe in der weiten Ebene hin-

---

▶ Mit viel Fantasie wurden im Odenwald früher Eier gefärbt und dekoriert. Und so geht's: Mit Zwiebelschalen färbt man braun, mit Labkrautwurzel rötlich. Junge Getreidepflänzchen geben ein blasses Gelb, auch Brombeer- und Brennnesselwurzeln sowie Kaffeesatz kann man verwenden. Legt man nach dem Färben die Eier in einen Ameisenhaufen, entstehen durch die Säure, die die Ameisen absondern, lustige Muster.

BIOFÄRBEN WIE ANNO DAZUMAL

Mit Wachs werden Stellen bedeckt, die keine Farbe annehmen sollen. Motive werden mit einem Stäbchen aufgetragen, das in Wachs getunkt wurde. Sogenannte Binseneier werden ausgeblasen und mit bunten Läppchen beklebt. Ein Ei am Deckenbalken soll einem Haus Glück bringen. Eierspiele waren an Ostern üblich, besonders das Eierwerfen auf einer Wiese war sehr beliebt: Wer sein Ei am höchsten werfen konnte, ohne dass es beim Aufprall kaputt ging, war der Sieger. ◀

FOTO: ANNETTE SIEVERS

ter Dieburg. Hier beginnt der Odenwald. Der Otzberg, von dem die Burg ihren Namen hat, war einmal ein Vulkan, so wie der ↗ Katzenbuckel auch, der höchste Berg des Odenwaldes. Die Veste wurde im 12. Jahrhundert erbaut und im 30-jährigen Krieg belagert und zerstört. Im 18. Jahrhundert wurde sie eine Zeit lang als Gefängnis benutzt, ziemlich gruselig, oder? Heute ist sie ein äußerst beliebtes **Ausflugsziel.** Von der Veste habt ihr einen herrlichen Blick. Besonders eindrucksvoll ist die Aussicht von dem 17 m hohen Bergfried, bei gutem Wetter seht ihr die Frankfurter Hochhäuser am Horizont. Die Mauern dieses Turms sind stellenweise 3 m dick! Er wird im Volksmund »Weiße Rübe« genannt. Neben der sehenswerten Burgruine tragen auch vor allem die **Veranstaltungen** wie Ostereier-, Töpfer-, Handwerks- und Weihnachtsmärkte zu der Popularität der Burgruine bei.

Zu verdanken sind diese Ereignisse den Gründern eindrucksvoll gestalteten Volkskundemuseums auf der Veste. Gerd Grein und sein Partner Hubert Alles besitzen eine der größten Privatsammlungen hessischer Volkskultur, für die sie auf der Veste die passenden Ausstellungsräume fanden. Hessische Trachten und Keramik, Handwerkszeug, eine alte Apotheke, ein Kaufladen und vieles mehr sind in den ansprechend hergerichteten Schauräumen ausgestellt. Interessante Sonderausstellungen, auch zu so ausgefallenen Themen wie der Geschichte der Toilette, ziehen viele Besucher an.

Das kleine Schloss Nauses

Höchster Straße 45, 64853 Otzberg-Schloss Nauses. www.otzberg.de. gemeindeverwaltung@otzberg.de. **Bahn/Bus:** ↗ Veste Otzberg, ab Lengfeld Bhf Bus Richtung Nauses Wasserschloss. **Auto:** An der B45 von Otzberg nach Höchst.

▶ Sicher stellt ihr euch ein Schloss ganz anders vor, als diesen bescheidenen Bau. Doch das kleine Schloss Nauses hat eine lange Geschichte. Ur-

Hunger & Durst

Schmelzmühle, Bachstraße 43, 64853 Otzberg-Ober-Klingen, ✆ 06162/72913. Di Ruhetag. Mo – Sa 12 – 24 Uhr, So 10 – 24 Uhr. Sehr gut schmeckt es in der ruhig und idyllisch am Waldrand gelegenen alten Mühle. Mit Terrasse.

In der Adventszeit lohnt ein Besuch der alljährlichen Weihnachtsausstellung im Museum, dann werden alte Handwerkstechniken rund um Weihnachten vorgeführt.

Hunger & Durst

Burgstube, Schloss Nauses, 64853 Otzberg. ✆ 06163/3332. Täglich ab 15 Uhr. Rustikal, kleine Vesperkarte mit Hausmacher Wurst aus eigener Schlachtung.

sprünglich war es einmal eine kleine Wasserburg. Es ist über 1000 Jahre alt. Von den Wehranlagen ist nichts mehr zu erkennen, erhalten geblieben sind nur das Haupthaus und der Torturm. Die Nebengebäude stammen aus dem 19. und 20. Jahrhundert. Die urige Gaststätte Burgstube ist in dem alten Gemäuer, im Sommer sitzt ihr im Hof und könnt einen Blick in die Ställe werfen.

Museen und Stadtführungen

Im Regionalmuseum Reichelsheim

Rathausplatz 7, 64385 Reichelsheim. ✆ 06164/50826, Fax 50833. www.museum-reichelsheim.eu. touristinfo@reichelsheim.de. **Bahn/Bus:** ↗ Reichelsheim. **Zeiten:** So 15 – 17 Uhr, Führungen nach Vereinbarung. **Preise:** 2 €; Kinder ab 6 Jahre 1 €; Familien 4,50 €.
▶ Wenn es euch interessiert, wie die Schulen früher aussahen, schaut euch dieses Museum an. Ein Schulsaal wie zu Urgroßmutters Zeiten ist hier nachempfunden. Lehrer können hier mit ihren Klassen nach Absprache eine Stunde in historischer Umgebung halten. Auch über die ersten Eisenbahnen und den Bergbau im Odenwald erfahrt ihr hier viel, und daneben gibt es altes Werkzeug zu sehen, mit dem die Handwerker früher alles herstellten, was so gebraucht wurde.
Das Museum befindet sich im ehemaligen Rathaus, das vor über 400 Jahren gebaut wurde.

Im Heimatmuseum Fränkisch-Crumbach

Interessengemeinschaft Heimatmuseum Rodenstein e.V., Darmstädter Straße 3, 64407 Fränkisch-Crumbach. ✆ 06164/718, 93030 (Gemeindeverwaltung), Fax 930393. www.fraenkisch-crumbach.de. gemeinde@fraenkisch-crumbach.de. **Bahn/Bus:** ↗ Fränkisch-Crumbach. **Zeiten:** So 10 – 14 Uhr oder

☼ Beim **Trommer Sommer,** im Juli oder August, wird vier Tage lang Theater, Kunst, Spiel und Spaß für die ganze Familie angeboten. Infos bei der Kurverwaltung Grasellenbach.

Hunger & Durst

Restaurant Treusch & Johanns-Stube im Schwanen, Am Rathausplatz 2, Reichelsheim. ✆ 06164/2226. www.treuschs-schwanen.com. Mo – Fr ab 18 Uhr, Sa und So ab 11.30 und ab 18 Uhr, Do Ruhetag. Kochseminare, regionale Produkte, saisonale Angebote, Apfelweinproben.

nach Absprache. **Preise:** 1 €; Kinder bis 16 Jahre frei; Gruppen 0,75 €.

▶ Originelle Sonderausstellungen wie ziehen Besucher in dieses kleine Museum. In der Dauerausstellung ist ein kompletter Tante-Emma-Laden der Höhepunkt. Viele alte Werkzeuge und landwirtschaftliche Geräte sind ebenfalls zu sehen sowie eine Vitrine mit hölzernen Spielzeugpferden vom Odenwälder ↗ *Gäulschesmacher Adam Krämer* aus Beerfurth. Ein seltenes Handwerk ist zu entdecken, das des Simmermachers, der Hohlmaße anfertigte. Ein Hohlmaß ist ein Gefäß, mit dem früher Flüssigkeiten oder auch bestimmte Mengen an Getreide abgemessen wurden. In Fränkisch-Crumbach soll der letzte Simmermacher Deutschlands praktiziert haben.

Das Museum lohnt nicht als eigenes Ausflugsziel, aber wenn ihr an einem Sonntag die Ruine Rodenstein oder das Wildgehege Schnellerts besucht, solltet ihr doch vorbeischauen.

Im Lindenfelser Museum

Burgstraße 41, 64678 Lindenfels. ✆ 06255/306-44 (Kur- und Touristikservice), Fax 306-45. www.lindenfels.de. touristik@lindenfels.de. **Bahn/Bus:** ↗ Lindenfels. **Zeiten:** April – Okt So und Fei 14.30 – 17 Uhr. Gruppen auch werktags nach Vereinbarung, eine Woche vorher anmelden. **Preise:** 1 €, mit Kurkarte 0,50 €; Kinder bis 14 Jahre frei; Schulklassen 15 €, Gruppen bis 25 Pers 25 €. **Infos:** Für Schulklassen (4. – 7. Klasse) gibt es eine spezielle Führung zum Thema »Burg Lindenfels«. Dauer ca. 1,5 Std, 15 €.

▶ Das Heimatmuseum unterhalb der Burg gegenüber vom Kurpark widmet sich dem dörflichen Leben. Eine Bauernstube zeigt, wie die Menschen früher lebten und wie sie angezogen waren. Interessant ist die funktionstüchtige alte Schmiede, in der bei besonderen Veranstaltungen gearbeitet wird. Fotos zeigen, wie es früher in Lindenfels zuging. Das erste Fremdenzimmer aus dem Jahr 1887 ist zu bewundern. Im

Hunger & Durst

Zur Linde, Darmstädter Straße 2, Fränkisch-Crumbach. ✆ 06164/1589. Sa, So durchgehend geöffnet, Mo Ruhetag. Biergarten. In der Ortsmitte bei der Kirche.

Die Wanderkarte Lindenfels im Maßstab 1:20.000 bekommt ihr beim Touristikservice.

Minigolfplatz, auf den Schlossbergwiesen, am Hang der Burg, April – Okt Mo – Fr 14 – 19 Uhr, Sa, So ab 10 Uhr, in den Ferien täglich 10 – 19 Uhr.

NORDEN & WESTEN

Fern sehen: Von der Burg Lindenfels habt ihr einen weiten Ausblick

Museum finden jedes Jahr mehrere tolle Veranstaltungen statt.

Action im Museum Gruberhof
Raibacher Tal 22, 64823 Groß-Umstadt. ✆ 06078/ 4358, Fax 4358. www.gruberhof-museum.de. info@gruberhof-museum.de. **Bahn/Bus:** ↗ Groß-Umstadt. **Auto:** Am Stadtausgang in Richtung Raibach/Dorndiel. **Zeiten:** Ostermontag – Ende Okt So 13 – 18 Uhr und nach Vereinbarung. **Preise:** Eintritt frei. **Infos:** Herr Staudt, ✆ 06078/3562 oder Kulturamt, Markt 1, 64823 Groß-Umstadt, ✆ 06078/781260, Fax 781226.

Neben dem Gruberhof befindet sich die so genannte Bleiche, ein kleines Freizeitgelände mit Spielplatz und Boule-Bahn.

▶ Der Gruberhof war einst von Schafen bevölkert, denn er war eine Schaf-Farm. Heute sind im Gruberhof Sammlungen zur Archäologie und Stadtgeschichte, zu alten Handwerken und zum Weinbau ausgestellt. Sehr hübsch ist der Bauerngarten. Das Museum nennt sich **Aktionsmuseum** – es gibt über das Jahr verteilt verschiedene Veranstaltungen, bei denen altes Handwerk und Brauchtum wieder lebendig werden. Besonders zu diesen Festen lohnt sich ein Besuch, es gibt immer auch originelle Aktionen für

Kinder. Zu allen Veranstaltungen gibt es deftige Speisen.
- Ostern: Handwerksvorführungen,
- Pfingsten: Live-Musik mit Rahmenprogramm,
- Juni oder Juli: Internationales Sommerfest,
- 2. Wochenende im Oktober: traditionelles Trauben- und Äpfelkeltern,
- Herbst: spezielle Veranstaltungen wie Getreide- oder Kartoffelfest.

Das Mühlenlädchen, 64823 Groß-Umstadt. ✆ 06078/72085. Nach Vereinbarung. Rind- und Schweinefleisch, Hausmacher Wurst. An Himmelfahrt Hoffest, am 1. Mai Maifeier.

Feste & Märkte

Reichelsheimer Märchen- und Sagentage

Gemeindeverwaltung, Bismarckstraße 4, 64385 Reichelsheim. ✆ 06164/50838, Fax 50833. www.maerchentage.de. maerchentage@reichelsheim.de.

Bahn/Bus: ↗ Reichelsheim. **Zeiten:** 3 Tage im Okt.

▶ Die »Reichelsheimer Märchen- und Sagentage« sind schon zu einer Tradition geworden, sie ziehen jedes Jahr viele tausend Besucher an. Sie erinnern daran, dass der Odenwald eine Region der Sagen und Mythen ist. Jedes Jahr wird der **Wildweibchen**-Preis an einen bekannten Schriftsteller vergeben, 1998 erhielt ihn der bekannte Kinderbuchautor Ottfried Preußler. Aber woher stammt der Name – Wildweibchen-Preis? Es gibt ihn tatsächlich, den Wildweibchenstein! Hoch hinaus streckt sich diese Steinformation im Rodensteiner Burgwald, unweit der ↗ Ruine Rodenstein. Am Fuß des Granitblocks befand sich damals eine Höhle, in der im Mittelalter die geheimnisumwobenen »Wilden Weibchen« gehaust haben sollen …

Das 3-tägige Programm im Oktober bietet neben Vorträgen von Märchenforschern, Lesungen bekannter Märchenautoren und den Auftritten von Märchenerzählern auch mittelalterliches Treiben auf den Straßen, Gaukler, Kindertheater und einen Märchenmarkt.

Die Wildweibchen lebten in einem Teich mitten im Wald. Sie hatten keine Beine, sondern Fischschwänze wie eine Nixe. Viele Sagen im Odenwald handeln von ihnen.

FESTKALENDER

Ostern: 2 Wochen vor Ostern: **Ostermarkt,** Museum Lindenfels, Sa 12 – 18, So 10 – 18 Uhr.

Mai: 2. Wochenende: **Mittelalterliches Spektakulum** auf Burg Lindenfels.

Juli: 1. Wochenende: Reichelsheimer **Pony- und Reiterspiele** des Reit- und Fahrvereins, mit Feuerwerk.

August: 1. Wochenende: Lindenfels, ältestes **Trachtenfest** des Odenwaldes auf der Burg Lindenfels, Sa Abend Feuerwerk, So Tracht-Umzug.

4. Wochenende: Reichelsheimer **Michelsmarkt:** Großes, trubeliges Volksfest auf dem Festplatz an der Reichenbergschule, auch ein Umzug gehört zum Programm.

September: 1. So: Lindenfels, **Ökomarkt** in der Fußgängerzone Burgstraße. Landwirtschaftliche Erzeugnisse und Vollwertprodukte, Infos zu ökologischen Lebensmitteln aus der Region.

Wochenende nach dem 15.: Groß-Umstadt, **Winzerfest,** mit **Odenwälder Bauernmarkt**. Ein Streichelzoo und verschiedene Mitmachaktionen sorgen für Abwechslung. An einer Pappkuh dürft ihr zeigen, wie gut ihr melken könnt.

Oktober: 1. Wochenende: Lindenfels, **Brauchtumstage** im Museum, Sa 12 – 18, So 10 – 18 Uhr. Kerzenzieher und Schindelmacher, Uhrmacher und Holzschnitzer, Trachtenschneiderinnen und Perlenstickerinnen lassen sich bei der Arbeit zusehen.

Letztes Wochenende, 3 Tage: Reichelsheim, **Märchen- und Sagentage.**

Dezember: 1. Advent, Sa, So: Reichelsheim-Beerfurth, **Beerfurther Lebkuchen- und Weihnachtsmarkt.**

2. Advent, Sa, So: Lindenfels, **Weihnachtsmarkt.**

2. Advent, Sa, So: Groß-Umstadt, **Adventsmarkt auf dem Rathausplatz.**

2. und 3. Advent, Sa, So: Otzberg-Hering, **Weihnachtsmarkt.**

IM MÜMLINGTAL

DARMSTADT

BERGSTRASSE

HEIDELBERG

AM NECKAR

NORDEN & WESTEN

IM MÜMLINGTAL

AN MAIN, MUD & ELZ

INFO & VERKEHR

FERIENADRESSEN

KARTENATLAS

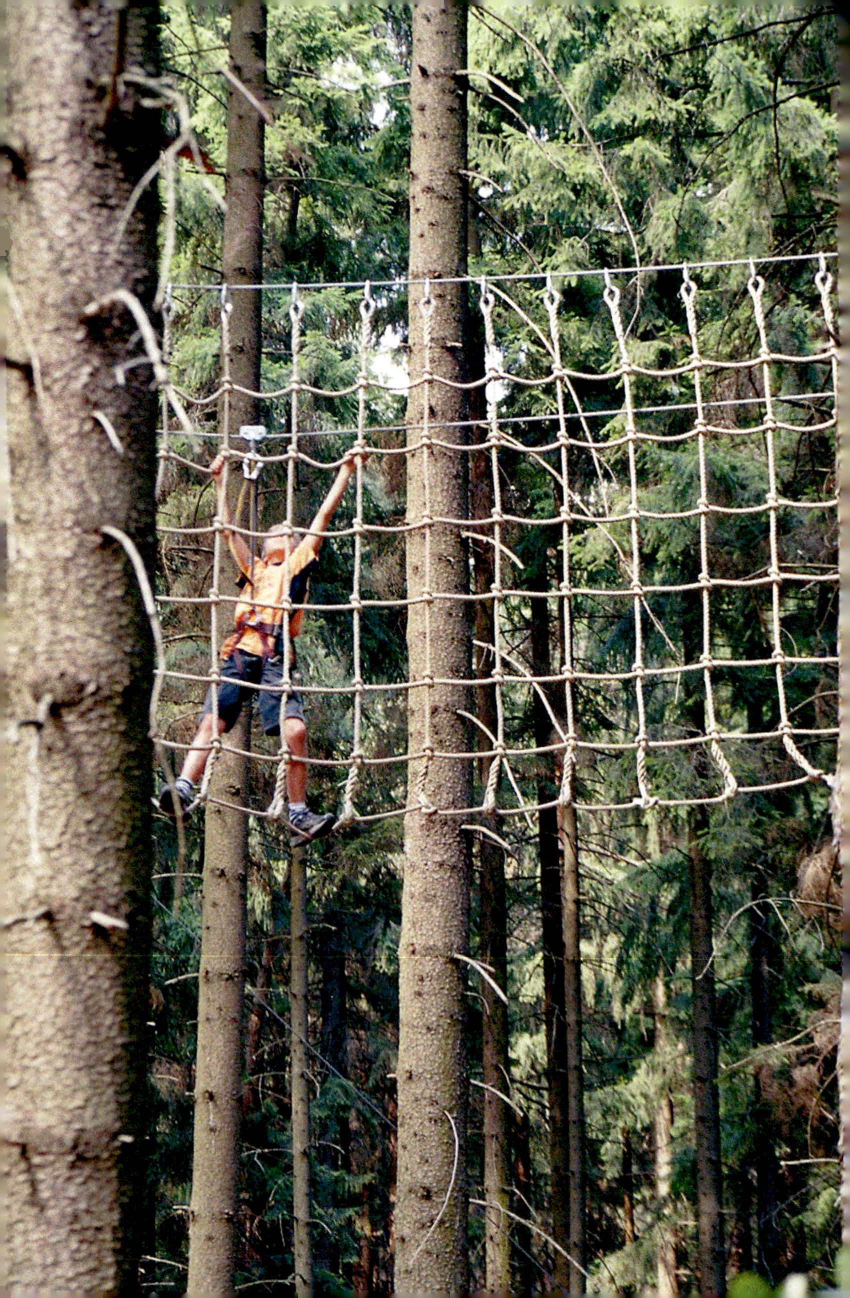

DIE HOCHBURG DES ODENWALDS

Die attraktivsten und bekanntesten Orte im Odenwald liegen an der Mümling: Bad König, Michelstadt und Erbach. Bequem lassen sie sich per Bahn erreichen. Hier gibt es Museen und Gaststätten, Badeanstalten und Wanderwege, Fachwerkhäuser, Schlösser und Wildgehege. Doch auch das schöne Mossautal westlich der Mümling lockt – mit Natur pur, ebenso wie die Region um Beerfelden. Jede Menge Wald, Kühe und Pferde, Wiesen und Bauernhöfe laden zum Naturerlebnis ein. Echte Wasserratten freuen sich auf den einzigen großen See des Odenwalds: den Marbach-Stausee im Mossautal.

Frei- und Hallenbäder

Hallenbad Michelstadt

Erbacher Straße, 64720 Michelstadt. ✆ 06061/3812, www.odenwald-hallenbad.de. info@odenwald-hallenbad.de. **Bahn/Bus:** ↗ Michelstadt. **Zeiten:** Mo 16 – 22 Uhr, Di – Fr 8 – 21.30, Sa, So und Fei 9 – 19 Uhr. **Preise:** 3,50 €; Kinder bis 3 Jahre frei, 3 – 16 Jahre 2 €.
▶ 25-m-Aktivbecken mit Sprunganlage, Nichtschwimmerbecken mit Massagedüsen, Massagebecken mit 12 Düsen. Jeden Fr 17 – 18.30 und Sa 13 – 15 Uhr ist großer Trubel angesagt, denn da finden die »Spiele im Wasser« statt, bei denen ihr euch mit Bällen, Flossen und Schwimmbrettern richtig austoben könnt.

Waldschwimmbad

Am Stadion 11 – 15, 64720 Michelstadt. ✆ 06061/967984, Fax 967985. www.waldschwimmbad-michelstadt.de. bayer@michelstadt.de. **Bahn/Bus:** ↗ Michelstadt. **Zeiten:** Mai – Anfang Sep täglich 9 – 21 Uhr, Frühschwimmen Juni – Aug Mo – Fr 6 – 8 Uhr. **Preise:** 4 €, 10er-Karte 35 €, Saisonkarte 70 €; Kinder ab 6 Jahre 1,50 €, 10er-Karte 13 €, Saisonkarte 36 €; Schüler, Studenten, Behinderte 2 €, 10er-Karte 18 €.

TIPPS FÜR WASSERRATTEN

Beheiztes Freibad im Kurpark, Stadtteil Vielbrunn, Limesstraße, ✆ 06066/722. Mai – Sep täglich 9 – 20.30 Uhr. Erw 2,50 €, Kinder 1,50 €.

Spannung pur: Im Abenteuerwald Würzberg kommen Kletteraffen auf ihre Kosten

IM MÜMLINGTAL

▶ Diese Waldschwimmbad ist wirklich ein tolles Ausflugsziel! In schöne Landschaft eingebettet, findet ihr hier neben einem großen Sportbecken einen abgetrennten Nichtschwimmerbereich und ein separates Babybecken. Beachvolleyball, Basketball, ein Kinderspielplatz, Tischtennis und ein Sprungturm lassen keine Langeweile aufkommen. Bei den 2 Kiosken mit Terrassenbetrieb könnt ihr eure leeren Bäuche füllen.

Odenwald-Therme
Frankfurter Straße 1, 64732 Bad König. ✆ & Fax 06063/578550. www.badkoenig.de. **Bahn/Bus:** ↗ Bad König, 5 Min Fußweg. **Zeiten:** Mo – Sa 9 – 23 Uhr, So und Fei 9 – 22 Uhr. **Preise:** 2 Std Thermalbad Erw 8,20 €, 3 Std mit Saunaland 9,70 €. Die »Kiddy Familienkarte« gilt nur Di – Fr bei Einlass 13 – 15 Uhr, damit kosten 4 Std Bad und Sauna für 1 Erw und 2 Kinder 17,90 €, für 2 Erw und 1 Kind 22,75 €.

▶ Mehrere Saunen, ein Außenbecken mit Thermalwasser aus kohlensauren Eisenquellen, ein Sprudelbad und ein Innenbecken mit einem Wildwasserkanal sorgen in diesem Bad für wohlige Entspannung. Allerdings sind die meisten Besucher ältere Kurgäste, es ist kein Fun-Bad für Jugendliche, die sich austoben möchten. Für kleine Kinder ist es jedoch durchaus geeignet.

Waldseebad Beerfelden
Beerfelden. ✆ 06068/478785, www.waldseebad-beerfelden.de. kontakt@waldseebad-beerfelden.de. Zwischen Beerfelden und Gammelsbach. **Bahn/Bus:** ↗ Beerfelden. **Auto:** An der B45 zwischen Beerfelden und Gammelsbach. **Zeiten:** Mo – Fr 12 – 19 Uhr, Sa, So und in den Sommerferien 10 – 19 Uhr. **Preise:** 2 €; Kinder 1 €.

▶ Vom Parkplatz Gänsbuckel, der auf dem Weg nach Gammelsbach rechter Hand liegt, sind es 2 Minuten zu Fuß zum Bad. Man kann aber auch mit dem Auto bis vor die Tür fahren, dafür vom Parkplatz dem asphaltierten Sträßchen beim »Anlieger frei«-Schild folgen.

Das Waldseebad liegt wirklich mitten im Wald, und an einer Seite reicht der Wald direkt bis an das Becken heran. Es wird von einer Quelle gespeist, deren Wasser durch das Becken fließt und dann einen Bach bildet. Etwa ein Drittel des Beckens ist ganz flach und gut für kleine Kinder geeignet. Es gibt einen 3-m-Turm, ansonsten ist das Bad nicht besonders aufregend ausgestattet, liegt aber eben sehr schön.

Badeseen

FOTO: ALICE SELINGER

Wassersport am Marbach-Stausee

64/43 Beerfelden. www.beerfelden.de. stadtverwaltung@beerfelden.de. **Bahn/Bus:** Bus 31 von ↗ Michelstadt oder ↗ Erbach, ungefähr 7 x täglich, Haltestelle direkt am See. **Auto:** 8 km von Erbach westlich der B45 an der B460 Marbach – Hüttenthal. Parkplätze an der B460 und jenseits der Staumauer beim Betriebsgebäude. **Infos:** Toiletten beim Betriebsgebäude an der Staumauer und am Holzhaus an der Liegewiese.

Hier fühlt sich auch Sam wohl: Am Marbach-Stausee

Hunger & Durst

Mümlingstube, Familie Mohr, Hauptstraße 16, 64711 Erbach i.Ow. www.muemlingstube. de. Fr – Mi 11 – 22, Do 11 – 14 Uhr. Rustikales Restaurant und familienfreundliche Gästezimmer.

Hunger & Durst

Waldgasthof Reußenkreuz, Fam. Kroll, Sensbachtal. ✆ 06068/ 2086. www.reussenkreuz.de. Von der B45 noch nördlich von Beerfelden Richtung Hesseneck abbiegen. Einsam im Wald liegt die Gaststätte, die eine gute Küche bietet, zudem Eisbecher und leckeren Kuchen. Auf der Terrasse könnt ihr im Sommer sitzen, es gibt ein paar Spielgeräte unter Bäumen. Im Winter beginnen hier in der Nähe Langlaufloipen, im Sommer Wanderwege.

▶ Der Marbach-Stausee ist der einzige größere See im Odenwald, sogar Wassersport ist auf ihm möglich. An der einen Seite des Sees verläuft die Straße, daher hört man leider den Lärm der Autos. Trotzdem wirkt der See sehr idyllisch. Es gibt auf den großen Liegewiesen jede Menge Platz. An einem Ufer reicht der Wald vielerorts bis ans Wasser heran. Der See ist in drei Bereiche unterteilt: Direkt hinter der Staumauer, im südlichsten Teil, befindet sich der Bereich für die Segler, Surfer und Bootfahrer, an diesen schließt sich der **Schwimmerbereich** an. Der nördliche Teil des Sees ist Vogelschutzgebiet und darf nicht betreten werden.

Ein Spaziergang rund um den See ist auch mit Kinderwagen möglich, er dauert etwa 45 Minuten.

Der Eutersee bei Schöllenbach

Hesseneck-Schöllenbach. **Bahn/Bus:** ↗ Eberbach, von dort VIA Eberbach – Erbach bis Hesseneck, oder Bus 52 bis Schöllenbach Gasthaus Krone. **Auto:** B45 bei Hetzbach Ri. Osten nach Hesseneck-Schöllenbach.

▶ In Schöllenbach ist der kleine See ausgeschildert. Am besten das Auto im Ort parken und zu Fuß weitergehen, das dauert höchstens 10 Minuten. Folgt ihr dem Schild in Richtung Hesselbach, lauft ihr auf einer kleinen, wenig befahrenen Straße zum See. Allerdings ist dann der Abstieg zu dem im Tal unterhalb des Sträßchens gelegenen See nicht mit Kinderwagen möglich. Mit Kinderwagen daher dem Schild Jugendzeltplatz folgen, zunächst ist der Weg asphaltiert, dann wird er zu einem breiten Waldweg.

Vor der Staumauer steht eine Sitzgruppe, hier oder am nördlichen Ufer, wo es eine Feuerstelle und eine Hütte gibt, könnt ihr picknicken. Der See liegt sehr schön, einsam im Tal und von Wald umgeben, aber sein Wasser ist ziemlich kalt und es gibt keinen Sandstrand, auch keinen Kiosk oder Spielgeräte. Dafür Natur pur – und manche Wasserratten mögen das.

Radeln & Wandern

Der Bikepark Beerfelden

Werner Manschitz, Erbacher Straße 31, 64743 Beerfelden-Hetzbach. ✆ 06068/47329, Fax 47171. www.bikepark-beerfelden.de. werner.manschitz@t-online.de.
Bahn/Bus: NaTourBus 50N an Sa, So und Fei. Die Mitnahme der Bikes ist kostenlos. **Zeiten:** April – Ende Okt Sa, So 10 — 17 Uhr. **Preise:** Tageskarte 15 €, Halbtageskarte (ab 14 Uhr) 10 €, Einzelfahrt 1,50 €; Kinder bis 16 Jahre 9 €, Halbtageskarte 7 €, Einzelfahrt 1,50 €. **Infos:** Auch bei der Tourist-Information Beerfelder Land, ✆ 06068/930320, und bei Gunter Dörr, ✆ 06068/1433.

▶ 2004 wurde der Bike-Park Beerfelden eröffnet. Jeder, der sein Rad mitbringt, kann sich hier über Abhänge und Schanzen stürzen. Es gibt zwei Strecken, je 1 km lang. Zur schwierigeren Strecke, dem »Freeride«, gehören Sprünge, Steilabfahrten und Anlieger. Die zweite Strecke, der »Single Trial«, ist auch für Kinder und nicht so geübte Fahrer geeignet.
Ihr werdet mit einem Shuttle-Bus vom Skilift-Parkplatz an den Start gefahren, der Bus kostet nichts. Größere Gruppen bitte beim durchführenden Verkehrsunternehmen *Omnibusreisen Neckartal-Odenwald,* Inh. Rainer Sauter, ✆ 06068/1678, anmelden.

Rundweg um die Ruine Freienstein

Beerfelden-Gammelsbach. Auf dem Parkplatz Burg Freienstein unterhalb des Burgberges sind auf einer Tafel Wanderwege angegeben. Der Rundweg 1 führt steil zur Ruine hinauf und um den Burgberg herum. **Bahn/Bus:** Bus 50 ↗ Beerfelden – Eberbach. **Auto:** An der B45 von Beerfelden Richtung Eberbach am Neckar.

▶ Die Ruine der Burg Freienstein thront über dem Dorf Gammelsbach und ist schon von weitem zu se-

RAUS IN DIE NATUR

IM MÜMLINGTAL

☼ Picknick am Parkplatz Hinterbachtal an der Kreuzung zwischen Raubach, Finkenbach und Olfen.
Schöner Picknickplatz mit Spielplatz, Bach, Sitzgruppen und funktionstüchtiger Kneipptretstelle. Der Spielplatz hat sogar eine Reifen-Rutsche. Die große Wiese eignet sich zum Ballspielen, bei Hitze könnt ihr im Finkenbach plantschen.

hen. Sie stammt aus dem 13. Jahrhundert, aber niemand weiß genau, wer sie eigentlich erbaute. Nach dem Feuer von Beerfelden 1810 durften die verzweifelten Bürger des Ortes sich Steine von der Ruine Freienstein holen, um neue Häuser damit zu bauen. Erst 1988 stürzte eine der riesigen Mauern der Ruine ein.

In Gammelsbach sind auf dem Parkplatz Burg Freienstein unterhalb des Burgberges auf einer Tafel mehrere Wanderwege angegeben. Der Rundweg Nr. 1 führt zur Ruine hinauf und von dort um den Burgberg herum. Das Stück bis zur Ruine ist steil. Oben könnt ihr ein Picknick machen und auf den Ort runtergucken. Dann geht's weiter auf fast ebenen Wegen. Die Strecke bietet sehr schöne Ausblicke und ist abwechslungsreich.

Wandern auf der Mossauer Höhe

Mossautal. trumpfhellerm@mossautal.de. **Länge:** Rundweg 5 dauert etwa 70 Min. **Bahn/Bus:** ↗ Mossautal. **Auto:** Parkplatz Mossauer Höhe zwischen Steinbuch und Ober-Mossau auf der höchsten Kuppe.

▶ Für eine Wanderung auf der Mossauer Höhe lauft ihr zunächst vom Parkplatz durch Felder bis Roßbach, in diesem Dorf ist ein großes Gestüt, und Hunderte von Pferden stehen auf den Weiden. Ihr durchquert den Ort und gelangt in den Wald. Der Weg biegt im Wald nach einigen hundert Metern links ab. Bis hierhin lässt es sich auch mit Kinderwagen gehen, doch dann wird der Waldweg schmal und hubbelig, also mit Kinderwagen hier umdrehen oder noch ein Stück geradeaus und dann

Landidylle bei Mossau: Hier könnte euch Pipilotta Viktualia Rolgardina Pfefferminza auf dem Kleinen Onkel begegnen

FOTO: ALICE SELINGER

den selben Weg zurückgehen. Ohne Kinderwagen führt euch der abbiegende Pfad zunächst noch ein Stück durch dichten Wald, dann am Waldrand entlang zum Parkplatz zurück.
Rundweg Nr. 4 führt in einer halben Stunde übers Feld an den Ortsrand von Ober-Mossau und zurück. Achtung: Die Markierungen sind zum Teil verblasst und schwer zu erkennen. Nichts für Kinderwagen.

Rundweg bei der Erholungsanlage Mossautal-Hiltersklingen

Mossautal-Hiltersklingen. www.mossautal.de. trumpf-hellerm@mossautal.de. **Länge:** 5 km, 1,5 Std.
Bahn/Bus: Ungefähr 7 x täglich Bus 31 von Erbach Richtung Mossautal bis Hiltersklingen. **Auto:** B460 Marbach – Fürth, abbiegen beim Schild »Biergarten«.

▶ Ein Schild »Biergarten« an der B460 zwischen Marbach und Fürth weist euch den Weg. Der **Biergarten** gehört zu einer Tennisanlage. Ihr sitzt im Freien, könnt herumrennen und Gerichte wie Pommes oder Hähnchen essen. Neben dem Biergarten liegt die Naherholungsanlage, sie besteht aus einem Spielplatz mit Sitzgruppen, einem Angelteich und zwei Fußballtoren auf einer Wiese. Der **Rundweg** beginnt an der Tennisanlage. Die abwechslungsreiche Strecke führt euch durch Wald, über Felder und durch ein Dorf wieder zur Erholungsanlage zurück. An der Tennishütte vorbei geht ihr den asphaltierten Weg den Hang hinauf, Richtung Westen. Die Straße geht bald in einen breiten Waldweg über. Für Kinderwagen zu steil, aber breit genug. Ihr folgt der Markierung Weiße Raute bis zum höchsten Punkt auf der Kuppe. Bis dort braucht ihr ungefähr eine halbe Stunde. Dann folgt ihr dem Weg Nr. 6 bergab in Richtung Güttersbach/Hüttenthal. Links zweigt nach etwa 10 Minuten der Weg Nr. 3 Richtung Hiltersklingen ab. Passt auf, dass ihr ihn nicht verpasst, der Ortsname steht auf einem verblassten Holzschild. Es geht weiter bergab bis zum Waldrand. Auf dem asphaltierten Weg am

Wenn ihr **Blaubeeren** mögt: Von Spreng/Brombach kommend Richtung Ober-Mossau auf der rechten Seite liegt ein namenloser Wanderparkplatz. Der kurze Rundweg Nr. 1 (2 km) führt in einer halben Stunde auf schmalen Pfaden durch den Wald. Im Sommer ist der Wald voller Blaubeeren. Ihr könnt naschen, so viel ihr wollt!

Molkerei Kohlhage, Molkereiweg 1, Mossautal-Hüttenthal. ✆ 06062/3154. Täglich geöffnet. Der Laden bietet Butter, Sahne, Quark und viele Käsesorten. Vor dem Laden ist ein kleiner Milchgarten angelegt, in dem ihr ein Glas Buttermilch genießen könnt. Ein Bach plätschert über das Gelände, es gibt Schaukeln und ein Trampolin, einen Teich mit Enten, sogar Ziegen zum Streicheln.

Hunger & Durst

Brauerei Gasthof Schmucker, 64756 Mossautal. ✆ 06061/94110. Mo Ruhetag. Große Terrasse. Odenwälder Spezialitäten und Wildgerichte. Außerdem dort gebrautes Bier für die Eltern und Malzbier für euch.

Freibad Bad König, Schwimmbadstraße 21, ✆ 06063/2607. Bei gutem Wetter täglich 8 – 20 Uhr. Erw 2,50 €, Kinder 1,50 €.

Hunger & Durst

Gasthof Pension Lärmfeuer, Familie Beck, Im Oberdorf 40, Rohrbach, ✆ 06164/1254. www.laermfeuer.de. Rustikale Gaststube, gutbürgerliche Küche, Wild- und Odenwaldspezialitäten, Bikertreff.

Waldrand geht ihr nach links, er führt durch Wald und Wiesen ins Dorf. Dort haltet ihr euch links, geht an den Häusern vorbei geradeaus in den Feldweg. Ein Pfad führt rechts runter zum Spielplatz und dem Angelteich.

Im Kurpark von Bad König

Kurgesellschaft Bad König mbH, Elisabethenstraße 13, 67432 Bad König. ✆ 06063/57850, Fax 5517. www.badkoenig.de. kurgesellschaft@badkoenig.de. **Bahn/Bus:** Bahnstation an der Zugstrecke Hanau – Erbach und Darmstadt – Heubach – Erbach. **Auto:** An der B45 Höchst – Michelstadt. **Zeiten:** Mo – Fr 7 – 21.30 Uhr, Sa, So 9 – 20 Uhr. **Infos:** Freizeitanlage Minigolf im Kurpark täglich 9 – 22 Uhr, Erw 2 €, Kinder 1,70 €, ✆ 06063/4557, kontakt@minigolf-bad-koenig.de.

▶ Obwohl überwiegend ältere Leute in dem schönen Kurpark an den Mümlingauen spazieren gehen, ist die Anlage bei gutem Wetter auch für einen Ausflug mit Kindern geeignet. Es gibt einen Minigolfplatz (mit Imbiss-Gaststätte), ein Freiluftschach, Teiche mit Enten und einer Menge Gänse, die schnatternd über die grünen Wiesen watscheln. Tischtennisplatten laden zum Match ein. Ganz in der Nähe des Kurparks liegt das Freibad.

Rundwanderung bei Rohrbach

Rohrbach. **Länge:** Rundweg 6 dauert 1,5 – 2 Std, auch mit Kinderwagen. **Auto:** Südöstlich von Reichelsheim, Parkplatz Rohrbach zwischen Rohrbach und Ober-Mossau im Wald.

▶ Zuerst lauft ihr auf einem asphaltierten Weg durch Felder, dann geht es auf einem breiten Weg in den Wald. Nach etwa einer Stunde überquert ihr die Straße, hier müsst ihr aufpassen: Der Weg verläuft nun für ungefähr 300 m über eine Wiese am Waldrand entlang, bis zum **Gasthof Lärmfeuer,** den ihr schon sehen könnt. Dieses Stück ist mit Kinderwagen etwas mühsam, aber machbar. Ab dem Gasthaus geht es dann wieder durch Felder und Wiesen und an Kühen und Pferden vorbei. Am Ende der Tour müsst ihr etwa 300 m auf der Straße laufen, bis ihr wieder am Parkplatz seid.

Es gibt jedoch eine Alternative: dem Weg Nr. 5 folgen, der leicht nach rechts versetzt auf der anderen Straßenseite weiter geht. Er führt an einem Bauernhof vorbei und über Felder, etwa 30 Minuten längere Gehzeit. Mit Kinderwagen machbar, da asphaltiert, das erste Stück geht es allerdings bergauf.

Natur und Umwelt erforschen

Zum Baumwunder Bullauer Bild

Gasthaus Bullauer Bild, Bullauer Bild 3, 64711 Erbach i.Ow.-Bullau. ✆ 06062/2522, Handy 0160/1688136, bullauer.bild@bullau.de. Di – Fr 11.30 – 21 Uhr, Sa und So 9.30 – 21 Uhr. **Bahn/Bus:** ↗ Erbach. **Auto:** Von Erbach über den Stadtteil Dorf-Erbach nach Erbuch, von dort nach Bullau. Parkplatz gegenüber dem Campingplatz Safari.

▶ Vom Parkplatz aus geht ihr an dem Holzschild »Trimmpfad Bullauer Bild« über ein asphaltiertes Sträßchen etwa 1 km durch den Wald zum **Gasthaus Bullauer Bild,** sehr gut auch mit Kinderwagen zu gehen. Das Lokal liegt auf 525 m Höhe, einsam und idyllisch. Doch bevor es an die Fressnäpfe geht, könnt ihr euch im Wald erst einmal austoben: Vom Parkplatz Bullauer Bild, der im Wald auf einer Anhöhe ein Stück vor dem namenlosen Parkplatz beim Campingplatz auf derselben Straßenseite Richtung Erbach liegt, gehen mehrere **Rundwege** ab. Die Wege 2 und 3 führen zum Bullauer Bild, Nr. 2 dauert eine 45 Min, Nr. 3 1,5 Stunden. Das **Bullauer Bild** ist ein in einer mächtigen Buche eingewachsener Bildstock aus Stein. Das eingemeißelte Aufstellungsjahr ist 1561. Die Malerei in dem Stein ist irgendwann erneuert worden.

Wisst ihr, wie ein Tannenzapfen aussieht? Habt ihr schon mal einen gefunden?

Zapfen der Edeltanne

Kann gar nicht sein – die Zapfen der Tanne stehen nach oben. Wenn sie im Herbst ihre Samen verlieren, lösen sie sich langsam auf, nur die Spindel bleibt stehen. Das sieht aus, als würden kleine Pilze auf den Ästen sitzen. Auf dem Boden sind also nie vollständige Zapfen zu finden. Falls ihr schon einmal Zapfen gesammelt habt, waren das bestimmt Fichten- oder Kiefernzapfen.

Fichtenzafen

Wiese der Wahrnehmungen

Daumsmühle, Ortsstraße 96, 64756 Mossautal-Unter-Mossau. ✆ 06062/3836, Fax 3836. www.daumsmuehle.de. daumsmuehle@aol.com. **Bahn/Bus:** ↗ Mossautal. **Zeiten:** Wiese Mai – Okt, Vesperstube Fr und Sa ab 18, So ab 11 Uhr.

▶ Die Wiese der Wahrnehmungen liegt auf dem Gelände der **Daumsmühle,** einem Ferienbauernhof mit kleinem Biergarten. Heike und Karl Scior-Walther, die Besitzer, haben mit der Sehbehinderten- und Blindenseelsorge auf einer großen Wiese zehn verschiedene Stationen rund um unsere Sinne aufgebaut. Hochbeete mit Duft- und Tastpflanzen laden zum Schnüffeln ein, beim Klangspiel und dem Baumtelefon geht es um das Hören. Mit den Händen lassen sich an zwei Marmorblöcken Formen und mit den Füßen auf dem Barfußweg Kies, Mulch, Sand und anderes ertasten. In der Waldecke könnt ihr heimische Baumarten kennen lernen und versuchen, Vogel und Vogelstimme richtig zuzuordnen. Im rund 10 m langen Weidentunnel sind Spiele aus Licht und Schatten zu erfahren und zum Ausruhen laden die Bänke rund um den Teich ein. Für Menschen mit Sehbehinderung sind die Pflanzen in den Hochbeeten und die Bäume in der Waldecke in Blindenschrift bezeichnet.

Tiere & Gärten

Auf dem Rücken der Pferde

Fenwick Farm, Nicola Fenwick-Smith, Ortsstraße 41, 64711 Erbach-Erbuch. ✆ 06062/62542. www.fenwick-farm.de. fenwick-farm@online.de. **Bahn/Bus:** ↗ Erbach. **Preise:** 3 FeWo für 2 – 8 Pers ab 45 €. Reiterferien mit 6 Ü, VP, Unterricht 370 €, Reiterwochenende 105 €. 1 Std Einzelunterricht 40 €, Ausritte 15 €.

▶ Etwa 5 km von Erbach und Michelstadt entfernt, idyllisch und einsam gelegen, 1996 gegründet. Auf 22 ha grasen um die 50 Pferde. Die Betreiberin, Reitlehrerin und Hotelfachfrau, versucht, ihre Tiere so naturgemäß wie möglich zu halten. Sie verzichtet unter anderem auf Hufeisen, Peitschen und Sporen und hat einen prämierten Offenstall bauen lassen. Große Halle. Kurse für Anfänger und Fortgeschrittene, Vollpension möglich. Auch Ausbildung auf eigenem Pferd. Hausprospekt und Liste mit Terminen und Kursen kann angefordert werden.

Tour zum Wildpark Brudergrund

Erbach i.Ow., tourismus@odenwald.de. **Länge:** 1,5 km bis zum Wildgehege, das Umrunden des Geheges noch einmal 2 km. **Bahn/Bus:** ↗ Erbach. **Zeiten:** Frei zugänglich. **Preise:** Eintritt frei. **Infos:** Auskunft bei der Touristikgemeinschaft Odenwald, ✆ 06062/94330.

▶ Wenn euch einmal ein richtiger Rothirsch mit einem gewaltigen Geweih aus der Hand fressen soll, könnt ihr einen sehr schönen Spaziergang vom Bahnhof Erbach zu einem Rotwildgehege machen. Am Bahnhof bis zur Schranke laufen, die Gleise überqueren. Nach etwa 100 m kommt rechts eine Bushaltestelle. Hinter der Haltestelle geht ihr halbrechts Richtung Westen, es geht leicht bergauf. Nach wenigen Minuten überquert ihr noch einmal eine kleine Straße, dann geht es in den Wald. Nun könnt ihr ungehindert rennen. Links führt ein Pfad, der Weg Nr. 1, hinunter zum Roßbach. Mit Kinderwagen müsst ihr jedoch weiter geradeaus auf dem breiten Waldweg bleiben.

Am **Bach** ist es besonders bei heißem Wetter toll: Ihr könnt barfuß darin herumplantschen oder kleine Staudämme bauen. Nach etwa 10 Minuten erreicht ihr einen Platz, an dem viele Bänke stehen, außerdem ein großes Kreuz und eine Glocke. Es ist eine Kirche im Freien, »Not Gottes« genannt, wo manchmal Gottesdienste mitten im Wald gefeiert werden. Danach führt euch der Weg an zwei Ententeichen vorbei. Wenn ihr einen Moment stehen bleibt und genau hinseht, könnt ihr erkennen, dass es im Wasser von

FOTO: ANNETTE SIEVERS

Wenn ihr ganz still seid, könnt ihr ihn klatschen hören: Roter Klatschmohn

IM MÜMLINGTAL

FOTO: ALICE SELINGER

Ein kapitaler Hirsch: So nennt man einen Hirsch, der den Höhepunkt seiner Geweihentwicklung erreicht hat, dann ist er 10 – 12 Jahre alt. Mit jedem Geweihwechsel wächst nämlich das Horn noch größer und verzweigter. Das Wort »kapital« kommt vom lateinischen »caput« und bedeutet Kopf – aber das wisst ihr ja schon …

Hunger & Durst
Gasthaus Käs'Back, Fam. Kessler, Erbach-Elsbach. ✆ 06062/3470. www.kaesback.de. Di – Fr ab 17, Sa ab 11.30 Uhr, So und Fei ab 10 Uhr. Die kleine Straße nach Elsbach beginnt dem Wildgehege gegenüber; 1 km bergauf. Nettes Waldgasthaus. Preiswert, gutbürgerlich mit Vesperkarte.

Fischen nur so wimmelt. Kurz darauf seid ihr dann schon am **Wildgehege.** Infotafeln erzählen euch viel über Hirsche, Rehe und Wildschweine. An Picknicktischen könnt ihr eine Rast einlegen, sogar eine Grillstelle gibt es. Etwas besonderes ist das *Insektenhotel:* Hier seht ihr, wo und wie Insekten leben. Ihr dürft das Rotwild füttern, Tüten mit Mais werden verkauft. Rotwild ist ganz wild auf Mais! Streckt eure Hand flach aus, dann schlabbern sie eure Hände ab, aber keine Angst, sie beißen nicht. Sie haben nämlich nur sehr stumpfe Zähne, weil sie Pflanzenfresser sind. Bis auf wenige Ausnahmen haben nur fleischfressende Tiere, wie Hunde oder Raubkatzen, scharfe Zähne.

Das Wildgehege ist sehr groß, ihr könnt nach links am Zaun entlang noch eine ganze Weile daran entlang oder rechts auf dem breiten Weg gleich nach Erbach zurückgehen.

Der Englische Garten in Eulbach
Gräfliche Rentkammer, Postfach 1252, 64711 Erbach-Eulbach. ✆ 06062/706042, Fax 959230. www.erbach.de. tourismus@odenwald.de. **Bahn/Bus:** Haltestelle des NaTour-Busses, ↗ Info & Verkehr. **Auto:** An der B47 Michelstadt – Amorbach (Nibelungenstraße), etwa 8 km von Erbach. **Zeiten:** Ganzjährig täglich 10 – 18 Uhr. **Preise:** 4 €; Kinder bis 6 Jahre 1,50 €, Schüler 2 €; Behinderte und Gruppen 3 €.

▶ Der Englische Garten, ein weitläufiger, schöner Park, umgab das **Jagdschloss** der *Grafen von Erbach,* das heute auf der anderen Straßenseite steht und von der Grafenfamilie noch bewohnt wird. Die Grafen jagten früher in dieser Gegend und wohnten dabei zunächst in einer einfachen Jagdhütte. Im Laufe der

Zeit wurde daraus ein imposantes Schloss. Im Jahr 1802 ließ Franz I. von Erbach (1754 – 1823) von dem bekannten Gartenarchitekten *Friedrich Ludwig von Sckell* den Park anlegen, den ihr heute besichtigen könnt. Im 19. Jahrhundert war es »in«, Parks im so genannten englischen Stil anlegen zu lassen. Diese Mode kam zuerst in England auf, daher der Name. Die Parks sollten möglichst natürlich aussehen, sanfte Hügel, kleine Baumgruppen, Teiche und Wäldchen waren erwünscht. Um diesen »natürlichen« Eindruck zu erhalten, wurde aber immer sehr viel getan. Oft waren umfangreiche Baumaßnahmen notwendig, Teiche wurden ausgebaggert, Hügel aufgeschüttet, ganze Waldstücke gerodet. Es war also eigentlich alles andere als natürlich.

Auf dem Gelände des Eulbacher Parks ließ der Graf auch die Fundamente eines **römischen Wachturms** und das Tor des **Römerkastells Würzberg** nachbauen. Außerdem fand er es schick, eine mittelalterliche Burgruine zu imitieren, die **Eberhardsburg,** die er nach seinem Enkel benannte. Heute gibt es außerdem große **Wildgehege,** in denen das mächtige Rot- und das zierliche Rehwild zu Hause ist, außerdem lebt hier ein Rudel Wildschweine. Das dunkle, kleine Sikawild, das ihr mit euren Futtertüten herbeilocken könnt, stammt ursprünglich aus Asien. Eine Besonderheit sind im Eulbacher Garten die gewaltigen Wisente, die es früher in Europa in freier Wildbahn gab. Die mächtigen Tiere erinnern an die amerikanischen Bisons. Mittlerweile haben in Europa nur noch in einem polnischen Waldgebiet einige wenige Wisente in freier Wildbahn überlebt, fast waren sie schon ausgerottet. An Futterautomaten könnt ihr Mais für die Tiere kaufen.

Auf dem Gelände des Parks gibt es auch einen großen **Spielplatz.** Auf

Hunger & Durst

Forsthaus Eulbach, Im Park gegenüber, beim Parkplatz, ✆ 06061/72097. Di Ruhetag, sonst 11 – 23 Uhr geöffnet. Mit einem großen Biergarten.

Hunger & Durst

Kiosk und Toiletten am Spielplatz im Englischen Garten. Der Kiosk ist Mo geschlossen, Di – Fr ab 14 Uhr geöffnet, auch abhängig vom Wetter.

Kleidsam: Die grüne Grütze des Parkteichs steht der Wutz gut zu Gesicht

FOTO: ALICE SELINGEP

IM MÜMLINGTAL

▶ Nicht nur Förster, Waldarbeiter und Jäger arbeiteten früher im Wald. Zu den ältesten Waldberufen gehörte der des **Harzers,** denn Baumharz war ein wertvolles Handelsgut. Die Bäume wurden angeritzt, an den verletzten Stellen trat das Harz aus. Viele Bäume gingen durch diese brutale Behandlung aber kaputt oder verkrüppelten.

DIE MENSCHEN UND DER WALD

In tiefer Waldeinsamkeit lebten die **Köhler.** Sie verkokelten Holz zu Kohle. Dafür errichteten sie nach ausgeklügelten Techniken große Hügel, in denen wochenlang Glut schwelte, die ganz langsam Kohle entstehen ließ. Damals wurde Kohle in Unmengen benötigt, zum Beispiel zum Schmieden und in den Bergwerken. Eigentlich sollten die Köhler nur minderwertiges Holz für ihr Handwerk benutzen, aber da so viel Kohle gebraucht wurde, ging es auch oft kräftigen und gesunden Bäumen an den Kragen.
Die **Aschenbrenner** stellten Holzasche her, die für viele Gewerbe benötigt wurde. Sie sollten angefaultes und dürres Holz dafür verwenden, aber auch sie hielten sich nicht immer daran. War ein Stück Wald verbraucht, zogen sie einfach weiter. Um einen Zentner Pottasche zu bekommen, musste ein Kubikmeter Holz verbrannt werden.
Zapfenpflücker erkletterten die Bäume, um die Zapfen herunterzuholen, in denen die Samen sind. Aus den Samen wurden dann neue Bäumchen gezogen, die man zum Aufforsten brauchte, als Nachschub zur Holzproduktion.
Der Wald lieferte **Brennholz** und **Baumaterial,** seine **Pilze** und **Beeren** wurden gesammelt und gegessen. Die leckeren Pfifferlinge und Steinpilze wurden auch verkauft und besserten die schmale Haushaltskasse der armen Bauern auf. Heidelbeeren wurden in Unmengen gepflückt und verkauft. Dafür bekamen die Kinder im Odenwald sogar bis in die Mitte des 20. Jahrhunderts zwei Wochen Schulferien, wenn die Beeren reif waren.
Im Mittelalter wurden die **Schweine,** aber auch Ziegen und Großvieh in den Wald getrieben. Sie ernährten sich dann von dem, was sie dort fanden. Schweine fraßen sich an Eicheln und Bucheckern fett. Ein Schwein futterte ungefähr 1,5 Kilo Eicheln am Tag. Ursprünglich hatte jedes Dorf einen Schweine- und einen Ziegenhirten, diese trieben die Tiere in den Wald und passten dort auf sie auf. Noch heute könnt ihr an manchen Plätzen im Odenwald Überreste von steinernen

Schweinepferchen oder Hirtenunterkünften mitten im Wald sehen. Oft verbrachten nämlich Hirten den ganzen Herbst mit den Tieren im Wald. Erst als die Kartoffel eingeführt wurde, im Odenwald war das um 1730, blieben die Schweine im Stall. Auch die Streu für die Ställe wurde aus dem Wald geholt. Ganze Dörfer zogen gemeinsam los und sammelten auf großen Wagen die lockere Schicht aus Blättern und Ästen, die den Waldboden bedeckt. Sowohl die Mast als auch das Streusammeln schadete dem Wald, kleine Pflanzen konnten nicht mehr hochwachsen, der Boden blieb kahl und ungeschützt.

Außer dem Holz gab es im Odenwald auch mächtige **Steine,** wie zum Beispiel am Felsenmeer bei Lautertal. An solchen Stellen arbeiteten die Steinhauer mitten im Wald. Mühlsteine und Futtertröge, aber auch Särge schlugen sie aus dem harten Fels.

Von großen **Eichen** schälten ganze Familien die Rinde ab. Frauen und Kinder schlugen die Rinde so lange, bis sie sich vom so genannten Bast trennte. Dann wurde sie getrocknet. Aus dieser Rinde wurde Gerberlohe zum Gerben von Leder hergestellt. Dafür wurden ungefähr 15 Jahre alte Eichen gefällt.

Die **Weiden** waren wichtig, weil aus ihren Ästen Körbe geflochten wurden. Körbe in allen Größen und Formen wurden ständig gebraucht, denn es gab noch keine Gefäße aus Kunststoff. Die Weiden wurden auf etwa einem Meter Höhe abgeschnitten, daraufhin trieben sie viele dünne Äste aus. Diese waren ideal zum Flechten.

Und natürlich beruhten auch viele der Handwerke auf dem Grundstoff **Holz.** Nicht nur die Zimmerleute, die Dächer bauten, und die Tischler, die Möbel aller Art herstellten, arbeiteten damit. Es gab auch Rechenmacher und Löffelschnitzer, Wagner machten Räder für Wagen, Küfer fertigten Fässer an, Schindelmacher Dachschindeln. Leben und Wirtschaft beruhten vom Mittelalter bis ins 19. Jahrhundert auf dem Wald. ◀

Im Frühjahr könnt ihr **Holunderblüten** sammeln und damit leckere Pfannkuchen zubereiten. Blüten frisch pflücken, den kurzen Stil daran lassen. Kurz abbrausen, in einen nicht zu dickflüssigen Pfannkuchenteig eintauchen und mit den Blüten nach unten in heißem Fett auf einer Seite ausbacken, wenden. Beim Wenden kommt euch der Stil zugute, hier könnt ihr sie anfassen. Warm essen, je nach Geschmack mit Zucker bestreuen.

dem idyllischen Teich davor steht eine kleine Kapelle, mit Eichenrinde verkleidet. Zu dieser ruderte die Grafenfamilie einst, um darin Gottesdienste abzuhalten.

Freizeit- und Erlebnisspaß

Fabulas Zauberwelt
Indoor-Spielplatz, Victoria Zeeb, Unterer Hammer 9, 64720 Michelstadt. ✆ 06061/705839, www.fabulas-zauberwelt.de. kontakt@fabulas-zauberwelt.de. **Bahn/Bus:** ↗ Michelstadt, 15 Min Fußweg in nördliche Richtung über Frankfurter Straße und Walther-Rathenau-Allee. **Zeiten:** Mo – Fr 14 – 19, Sa, So und Fei (Hessen) 11 – 19 Uhr. **Preise:** 2,50 € inkl. 1 Kaffee oder 1 Tee; Kinder 1 – 3 Jahre Mo – Do 3 €, Fr 2,50 €, Sa, So und Fei 4 €, 4 – 14 Jahre 5, 4,50 bzw. 6 €; Gruppenermäßigung auf Anfrage. Mo freier Eintritt für Großeltern, Di Belohnung für gute Noten, Fr freier Eintritt für alle Erw. **Infos:** Für Kinder bis 14 Jahre.

▶ In einer großen Halle, die an eine Turnhalle erinnert, stehen Klettergeräte aus Holz, darunter ein großes Schiff, Rutschen und Indianerzelte. Es gibt Fahrzeuge mit drei und vier Rädern, die für kleine Kinder geeignet sind.
Die Spielgeräte dürfen nur mit Socken betreten werden, deshalb packt auf jeden Fall welche in eure Tasche. Auch eine Taschenlampe solltet ihr unbedingt mitnehmen. Kinder ab 8 Jahre dürfen alleine im Spieleparadies toben, jüngere Kinder müssen mit Betreuung kommen.

Kraxeln im AbenteuerWald Würzberg
Erlebnis-Kletterpark, Hesselbacher Straße 33 – 35, 64720 Michelstadt-Würzberg. ✆ 06061/705070, Fax 921530. www.abenteuer-wald.com. park@abenteuer-wald.com. **Bahn/Bus:** NaTour-Bus 40N von den Bahnhöfen ↗ Michelstadt und ↗ Erbach. **Auto:** Von der B47

Happy Birthday!
Kindergeburtstage kosten pro Kind Mo – Fr 6,90 €, Sa, So 8,90 inkl. Getränke, mit Essen 2 € mehr.

@ Im Internet könnt ihr euch lustige Malvorlagen zum Ausmalen herunterladen.

7 km östlich von Michelstadt nach Süden zum »Römerbad«. Am Ortseingang Würzberg geradeaus (Römerbad links liegen lassen), durch Felder bis zum Parkplatz am Waldrand. **Zeiten:** April – 1. Novemberwoche. Sa, So und in den Ferien 10 – 19, Fr 13.30 – 19 Uhr, ab 17. Okt 11 – 18 Uhr, letzter Einstieg 2 Std vor Schließung. Gruppen jederzeit nach Voranmeldung. **Preise:** 19 €; Kinder bis 18 Jahre Entdeckungs-Parcours 10 €, großer Parcours 14 €; 1 € Ermäßigung für Gruppen ab 8 Personen.

▶ Für Wagemutige und Kletterfreunde geht es hier richtig zur Sache. In luftiger Höhe sind Plattformen, Seile und Netze angebracht. Ihr bewegt euch einige Meter über dem Erdboden. Den Einführungs-Parcours muss jeder mitmachen, dabei wird euch gezeigt, wie ihr mit der Ausrüstung umgehen sollt und welche Sicherheitsregeln ihr beachten müsst. Außerdem gibt es den Entdeckungs-Parcours, den auch Kinder ab 5 Jahre mit einer erwachsenen Begleitperson erkunden dürfen. Der große Parcours ist für fortgeschrittene Klettermaxe und nur für Menschen ab 1,40 m Körpergröße. Kinder und Jugendliche bis 16 Jahre müssen mit einer erwachsenen Begleitperson kommen, ein Erwachsener darf höchstens 2 Kinder oder Jugendliche beaufsichtigen.

Wintersport und -spaß

Rodeln und Ski fahren in Erbach

Touristikzentrum Odenwald, Marktplatz 1, 64711 Erbach i.Ow. ✆ 06062/94330, Fax 94331. www.erbach.de. tourismus@odenwald.de. **Bahn/Bus:** ↗ Erbach. **Auto:** Vom Parkplatz »Dreiseental« am Ende von Dorf-Erbach sind es etwa 200 m zum Skigelände. **Infos:** Schneetelefon 06062/4497. Auskünfte auch bei Uwe Schulz, ✆ 06062/5697.

@ Über die aktuellen Skibedingungen könnt ihr euch auf dieser Seite schlau machen: www.tourismusodenwald.de/ski.

▶ Der 200-m-Lift ist ideal für absolute Anfänger. Der Höhenunterschied beträgt 40 m. Am Wochenende ist der Lift bei viel Schnee den ganzen Tag in Betrieb, es gibt dann meist auch einen Imbissstand.

Wintersport in und um Beerfelden
Touristinformation, Metzkeil 1, 64743 Beerfelden. ✆ 06068/9303-20, Fax 9303-40. www.beerfelden.de. stadtverwaltung@beerfelden.de. **Bahn/Bus:** ↗ Beerfelden. **Infos:** Zur Schneelage unter ✆ 06207/2554 oder 06068/940499.

▶ Ein interessantes Skigebiet befindet sich in Beerfelden, und zwar in Richtung Sensbachtal. Beim Verkehrsbüro erhaltet ihr die Broschüre »Wintersport in Beerfelden« sowie die Beschreibung einer »Winterwanderung um Beerfelden«, die etwa 2 Stunden dauert und 5 km lang ist.

Abfahrtsski: Ein 400 m langer Doppelbügel-Schlepplift befindet sich auf der so genannten »Buchhelle«, an der B45 von Erbach nach Eberbach. Die Bergstation liegt über 500 m hoch, die Talstation etwas über 400 m, die Abfahrtsstrecke ist etwa 430 m lang. Tageskarte Erw 13 €, Kinder 10 €, auch Halbtageskarten. Eine Flutlichtanlage ermöglicht das Fahren bis weit in die Abendstunden. Auch Ski-Anfänger und Schlittenfahrer finden unterhalb des Lifts geeignete Strecken. Der Rodel- und Skiübungshang ist ungefähr 170 m lang.

Langlauf: *Einfache Loipen:* Parkplatz »Sensbacher Höhe« an der Straße von Beerfelden Richtung Sensbachtal, ungefähr 2,5 km von der Buchhelle entfernt.

Die Sensbacher Höhe ist ebenso wie die Tromm bei Grasellenbach ein lang gestreckter Höhenzug, der in Nord-Süd-Richtung verläuft. Am Parkplatz beginnen zwei Loipen (4,5 und 3,5 km lang), die beide wenig Steigungen aufweisen und auch für Anfänger geeignet sind.

Schwere Loipe: östlich von Beerfelden.

Für Spezialisten gibt es am Waldrand südlich der Straße in Richtung Sensbachtal eine Trainingsloi-

---

1. Odenwälder Skischule DSV-HSV Stützpunkt Beerfelden/Skisportgemeinschaft Odenwald, Ariane Scholz, Im Neuroth 13, 64732 Bad König. ✆ 06063/58774 ab 18 Uhr.

pe für die Siitonen-Technik, auch Schlittschuh-Schritt genannt. Da diese Technik die auf herkömmliche Weise gespurten Loipen zerstört, darf sie nur dort angewandt werden, wo die Strecke dafür auf besondere Art präpariert wird.

Technisches und Gräfliches

Der kühne Himbächl-Viadukt

Beerfelden-Hetzbach. info@beerfelder-land.eu. **Bahn/Bus:** ↗ Beerfelden. **Auto:** An der B45 von Erbach nach Beerfelden, bei Hetzbach Parkplatz unter dem Viadukt.

▶ Die Eisenbahn war die wichtigste verkehrstechnische Errungenschaft des 19. Jahrhunderts. Mit dem Bau der Odenwaldbahn wurde 1869 begonnen. Für die Zugstrecke von Frankfurt nach Eberbach am Neckar und Stuttgart musste der Odenwald überwunden werden. In dieser hügeligen Gegend war es besonders schwierig, die Schienen zu verlegen. Da die Bahngleise nicht im Tal, sondern entlang der Hänge verliefen, wurden die Täler mit Viadukten – also hohen Brücken – überspannt. Den nahe gelegenen Krähberg bei Hetzbach durchbohrte man mit einem über 3 km langen Tunnel, auch das war für die damalige Zeit eine beachtliche technische Leistung. Der Himbächl-Viadukt überspannt mit über 250 m ein Tal, seinen Namen hat es von dem kleinen Bach, der unten durchs Tal plätschert. Die Brücke wurde 1881 errichtet und ist 40 m hoch. Zum Bau wurde der rote Buntsandstein verwandt, der im Odenwald reichlich vorhanden ist. Wenn ihr einmal mit dem Zug über den Viadukt fahren wollt, müsst ihr die Strecke von Erbach nach Hetzbach fahren.

HANDWERK UND GESCHICHTE

Im Ortsteil Hetzbach, 5 km von Beerfelden, gibt es einen **Abenteuerspielplatz.** Er befindet sich bei der Straße Richtung Hesseneck/Sensbachtal. Einen weiteren Spielplatz gibt es mitten im Wald an der Sensbacher Höhe, von Beerfelden kommend Richtung Sensbachtal.

Die Lust des Grafen von Erbach auf Römerhelme

Gräfliche Sammlungen im Schloss Erbach, Erbacher Schloss, 64711 Erbach i.Ow.. ✆ 06062/809360, Fax

IM MÜMLINGTAL

Auch römische Kinder haben gespielt: Mühle mit flachen Kieselsteinchen oder mit kleinen Tonpferden

🦉 *Auf einem bestimmten Hof bei Erbach gab es einen Hausgeist. Das Gespenst wurde Schlurcher genannt, weil es eine graue Arbeitskutte und Holzschuhe trug, in denen es lautstark herumschlurfte. Doch der Geist war sehr umgänglich und half bei allen Arbeiten. Alle waren so an ihn gewöhnt, dass er gar nicht weiter auffiel. Im Gasthaus sprach er freundlich Gäste an oder spielte mit ihnen Karten. Könnt ihr das glauben?*

8093615. www.schloss-erbach.de. info@schloss-erbach.de. **Bahn/Bus:** ⤴ Erbach, 5 Min Fußweg Richtung Innenstadt. **Zeiten:** Nur mit Führung zugänglich. März – Okt Mo – Fr 11, 14 und 16 Uhr, Sa, So und Feiertag 11, 14, 15 und 16 Uhr. An den Adventswochenenden Fr – So 14, 15, 16 und 17 Uhr. Silvester und Neujahr 14 Uhr. Sonderführungen möglich. **Preise:** 4,90 €; Kinder bis 6 Jahre frei, Schüler 3,50 €; Rentner und Gruppen 20 – 50 Pers 4 €, Studenten und Gruppen über 50 Pers 3,50, Schülergruppen 3 €. Günstiges Familien-Kombi-Ticket »Erbacher Museen«. **Infos:** Spezielle Führungen für Kinder 6 – 10 Jahre möglich. »Einmal Prinz oder Prinzessin sein«, April – Okt, 90 € pauschal für Verkleidungen und Führung bis 10 Kinder, jedes weitere Kind 3 €. »Edler Ritter, was führt Ihr im Schilde?«, ganzjährig, 60 € pauschal, 5 € Materialkosten pro Kind.

▶ Der Graf von Erbach, Franz I., war ein leidenschaftlicher Jäger. In seinem **Erbacher Schloss** (1736 erbaut) ist daher seine riesige Sammlung von Gewehren zu sehen und ganz viele Geweihe. Aber nicht nur Geweihe von erschossenen Hirschen hängen herum, es gibt auch Geweihe von Tieren, die krank waren oder die sich am Müll, den achtlose Menschen in den Wald warfen, so verletzten, dass sie starben. Wenn ihr eine Führung mitmacht, bekommt ihr das genauer erklärt. Auch das Geweih eines Riesenhirsches, der vor 30.000 Jahren lebte und dessen Art längst ausgestorben ist, ist im Schloss zu bewundern.

Außer den Waffen und Geweihen gibt es einen großen **Rittersaal,** in dem Ritterrüstungen aus allen möglichen Ländern zu sehen sind. Die ehemalige Rüstung des Königs Gustav Adolf von Schweden wiegt fast 60 kg – es muss schon ziemlich unangenehm gewesen sein, in so einem Anzug auch noch zu reiten und zu kämpfen. Aufs Pferd kamen die Ritter auch nur mit Hilfe eines Knappen, ein in seinem Dienst stehender Edelknabe.

Neben der Jagd und den Rüstungen interessierte sich der vielseitige Graf für die **Römer im Odenwald.** Er sammelte Fundstücke in der Region und ließ Teile des Limes ausgraben. Und frech war er auch: Als er einmal nach Rom reiste, klaute er im Museum des Vatikans tatsächlich einen alten Helm, den 216 v.Chr. ein Römer in der Schlacht von Cannae getragen haben soll. Der Graf wollte den Helm unbedingt haben, und als sich der Kirchenstaat weigerte, ihm das gute Stück zu verkaufen, ließ er ihn einfach mitgehen. Bei der Führung könnt ihr diesen wertvollen »Fund« in einem Glaskasten bewundern.

Picknickplatz Dreiseental hinter Dorf-Erbach: Dorf-Erbach liegt östlich von Erbach, auf der Straße Richtung Amorbach kommt rechter Hand der Parkplatz Dreiseental. Von diesem überquert ihr die Straße, um auf dem schräg gegenüber beginnenden breiten Weg, der auch mit Kinderwagen zu begehen ist, in etwa 10 Min zu 3 Teichen zu gelangen. Ein schöner Picknickplatz mit einer kleinen Unterstellhütte und Sitzgruppen.

Museen und Stadtführungen

Odenwaldmuseum

Speicherbau der Kellerei, 64720 Michelstadt.
© 06061/706139, Fax 703982. www.michelstadt.de. odenwaldmuseum@michelstadt.de. **Bahn/Bus:** ↗ Michelstadt, 10 Min Fußweg Richtung Altstadt. **Zeiten:** Mo – So 10 – 17 Uhr, während des Weihnachtsmarktes Mo – So 10 – 20 Uhr. **Preise:** 3 €; Kinder bis 6 Jahre frei, bis 16 Jahre 1,50 €; Gruppen, Behinderte, Studenten 1,50 €, Familienkarte 7,50 €.
▶ Dieses interessante Heimat- und volkskundliche Museum ist an einem historisch bedeutenden Ort untergebracht: An gleicher Stelle befand sich einmal

Happy Birthday!
Ihr könnt euren Geburtstag im Odenwaldmuseum feiern und zu verschiedenen Themen auf Entdeckungsreise gehen. Min. 14 Tage vor der Feier anmelden.

Weit und breit bekannt: Das Michelstädter Rathaus

die **Michelstädter Burg,** die vielleicht einmal der Wohnsitz Einhards war. Nach der Zerstörung der Burg hatte ab 1532 die gräfliche Verwaltung hier ihren Sitz. Den gesamten Gebäudekomplex nennt man noch heute Kellerei, so hieß er schon im Mittelalter, denn der gräfliche Verwaltungsbeamte wurde einst als Keller bezeichnet. Das Haus, in dem sich das Museum heute befindet, diente früher als Zehntscheuer, es war also der Speicherbau der Kellerei. Dort wurden die Nahrungsmittel gelagert, die die Bauern an die Verwaltung abgeben mussten. Statt ihre Steuern in Geld zu bezahlen, wie es heute üblich ist, lieferten sie im Mittelalter Naturalien ab. Das **Odenwaldmuseum** stellt auf drei Stockwerken unter mächtigem Balkenwerk traditionelles Handwerk vor. Außerdem gibt es Odenwälder Wohnräume aus verschiedenen Zeiten zu bewundern und es wird gezeigt, wie die Leute früher Stoffe aus Flachs webten oder wie Ziegel gebrannt wurden. Dazu findet ihr noch viele Infos über Wald- und Landwirtschaft, Imkerei, Odenwälder Kunsthandwerk, Stadtgeschichte und zu den Römern im Odenwald. Modelle der Villa Haselburg und der Wachtürme am Limes lassen die Römerzeit lebendig werden.

Die Einhardsbasilika

Schlossstraße 17, 64720 Michelstadt-Steinbach. ✆ 06061/2447, 73967, www.michelstadt.de. gemeinde@michelstadt.de. **Bahn/Bus:** ↗ Michelstadt, 5 Min Fußweg. **Zeiten:** März – Okt 10 – 12 und 13 – 17 Uhr. Letzte Führung eine Stunde vor Schließung. Nov – Feb 10 – 12 und 13 – 15 Uhr. Mo geschlossen, außerdem 24. – 26.12., 31.12. und 1.1. **Preise:** 1,50 €, mit Führung 2,50 €; Kinder bis 6 Jahre frei, Schüler 1 €; verschiedene Ermäßigungen für Gruppen. **Infos:** Buchungen von Führungen sind über die Touristinformation möglich: ✆ 06061/979998.

▶ Die Einhardsbasilika ist eines der bedeutendsten, weil ältesten Baudenkmäler Deutschlands. Sie ist nach dem Schreiber Karls des Großen benannt, der *Einhard* hieß. Er schrieb auch die Lebensgeschichte Karls des Großen auf, ein wichtiges Dokument für Historiker. Einhard baute die **Basilika** um das Jahr 825 herum. Das ist bekannt, weil ein Eichenbalken untersucht wurde, der zum Bau der Mauer benutzt wurde. Und ungefähr so, wie ihr sie heute seht, sah die kleine Kirche auch vor über 1100 Jahren schon aus. Für die damalige Zeit war sie übrigens gar nicht klein, denn die meisten Menschen lebten nicht in Häusern aus Stein, sondern in ganz engen, schlichten Hütten.

815, als Einhard die Mark Michelstadt geschenkt bekam, hieß der Ort Michilunstat. Er lag auf einer Lichtung mitten in einem dichten, finsteren Wald. Nur etwa 150 Menschen lebten hier, sie wohnten in halb in die Erde eingegrabenen Holzhäusern. Im Frühling bauten sie um ihre Gemüsebeete und kleinen Getreidefelder Zäune aus Dornenzweigen, um die wilden Tiere fernzuhalten. Die Schweine wurden in den Wald getrieben, Ziegen und Schafe weideten auf einer Lichtung. Nachts wurden die Tiere in umzäunte Pferche gesperrt. Ihr könnt euch also vorstellen, dass für diese Menschen die steinerne Basilika von Einhard etwas ganz Besonderes war, und dass sie ihnen im Vergleich zu ihren kümmerlichen Wohnhöhlen sehr prächtig und riesig erscheinen musste.

Um seine Basilika aufzuwerten, ließ Einhard sogar in Rom die Reste von Heiligen, so genannte **Reliquien,** stehlen – eine durchaus gängige Praxis. Eine Reliquie kann ein Stück Knochen, ein Zahn oder ein Stoffrest von dem Gewand eines Heiligen sein. Solche Reliquien waren bzw. sind sehr wertvoll und lo-

IM MÜMLINGTAL

cken oft noch heute viele Besucher an den Ort, wo sie aufbewahrt werden.

Die Basilika war innen **bemalt,** Reste der karolingischen Malerei sind noch zu erkennen. Das ist sehr selten, weil die direkt auf die Wand aufgetragenen Bilder sich meist nicht über so viele Jahrhunderte erhalten. Wahrscheinlich hatte die Basilika eine flache Holzdecke. Unter der Basilika lag eine **Krypta,** in der wohl die geklauten Reste der Heiligen aufbewahrt werden sollten. Doch dazu kam es nicht. Einhard beschloss, die Reliquien nach Seligenstadt zu bringen, wo er eine noch größere Basilika für sie errichtet hatte. Er befürchtete, die Michelstädter Basilika könne den Heiligen zu klein und unbedeutend erscheinen und dann hätten die Heiligen vielleicht nicht gut ge-

DIE RÖMER IM ODENWALD

▶ Was heute als **Odenwaldlimes** bezeichnet wird, entstand in den Anfängen der Regierungszeit des römischen Kaisers *Trajan* (98 – 117 n.Chr.). Er beginnt bei Miltenberg am Main und endet in Bad Wimpfen, insgesamt ist er 70 km lang. Zuerst wurden nur hölzerne Wachtürme errichtet. In der zweiten Ausbauphase ließ Kaiser *Hadrian* wenige Jahre später hölzerne Palisaden als zusätzliches Hindernis aufstellen. Der Nachfolger Hadrians, *Antonius Pius,* ließ dann um 145 n.Chr. die Holztürme durch Steinbauten ersetzen. Zur gleichen Zeit entstanden die ersten steinernen Kastelle. Zwischen 148 und 1621 n.Chr. wurde der Limes weiter nach Osten verschoben, vermutlich, weil diese neue Grenzlinie besser zu überwachen war.

Die steinernen **Limestürme** waren urspünglich weiß verputzt und darauf waren rote Quaderlinien gezeichnet. Im Odenwald waren manche Türme auch aus rotem Buntsandstein. Eichenholz diente ebenfalls als Baumaterial, gelegentlich auch Kiefern. Eiserne Nägel wurden verwendet und viele Holzverbindungen waren damals schon bekannt. Bei den Ausgrabungen wurden etliche Bauwerkzeuge gefunden. In der Regel waren die Türme 10 bis 12 m hoch, und ihre Seitenlänge betrug etwa 5 m. Sie hatten 3 Geschosse. In dem mittleren

nug für sein Seelenheil gesorgt. Einhardt kümmerte sich nicht mehr um die nun unbedeutende Kirche. So hat sie über ein Jahrtausend fast unverändert überlebt.

Zeigt her eure Schuhe: Die römischen Sandalen sehen recht modern aus

Römerbad Würzberg

Michelstadt-Würzberg. www.michelstadt.de. odenwaldmuseum@michelstadt.de. **Bahn/Bus:** NaTour-Bus 40N von den Bahnhöfen ↗ Michelstadt und ↗ Erbach. Vom Bus-Parkplatz noch etwa 250 m in den Wald, ausgeschildert. **Auto:** B47, vor Eulbach rechts ab, Römerbad ist ausgeschildert.

▶ Mitten im Wald befinden sich die Reste eines gut erhaltenen römischen Bades, eines Kastells und eines Wachturms. Zu Fuß lauft ihr vom Parkplatz hier-

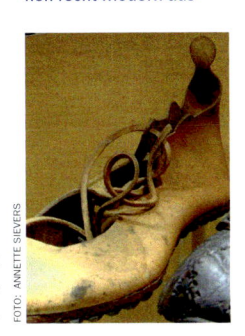

FOTO: ANNETTE SIEVERS

Geschoss wohnte die Besatzung, im oberen Geschoss schob sie ihren Wachdienst. Der Eingang befand sich im Mittelgeschoss, er war nur über eine Leiter zu erreichen, die bei Gefahr eingezogen wurde. Die Besatzung der Türme wurde von den nächst gelegenen Kastellen abkommandiert, es waren immer 6 bis 8 Männer, die ihren Dienst in Schichten versahen. Vom Kastell aus wurden sie mit Lebensmitteln versorgt, die im Erdgeschoss gelagert wurden.

Die **Limeskastelle** waren keine richtigen Festungen, sondern nur befestigte Kasernen. Alle waren nach dem gleichen Schema angelegt. Es gab so genannte *Kohortenkastelle,* in denen etwa 500 Männer lebten, *Numeruskastelle* mit 150 Mann Besatzung (z.B. in Wörth, Eulbach und Würzberg) und zwischen den Numeruskastellen gab es noch einige kleine Kastelle, die nur eine Art verstärkter Wachposten waren. Die Römer liebten es, ausgiebig zu baden, bei fast allen großen Kastellen gab es daher große *Badeanlagen.*

Die Limestürme wurden an günstigen Stellen im Gelände errichtet, von denen man möglichst weit gucken konnte oder Sichtverbindung zu den Nachbartürmen oder einem Kastell hatte. Die schnurgerade, 80 km lange Linie des Limes zwischen Höhnehaus südlich von Walldürn und dem Haghof bei Welsheim war eine Meisterleistung der römischen Vermessungsingenieure. ◀

IM MÜMLINGTAL

FOTO: ALICE SELINGER

Die Römer badeten so gern! Vor allem im kalten Germanien tat ihnen das heiße Wasser gut

her etwa zwanzig Minuten, auch mit Kinderwagen kein Problem. Eine kleine Hütte sorgt für ein geschütztes Picknickplätzchen. An Infotafeln könnt ihr euch schlau machen, wie ein römisches Bad einst funktionierte und aussah. Vermutlich pumpten die Römer das Wasser für ihr Bad aus einem Brunnen, denn es gab an dieser Stelle keine Quelle.

Wall und Wehrgraben des **Numeruskastells** sind noch gut zu erkennen. Ein Tor und weitere Teile wurden in den Eulbacher Park gebracht, der Rest diente im Laufe des 19. Jahrhunderts den umliegenden Dörfern als Steinbruch. Zu den Badegebäuden gehörten ein Schwitzraum sowie Becken mit kaltem und lauwarmem Wasser. Es wird angenommen, dass ein Britonennumerus, ein kleiner militärischer Verband von Soldaten aus Britannien, von etwa 100 bis 150 n.Chr. hier Dienst tat.

Der Dreischläfrige Galgen

Beerfelden. www.beerfelden.de. **Bahn/Bus:** ↗ Beerfelden. **Auto:** An der Straße nach Airlenbach etwa 1 km südöstlich von Beerfelden ausgeschildert. Parkplatz beim Galgen.

▶ Dieser Galgen wird immer als »dreischläfrig« bezeichnet, das bedeutet einfach dreiseitig. An ihm konnten 6 Menschen gleichzeitig gehängt werden, an jeder der drei Seiten zwei. Der Galgen steht auf einer Hochebene, von hier hatten die armen Opfer einen herrlichen letzten Blick, damit ihnen der Abschied von der Welt so richtig leid tun sollte. Das sorgfältig restaurierte Stück aus Buntsandstein wurde 1597 anstelle eines Holzgalgens errichtet, ist also über 400 Jahre alt. Das letzte Opfer hängte man angeblich im Jahre 1804, eine Zigeunerin, die Brot und ein Huhn gestohlen haben soll. Die meisten Galgen wurden im 19. Jahrhundert abgerissen, nachdem sie nicht mehr benutzt wurden.

Auch heute noch wird die Hinrichtungsstätte von sieben Linden eingerahmt. Im Mittelalter standen um jedes Hochgericht sieben Linden, dieser Brauch hatte sich vermutlich noch von den Germanen erhalten, die sich auch im Freien unter alten Bäumen versammelten, um Gericht zu halten. Auch das Urteil wurde im Mittelalter unter einer Linde, der so genannten Zentlinde, gefällt. Diese stand jedoch an einem anderen Ort, nach dem Urteilsspruch zog dann von dort eine Menge Schaulustiger mit dem Opfer zu der Stelle, wo der Galgen stand. Mit der Todesstrafe waren die Richter früherer Jahrhunderte nicht gerade zimperlich. Meistens gab es auch bei kleinen Vergehen wie Diebstahl nur zwei Alternativen: entweder Freispruch oder Todesstrafe. Es war nicht immer üblich, Diebe in ein Gefängnis zu sperren. Die Todesstrafe wurde in der BRD 1949 abgeschafft (in der DDR bestand sie für verschiedene Delikte fort), da man zu der Einsicht gekommen war, dass sie grausam ist, zumal es immer wieder Fehlurteile gibt.

Wenn es euch nicht zu makaber ist, könnt ihr auf der großen Wiese beim Galgen picknicken.

Stadtrundgang für Kinder

64720 Michelstadt. www.michelstadt.de. odenwaldmuseum@michelstadt.de. Treffpunkt am historischen Rathaus. **Bahn/Bus:** ✈ Michelstadt. **Preise:** 55 €, bis 30 Pers.

Naturlehrpfad: Beginn am Parkplatz Vogelherd, an der Straße Richtung Rothenberg. Gehzeit ungefähr 2 Std, nichts für Kinderwagen. Auf diesem sehr schönen Rundweg findet ihr viele Erläuterungen zum Wald. Die Strecke führt fast nur über schattige Waldwege. Am Parkplatz gibt es eine Wiese mit einem Fußballtor. Oder die Rundwege 3 (45 Min) oder 5 (1,5 Std) laufen. Ein **Waldsport-Trimm-Pfad** beginnt ebenfalls hier, er ist 1,7 km lang.

▶ Historische Fakten und Wissenswertes zu Michelstadt sind bei dieser kindgerechten Führung bestimmt nicht langweilig! Mit vielen Spielen und Bastelaktionen wird hier erlebnisreich und unterhaltsam Stadtgeschichte vermittelt. Dauer: circa 1,5 Stunden.

Rund um das »weiße Gold«: Das Deutsche Elfenbeinmuseum

Wusstet ihr, dass Elfenbein wegen seiner Seltenheit auch das weiße Gold genannt wird?

Otto-Glenz-Straße 1, 64711 Erbach i.Ow.. ℗ 06062/919990, 943313, Fax 9199921. www.elfenbeinmuseum.de. elfenbeinmuseum@erbach.de. **Bahn/Bus:** ↗ Erbach, Bus Erbach – Michelstadt bis Elfenbeinmuseum. **Auto:** ↗ Erbach. Großer Parkplatz vor dem Museum. **Zeiten:** Täglich 10 – 17 Uhr, Nov – Feb Mo geschlossen. Führung nach Voranmeldung. **Preise:** 5,50 €; Rentner, Gruppen 20 – 50 Pers 4 €, Schüler, Studenten und Gruppen über 50 Pers 3,50 €, Schülergruppen 3 €, Familienkarte 12 €. **Infos:** Bei Sonderausstellungen geänderte Preise.

Happy Birthday!
Ihr könnt hier euren Geburtstag feiern! Fragt im Museum danach!

▶ In dem großen Museum erfahrt ihr wirklich alles rund ums Elfenbein. Es gibt Stücke aus allen Ländern der Erde und aus unterschiedlichsten Epochen: Eskimos und Europäer, Inder und Chinesen schnitzten kleine Kunstwerke aus den Stoßzähnen von Walrössern oder Elefanten. Die könnt ihr euch hier ansehen. Außerdem wird natürlich die Geschichte der Elfenbeinschnitzerei in Erbach er-

© ELFENBEINMUSEUM

Fingerspitzengefühl: Um so feine Figuren zu fertigen, braucht die Schnitzerin viel Geschick

zählt. Der vielseitig interessierte Graf Franz I. zu Erbach-Erbach führte dieses Gewerbe 1783 in seine Grafschaft ein und machte Erbach zu einem Zentrum dieses seltenen Handwerks. Deshalb befindet sich ausgerechnet im Odenwald heute ein so ungewöhnliches Museum.

In der Werkstatt des Museums könnt ihr zuschauen, wie **Elfenbein** geschnitzt wird. Täglich wird das vorgeführt. Damit die letzten Elefanten nicht auch noch ausgerottet werden, arbeitet man heute nur noch mit dem Elfenbein der ausgestorbenen Mammuts, das man zuhauf in der gefrorenen Erde in Sibirien findet. Das Material, aus dem kleine Schmuckstücke entstehen, stammt also aus der Steinzeit, es ist zwischen 10.000 und 30.000 Jahre alt.

Die ehemalige Synagoge

Mauerstraße 19, 64720 Michelstadt. ✆ 06061/741-33, www.michelstadt.de. stadtverwaltung@michelstadt.de. **Bahn/Bus:** ↗ Michelstadt, 10 Min Fußweg Richtung Stadtgarten. **Zeiten:** 2 Wochen vor Ostern – Okt So – Do 14.30 – 17.30 Uhr, Nov – März zeitweise geöffnet. Fr, Sa und an jüdischen Feiertagen geschlossen. **Preise:** Eintritt frei. **Infos:** Außerhalb der Öffnungszeiten nach Vereinbarung unter 06061/706145 oder 06061/922102.

▶ In der Mauerstraße, an der früheren Altstadtmauer, steht noch die Synagoge von 1791, eines der wenigen jüdischen Gotteshäuser in Südhessen, das die Judenverfolgung der Nazis überstand. Zwar wurde der Innenraum in der »Reichskristallnacht« verwüstet, doch der Bau selbst blieb stehen. Wahrscheinlich wagten die gewalttätigen Nationalsozialisten nicht, das Haus anzuzünden, da es mitten in der dicht bebauten Altstadt stand und ein Feuer sicher auch die Nachbarhäuser vernichtet hätte.

Heute sind im Innenraum, der bereits seit Kriegsende nicht mehr für Gottesdienste genutzt wird, Kultgegenstände, Fotos und andere Erinnerungsstücke

Hunger & Durst

Restaurant-Café am Elfenbeinmuseum, ✆ 06062/3017. Öffnungszeiten wie Museum.

*In Erbach und Michelstadt wird nicht nur viel Schmuck aus **Elfenbein**, sondern auch aus Bernstein angeboten. Bernstein ist kein Stein, sondern das Harz von Nadelbäumen, die vor sehr langer Zeit wuchsen. Nachdem diese Bäume längst im Meer versunken sind, spülen die Wellen immer noch ihre versteinerten Harzbrocken an die Küste. Häufig sind Insekten, die vor vielen Tausend Jahren lebten, im Harz eingeschlossen worden.*

Stadtführungen: Mai – Okt Mi 10 Uhr, Anmeldung bei der Tourist-Information am Marktplatz. Mindestteilnehmerzahl 10 Personen.

an die ehemalige jüdische Gemeinde in Michelstadt ausgestellt. Es gibt jedoch wenig Erklärungen zu den Gegenständen, so dass es schwer ist, Kindern zu vermitteln, was sie da überhaupt sehen. Es ist daher sinnvoll, an einer Führung teilzunehmen, die Exponate und Riten erklärt. Im Odenwald gibt es heute keine jüdische Gemeinde mehr, die nächste befindet sich in Darmstadt.

Im Spielzeugmuseum

Einhardspforte 3 (in der Kellerei), 64720 Michelstadt. ✆ 06061/706139, Fax 703982. www.michelstadt.de. odenwaldmuseum@michelstadt.de. Neben dem Odenwaldmuseum. **Bahn/Bus:** ↗ Michelstadt. **Zeiten:** Täglich 10 – 17 Uhr. **Preise:** 3 €; Kinder bis 6 Jahre frei, bis 16 Jahre 1,50 €, Familienkarte 7,50 €; Gruppen ab 20 Pers 1,50 €.

▶ Puppenküchen, Kaufläden, Spielzeug aus Papier oder Holz – alles, was Kinderherzen zu Omas und Opas Zeiten höher schlagen ließ. Die ältesten Puppen sind fast 200 Jahre alt, die jüngsten stammen aus den 1950er Jahren. Die Miniatur-Häuser mit ihren Einrichtungen geben oft ein getreues Abbild der früheren Wohnkultur. Professor Helmut Anthes hat diese Sammlung privat zusammengetragen, vieles fand er im Ausland. So brachte er zum Beispiel aus Mexiko einen ganzen Waggon mit Spielzeug und Volkskunst mit. Und die Holzburg, mit der der Darmstädter als Kind selbst spielte, steht nun ebenfalls in seinem Museum.

Elfenbeinwerk Kunstkabinett

Ulrich Seidenberg, Am Kirchplatz 5, 64720 Michelstadt. ✆ 06061/3157, Fax 3157. www.michelstadt.de. stadtverwaltung@michelstadt.de. Im Haus des Elfenbeins neben dem alten Rathaus. **Bahn/Bus:** ↗ Michelstadt. **Zeiten:** Mo – Fr 10 – 12 und 14.30 – 17 Uhr, Sa 10 – 12.30, So 11 – 12 und 14.15 – 16 Uhr. **Preise:** 1,50 €; Kinder 6 – 12 Jahre 1 €; Gruppen 1 €.

Happy Birthday!
Ihr könnt hier auch Geburtstag feiern. Für bis zu 10 Kinder kostet das 85 €, jedes weitere Kind 5 €.

▶ Dieses kleine Privatmuseum gründete der Elfenbeinschnitzermeister Ulrich Seidenberg 1976. Er zeigt seine eigenen Werke, aber auch viele Stücke aus Europa, Afrika und Asien. In einem extra Raum sind zudem 300 erotische Kleinplastiken ausgestellt.

Motorradmuseum

Hans-Jürgen Künzel, Walther-Rathenau-Allee 17, 64720 Michelstadt. ✆ 06061/73707, www.michelstadt.de. stadtverwaltung@michelstadt.de. **Bahn/Bus:** ↗ Michelstadt, 30 Min zu Fuß ab Ortsmitte. Den Schildern Richtung Einhardsbasilika und Schloss Fürstenau (Ortsteil Steinbach) folgen. **Zeiten:** März – April Sa und So 10 – 18, Mai – Sep täglich 10 – 18, Okt – Mitte Dez Sa und So 10 – 18 Uhr. **Preise:** 2,60 €; Kinder 8 – 18 2 €; Behinderte, Gruppen über 10 Pers 2 €.

Fahrradverleih: Anmeldungen und Auskunft bei der Tourist-Information.

▶ Im Motorradmuseum, das aus privater Sammelleidenschaft entstanden ist und betrieben wird, kommen Liebhaber alter Zweiräder auf ihre Kosten. Für Motorrad- und 1950er-Jahre-Fans ist es ein Genuss, die alten Moto-Guzzi, BMW, NSU und Zündapp-Modelle zu besichtigen. Roller und Mopeds von den ersten motorisierten Anfängen bis in die 1960er Jahre sind ausgestellt. Die ältesten Stücke stammen aus den 1920er Jahren. Sie sehen noch eher wie Fahrräder aus, mit kleinen Motoren und winzigen Tanks.

Die Mausefallensammlung von Bad König

Heimatmuseum, Schlossplatz 3, 64732 Bad König. ✆ 06063/5009 32, 5009-0, www.badkoenig.de. stadtverwaltung@badkoenig.de. **Bahn/Bus:** ↗ Bad König. **Zeiten:** März – Dez So 10.30 – 12 Uhr. **Preise:** Eintritt frei. **Infos:** Führungen von Gruppen auch außerhalb der Öffnungszeiten nach Absprache.

▶ Bevor es um das Jahr 1900 Kurort wurde, war Bad König ein Zentrum der Zigarrenproduktion. Im Museum ist der Arbeitsplatz des letzten Bad Königer Zigarrendrehers zu sehen, der 1948 sein Werkzeug endgültig niederlegte. Besonders originell ist außerdem die **Sammlung von Mausefallen** aus aller Herren Länder und den unterschiedlichsten Epochen. Es ist erstaunlich, wie viele Gedanken sich Menschen im Laufe der Jahrhunderte darüber gemacht haben, wie Mäuse am besten zu fangen sind – offensichtlich waren Mäuse in weniger hygienischen Zeiten eine allgemeine Plage!

Wenn es euch interessiert, wie die Leute früher lebten und arbeiteten, schaut euch im Museum das Werkzeug von Schuhmachern, Besenbindern, Imkern, Korbflechtern, Webern, Töpfern und anderen nahezu ausgestorbenen Berufen an.

Zu dem großen Feuer von Beerfelden wird folgende Geschichte erzählt: Eine Zigeunerin kam in einer eisigen und stürmischen Nacht nach Beerfelden. Sie war völlig durchgefroren, besaß kein Geld, und klopfte in ihrer Not verzweifelt an alle Türen, um ein Quartier für die Nacht zu finden. Doch die Bürger von Beerfelden wiesen die unglückliche Frau ab. Nur ein armer Schäfer bot ihr schließlich ein Nachtlager in seinem bescheidenen Häuschen an. In der nächsten Nacht, als die Zigeunerin längst ihrer Wege gegangen war, brannte Beerfelden lichterloh. Alle Häuser wurden zerstört, nur das Heim des Schäfers überstand die Katastrophe unbehelligt.

Museum der Oberzent

Brunnengasse 22, 64743 Beerfelden. ✆ 06068/930320 (Tourist-Information), www.beerfelden.de. info@beerfelden-land.eu. **Bahn/Bus:** ↗ Beerfelden, 5 Min Fußweg geradeaus bis Brunnengasse. **Zeiten:** Do 14 – 16 Uhr, Juni – Okt auch So 14 – 17 Uhr sowie Gruppen nach Voranmeldung bei der Tourist-Information. **Preise:** 1 €; Kinder 6 – 12 Jahre 0,50 €; Gruppen, Behinderte 0,50 €. **Infos:** ↗ Tourist-Information.

▶ In diesem Museum geht es um die Kultur in der Region um Beerfelden. Alte Handwerke und Trachten werden gezeigt. Neben den Werkzeugen des Schuhmachers steht ein Bett, denn früher war gerade bei Schustern und Schneidern die Werkstatt auch oft zugleich das Schlafzimmer, weil es für die großen Familien zu wenig Platz in den kleinen Katen gab. Besonders nett ist ein kleiner Tante-Emma-Laden. In solchen Läden haben eure Großeltern noch eingekauft. Außerdem will dieses Museum zeigen, wie sich die besitzlose Landbevölkerung früher ihren Lebensunterhalt verdiente. Neben der Landwirtschaft arbeiteten viele im Wald oder in Steinbrüchen. In Beerfelden lebten die Menschen auch davon, dass sie Tücher webten.

Feste & Märkte

Auf dem Beerfelder Pferdemarkt
64743 Beerfelden. info@beerfelder-land.eu. **Bahn/Bus:** ↗ Beerfelden. **Zeiten:** Do – Mo um den 2. So im Juli.

▶ Diese große Veranstaltung solltet ihr euch nicht entgehen lassen. Früher einmal war der Pferdemarkt, den die Einheimischen Gailsmarkt, also Gaulmarkt nennen, ein reiner Viehmarkt. Die Bauern aus der Umgebung kamen, um Kühe, Schafe, Ziegen und Pferde auf dem Markt zu kaufen oder zu verkaufen. Noch immer ist es die größte Zuchtviehschau Hessens, doch heutzutage haben sich Bierzelte und viele Verkaufsstände wie auf einer riesigen Kerb dazugesellt. Aber noch immer könnt ihr auf dem Markt jede Menge Tiere betrachten. Es gibt Schafe verschiedener Rassen, manche sind kleiner als ein Schäferhund, andere so hoch wie ein Pony. Auch unterschiedliche Ziegenrassen und Kühe in allen Farben stehen zum Verkauf. In einem großen Zelt zeigen die Kaninchenzüchter stolz ihre Prachtexemplare, manche größer als ein Dackel.

Auf einem großen Platz werden die schönsten Stiere, Milchkühe, Pferde, Ziegen und Schafe prämiert. Für Pferdefreunde: Von Freitag bis Sonntag findet immer ein großes Reit- und Springturnier statt. Der Beerfelder Pferdemarkt ist ein großes und sehr bekanntes Spektakel,

Fachsimpeln: Schäfer preisen die Vorzüge ihrer Tiere an

FOTO: ALICE SELINGER

IM MÜMLINGTAL

zu dem Tausende Besucher von nah und fern anreisen. Montagabends wird zum Abschluss ein Feuerwerk gezündet.

FESTKALENDER

März & April: Wechselnder Termin: Michelstadt, traditioneller **Ostereiermarkt** in der Odenwaldhalle.

Pfingsten: Ab Fr vor Pfingsten: **Michelstädter Bienenmarkt,** 10 Tage lang großes Volksfest mit Verkaufsmarkt. Mit Familientag, Kinderfest mit Festzug, Aktionen von Imkern.

Juli: 2. So: Beerfelden, **Pferdemarkt.**

Mitte: **Erbacher Wiesenmarkt,** 10-tägiges riesiges Volksfest auf der großen Wiese vor dem Elfenbeinmuseum. Traditionell beginnt der Wiesenmarkt Sa 14 Uhr. Am 2. Markttag findet immer ein großes Pferderennen statt.

Oktober: 1. Wochenende: Michelstadt, **Weinbrunnenfest** mit Kirchweih und Flohmarkt.

2. Wochenende, Fr – So 9 – 18.30 Uhr: Erbach, **Odenwälder Bauernmarkt,** auf dem Wiesenmarktgelände. Hier könnt ihr lauter leckere Sachen vom Bauern probieren und auch kaufen: Ziegenkäse, Säfte, Hausmacher Wurst, Marmeladen und vieles mehr. Ein kleiner Viehmarkt zeigt euch, wo der Käse, das Fleisch oder die Wolle herkommen. Ein Kinderprogramm mit Ponyreiten und Kutschfahrten sorgt für Abwechslung, außerdem ist eine Mostpresse in Aktion zu bewundern, die Äpfel in köstlichen Saft verwandelt. In das benachbarte Michelstadt fahren halbstündig Pendelbusse, denn zur selben Zeit findet in der Odenwaldhalle der **Michelstädter Herbstmarkt** statt.

Dezember: Ab 27. Nov: Mi – Fr 14 – 20 Uhr, Sa, So ab 11.30 Uhr, Michelstadt, **Weihnachtsmarkt.**

1. – 4. Adventswochenende: Erbach, **Weihnachtsmarkt.**

AN MAIN, MUD & ELZ

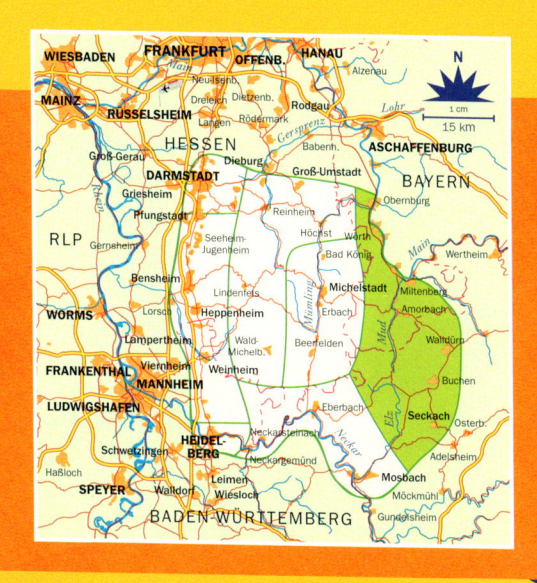

DARMSTADT

BERGSTRASSE

HEIDELBERG

AM NECKAR

NORDEN & WESTEN

IM MÜMLINGTAL

AN MAIN, MUD & ELZ

INFO & VERKEHR

FERIENADRESSEN

KARTENATLAS

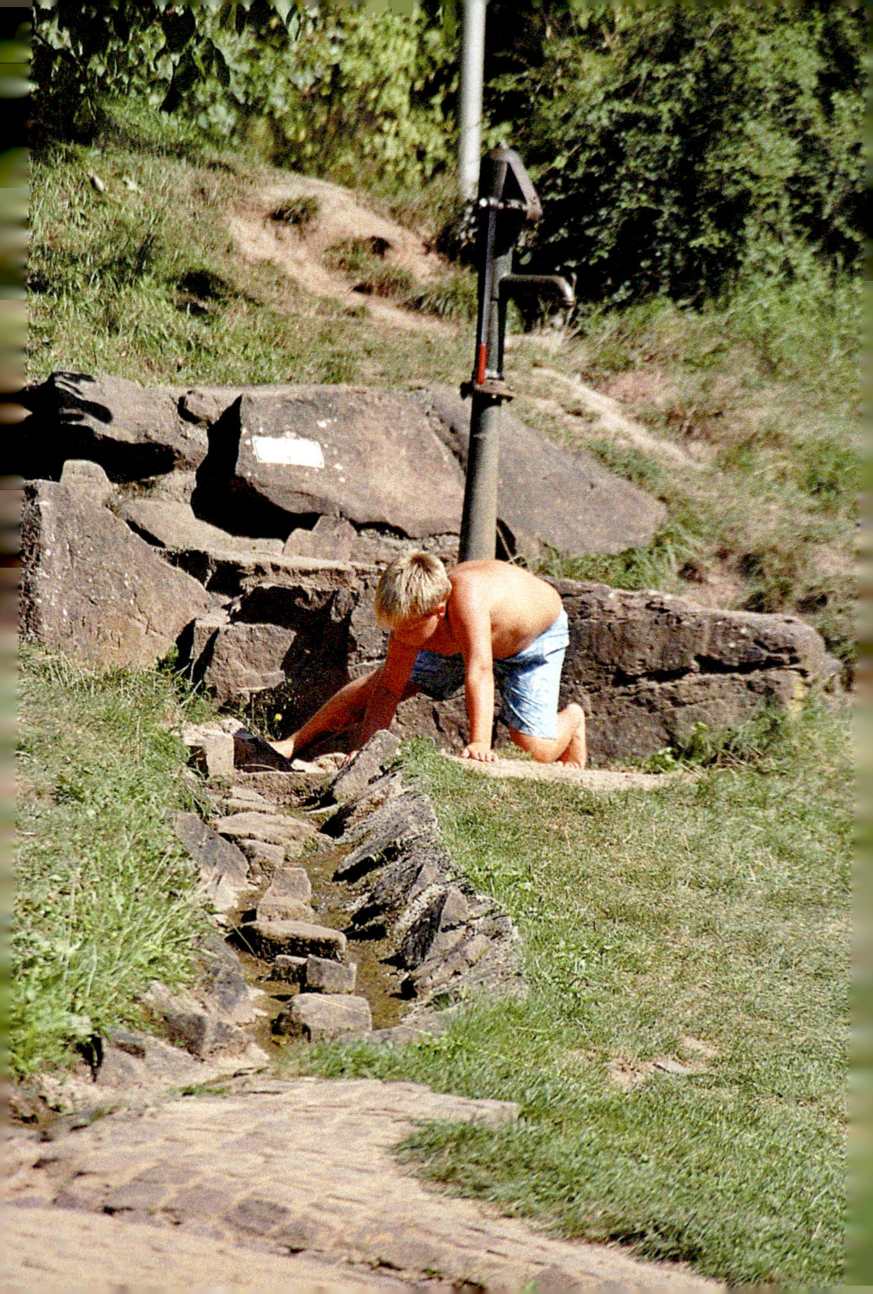

An den Flüssen Main, Mud und Elz liegen Orte, die Ausflügler immer wieder aufs Neue anlocken: Die ehemalige Römersiedlung Nemaninga heißt heute Obernburg. In Wörth gibt es ein Museum zur Schifffahrt. Miltenberg hat eine lange Geschichte, deren Spuren in der Altstadt noch sichtbar sind. Amorbach war jahrhundertelang ein Zentrum der Macht, seine mächtige Abtei bestimmte die Geschicke der Region. Ein ungewöhnliches Museum im nahe gelegenen Kirchzell beschäftigt sich mit dem Wald. Walldürn ist berühmt für seine Wallfahrt, und das Odenwälder Freilandmuseum, eines der schönsten Museen der gesamten Region, befindet sich im Walldürner Ortsteil Gottersdorf.

ZWISCHEN OBERNBURG UND SECKACH

Frei- und Hallenbäder

Schwimmen in Walldürn

www.wallduern.de. **Bahn/Bus:** ↗ Walldürn. **Preise:** 2,50 €, 10er-Karte 20 €, Freibad-Saisonkarte 27 €; 1 €, 10er-Karte 9 €, Freibad-Saisonkarte 10 €.
Freibad: ✆ 06282/6266, nordwestlich Richtung Marsbachtal. **Zeiten:** In den Sommermonaten täglich 10 – 20 Uhr.
Hallenbad: Theodor-Heuss-Ring 13, ✆ 06282/1442.
Zeiten: Di 18.30 – 21.30 Uhr, Mi (Warmbadetag) 15 – 16 Uhr Baby- und Kleinkinderschwimmen bis 6 Jahre, 16 – 17 Uhr Frauenschwimmen, 17 – 21.30 Uhr für alle; Do (Warmbadetag) 16 – 17 Uhr Seniorenschwimmen, 17 – 21.30 Uhr für alle; Fr 16 – 21.30 Uhr, Sa 13 – 17, So 9 – 12 Uhr. **Info:** Jeden 1. Sa im Monat 14 – 16 Uhr Spiele für Kindern.

▶ Die **Freibadanlage** stammt aus den 1930er Jahren, wurde aber modernisiert und ist heute ein attraktives Familienbad. Außer solarbeheizten Schwimmer- und Nichtschwimmerbecken gibt es für die Kleinsten bis zum Wickelkind gleich drei Becken mit verschiedenen Wassertiefen und Attraktionen wie

TIPPS FÜR WASSERRATTEN

AN MAIN, MUD & ELZ

Echte Wasserratten finden überall ihr Element: Im Marsbachtal bei Walldürn

Rutsche, Wasserpilz und Rampe. Auf der Liegewiese gibt es ein Beachvolleyballfeld, gegen den kleinen Hunger kann man sich beim Kiosk versorgen.

Das **Hallenbad** hat ein 25-m-Sportbecken mit Schwimmer- und Nichtschwimmerbereich sowie ein 1-m- und ein 3-m-Sprungbrett. Im Keller steht eine Sauna zur Verfügung, die auch Mo geöffnet ist.

Beheiztes Hallen- und Freibad

Jahnstraße 15, 63897 Miltenberg a.M.. ✆ 09371/404700, www.emb-mil.de. baeder@emb-mil.de. **Bahn/Bus:** ↗ Miltenberg. 15 Min Fußweg über Brückenstraße und Mainstraße in nördliche Richtung bis Jahnstraße. **Zeiten:** Mitte Mai – Mitte Sep Mo 10 – 21 Uhr, Di 7 – 21, Mi, Do, Fr 9 – 21, Sa und So 9 – 20 Uhr. Im Winter Mo geschlossen, Di, Mi 7 – 22 Uhr, Do 7 – 10, 13.30 bis 20 Uhr, Fr 13.30 – 21, Sa und So 9 – 20. **Preise:** Hallenbad 3,50, Freibad 2,50 €, Sauna 9 €; Kinder bis 16 Jahre Hallenbad 1,70, Freibad 1,20 €, Sauna 7 €. **Infos:** Auch bei der ↗ Tourist-Information Miltenberg.

▶ Das Bad liegt am Mainufer, im **Freibad** gibt es einen Spielplatz, Tischtennis und Basketball, für Kinder eine Matschzone. Liegen stehen auf Wiesen und einer Terrasse. Ihr habt die Wahl zwischen Warm-, Plantsch- und dem großen Nichtschwimmerbecken. Das **Hallenbad** hat ebenfalls ein Plantschbecken, außerdem einen Sprungturm und einen Zugang zu dem beheizten Warmbecken im Freien. Mit Kiosk, Cafeteria, Sauna, Römisches Dampfbad und Solarium.

Das Buchener Waldschwimmbad

Im Mühltal, 74722 Buchen. ✆ 06281/535160, www.buchen.de. verkehrsamt-buchen@t-online.de. **Bahn/Bus:** ↗ Buchen, knapp 20 Min Fußweg über Am Haag, Walldürner Straße in südwestliche Richtung und Mühltalstraße. **Auto:** Nordwestlich von Buchen, Richtung Hettigenbeuern ausgeschildert. **Zeiten:** Im Sommer täglich 9 – 20 Uhr. **Preise:** 2,50 €; Kinder 6 – 12 Jahre 1,50 €, bis 16 Jahre 2 €.

Hunger & Durst

Café und Bistro Aqua, ✆ 09371/66636. Ab 10 Uhr durchgehend warme Küche.

Minigolf, D. Weinmann, Riesengebirgstraße 2, Miltenberg, ✆ 09371/8780. In der Mainanlage Miltenberg täglich 10.30 – 20 Uhr. Kiosk mit Eisspezialitäten und Getränken.

Hallenbad Buchen, Dr.-Fritz-Schmitt-Ring, Buchen. ✆ 06281/535150. Di und Do (Warmbadetag) 14 – 21.30 Uhr, Mi 14 – 19 Uhr, Fr 16 – 21.30 Uhr, Sa 14 – 18, So 9 – 12 Uhr.

▶ Hier gibt es viel Platz auf den Liegewiesen, einen Spielplatz, ein Kinderbecken und eine eigene Spielwiese für die Kleinen sowie Tischtennis und Volleyball für die Größeren. Kiosk, warme Duschen und kostenlose Liegebetten.

Paddeln und Schiffstouren

Paddeln auf dem Main

Miltenberger Bootsverleih, Dieter Fürst, Steingässerstraße, 63897 Miltenberg. ℂ 09371/1507, Handy 0171/6970656. www.miltenberg.info. tourismus@miltenberg.info. Am Campingplatz in Miltenberg. **Bahn/Bus:** ↗ Miltenberg, ab Bhf 5 Min Fußweg über Brückenstraße bis Steingässerstraße. **Zeiten:** April – Ende Juni Mo – Fr 12.30 – 20, Sa, So 10 – 20 Uhr. Juli – Sep täglich 10 – 20 Uhr.
▶ Wenn ihr einmal selbst Kapitän sein und auf einem großen Fluss mit einem Boot unterwegs sein wollt – im geliehenen Tret- oder Ruderboot ist dies möglich. Tretboot 7,50 €, Ruderboot 6,50 €/Stunde. Auch Motorboote, für die kein Führerschein nötig ist, und die nur jemand über 18 Jahre leihen kann, gibt es (Stunde 22 €). Eine halbe Stunde kostet jeweils die Hälfte des Stundenpreises plus 1 €.

Mit dem Dampfer auf dem Main

Veitshöchheimer Personenschifffahrt (VPS) GmbH, Reederei Henneberger, Mainanlagen, 63897 Miltenberg a.M. ℂ 09371/3330, 09378/232, Fax 959604. www.reederei-henneberger.com. info@reederei-henneberger.com. **Bahn/Bus:** ↗ Miltenberg. **Infos:** Sondertouren für Gruppen sind nach Absprache möglich.
▶ Schifffahrten auf dem Main sind lustig und man kann sie gut mit einer Radtour kombinieren. Die Fahrrad-Mitnahme ist kostenlos. Achtung: Erkundigt euch vorher nach dem aktuellen Fahrplan, es gibt immer wieder Änderungen. Von März bis November geht es

Kutsch- und Stadtrundfahrten, Siegfrid Ihmig, Mainzer Straße 15, 63897 Miltenberg. ✆ 09371/8778.

von Miltenberg nach Kleinheubach und Bürgstadt, Erw 7 € (ab 15 Personen 6,50 €), Kinder 4 – 12 Jahre 4,50 € (ab 15 Personen 4 €).
Ebenfalls über Kleinheubach nach Freudenberg zahlen Erw 9,50 € (ab 15 Personen 9 €), Kinder 5,50 € (ab 15 Personen 5 €).
Besonders interessant ist die Schleusenfahrt, die nach Kleinheubach und zurück führt, etwa 1,5 Stunden dauert und bei der genau erklärt wird, wie eine Schleuse funktioniert. Erwachsene 10 €, Kinder 5,50 €. Nur nach Anmeldung durch Gruppen!
Von Mai bis Mitte Oktober könnt ihr außerdem mit dem Dampfer von Miltenberg nach Wertheim und zurück fahren, über Bürgstadt und Freudenberg: Di, Do und Sa Abfahrt Miltenberg 9.30 Uhr, Ankunft Miltenberg 17.45 Uhr, 2 Stunden Aufenthalt in Wertheim. Erw 21 €, Kinder 13 €.

RAUS IN DIE NATUR

Radeln und Skaten

Radeln nach Hettigenbeuern

Buchen-Hettigenbeuern. Hettigenbeuern liegt etwa 8 km nördlich von Buchen. **Bahn/Bus:** Busse u.a. aus ↗ Buchen, nur Mo – Fr etwa 6 x täglich. **Auto:** An der Straße von Buchen Richtung Amorbach.
▶ Mitten in dem Erholungsort Hettigenbeuern liegt am mittelalterlichen Götzenturm der kleine Kurpark. Hier gibt es einen Minigolfplatz und ein funktionstüchtiges Kneipptretbecken. Der Weg von Hettigenbeuern nach Buchen ist 7 km lang und falls ihr lieber wandern wollt, sind es etwa 2 Stunden Gehzeit. Er ist asphaltiert und für Räder oder Kinderwagen geeignet, er schlängelt sich durch das lauschige Mortal. Beginn des Weges in **Hettigenbeuern:** Von Buchen kommend in Hettigenbeuern Richtung Steinbach fahren, dann hinter der Bäckerei Keller links. Oder ihr fahrt mit dem Rad von Buchen hin und zurück.

Schläger und Bälle für die **Minigolfanlage** bekommt ihr beim Restaurant Partyservice Europa in Hettigenbeuern.

Radeln auf den Spuren der Römer: Der Limesweg bei Walldürn

Walldürn. stadt@wallduern.de. **Länge:** 5 km, etwa 1,5 Std Gehzeit. **Auto:** Über die Kreuzung der B27 mit der B47, der Weg beginnt im Industriegebiet von Walldürn-Nord, dort ausgeschildert. **Infos:** Beim ↗ Verkehrsamt in Walldürn gibt es eine Broschüre zum Limes-Wanderweg und zum Römerbad.

▶ Ein Rundweg von 5 km führt euch an den Fundamenten von mehreren römischen Wachtürmen entlang. Der Limespfad bei Walldürn zeigt Reste der vorderen, östlichen Odenwaldlinie, die um 150 n.Chr. gebaut wurde. Über 30 Infotafeln erzählen euch, wie die Türme einmal aussahen – sie waren nämlich einst weiß verputzt – und noch vieles mehr über die Römer im Odenwald. Die Wachtürme standen in einem Abstand von 400 bis 500 m. Wenn Gefahr drohte, gab die Wachmannschaft Signale, die von Turm zu Turm weitergegeben wurden.

Der Weg ist zwar völlig eben, aber schmal und holperig, nur für Cross-Kinderwagen geeignet. Für eine kleine Wanderung ist er aber zu empfehlen.

Minigolf, Schneeberger Straße 2, 74722 Buchen. ✆ 06286/929244. Schläger und Bälle erhaltet ihr gegen Kaution bei der Ortschaftsverwaltung Hettigenbeuern, ✆ 06286/1686.

Bärlauch-Käse-Kartoffeln

1 Pfund gekochte Kartoffeln, 125 g Schinkenspeck, 4 El fein gehackte Zwiebeln, 400 g Bärlauch, 2 Tassen Milch, 1 Pck. Schmelzkäse, 2 Eier, Salz, Pfeffer, Butterflöckchen.

Speck, Zwiebeln und Bärlauch in Butter glasig dünsten. Gekochte Kartoffeln in Scheiben schneiden und schichtweise mit der Bärlauchmischung in eine gefettete Auflaufform legen. Milch erhitzen, Schmelzkäse darin auflösen. Etwas abkühlen lassen, die Eier einrühren, salzen und pfeffern. Über die Kartoffeln gießen, Butterflöckchen darauf setzen. 30 Min bei mittlerer Hitze im Backofen backen.

▶ Diese Pflanze riecht so stark nach Knoblauch, dass ihr beim Suchen eurer Nase vertrauen könnt. Im Volksmund hat sie viele lustige Namen: Wilder Knofel, Ränsel, Hexenzwiebel, Zigeunerlauch oder Latschenknofel. Die glänzenden Blätter sprießen im Frühling aus einer Zwiebel. Sie ähneln denen des Maiglöckchens, doch man sollte sie nicht verwechseln, Maiglöckchen sind nämlich giftig. Der glatte, hellgrüne Stengel wird bis zu 30 cm hoch und trägt eine runde Blütenkugel. Bärlauch wächst auf Wiesen oder in Laub- und Gebirgswäldern, er mag es schattig und feucht. Die Legende erzählt, dass Bären die Pflanze nach ihrem Winterschlaf gerne in großen Mengen vertilgen. Ihr könnt die jungen Blätter im April oder Mai noch vor der Blüte sammeln, sie werden frisch gegessen. Sie können wie Schnittlauch oder Petersilie klein geschnitten auf Brot, in Salaten, Suppen oder Soßen verwendet werden. Eberbach am Neckar lädt jedes Jahr zu Bärlauchtagen ein. Die Gasthäuser bieten originelle Gerichte mit dem gesunden Kraut. ◀

BÄRENSTARK: BÄRLAUCH

Wandern und Spazieren

Zum Waldhaus bei Obernburg
Waldhausverein, Helga und Horst, Koppermann, 63785 Obernburg am Main. ℗ 06022/1888, www.waldhaus-obernburg.de. h.koppermann@waldhaus-obernburg.de.
Bahn/Bus: ↗ Obernburg. **Auto:** ↗ Obernburg. Vom südlichen Ortsende ausgeschildert, noch etwa 2,5 km.
Zeiten: So 9.30 – 18 und Mi 13 – 18 Uhr.
▶ Dieses rustikal hergerichtete Lokal im Blockhaus-Stil, mitten im Wald, ist bei Hitze eine schattige Oase. Viele Biertischgarnituren bieten Sitzplätze für Hunderte von Ausflüglern, ein großer Spielplatz unter Bäumen beschäftigt die Kinder. Zwei Infotafeln geben Auskunft zum Obernburger Stadtwald. Während der Öffnungszeiten dürfen keine mitgebrachten Speisen und Getränke verzehrt werden, doch an den übrigen Tagen ist das Gelände auch ein schöner Picknickplatz. Auf einer an der Wand des Hauptgebäudes

angebrachten Tafel sind 5 Rundwege beschrieben, von 30 Minuten bis zu 2,5 Stunden Dauer. Davon sind drei Wege auch mit Kinderwagen zu begehen, wie auf der Tafel vermerkt.

Ihr könnt auch zum Waldhaus laufen: Auf dem asphaltierten Sträßchen, das zum Waldhaus führt, kommt am Waldrand zunächst rechter Hand der **Parkplatz Buchhölle.** Von dort sind es zu Fuß etwa 30 Minuten zum Waldhaus. An diesem Parkplatz sind 5 weitere Rundwege (30, 45, 75, 90 und 150 Min) angegeben.

FOTO: ALICE SELINGER

Spaziergang zum Hollersee

Buchen. stadt.buchen@t-online.de. **Länge:** einfach, 3 km. **Bahn/Bus:** ↗ Buchen. **Auto:** Im Hollerbacher Tal nördlich von Buchen.

Gute Aussicht: Auf dem Hochsitz

▶ Von Buchen Richtung Hettigenbeuern fahren oder laufen, nach dem Ortsende links abbiegen, dem Schild Waldschwimmbad und »Hollersee Fußweg« folgen. Das Auto spätestens am Schwimmbad parken. Zunächst geht es am Schwimmbad vorbei, Richtung Südwesten. Links von dem breiten Waldweg fließt der Hollerbach, ihr lauft gegen die Strömung. Einmal überquert ihr eine Straße. Nach etwa 40 Minuten erreicht ihr den See, er liegt in einem Tal, von riesigen Wiesen umgeben, am Ufer stehen einige Sitzgruppen. Es ist ein schöner Platz zum Picknicken und Spielen, Schwimmen ist verboten.

Bärlauch Spaghetti

250 g Spaghetti, 2 El Olivenöl, 100 g Bärlauch, eine halbe Knoblauchzehe, 1 getrocknete Chilischote, ein halber Löffel geriebener Pecorino, Salz.
Spaghetti kochen. Öl erhitzen, klein gehackten Bärlauch, Knoblauchzehe und Chilischote dazugeben und 5 Min bei kleiner Hitze dünsten. Spaghetti abgießen und wieder in den Kochtopf geben. Chilischote aus dem Öl entfernen, den Rest der Soße über die Nudeln geben und gut durchmischen. Mit Pecorino bestreuen.

Rückweg mit Kinderwagen: Ihr könnt den See umrunden und dann parallel zu dem Weg, auf dem ihr gekommen seid, auf der anderen Seite des Tals zurückgehen. Ihr gelangt bald wieder an die kleine Straße, auf der ihr nun etwa 25 m nach links gehen müsst. Ab hier geht ihr dann wieder auf dem Weg zurück, den ihr gekommen seid.

Ohne Kinderwagen könnt ihr nach dem Umrunden des Hollersees der Markierung gelbes Kreuz folgen, etwa 100 m hinter dem See geht es bergauf in den Wald. Der Weg kreuzt die Straße, die auch beim Hinweg überquert wurde. Ungefähr 500 m nach der Straßenüberquerung geht links ein Waldweg bergab, er bringt euch wieder zum Schwimmbad im Tal, eine Brücke führt über den Hollerbach zum Parkplatz.

Natur und Umwelt erforschen

In der Eberstadter Tropfsteinhöhle

Platz am Bild, 74722 Buchen-Eberstadt. ✆ 06281/278-0, -310, Kiosk an der Höhle 06292/578, Fax 2732. www.eberstadter-tropfsteinhoehle.de. verkehrsamt-buchen@t-online.de. 6 km südöstlich von Buchen, ausgeschildert. **Bahn/Bus:** ↗ Buchen, ab Bhf Bus 848. **Zeiten:** März – Okt täglich 10 – 16 Uhr, Nov – Feb nur Sa, So und Fei 13 – 16 Uhr, Besichtigungsdauer etwa 1 Std. **Preise:** 3,50 €; Kinder 3 – 6 Jahre 2 €, 7 – 15 Jahre 2,50 €; Gruppen ab 20 Personen 3 €, Behinderte 2,50 €. **Infos:** Auch mit Rollstuhl oder Kinderwagen möglich, etwas hubbelig an manchen Stellen.

▶ Dieses einmalige Naturdenkmal wurde 1971 durch Zufall entdeckt – in dem ehemaligen Steinbruch bei der Höhle wurde bei einer Sprengung ein Spalt freigelegt, und dahinter glänzte und glitzerte es geheimnisvoll. Heute könnt ihr mit einer Führung 600 m weit in das Innere der Höhle gehen und euch die Zauberwelt der Tropfsteine ansehen. Diese Gebilde sind bis zu 2 Mio Jahre alt, manche sind mehrere Meter hoch. Wegen ihren bizarren Formen tragen sie fantasievolle Namen wie »Elefantenrüssel«, »Hochzeitstorte« oder »Weiße Frau von Eberstadt«. Ein kleiner Höhlensee verstärkt noch den märchenhaften Eindruck. Weil die Temperatur und die Luftfeuchtigkeit in der Höhle immer gleich bleiben, trocknet dieser See niemals aus. Es ist erstaunlich, dass in dieser finsteren Umgebung so manches wächst und gedeiht: Moose, Krebse und Schnecken finden es hier ganz gemütlich. Auf dem Weg vom Parkplatz zur Höhle, in dem früheren Steinbruch, seht ihr einen geologischen Lehrpfad. Um alles durchzulesen, braucht ihr etwas Zeit, es ist aber sehr interessant. Gegenüber liegt ein türkisgrüner kleiner See. Oberhalb der Höhle befinden sich Toiletten und ein Spielplatz mit Grillstelle.

Mitten im Vesuv: Die Kalkgebilde haben tolle Fantasienamen

Museumsstraße Odenwälder Bauernhaus

Weiherstraße 12, 74731 Walldürn-Gottersdorf.
✆ 06286/320, Fax 1349. www.freilandmuseum.com. info@freilandmuseum.com. **Bahn/Bus:** ↗ Walldürn, dann etwa stündlich Bus Walldürn – Hornbach oder – Wettersdorf bis Gottersdorf Ort.

▶ Viele Stationen mit Schautafeln zu Themen wie bäuerliches Leben und Arbeit, Siedlungsformen, dörfliches Handwerk, Volksfrömmigkeit u.a. Haupt-

Wie riechen Baldrian, Johanniskraut, Mönchspfeffer und Weißdorn?

FOTOS: ANNETTE SIEVERS

station ist das Odenwälder Freilandmuseum in Walldürn-Gottersdorf.

Zum Blindengarten Sankt Odilia

Altstadtweg 8, 63924 Kleinheubach. ✆ 09371/5061-25, 959584, Fax 5061-50. www.kleinheubach.de. buergerbuero@kleinheubach.de. **Länge:** von Miltenberg aus 45 Min Gehzeit. **Bahn/Bus:** Von ↗ Miltenberg eine Zugstation Richtung Aschaffenburg. **Zeiten:** 11 – 22, im Winter von 12 -Im Parkhof Miltenberg-Kleinheubach, an den Altstadtweg und den Schlosspark angrenzend 20 Uhr.

▶ Ungefähr 45 Minuten braucht ihr zu Fuß von Miltenberg zu diesem ungewöhnlichen Garten, bei dem auch ein toller Biergarten zur Einkehr lädt. Kleinheubach liegt nordwestlich von Miltenberg. Ihr lauft die **Mainpromenade** entlang bis zum Ortsende von Miltenberg. Dann geht ihr ein kurzes Stück entlang der Straße Richtung Kleinheubach, dort führt euch am Ortseingang ein Pfad direkt zum **Parkhof**. In dem großen Biergarten gibt's viel Platz, zudem einen Wiesenspielplatz mit Sandkasten und Holzschaukelpferden. In der schönen Anlage ist auch ein üppig blühender Bauerngarten und eine Schmetterlingswiese. Die Heilige Odilia – blind geboren und der Legende nach durch die Taufe später geheilt – ist die Schutzpatronin der Blinden. Der nach ihr benannte **Blindengarten** grenzt an den Kleinheubacher Schlosspark und an ein großes Baumschulgelände, außerdem wird er von dem Flüsschen Mud und vom Main eingerahmt. Er besteht aus fünf Hochbeeten. In diesen wachsen Pflanzen, die entweder durch Betasten oder an ihrem Duft zu erkennen sind. Blinde können diese Pflanzen also fühlen und riechen, im Kräutergarten sogar erschmecken. Zwischen den Hochbeeten stehen vier Duftlauben, in denen Rosen und Geißblatt ranken. Probiert doch mal aus, welche Pflanzen ihr mit verbundenen Augen am Duft oder durch Tasten erkennt!

Tierparks und Gärten

Picknick im Seegarten

Amorbach. www.amorbach.de. **Bahn/Bus:** ↗ Amorbach.

▶ Hinter der Abteikirche könnt ihr im **Seegarten,** einem romantischen Park voller Skulpturen und mit einem Teich, faulenzen oder spielen. Ein **Minigolfplatz** lädt zu einer Runde ein. Vor 200 Jahren gestaltete derselbe bekannte Gartenarchitekt, Friedrich Ludwig von Sckell, der auch den Englischen Garten in Eulbach anlegte, diese Oase.

Habt ihr keinen Picknickkorb dabei, könnt ihr euch im **Café Schlossmühle** am Park mit Kuchen aus der eigenen Konditorei vollstopfen. Das Café befindet sich in der ehemaligen Klostermühle.

Große Freiheit bei der Linkenmühle

Linkenmühle, Hornbacher Landstraße 21, 74731 Walldürn-Rippberg. ✆ 06286/283, Fax 928861. www.gasthof-linkenmuehle.de. info@gasthof-linkenmuehle.de. **Bahn/Bus:** ↗ Walldürn. **Auto:** An der B47 zwischen Amorbach und Walldürn. **Zeiten:** Mo Ruhetag, im Winter auch Di. **Preise:** Ponyreiten pro Stunde 9 €, Kegelbahn pro Stunde 8 €.

▶ Die Linkenmühle liegt idyllisch im Tal, im Sommer genießt man das Essen im **Biergarten.** Es gibt einen Spielplatz und Kinder können frei herumtoben. Freiland-Tierhaltung, eigene Schlachtung, Hausmacher Wurst zum Mitnehmen, außerdem Forellenteiche. Der Gasthof hat ein Hallenbad, Sauna und 2 Kegelbahnen. Mit angegliedertem Ponyhof.

Unser Vorschlag: ein **Spaziergang** zu diesem Ausflugslokal ab dem Parkplatz an der Straße von Walldürn Richtung Hornbach auf der rechten Seite. Links ist ebenfalls ein Parkplatz, an diesem befindet sich der Jugendzeltplatz Hornbacher Tal.

Rechts in den Wald dem Weg mit der Markierung W7 folgen. Mit Kinderwagen möglich, eben und befestigt. Etwa 45 Minuten dauert es bis zur Linkenmühle.

Hunger & Durst

Café Schlossmühle, Schlossplatz 4, 63916 Amorbach. ✆ 09373/1254. www.schlossmuehle-amorbach.de. Café Mo – Sa 9 – 18 Uhr, So 10 – 12 und 13 – 18 Uhr. Kuchen aus eigener Konditorei.

Ausflug zum Hasenwäldchen und zum Wartturm bei Buchen

Buchen. ✆ 06281/557411 (Gasthaus), Fax 929287. Handy 0163/6931667. www.buchen.de. verkehrsamt-buchen@t-online.de. Zwischen Buchen und Hettingen. **Bahn/Bus:** ↗ Buchen, Busse nach Hettingen etwa 8 x am Tag. **Auto:** Von Buchen kommend etwa 200 m vor Ortsbeginn Hettingen rechts am Umspannwerk abbiegen, dahinter parken. **Zeiten:** April – Okt Sa, So 8 – 18 Uhr. **Preise:** Eintritt frei.

▶ Das Tollste an diesem Spaziergang sind die vielen Tiere, die im Hasenwäldchen in sehr gepflegten Gehegen leben. Neben Fasanen, Pfauen, Sittichen, Kanarienvögeln, Hühnern, Tauben und Enten gibt es auch afrikanische Zwergziegen, Kaninchen, Streifenhörnchen und Heideschafe. Zwischen den Gehegen stehen liebevoll restaurierte alte landwirtschaftliche Geräte.

Vom Parkplatz aus lauft ihr entweder auf dem asphaltierten Weg zwischen Feld- und Waldrand zum **Gasthaus Hasenwäldchen,** rechter Hand liegt dann der kleine Daunsee. Oder ihr geht durch den Wald auf dem Wald- und Vogellehrpfad, das dauert etwa eine halbe Stunde. Dieser Pfad, der am großen Holzschild beginnt, ist nicht für Kinderwagen geeignet. Zwei Spielplätze gehören zu der Naherholungsanlage.

Der **Wartturm** ist nicht zu übersehen, er ragt auf der einzigen Erhebung bei Buchen aus einem Miniwäldchen über die umliegenden Felder. Ein befestigter Weg führt vom Daunsee zum Turm, auch für Kinderwagen oder Rädchen geeignet. Der Wartturm liegt südöstlich von Buchen auf dem 394 m hohen Wartberg. Der 14 m hohe Turm diente im Mittelalter der stark befestigten Stadt Buchen als Beobachtungsturm. Von dort oben war jeder Angreifer früh zu erkennen. Der Einstieg befand sich ursprünglich auf halber Höhe des Turms, die Stelle ist noch gut sichtbar. Über eine Leiter kletterten die Leute in den Turm hinein, wurden sie angegriffen, war der Eingang nicht

*Kennt ihr den Unterschied zwischen einem **Hasen** und einem **Kaninchen**? Kaninchen sind kleiner und haben kürzere Ohren. Sie leben in Gruppen zusammen und graben große, verzweigte Bauten mit vielen Gängen, in denen sie wohnen. Ein weibliches Kaninchen kann bis zu sieben mal im Jahr Junge bekommen, und zwar bis zu 12 Stück auf einmal! **Hasen** leben allein. Sie haben auch keine Höhlen, sondern nur eine so genannte »Sasse«: Das ist nur eine flache Stelle auf einer Wiese oder in einem Feld, auf der der Feldhase sich zusammenkauert. Hier bekommt er auch seine 2 – 3 Jungen, die also ziemlich ungeschützt daliegen.*

so leicht zu erreichen. Über dem Einstieg steht die Jahreszahl 1490, wahrscheinlich das Baujahr des Turms.

Besonders interessant ist die Gießluke über dem Einstieg, auch Pechnase genannt. Durch diese Öffnung goss die Besatzung des Turmes feindlichen Angreifern allerlei ekliges Zeug wie heißes Pech über die Köpfe.

Heute betritt man den Turm bequem durch den nachträglich eingebauten ebenerdigen Eingang. Auch die Bekrönung des Turmes mit den malerischen Zinnen und die Plattform auf dem Dach stammen aus dem Jahre 1894. Im Mittelalter besaß der Turm ein spitzes Kegeldach.

Zum Wildgehege im Marsbachtal

Walldürn-Rippberg. tourismus@wallduern.de. **Bahn/Bus:** ↗ Walldürn. **Auto:** Etwa 3 km von Walldürn an der B47 zwischen Walldürn und Rippberg. **Infos:** Auch zu Fuß von Walldürn auf dem Waldweg Richtung Rippberg erreichbar.

Mächtige Hörner und Erfahrung zeichnen den Leithammel aus: Mufflon

DIE TIERE IM ODENWALD

▶ Manchmal, wenn ihr im Wald spazieren geht, werdet ihr an Stellen kommen, wo der Boden aufgewühlt ist, Laub und Gräser sind weggescharrt worden, die braune Erde ist zu sehen. Wahrscheinlich waren hier **Wildschweine** auf Futtersuche. Grunzend und schmatzend ziehen sie durch den Wald, aber auch über Felder und Wiesen und wühlen die Erde auf, um Wurzeln oder andere Leckereien zu finden. Sie verwüsten dabei auch Äcker oder Gärten. Das machen sie aber in der Regel nachts, wenn sie niemand sieht. Tagsüber verstecken sie sich im dichtem Unterholz. Sie lieben es auch, in Schlamm zu suhlen. Wenn ihr so eine Stelle findet, wo die Erde aufgewühlt ist, dann könnt ihr auf Spurensuche gehen: An den Fußabdrücken könnt ihr nämlich erkennen, ob es Wildschweine waren oder Rehe. Denn auch Reh- und Damwild scharrt den Boden auf, allerdings sieht es dann meistens nicht so verheerend aus wie nach einem Schweinebesuch. Kreuzt ein Wildschwein beim Wandern euren Weg, so könnt ihr oft seinen intensiven Duft noch riechen, wenn es schon längst wieder im Dickicht verschwunden ist.

Am häufigsten im Odenwald werdet ihr wahrscheinlich **Rehe** sehen. In der Dämmerung kommt das Rehwild aus dem Wald, in dem es sich tagsüber verborgen hält, und grast auf den Wiesen. Rehwild hat nur ein kleines Gehörn und ist zierlich, die Tiere sind etwa 70 Zentimeter hoch. Im Sommer leben mehrere Muttertiere mit ihren Jungen zusammen, im Winter bilden sich große Rudel.

Damwild ist größer als Rehwild und es ist auch recht häufig im Odenwald zu finden. Damhirsche haben ein großes, schaufelartiges Geweih, ein bisschen ähnelt es dem von Elchen. Von Rot- oder Rehwild könnt ihr es auch an dem längeren Schwanz unterscheiden. Das Damwild verändert sein Fell mit den Jahreszeiten: Im Sommer ist es rotbraun mit weißen Tupfen, im Winter ist es braungrau und hat keine Flecken. Damwild ernährt sich von Kräutern, Blättern, Zweigen und Knospen.

Rotwild ist bei uns selten. Die mächtigen Rothirsche sind die größten Bewohner unseres Waldes. Sie können bis zu 250 Kilo wiegen. Ihre Geweihe sind bei Jägern immer sehr begehrt gewesen und hängen in Schlössern oft als Trophäen an der Wand. Das Geweih des Rothirschs hat Zacken, die sogenannten Enden. Wenn ihr diese Enden zählt, wisst ihr, wie alt der Hirsch war. Die Hirschkuh hat kein Geweih. Rothirsche essen Kräuter und Laub, Rinde und Eicheln, Bucheckern und Obst. Im Gebirge, zum Beispiel in Bayern oder im Schwarzwald, gibt es noch häufiger Rothirsche. Beim ↗ Jagdschloss Kranichstein lebt Rotwild in einem eingezäunten Areal, wenn ihr Glück habt, könnt ihr es bei einem Ausflug dorthin sehen. Ansonsten werdet ihr ihm in Wildgehegen, zum Beispiel bei ↗ Erbach im Odenwald, begegnen. Übrigens werfen sowohl die Dam- als auch die Rothirsche und die Rehböcke jedes Jahr ihr Geweih ab, innerhalb von wenigen Monaten wächst ihnen ein neues.

Wisst ihr, was ein **Mufflon** ist? Es sieht aus wie ein Schaf und hat dicke, nach hinten gebogene Hörner. Eigentlich leben Mufflons in den Ländern am Mittelmeer, vor allem auf den Inseln Korsika und Sardinien. Einige Exemplare wurden vor langer Zeit nach Nord- und Mitteleuropa gebracht, vermehrten sich hier und leben nun auch in unseren Wäldern. Ihre Herden werden meistens von einem Weibchen angeführt.

Dachse und Füchse leben ebenfalls im Odenwald. Der **Dachs** wohnt in einer Höhle, die er im Wald in die Erde gräbt. Er polstert sie an den tiefsten Stellen mit Moos aus, damit er auf weichem Untergrund liegen kann. Im Winter hält er eine Winterruhe. Auch im Sommer werdet ihr ihn kaum zu Gesicht bekommen, denn er ist nachts aktiv und schläft am Tag. Der Dachs ist ein Allesfresser, er hat einen extrem kräftigen Kiefer. Auch der **Fuchs** gräbt Bauten, die viele Fluchtröhren haben, damit er den Hunden der Jäger entkommen kann. Ihr könnt einen Dachsbau daran erkennen, dass es rundherum ganz sauber ist – der Fuchs dagegen ist sehr unordentlich, er lässt seine Essensreste vor dem Bau liegen. Der Fuchs frisst gerne Krähen. Es gilt als erwiesen, dass sich Füchse totstellen, um die Vögel anzulocken. Dabei legt sich der Fuchs mit verrenkten Gliedern hin, verdreht die Augen und sogar sein Fell sieht zerzaust aus. Er ist ein fantastischer Schauspieler. Die Krähe möchte an dem vermeintlichen Aas picken, kommt heran, und – zack – hat der schlaue Fuchs seine Mahlzeit! ◂

Dachs-Fährte

Fuchs-Fährte

▶ An einem sonnigen Tag ist das Marsbachtal besonders auch mit kleinen Kindern ein tolles Ausflugsziel. In diesem idyllisch im Wald gelegenen Tal, durch das sich der Marsbach schlängelt, gibt es gleich mehrere Attraktionen: In großen Gehegen leben über hundert Tiere, Dam- und Rotwild, schafähnliche Mufflons und Wildschweine. Wasservögel tummeln sich auf Teich und Bach. Außerdem gibt es einen hervorragend ausgestatteten **Abenteuerspielplatz,** auf dem ihr euch unter anderem auf einem großen Klettergerüst, einer langen Rutsche und einem Tellerseil austoben könnt. Bei Hitze ist jedoch der kleine Wasserspielplatz das Tollste – da dürft ihr an verschiedenen Geräten pumpen und schöpfen. Auch am Bach macht Plantschen und Buddeln Spaß. Bei gutem Wetter wird im Marsbachtal sogar Ponyreiten angeboten. Außerdem gibt es mehrere Rundwanderwege und eine kinderfreundliche Gaststätte.

Am Parkplatz Auersberg sind vier **Rundwege** angegeben (0,5/1/1,5/2,5 Stunden), auf einem Wald- und Vogellehrpfad könnt ihr euch kundig machen. Auf den befestigten Spazierwegen kann man auch den Kinderwagen eine Runde durch das Tal schieben. Viel Platz habt ihr auf den Wiesen für Spiele oder ein Picknick. Bei der **Beuchertsmühle** befindet sich eine Grillstation, die ihr reservieren könnt.

Hunger & Durst

Beuchertsmühle, Miltenberger Straße 35, ✆ 06282/8043. beuchertsmuehle@aol.com. Di Ruhetag. Rustikale Küche, große Terrasse, mit Innenraum für schlechtes Wetter.

Es klappert am rauschenden Bach ... Zumindest das Rad der Beuchertsmühle dreht sich noch

FOTO: ALICE SELINGER

Reiten und Kutsche fahren

Kutsch- und Planwagenfahrten
Alfred Farrenkopf, 74731 Walldürn. ✆ 06282/8983, walltraud.speth@wallduern.de. **Zeiten:** Täglich und ganztags möglich. **Preise:** Postkutsche 30 €, 4 – 5 Pers. Planwagen ab 6 Pers 5 €/Pers. **Infos:** Auch bei der Tourist-Information ↗ Walldürn.
▶ Was gibt es Schöneres, als auf einer Kutsche Walldürn zu erkunden? Dauer etwa 1 Stunde, ihr müsst euch für die Fahrt vorher anmelden.

Hoch zu Ross
Wiesentalranch, Sabine Partscht, Wiesental 12/1, 69427 Mudau. ✆ 06284/929244, www.wiesental-ranch.de. info@wiesentalranch.de. **Preise:** Reiterferien 6 Tage 315 €, 25 % Geschwisterrabatt.
▶ Spannendes Angebot mit Wanderreiten, Abenteuerferien, Pferdeflüstern, Outdoortrainings.

Abenteuer- und Erlebnisparks

Forest Jump: Hochseilgarten in Walldürn-Rippberg
PräJu – Präventive Jugendhilfe e.V., 74731 Walldürn-Rippberg. ✆ 06282/9207-43, Fax -58. www.forestjump.de. info@forestjump.de. **Bahn/Bus:** ↗ Walldürn. **Auto:** In Rippberg der Straße nach Hornberg folgen und nach etwa 2 km rechts abbiegen, ausgeschildert ist dort das Ferienhaus des Kinder- und Jugendheims St. Kilian. **Infos:** Postanschrift: Adolf-Kolping-Straße 29, 74731 Walldürn.
▶ Dieser Klettergarten ist auf Gruppen eingestellt. Nicht das sportliche Vergnügen, sondern pädagogische Ziele stehen dabei im Vordergrund. Die Teilnehmer sollen Teamwork und Kommunikation lernen, ihre Sozialkompetenz und ihr Selbstvertrauen stärken.

AN MAIN, MUD & ELZ

Für Schulklassen, Jugendgruppen und Gruppen aus sozialen Einrichtungen gilt der Tarif I, der die Nutzung der Anlage und zwei Trainer umfasst. Ab einer Gruppengröße von über 22 Personen ist unter Umständen die Mitarbeit eines dritten Trainers erforderlich. Eine Halbtagesveranstaltung kostet in Tarif I 295 €, mit einem dritten Trainer noch einmal 65 € zusätzlich. Eine Tagesveranstaltung kostet 395 €, der dritte Trainer dazu 100 €.

Im Tarif II für private Gruppen kosten Halbtagesveranstaltungen bis 15 Personen 430 €, ab der 16. Person pro Person 25 € und Tagesveranstaltungen bis 15 Personen 660 €, ab der 16. Person pro Person 40 €. Im benachbarten Ferienhaus können Kinder- und Jugendgruppen übernachten.

Kunst im Wald
Atelier Lichtung, Meisenweg 16, 74743 Seckach. ✆ 06292/1262, Fax 1262. www.skulpturenpark-seckach.de. wagner.seckach1@freenet.de. Im Wald am Ortsrand. **Bahn/Bus:** RB von Walldürn oder Mosbach. Bus 848 von Bhf Buchen. **Auto:** Südlich von Buchen Richtung Adelsheim. **Infos:** Im Atelier oder bei der Gemeinde Seckach.

▶ Das Hinweisschild zum Kunstpfad an der kleinen Straße in Richtung Kinder- und Jugenddorf Klinge ist nicht zu übersehen. Im Wald stehen hier etwa 80 Skulpturen aus Stein, Holz und anderen Materialien.

Geheimnisvoll: Im Wald von Seckach stoßt ihr auf Kunst

Die natürlichen Verwitterungspuren lassen die Arbeiten noch interessanter erscheinen. Der Pfad ist durch die Initiative eines ortsansässigen Bildhauerpaars entstanden. *Marianne* und *Paul August Wagner* laden seit 1989 jedes Jahr Künstler ein, den Kunstpfad im Wald weiter auszubauen.

Auf dem Abenteuerspielplatz im Jugenddorf Klinge

Kinder- und Jugenddorf Klinge e.V., 74743 Seckach-Klinge. ✆ 06292/78-0. www.klinge-seckach.de. info@klinge-seckach.de. **Bahn/Bus:** Bhf ↗ Buchen Bus 848 ins Jugenddorf. **Auto:** Südlich von Buchen, Richtung Adelsheim. **Zeiten:** Spielplatz 8 – 21 Uhr.

▶ Im Jugenddorf leben in Familiengruppen Kinder und Jugendliche, deren Eltern gestorben sind oder aus unterschiedlichsten Gründen ihre Kinder nicht selbst erziehen können. Auf dem großen Gelände mit vielen Freizeiteinrichtungen sind auch Ferienhäuser und ein Zeltplatz für Jugendgruppen zu mieten, ein Gäste- und Tagungshaus steht für Seminare aller Art zur Verfügung.

Für Ausflügler bietet das Jugenddorf einen großen, hervorragend ausgestatteten **Abenteuerspielplatz** und das **Gasthaus St. Benedikt,** das eine ebenso hervorragende Küche zu günstigen Preisen bietet. Auf der riesigen Fläche des Spielplatzes sind bei Hitze die Wasserspiele besonders beliebt, doch auch die Riesenrutsche, das Labyrinth, der große Kletterturm und ein Schaukelboot sorgen stundenlang für Unterhaltung. Es gibt auch Tischtennisplatten, bringt euch Schläger und Bälle mit. Hunde sind verboten. In der Nähe ist der ↗ Skulpturenpark Seckach.

Die **Gaststätte** ist gegenüber vom Spielplatz. Ihr schlichtes Äußeres erinnert eher an eine Kantine, aber das Essen ist lecker. Hier werden Jungköche und -köchinnen ausgebildet, die sich auch an ausgefallenen Gerichten probieren – Lamm, Vegetarisches, Fisch und vieles mehr.

Hunger & Durst

Gaststätte St. Benedikt, ✆ 06292/78233. April – Okt täglich 11 – 0.30 Uhr, Nov – März täglich von 11 – 14.30 Uhr und 17.30 – 0.30 Uhr. Di ab 15 Uhr und So ab 18 Uhr geschlossen. Mit Terrasse. Abwechslungsreiche Speisekarte, sehr lecker und preiswert. Hier werden außerdem Jugendliche als Köche ausgebildet.

HANDWERK UND GESCHICHTE

Klöster & Burgen

Ehemalige Benediktinerabtei Amorbach

Fürstlich Leiningensche Verwaltung, Schlossplatz 1, 63916 Amorbach. ✆ 09373/971545, Fax 971560. www.fuerst-leiningen.de. kultur@fuerst-leiningen.de. **Bahn/Bus:** ↗ Amorbach. **Zeiten:** März – Okt Di – Sa 10 – 12 und 13 – 17, So und Fei 10 – 17 Uhr. **Preise:** 2 €; Kinder bis 12 Jahre frei; Führung Abteikirche inkl. Orgelspiel Erw 4 €, Schüler und Gruppen ab 30 Pers 3,50 €. Führung Abteikirche, Orgelvorführung, Grüner Saal und Bibliothek Erw 6 €, Schüler und Gruppen ab 30 Pers 5,50 €. **Infos:** Sonderführungen sind nach Absprache und Voranmeldung möglich.

▶ Diese gewaltige Kirche wurde noch nie restauriert, ihr seht sie also ganz genauso wie die Menschen vor über 200 Jahren. An der Decke ist das Leben des Heiligen Benedikt dargestellt, nach dem der Mönchsorden des Klosters benannt ist: Benediktiner. Typisch für den **Stil des Barock** ist die illusionistische Malerei, die zu Zeiten, als es noch keine Filme und Computertechnik gab, etwas ganz Besonderes war. Sie vermittelt nämlich den Eindruck, die Gestalten würden wirklich zum Himmel auffahren, fliegen oder auf irgendetwas sitzen. Das gelang den Malern mit vielen optischen Tricks.

Außer der Kirche besichtigt ihr bei dem Rundgang auch die Bibliothek und den Festsaal des Klosters.

Besuch bei Parsifal auf der Burgruine Wildenberg

63931 Kirchzell. gemeinde@kirchzell.de. **Länge:** Vom Waldmuseum etwa 20 Min zu Fuß, ausgeschildert, nicht für Kinderwagen geeignet. **Bahn/Bus:** ↗ Kirchzell. **Auto:** 7 km südwestlich von Amorbach, an der Straße Richtung Mudau rechts ausgeschildert.

▶ Auf dem Weg vom Waldmuseum zur Ruine kommt ihr an einer finsteren Höhle vorbei – wer traut sich hinein? Die Wildenberg-Ruine ist ein toller Picknick-

---

*Täuschend echt: Als der **Stil des Barock** modern war, im 18. Jahrhundert, lebte eine vermögende Familie in Bayern, die von Schönborn hieß. Sie liebte die Kunst und war geradezu bauwütig. Einer von ihnen, der Kurfürst von Mainz, Lothar Franz von Schönborn, ließ die Basilika in Walldürn errichten. Ein Kennzeichen des barocken Stils ist neben den geschwungenen Formen die illusionistische Malerei. Die Illusion ist eine Täuschung, die Maler täuschten zum Beispiel Räume, Fenster, Stuck etc. vor.*

platz. Von dieser Burg wird angenommen, dass auf ihr der Dichter Wolfram von Eschenbach (geb. um 1170 in Mittelfranken, gest. vermutlich 1220) im Mittelalter seine berühmte Rittergeschichte Parsifal schrieb. Wahrscheinlich war sie das Vorbild für die Gralsburg, die der Held Parsifal sucht. Die Burg Wildenberg wurde um 1200 erbaut und im Bauernkrieg 1525 zerstört. In diesem Krieg lehnten sich die armen Bauern gegen die Adligen auf, die im Luxus schwelgten und von den Bauern obendrein hohe Abgaben verlangten. Eine Schar aufgebrachter Bauern erstürmte auch die Wildenberg.

Einst muss diese Ruine eine sehr imposante Burg gewesen sein, auf der rauschende Feste gefeiert wurden. Der riesige Kamin im Festsaal, in dem im Mittelalter gewaltige Feuer loderten, ist heute noch zu erkennen. Vielleicht fanden auf der Burg sogar große Ritterturniere statt.

Bei gutem Wetter ist an Sonn- und Feiertagen der **Bergfried** geöffnet und kann bestiegen werden.

Parsifals Vater war als Ritter im Kampf im fernen Orient gestorben, Parsifals Mutter Herzelyde will deshalb ihren Sohn davon abhalten, auch Ritter zu werden. Doch Parsifal findet Ritter toll und zieht mit dem erstbesten fort. Herzelyde stirbt sogleich an gebrochenem Herzen. Parsifal durchlebt nun ständig neue Abenteuer, ist immer auf der Suche nach dem Gral, dem Stein der Weisen.

Museen und Stadtrundgänge

Römermuseum Obernburg
Untere Wallstraße 29a, 63785 Obernburg am Main. ✆ 06022/506311, 619140, Fax 619139. www.roemermuseum-obernburg.de. mail@obernburg.de. Eingang von der Unteren Wallstraße aus. **Bahn/Bus:** ↗ Obernburg. 10 Min Fußweg in östliche Richtung über die Mainbrücke, links in Pfaffengasse. **Zeiten:** Mitte März – Mitte Dez Di – Sa 14 – 16 Uhr, So und Fei 11 – 17 Uhr, Führungen nach Vereinbarung unter ✆ 06022/619140. **Preise:** 1,50 €; Kinder bis 6 Jahre frei, bis 16 Jahre 1 €; Familien 2,50 €.

▶ In einer umgebauten Fachwerkscheune werden Funde aus dem römischen Limeskastell Nemaninga gezeigt, das einst an der Stelle lag, wo später die Stadt Obernburg entstand. Ihr bekommt einen guten

Hunger & Durst

NFH Obernburg, Im Adel 1, ✆ 06022/31232. Mi und Sa 14 – 19, So 10 – 19 Uhr. Kleine Speisen. Bei Eisenbach, westlich von Obernburg. Ausgeschildert. Neben dem Naturfreundehaus stehen Kühe auf der Weide, sie schauen euch zu, wenn ihr die Rutsche hinabsaust. Das Haus liegt sehr schön am Hang, mit Blick auf Obernburg und die Höhen des Spessart. An Sitzgruppen aus Holz könnt ihr im Freien das Essen genießen.

Im Hexenturm, einem der alten Stadttürme, wurden tatsächlich Frauen eingesperrt, die der Hexerei verdächtigt wurden. Er diente zeitweise auch als Gefängnis. Auf halber Höhe könnt ihr an ihm den ehemaligen Zugang von der Stadtmauer aus noch erkennen. An seiner westlichen Seite ragt noch ein Aborterker heraus.

Eindruck davon, wie die Römer in den ersten vier Jahrhunderten unseres Jahrtausends in der Gegend um Obernburg lebten. Ihr erfahrt, wo und wie sie Straßen bauten, wie ein römisches Kastell aussah, was sie aßen, wie sie sich kleideten und wie sie ihre Toten begruben. Römische Münzen, Schmuck, Reste von Geschirr und Gläsern sind ausgestellt.

Bummel durch Obernburg am Main

Römerstraße 62 – 64, 63785 Obernburg am Main. ✆ 06022/61910, www.obernburg.de. mail@obernburg.de. **Bahn/Bus:** ↗ Obernburg.

▶ Obernburg hat eine nette Altstadt, Türme und Tore der alten Stadtmauer sind zum Teil noch erhalten. Von der nicht zu verfehlenden, weil einzigen Einkaufsstraße führen kleine Gassen mit Kopfsteinpflaster in Richtung Main.

Wer sich für die Geschichte der Römer in der Region interessiert, sollte das kleine ↗ Römermuseum besuchen. Wenige Meter davon entfernt befindet sich die Kochsmühle (Untere Wallstraße 8 – 10), benannt nach ihrem letzten Besitzer, einem Herrn Koch. Heute befinden sich in dem restaurierten Gebäude der ehemaligen Gemeindemühle am Mühlbach die städtische Musikschule, eine Galerie und eine Kleinkunstbühne.

Museum der Stadt Miltenberg

Hauptstraße 169 – 175, 63897 Miltenberg a.M. ✆ 09371/404153, Fax 404153. www.museum-miltenberg.de. museum-miltenberg@t-online.de. In der ehemaligen Amtskellerei. **Bahn/Bus:** ↗ Miltenberg. 15 Min Fußweg Richtung Innenstadt. **Zeiten:** Mai – Okt Di – So 10 – 17.30 Uhr, Nov – April Mi – So 11 – 16 Uhr. Gruppen auch nach Voranmeldung. **Preise:** 3 €; Kinder bis 6 Jahre frei, bis 16 Jahre 2 €; Familienkarte 7 €. **Infos:** Auch kindgerechte Führungen und Workshops, mit Themen wie »Römer in Miltenberg«, »Spielzeug und Baukästen« oder »Leben in der Stadt vor 400 Jahren«.

▶ Im Museum der Stadt Miltenberg könnt ihr euch über die Stadtgeschichte informieren, von den Siedlungen der Römerzeit bis ins 20. Jahrhundert. Ein Schwerpunkt der Ausstellung liegt auf dem Berufsleben der Miltenberger. Wusstet ihr, dass viele Miltenberger früher von der Schifffahrt auf dem Main und der Fischerei in dem Fluss lebten? Ihr könnt euch per Kopfhörer von einem der letzten Miltenberger Mainfischer erzählen lassen, wie er einmal beim Fischfang in ein schreckliches Unwetter kam – und zwar mit dem hölzernen Kahn, den ihr heute im Museum bestaunen könnt. Die Geschichte der Juden in Miltenberg wird dargestellt und Bilder des Miltenberger Malers Philipp Wirth sind zu sehen. Umfangreiche Spielzeugausstellung.

Mainblick: Miltenberg

Radfahren am Main entlang lässt sich gut mit einer Schifffahrt kombinieren, zum Beispiel flussaufwärts nach Wertheim, wo der Dampfer anlegt. Ihr könnt Räder auf dem Dampfer mitnehmen und dann zurückradeln oder umgekehrt.

Ein Museum namens Mutter

Wolkmannstraße 2, 63916 Amorbach. ✆ & Fax 09373/99081. www.amorbach-mutter.de. touristinfo@amorbach.de. **Bahn/Bus:** ↗ Amorbach. **Zeiten:** April – Okt Sa, So 11 – 17.30 Uhr, nach Voranmeldung auch andere Termine. **Preise:** 3,90 €; Kinder bis 6 Jahre frei, Schüler 3,40 €; Gruppen ab 9 Personen 3,40 €, Familienkarte 12 €.

▶ Eigentlich produziert die Firma Berger Geschenkartikel, und die ehemalige Besitzerin dieser Firma gründete das Museum. In einem früheren Werksgebäude befinden sich nun ihre Sammlungen, die so unterschiedliche Dinge wie Teekannen, Puppen, alles von Pepsi-Cola und moderne Kunst umfassen. Das Museum, das erst im April 2009 wiedereröffnet wurde, bietet somit etwas für jeden Geschmack. Allein den Puppen ist eine ganze Etage gewidmet, etwa 500 Exemplare aus verschiedenen Epochen. Manche sind sehr wertvolle Sammlerstücke, mit denen nie mehr Kinder spielen werden. Beeindruckend ist auch, wie viele unterschiedliche Teekannen aus aller Herren Länder zusammengetragen wurden, 2500 Kannen in allen nur erdenklichen Farben und Formen sind ausgestellt.

Die hochkarätige **Sammlung moderner Kunst,** die man hier nicht vermuten würde, umfasst Arbeiten von dem Maler Marc Chagall, den Künstlern Christo und Jeanne-Claude, die 1995 den Berliner Reichstag verhüllt hatten, und bunte Graffitis des Amerikaners Keith Haring. Sehr witzig ist der Bücherturm, in den ihr unbedingt euren Kopf hineinstecken müsst. Übrigens begann Frau Berger im hohen Alter von 80 Jahren, sich selbst künstlerisch zu betätigen. Ihren Werken ist ebenfalls ein eigener Raum gewidmet.

Hier geht nichts durch die Lappen: Im Waldmuseum Watterbacher Haus

Dorfstraße 4, 63931 Kirchzell-Preunschen. ✆ 09373/7306, 97430 (Museumsverwaltung), Fax 974324. www.kirchzell.de. gemeinde@kirchzell.de. **Bahn/Bus:** ↗ Amorbach, von dort Bus Amorbach – Kirchzell Friedhof bis Rathaus. **Zeiten:** April – Sep Sa, So und Fei 11 – 17 Uhr, Okt – März Sa, So, Fei 12 – 16 Uhr, für Gruppen nach Vereinbarung. **Preise:** 2 €; Kinder bis 6 Jahre frei, Schüler 1 €; Studenten, Behinderte, Gruppen 1,50 €, Familien 4 €. **Infos:** Museumsverwaltung und Termine für Führungen Markt Kirchzell, Hauptstraße 19, 63931 Kirchzell.

▶ Das Watterbacher Haus ist ein sehr interessantes, einfallsreich gestaltetes Museum zu Themen rund um den Wald. Hier gibt es viele Infos zu Berufen, die jahrhundertelang mit dem Wald eng verknüpft waren und heute fast vergessen sind – der Alltag von Beerenfrauen, Zapfenpflückern, Holzhauern und Schweinehirten wird anschaulich dargestellt. Außerdem er-

Die **Burgruine Wildenberg** liegt ganz in der Nähe, zu Fuß könnt ihr vom Watterbacher Haus in etwa 20 Minuten hinlaufen.

fahrt ihr, wo der Ausdruck »durch die Lappen gehen« herkommt, was eine Holzbibliothek ist und was die Steinhauer im Mittelalter im Wald so trieben.

Untergebracht ist das Museum im ältesten erhaltenen Bauernhaus des Odenwaldes, dem **Watterbacher Haus.** Dieses Fachwerkhaus hat eine Odyssee hinter sich: Ursprünglich stand es im Ortsteil Watterbach der Gemeinde Kirchzell, es wurde zweimal komplett versetzt. Seit 1982 steht es nun in Preunschen, wurde aufwändig restauriert und beherbergt seit 1997 das Museum. Es war einmal ein Wohnstallhaus: Mensch und Vieh lebten unter einem Dach – das sparte beim Hausbau und war im Winter schön warm. Allerdings roch es auch immer etwas streng …

Schifffahrts- und Schiffbaumuseum in Wörth am Main

Rathausstraße 72, 63939 Wörth a.M. ✆ 09372/ 72970, 98930 (Rathaus), Fax 989340. www.woerth-am-main.de. Alte Kirche St. Wolfgang. **Bahn/Bus:** RB und Bus Aschaffenburg – Miltenberg, ↗ Obernburg. **Auto:** B469, südlich von Obernburg. **Zeiten:** Sa und So 14 – 17 Uhr sowie nach Vereinbarung. **Preise:** 1,50 €; Kinder 6 – 16 Jahre 0,50 €; Behinderte und Gruppen 0,50 €. **Infos:** Führungen nach Vereinbarung möglich.

▶ Kapitäne und Piraten aufgepasst – in diesem nur wenige Kilometer von Obernburg entfernten Ort gibt es für Schifffahrt-Fans was zu sehen. Da ist zum einen das Schifffahrts- und Schiffbaumuseum in der ehemaligen **Wolfgangskirche.** Diese Barockkirche wurde schon seit 1903 nicht mehr für Gottesdienste genutzt, sie diente unter anderem als Turnhalle und als Lagerplatz. Der Umbau zum Museum rettete sie vor dem Verfall. Sie bildet heute einen eindrucksvollen Rahmen für die Ausstellungsstücke rund um die **Mainschifffahrt.** Modelle, Fotos, Schiffsteile und Werkzeuge lassen die Geschichte der Flussschifffahrt lebendig werden. So erfahrt ihr zum Beispiel,

Im Gegensatz zu Obernburg verläuft in Wörth die Schnellstraße ein Stück von Ort und Fluss entfernt. Daher lässt es sich hier entspannt am Main spazieren oder radeln.

Hunger & Durst

Waldhaus Diana, ✆ 09372/4683. www.waldhaus-woerth.com. Mi, Sa 13.30 – 20, So 10 – 20 Uhr. 2 km vom Bahnhof Wörth entfernt. Es gibt kleine Gerichte wie Rippchen mit Kraut, Handkäse oder Hausmacher Wurst. Das rustikale Holzhaus liegt am Waldrand. Von der Terrasse könnt ihr die tolle Aussicht auf den Main genießen. Autofahrer können auch mit dem Wagen das Waldhaus erreichen, ab Bahnhof ausgeschildert. Für Wanderfreudige: Hier oben sind verschiedene Rundwege möglich.

Eine **Inlineskating-Anlage** gibt es am Schrankenberg in Buchen.

dass der Main bis ins 19. Jahrhundert noch mit Holzschiffen befahren wurde, die flussaufwärts von Menschen oder Tieren gezogen werden mussten. Auch über Dampfschiffe und über die Kettenschifffahrt könnt ihr euch schlau machen, oder darüber, wie Schiffe früher gebaut wurden. Interessant ist auch die Abteilung »Leben an Bord«, die zeigt, wie die Familien der Flussschiffer auf den Booten hausten.

Nur etwa 2 Minuten dauert der Spaziergang von der Museumskirche zum Main. Dabei seht ihr die **Schiffswerft** am gegenüberliegenden Ufer sehr genau. Riesige Frachtschiffe liegen dort zum Überholen an Land. Etwas skurril wirkt diese an die Nordsee erinnernde Szenerie neben den südlichen Weinhängen, die sich an den Ausläufern des Spessarts zum Mainufer hinunterziehen.

Im Buchener Bezirksmuseum

Kellereistraße 25 und 29, 74722 Buchen. ✆ 06281/8898, Fax 556898. www.bezirksmuseum.de. info@bezirksmuseum.de. **Bahn/Bus:** ↗ Buchen, 5 Min Fußweg in südliche Richtung über Am Haag bis Kellereistraße. **Zeiten:** Mai – Okt Di – Fr, So 14 – 17 Uhr. **Preise:** 3 €; Kinder bis 14 Jahre frei; Schüler, Studenten, Behinderte 1 €, Gruppen ab 10 Personen 2 €. **Infos:** Führungsgebühr (außer bei Schulklassen) 15 €.

▶ Das Buchener Bezirksmuseum befindet sich in der ehemaligen kurmainzischen Amtskellerei, auf zwei Gebäude verteilt. Die Vielfalt ist enorm: Gezeigt werden geologische Funde, Funde aus der Römerzeit, Münzen, Trachten aus dem Odenwald, Bauernmöbel, Keramik, eine Spielzeugsammlung, Handwerksgeräte und mehr. Das komplette Atelier des ersten Buchener Fotografen und ein Friseursalon aus den 1920er Jahren sind aufgebaut.

Stadt- und Wallfahrtsmuseum Walldürn

Hauptstraße 39, 74731 Walldürn. ✆ 06282/67107, 8121, Fax 67103. www.heimatmuseum-wallduern.de.

georg.hussong@t-online.de. Bei der Basilika. **Bahn/Bus:** ↗ Walldürn, 10 Min Fußweg in nördliche Richtung über Adolf-Kölping-Straße und Hauptstraße, immer geradeaus. **Zeiten:** Mai – Okt Di, Do, So 14 – 16.30 Uhr oder nach Anmeldung. **Preise:** 1,50 €; Kinder bis 16 Jahre 1 €; für Gruppen ermäßigt.

▶ Informationen rund um das Wallfahrtsgewerbe in Walldürn: wie aus Wachs Kerzen gezogen und aus Papier Blumen gefertigt, nach welchen Formen und Rezepten Lebkuchen gebacken wurden und wie der Handel mit Souvenirs blühte. In einer anderen Abteilung seht ihr Walldürner Funde aus der Römerzeit. Kunstvoll bemalte Bauernschränke und viele Stücke zur Stadtgeschichte ergänzen die Sammlung.

Im Odenwälder Freilandmuseum

Odenwälder Freilandmuseum e.V., 74731 Walldürn-Gottersdorf. ✆ 06286/320, Fax 1349. www.freiland-museum.com. info@freilandmuseum.com. **Bahn/Bus:** Beim Verkehrsamt in ↗ Walldürn erfährt man, ob im Sommer wieder ein Busdienst zum Museum eingerichtet ist. Von Walldürn Bhf mit RB 18418 nach Rippberg, von da Bus 849. **Auto:** An der B47 zwischen Amorbach und Walldürn ausgeschildert. **Zeiten:** Mai – Sep Di – So 10 – 18 Uhr, April und Okt täglich 10 – 17 Uhr, Führungen auf Anfrage. **Preise:** 3 €; Kinder 6 – 12 Jahre und Schulklassen 1,50 €; 2,50 €.

▶ Das Freilandmuseum breitet sich auf einem großen Gelände hinter einem Teich in dem kleinen Ort Gottersdorf aus. Das Museum ist selbst wie ein Dorf, es zeigt euch, wie die Menschen früher lebten. Ihre Häuser wurden wieder aufgebaut, komplett mit Möbeln und Haushaltsgeräten, Werkzeugen, Ställen und Hühnerhäusern. Nach der Erinnerung der letzten Besitzer oder nach alten Fotos wurden sie genau so eingerichtet, wie sie einst aussahen. Sie stammen aus verschiedenen Regionen, aus dem Odenwald, dem Neckarland und dem Bauland, das sich östlich an den Odenwald anschließt. Vom *Tagelöhner*häus-

Postkutschenfahrten, Alfred Farrenkopf, Untere-Vorstadt-Straße 63, 74731 Walldürn. ✆ 06282/8983. Mai – Sep Sa, So zu jeder Uhrzeit möglich, Mo – Fr nur nach 18 Uhr. Mit der Postkutsche reisten die Menschen, bevor es Autos und Züge gab. Das war auf den holprigen Straßen, durch Wälder voller Räuber, nicht immer romantisch! In die Kutsche passen 5 Personen.

Ein Tagelöhner war jemand, der kurzfristig jede Tätigkeit annahm, die er kriegen konnte. Oft war er nur für einen Tag beschäftigt, daher der Name. Meist hatte er keinen Beruf gelernt und musste die anstrengendsten und unangenehmsten Arbeiten machen, die miserabel bezahlt waren. Deshalb war es für Tagelöhner sehr schwer, ihre Familie zu ernähren.

FOTO: ALICE SELINGER

Na, Lust gleich mit werkeln anzufangen? In der Schreinerwerkstatt

Hunger & Durst
Vesperstube auf dem Museumsgelände, nur So und Fei geöffnet, für Gruppen auch werktags nach Absprache. Es gibt unter anderem Grünkernsuppe und Grünkernkuchen. Mehrere Einkehrmöglichkeiten rund um das Museum.

chen über eine dörfliche Poststelle bis zum Großbauernhof ist alles vertreten, was zu einem Dorf gehört. Die Lebensweise der Menschen, wie sie kochten, schliefen und arbeiteten, wird sehr anschaulich. Stellt euch vor, dass in dem winzigen Tagelöhnerhaus mit zwei Kammern damals zeitweise 13 Personen wohnten! Die Kinder und Erwachsenen mussten sich die Betten teilen.
Interessant ist auch das ehemalige **Armenhaus.** Es gehörte der Gemeinde und wurde von ihr finanziert. Früher gerieten besonders alte oder kranke Menschen rasch in Not, denn es gab noch keine Krankenkasse und keine Rentenversicherung, durch die sie abgesichert waren. Hatte jemand keine Familie, die ihm half, so war er auf die Unterstützung des Dorfes angewiesen. Er konnte dann in ein Zimmer des Armenhauses einziehen. Wie ihr seht, gab es dort auch ein Krankenzimmer. Außerdem wohnte in diesem Haus die Hebamme der Gemeinde.
Das so genannte **Bauland** ist ein Gebiet, in dem traditionell Dinkel, eine Weizenart, angebaut wird. Aus den noch unreif geernteten (grünen) Ähren kann man mit Hilfe der Grünkerndarre, eine steht im Museum, das Getreide trocknen bzw. *darren,* wodurch er ein würziges Aroma erhält. Beim alljährlichen Grünkernfest erfahrt ihr mehr darüber, ↗ Feste & Märkte.
Vergesst nicht, euch den **Großbauernhof** anzusehen, der vor dem Museumsgelände ausgeschildert ist. Dieses Gebäude einer wohlhabenden Bauernfamilie

steht seit 200 Jahren an seinem Platz, es musste nicht abgebaut werden, um Teil des Museums zu sein. Neben ihm befinden sich Werkstätten, in denen Räder für Kutschen, Möbel und andere Dinge selbst hergestellt wurden.

Von Lampen und Leuchten: Das Lichtermuseum Walldürn

Odenwaldstraße, 74731 Walldürn-Wettersdorf. ✆ 06282/8518 (Walter Frenzl), 255 (Stadtverwaltung), www.lichtermuseum.de. info@lichtermuseum.de. **Bahn/Bus:** RB Walldürn Bhf – Rippberg, von dort Bus 849. **Auto:** An der Straße Richtung Wettersdorf und Neunkirchen. **Zeiten:** April – Okt So 14 – 17 Uhr, Gruppen nach Vereinbarung. **Preise:** Eintritt frei.

▶ Diese ungewöhnliche Wettersdorfer Sammlung präsentiert über 1500 Objekte rund ums Licht. Kerzenhalter, Laternen und Lampen, aber auch alles, was die Menschen früher sonst noch brauchten, um nicht im Dunkeln zu sitzen. Wenn ihr euch in dem Museum umschaut, werdet ihr merken, dass es für die Menschen jahrhundertelang nicht selbstverständlich war, auf einen Schalter zu drücken und das Licht anzuknipsen. Und wolltet ihr nicht schon immer wissen, was eine Dochtschere oder ein Löschhütchen ist?

Veranstaltungen im Freilandmuseum:
▶ Familientag: am Ostermontag mit Eiersuchen und Spielen.
▶ Grünkernfest: am 3. Juliwochenende mit verschiedenen Vorführungen.
▶ Handwerkertage: Jeweils am 3. So im Mai, Juni und Aug, dann könnt ihr zusehen, wie eins der alten Handwerke in einer der Werkstätten auf dem Gelände vorgeführt wird.
▶ Kartoffel- und Mosttag: 3. So im Sep.
▶ Spielmannstage (Musik mit historischen Instrumenten): 1. Wochenende im Aug.

Feste & Märkte

Die Buchener Fasenacht

Verkehrsamt der Stadt Buchen, Platz am Bild, 74722 Buchen. ✆ 06281/2780, 310, Fax 2732. www.buchen.de. verkehrsamt-buchen@t-online.de. **Bahn/Bus:** ↗ Buchen. **Auto:** B27, etwa 9 km südlich von Walldürn. **Infos:** www.huddelbaetze.de.

▶ Bei der Buchener Fasenacht gibt es so manches, was ihr sonst nirgends erleben könnt. Die bunten *Huddelbätz* zum Beispiel symbolisieren gute Geister, die den Winter mit der Rute vertreiben. Der Gegen-

Die Ursprünge der hiesigen Fasenacht sollen in das Jahr 1450 zurückreichen.

satz dazu ist der *Strohbär.* Er verkörpert das Mondtier und die Natur, die im Winter abstirbt.

Gefeiert wird in Buchen über mehrere Tage. Am **Schmutzigen Donnerstag** beginnt die Fasenacht so richtig. Nachdem die Huddelbätz die bösen Geister, also auch den Winter, vertrieben haben, zieht die Menge vom Marktplatz aus vor das Alte Rathaus. Hier erscheint sie dann, in Gestalt einer Strohpuppe: die Fasenacht. Jetzt können die närrischen Tage beginnen! Am interessantesten für Zuschauer ist der *Gänsemarsch* am **Fastnachtssonntag.** Der Umzug, bei dem viele traditionelle Kostüme zu bewundern sind, beginnt pünktlich um 14.11 Uhr am Musterplatz.

Natürlich gibt es auch einen **Rosenmontagszug** mit geschmückten Wagen, Musikgruppen und verkleideten Gruppen. **Dienstagnacht** wird um Mitternacht die Strohpuppe, die die Fasenacht symbolisiert, auf dem Marktplatz verbrannt.

FESTKALENDER

März:	wechselnder Termin: **Oster-Bauernmarkt** Miltenberg.
Juni:	3. So: **Handwerkertag** im Odenwälder Freilandmuseum.
Juli:	1. Wochenende: **Miltenberger Altstadtfest.**
	3. Wochenende: **Grünkernfest** im Odenwälder Freilandmuseum.
August:	3. Wochenende: **Handwerkertag** im Odenwälder Freilandmuseum.
	Ende Aug – Anfang Sep: **Michaelismesse** Miltenberg. Ein großes Volksfest mit umfangreichem Unterhaltungsprogramm, das beim Fremdenverkehrsverein angefordert werden kann.
Dezember:	1. Wochenende: Buchen, **Weihnachtsmarkt.**
	1. – 4. Advent: Miltenberg, **Weihnachtsmarkt.**
	2. Advent, Fr – So: **Weihnachtsmärkte** in Walldürn, Amorbach und Obernburg.

INFO & VERKEHR

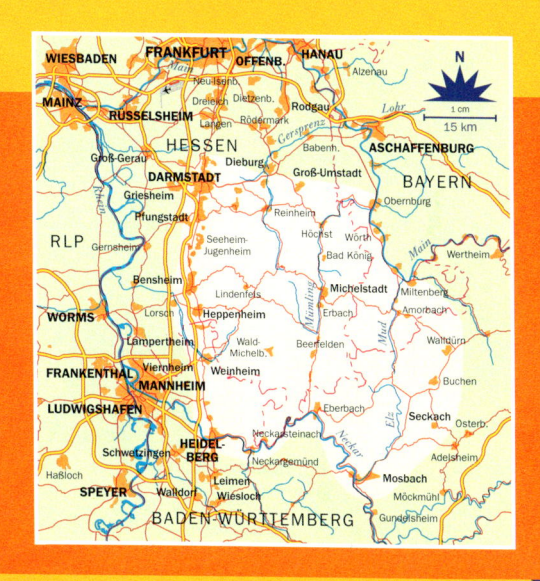

DARMSTADT

BERGSTRASSE

HEIDELBERG

AM NECKAR

NORDEN & WESTEN

IM MÜMLINGTAL

AN MAIN, MUD & ELZ

INFO & VERKEHR

FERIENADRESSEN

KARTENATLAS

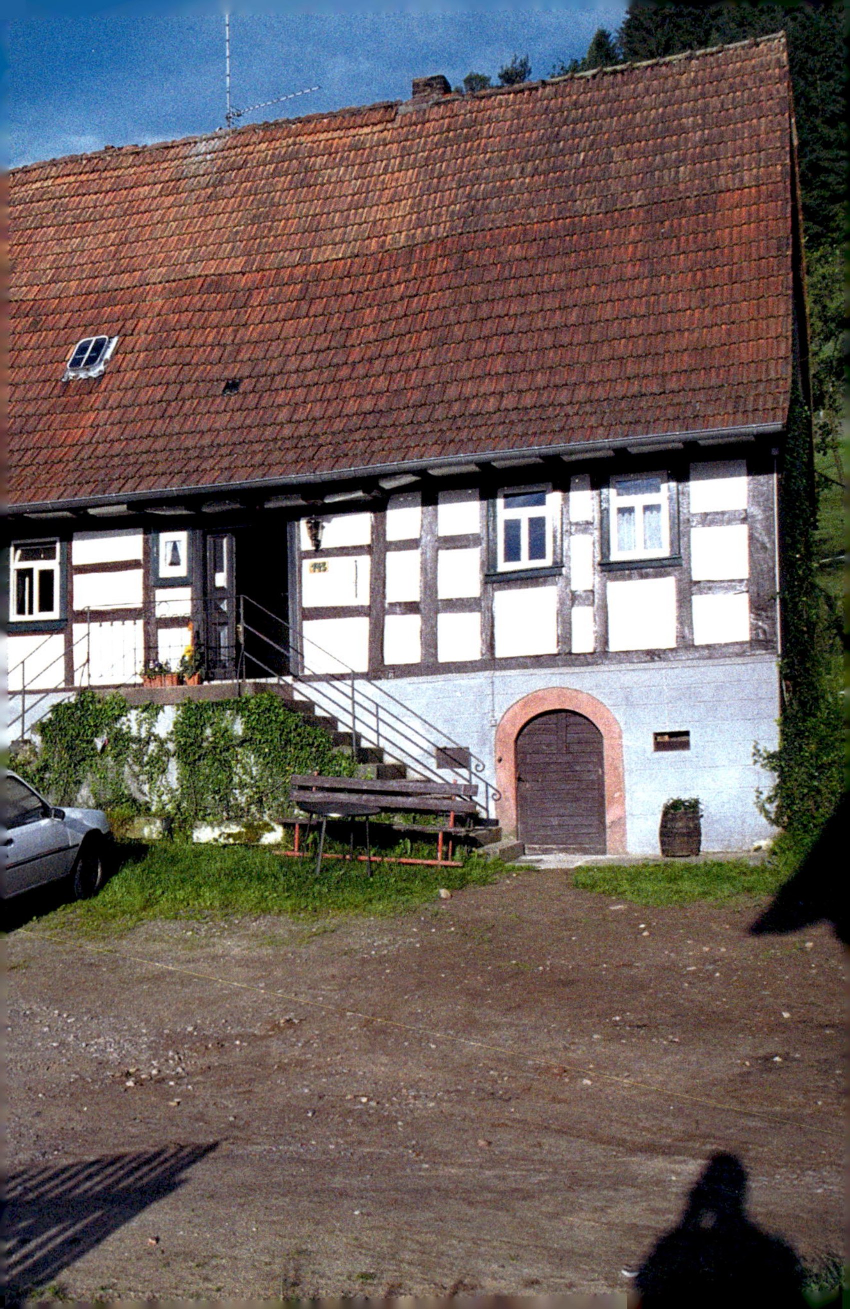

INFO-STELLEN & ANFAHRTS-WEGE

Wer sich aktuell über örtliche Veranstaltungen oder die Region informieren will oder eine Unterkunft sucht, schaut am besten beim Fremdenverkehrsamt oder Verkehrsbüro des betreffenden Ortes vorbei.
Die nachfolgenden Ortsbeschreibungen enthalten die Adressen dieser Infostellen sowie Anfahrtsbeschreibungen. Sie sind in der Reihenfolge der geografischen Griffmarken sortiert.

Übergeordnete Infostellen

Diese Verbände und Internet-Portale bieten Informationen zu Freizeit, Sport, Kultur und Sehenswürdigkeiten der jeweiligen Städte, Kreise und Regionen:

Kultursommer Südhessen
Geschäftsstelle, Luisenplatz 2, 64283 Darmstadt. ✆ 06151/124396, Fax 124397. www.kultursommer-suedhessen.de. kuss@rpda.hessen.de.
▶ Von Juni – Sep Konzerte, Theater und Lesungen, Künstler öffnen ihre Ateliers. Auch für Kinder ist immer etwas Interessantes dabei. Programme kostenlos in der Geschäftsstelle.

Naturpark Bergstraße-Odenwald e.V.
Nibelungenstraße 41, 64653 Lorsch. ✆ 06251/5862-53 oder 707990, Fax 5862-55. www.geo-naturpark.de. info@geo-naturpark.de.
▶ Der Naturpark Bergstraße-Odenwald gehört zu Hessen, umfasst aber auch Teile des bayrischen Odenwalds. Der Naturpark Neckartal-Odenwald grenzt südlich daran an und liegt in Baden-Württemberg. Im Gegensatz zu Nationalparks, in denen die Natur vor Eingriffen des Menschen weitgehend geschützt ist, gehört es zur Zielsetzung von Naturparks, der Erholung und dem Tourismus zu dienen. In Deutschland gibt es etwa 90 Naturparks, aber nur knapp über ein Dutzend Nationalparks.

Odenwald-Idylle: Die Tourist-Informationen sind behilflich, solch schöne Unterkünfte zu finden

Internet-Adressen Odenwald

Tourismus-Infos:
www.odenwald.de
www.bergstrasse.de
www.HessenNet.de

Unterkünfte:
www.tg-odenwald.de (Touristikgemeinschaft Odenwald)
www.odenwald-tourismus.de
www.odenwald-buchung.de (Online-Buchungen)

Veranstaltungen:
www.odenwald.de/termine/index.htm

Bibliotheken:
www.odenwald.de/bibliotheken/biblio.htm

Wochenmärkte:
www.odenwald.de/maerkte.htm

Deutsche Limesstraße

Verein Deutsche Limes-Straße e.V., Marktplatz 2, 73430 Aalen. ℘ 07361/522358, Fax 521907. www.limesstrasse.de. limesstrasse@aalen.de.

▶ Die Limesstraße beginnt am Rhein bei Rheinbrohl/Bad Hönningen und führt u.a. durch Westerwald, Lahntal, Taunus, Wetterau, Maintal, Odenwald, Fränkisches Seenland und das Altmühltal bis nach Regensburg an der Donau. Römische Denkmäler entlang der Strecke werden erklärt. Vom Main bis an die Donau gibt es einen **Limes-Radweg.** Am Odenwald-Limes gab es einmal 83 steinerne Türme. Von jedem konnte man den nächsten Turm hören oder sehen. So standen die Soldaten immer miteinander in Verbindung. Noch heute kann man an vielen Stellen ihre Fundamente erkennen.

Unterwegs mit den Geopark-Rangern

Nibelungenstraße 41, 64653 Lorsch. ℘ 06251/5862-53, Fax 5862-55. www.geo-naturpark.net. info@geo-naturpark.de.

▶ Eine Fläche von 2300 qkm zwischen Rhein, Main und Neckar ist der **Europäische und Nationale Geopark.** Er gehört zum *Global Network of Geoparks* der UNESCO. Dieser Status der UNESCO wird an Gebiete verliehen, die besondere naturräumliche und geologische Verhältnisse aufweisen. Tourismus, Landwirtschaft und die Umwelt sollen davon gefördert werden. Die Geopark-Ranger bieten ein vielfältiges Programm an, dazu gehören u.a. Survivaltouren, Kräuterexkursionen, Mondscheinwanderungen sowie Themenführungen durch Erbach. Für Kinder, Jugendliche und Schulklassen gibt es spannende Ausflüge. Lasst euch das aktuelle Jahresprogramm schicken.

Museumsstraße Odenwald-Bergstraße

Landratsamt Odenwaldkreis, Michelstädter Straße 12, 64711 Erbach i.Ow. ℘ 06062/9433-62, Fax 9433-66. www.museumsstrasse.de.vu. seubert@oreg.de.

▶ Kein Weg von Ort zu Ort, sondern die symbolische Verbindung von Ereignissen, die zwischen Rhein, Main und Neckar sichtbare Spuren hinterlassen haben. Die Kulturgüter in der Region sollen thematisch verbunden werden. Der Verein engagiert sich mit Erhaltungsmaßnahmen, Publikationen, wissenschaftlich betreuten Projekten und Programmen mit Exkursionen, Führungen oder Aktionen in verschiedenen Denkmälern.

Auskünfte zu Bussen und Bahnen: HEAG Verkehrs-GmbH, ℃ 06151/7094168. www.heag-mobilo.de.

Darmstadt

Darmstadt

Darmstadt Marketing GmbH, InfoDarmstadt – Ticketshop Luisencenter, Luisenplatz 5, 64283 Darmstadt. ℃ 06151/134514, Fax 134519. www.darmstadt-marketing.de, tourist@darmstadt.de. **Bahn/Bus:** Bahn von Frankfurt, Mainz, Groß-Gerau, Heidelberg, Mannheim täglich etwa alle 15 – 30 Min. **Auto:** A5 und A67 Ausfahrt 26 Darmstadt oder B3 Frankfurt – Heidelberg. **Zeiten:** Mo – Fr 9.30 – 19, Sa 9.30 – 16 Uhr.

▶ Darmstadt bietet einige spannende Aktivitäten für Kinder, vom Wasserspaß über den Zoo bis zu den interessanten Museen und schönen Ausflügen in die nahe Umgebung. InfoDarmstadt verkauft die Karten für Theater und Konzerte sowie Stadtrundfahrten. Es nimmt gleichzeitig die Funktionen einer Touristinformation sowie eines Kulturbüros wahr.

Bergstraße

Lorsch

Tourist-Info Nibelungenland, Marktplatz 1, 64653 Lorsch. ℃ 06251/17526-0, Fax 17526-26. www.lorsch.de. info@nibelungenland.info. **Bahn/Bus:** RB Worms – Bensheim. **Auto:** A67 Ausfahrt 9 Lorsch. **Zeiten:** Täglich 10 – 18 Uhr.

▶ Im Zentrum des Nibelungenlandes sind vor allem das Museumszentrum Lorsch und das Kloster einen Besuch wert.

Schriesheim
Verkehrsverein Schriesheim e.V., Talstraße 11a, 69198 Schriesheim. ✆ 06203/661111, www.verkehrs-verein-schriesheim.de. info@verkehrsverein-schriesheim.de. **Bahn/Bus:** Schriesheim liegt an der Bahnstrecke Heidelberg – Weinheim. **Auto:** B3, A5 Ausfahrt Ladenburg/Schriesheim.

▶ Schriesheim ist besonders wegen seinem Besucherbergwerk Grube Anna-Elisabeth und der Volkssternwarte einen Besuch wert. Außerdem gibt euch die Ruine Strahlenburg einen schönen Einblick in die Geschichte der Stadt.

Bensheim
Tourist-Information, Hauptstraße 39, 64625 Bensheim. ✆ 06251/5826314, Fax 5826331. www.bensheim.de. touristinfo@bensheim.de. **Bahn/Bus:** ICE, IC, EC, RE, RB Darmstadt – Heidelberg. **Auto:** B3, A5 Ausfahrt 30 Bensheim, A67 Ausfahrt 9 Lorsch. **Zeiten:** März – Okt, jeden 1. und 3. Sa im Monat öffentliche Stadtführung, jeden 2. Sa Schloßführung. Kinderführungen auf Anfrage. **Infos:** Weitere Führungen durch Bensheim, das Auerbacher Schloss, den Staatspark Fürstenlager oder das Museum der Stadt vermittelt die Tourist-Information.

▶ Bensheim hat eine große Fußgängerzone mit vielen schönen Fachwerkhäusern, etlichen Läden und Einkehrmöglichkeiten. Die beiden großen Attraktionen der Stadt findet ihr aber im Stadtteil Auerbach: das Auerbacher Schloss und den Staatspark Fürstenlager.

Heppenheim an der Bergstraße
Tourismus Information, Großer Markt 9, 64646 Heppenheim. ✆ 06252/131171, 131172, Fax 131173.

www.heppenheim.de. tourismus@stadt.heppenheim.de. **Bahn/Bus:** RB Frankfurt – Darmstadt – Heidelberg. **Auto:** B3, A5 Ausfahrt 31 Heppenheim, A67 Ausfahrt 9 Lorsch. **Zeiten:** Mo – Do 9 – 12 und 13.30 – 16 Uhr, Fr 9 – 12 Uhr, Sa 10 – 12 Uhr. Altstadtführungen April – Sep So 10.30 Uhr ab Rathaus. Andere Termine nach Absprache. **Infos:** Postanschrift: Großer Markt 1.

▶ Das interessanteste Ausflugsziel in Heppenheim ist die Starkenburg, die über der Stadt thront. Unterhalb der Burg befindet sich die Starkenburg-Sternwarte. Außerdem besitzt Heppenheim eine sehenswerte Altstadt mit Fachwerkhäusern, die schon mehrere hundert Jahre hier stehen, sowie einem Marktplatz mit dem Rathaus. Dessen Steingeschoss ist über 400 Jahre alt.

Dossenheim

Gemeindeverwaltung, Rathausplatz 1, 69221 Dossenheim. ✆ 06221/86510, Fax 865115. www.dossenheim.de. gemeinde@dossenheim.de. **Bahn/Bus:** Ab Heidelberg Bhf Straba 5 und 5R nach Dossenheim Bhf. Keine Busse zu den hier beschriebenen Zielen, nur zu Fuß zu erreichen. **Auto:** B3, A5 Abfahrt 36 Heidelberg/Dossenheim. Durch Dossenheim Richtung Osten bis Ortsende, letzte Möglichkeit zwischen Waldrand und Ort links Richtung Norden, Parkplatz am Ende der Straße. Von dort auf Weg R etwa 25 Minuten bergauf. **Zeiten:** Mo – Do 8.30 – 12 Uhr, Di auch 14 – 17.30, Mi, Do auch 14 – 16, Fr 7.30 – 12.30 Uhr.

▶ Dossenheim hat keine sehenswerte Altstadt wie Bensheim, Heppenheim oder Weinheim. Aber ihr könnt eine kleine Wanderung zu einem sehr ungewöhnlichen Ort unternehmen: zu der Höhle eines Einsiedlers, der einst ganz allein mitten im Wald hauste. Auch die Ruine Schauenburg über Dossenheim ist ein lohnendes Ziel, und dann gibt es da noch die Höhengaststätte »Weißer Stein« im Wald, die bei Familien sehr beliebt ist.

Toll sind die **Laternenführungen** abends im Dunkeln durch die historische Altstadt. Für 10 Personen 50 €, jede weitere Person Erw 4 €, Kinder bis 14 Jahre 2 €. Infos und Buchung bei der Tourist-Information. Es gibt auch Burgführungen, Führungen im Museum für Schulklassen und Führungen in historischen Kostümen.

Skateanlage: Hinter der Schauenburghalle ist ein Freizeitgelände mit Halfpipe, Funbox, Rail und Ramp und im Winter bei ausreichender Kälte eine Eisbahn.

🐌 Landkreis Rhein-Neckar »Radtouren zwischen Rhein, Neckar, Kraichgau und Odenwald«, 1:50.000. Kreisradwanderkarte für die badische Bergstraße mit Tourenvorschlägen. www.lv-bw.de, ISBN 3-89021-733-8.

Weinheim
Stadt- und Tourismusmarketing e.V., Hauptstraße 47, 69469 Weinheim. ✆ 06201/874450, Fax 874430. www.weinheim-marketing.de. info@weinheim-marketing.de. **Bahn/Bus:** Großer Bhf, ICE, IC, RE und RB von Darmstadt, Mannheim, Heidelberg. **Auto:** B3 oder A5 Ausfahrt 30 Kreuz Weinheim, A67 Ausfahrt 10 Kreuz Viernheim. **Zeiten:** Mo – Fr 9 – 13 und 14 – 18 Uhr, Sa 10 – 13 Uhr. **Infos:** Stadtführungen jeden Fr um 17 Uhr ab Marktplatzbrunnen.

▶ Weinheim ist einer der sehenswertesten Orte an der Bergstraße. Vom Marktplatz in der malerischen Altstadt aus sind es nur wenige Minuten zu Fuß in den berühmten Schlosspark. Auch zu den Burgruinen Windeck und Wachenburg startet ihr am Marktplatz mit seinem alten Rathaus aus dem Jahr 1577.

Das idyllische **Gerberbachviertel** unterhalb des Marktplatzes mit seinen vielen kleinen Gassen und Fachwerkhäusern trägt seinen Namen nach dem Gewerbe, das früher dort betrieben wurde: In dem Bach, der die Gassen durchzieht, wurde Leder gegerbt.

🐌 **UNESCO-Geopark-Informationszentrum Blüten, Stein & Wein,** Löwenplatz 6, 64673 Zwingenberg. ✆ 06251/984950. geopark@zwingenberg.de. Sa 13 – 18 Uhr, So und Fei 11 – 18 Uhr. Für Gruppen nach Voranmeldung unter ✆ 0172/6726337.

Zwingenberg
Touristikbüro, Löwenplatz 6, 64673 Zwingenberg. ✆ 06251/984950, Fax 6726337. www.zwingenberg.de. touristinfo@zwingenberg.de. **Bahn/Bus:** RB Darmstadt – Heidelberg bzw. Eberbach – Mosbach. **Auto:** B3 oder A5 Ausfahrt 29 Zwingenberg. **Zeiten:** Sa 13 – 18 Uhr, So, Fei 11 – 18 Uhr und für Gruppen nach Voranmeldung.

▶ Zwingenberg ist die älteste Stadt an der Bergstraße und hat noch ein mittelalterliches Ortsbild mit engen, steilen Gassen und vielen Fachwerkhäusern. Reste der Stadtbefestigung sind erhalten. Einzigartig ist die historische Scheuergasse, in der auch das Heimatmuseum liegt.

Heidelberg

Heidelberg

Tourist-Information, Willy-Brandt-Platz 1, 69115 Heidelberg. ✆ 06221/19433 rund um die Uhr, Fax 142254. www.heidelberg-marketing.de. touristinfo@heidelberg.de. Am Hauptbahnhof. **Bahn/Bus:** ICE, IC, EC, RE, RB und S-Bahn von Frankfurt, Darmstadt, Mannheim, Karlsruhe und RB von Eberbach. **Auto:** A5, A6 und A67. **Zeiten:** April – Okt Mo – Sa 9 – 19, So und Fei 10 – 18 Uhr. Nov – März Mo – Sa 9 – 18 Uhr, So und Fei geschlossen. Auch Stadtrundfahrten.

▶ Dass Heidelberg eine schöne Altstadt hat, ist sicher bekannt. Bei einem Bummel durch die Fußgängerzone sind viele schöne Fachwerkhäuser zu bestaunen. Es gibt jede Menge Restaurants und Cafés. In der Altstadt lohnt sich auch ein Besuch des Kurpfälzischen Museums, des Verpackungs- oder des kleinen Völkerkundemuseums. An den Ausläufern des Königstuhls liegt das Heidelberger Schloss. Eine Bergbahn verbindet ihn mit dem Kornmarkt in der Fußgängerzone in der Heidelberger Innenstadt. Die Fahrt mit der Bahn aus dem Jahr 1890, deren schöne alte, aber frisch restaurierte Waggons von einer dicken Stahltrosse steil nach oben gezogen werden, ist ein Abenteuer für Jung und Alt.

Mit der **HeidelbergCARD,** erhältlich bei der Tourist-Info am Bahnhof, sind viele Sehenswürdigkeiten vergünstigt, vom Fahrrad-Verleih bis zur Fahrt mit der Bergbahn. Es gibt sie in vier Varianten: für 1 Tag (12,50 € pro Person), für 2 Tage (17 € pro Person), für 4 Tage (22 € pro Person) und speziell für Familien (30 € für 2 Tage für 2 Erw, 3 Kinder oder 1 Erw, 4 Kinder). Die HeidelbergCARD berechtigt nicht nur zur Fahrt mit dem ÖPNV sondern umfasst auch eine Schlossführung und freien Eintritt in mehrere Museen.

@ **Bergbahn:** www.bergbahn-heidelberg.de, Straßenbahn, **Busse und Züge:** www.vrn.de.

Zu den großen Heidelberger Ereignissen gehören die Schlossbeleuchtungen im Sommer

Am Neckar

Waldbrunn

Tourist-Information Waldbrunn, Alte Marktstraße 4, 69429 Waldbrunn. ✆ 06274/9302-12, Fax 9302-51. www.waldbrunn-odenwald.de. tourismus@waldbrunn-odenwald.de. **Bahn/Bus:** ICE Frankfurt – Stuttgart und Heidelberg – Würzburg sowie RB ab Heidelberg und Erbach bis Eberbach Bhf, ab dort Bus 821 nach Waldbrunn. **Auto:** Östlich von ↗ Eberbach, von der B37 am Neckar ausgeschildert, 2 km von Waldkatzenbach. **Zeiten:** Mo – Fr 8.30 – 12 Uhr.

▶ Bekannt ist das gut 550 m hoch liegende Waldbrunn für den *Katzenbuckel,* mit 626 m höchster Berg des Odenwalds. Das macht Waldbrunn auch im Winter attraktiv.

Zu den 4 Waldbrunner Langlauf-Loipen von leicht bis mittelschwer gibt es bei der Touristinformation ein Faltblatt.

Neckarsteinach

Tourist-Information, Hauptstraße 47, 69239 Neckarsteinach. ✆ 06229/9200-0, Fax 920019. www.neckarsteinach.de. info@neckarsteinach.de. **Bahn/Bus:** RE Mannheim – Heilbronn, S1 Homburg (Saar) – Osterburken, S2 Kaiserslautern – Mosbach. **Auto:** B37 am Neckar entlang. Zu den Burgen: Von Heidelberg kommend auf dem Parkplatz »Vier Burgen« links, etwa 250 m vor Neckarsteinach. Vom Parkplatz führen Pfade hinauf zu den Ruinen. Wanderwege auf Infotafel angegeben. **Zeiten:** Mo – Fr 8 – 12, Do 14 – 17 Uhr.

▶ Neckarsteinach ist einer der wenigen Orte, in dem die viel befahrene Straße nicht direkt am Fluss entlang führt. So ist Neckarsteinachs 5 km lange Uferpromenade auch mit Kinderwagen ideal für einen Spaziergang. Neckarsteinach hat außerdem eine nette Altstadt mit Fachwerkhäusern und schmalen Gassen.

Neckargemünd

Tourist-Information, Bahnhofstraße 13, 69151 Neckargemünd. ✆ 06223/3553, Fax 73784. www.neckarge-

muend.de. touristinfo.neckargemuend@t-online.de.
Bahn/Bus: ↗ Neckargemünd. **Auto:** 9 km östlich von Heidelberg an der B37. **Zeiten:** Mo – Fr 9 – 18, Sa 9 – 13 Uhr.

▶ Neckargemünd wird auch »die schöne Nachbarin Heidelbergs« genannt. Die nur 10 km von Heidelberg das Neckartal aufwärts gelegene Stadt Neckargemünd besitzt einige historische Sehenswürdigkeiten.

Eberbach am Neckar

Tourist-Information, Leopoldsplatz 1, 69412 Eberbach. ✆ 06271/872-42, Fax 872-54. www.eberbach.de. tourismus@eberbach.de. **Bahn/Bus:** RB ab Heidelberg und Erbach. **Auto:** An der B37, am nördlichen Neckarufer. Auch über die B45 von Michelstadt und Erbach zu erreichen. **Zeiten:** Mo, Mi, Do 8 – 17 Uhr, Mi 8 – 18 Uhr, Mai – Okt zusätzlich Fr 8 – 17, Sa 10 – 12 Uhr.

▶ Der sehenswerte und ziemlich große Ort am Neckar liegt 30 km von Heidelberg entfernt und hat eine sehr hübsche Altstadt mit vielen Fachwerkhäusern. Teile der alten Stadtmauer und mehrere mittelalterliche Türme sind gut erhalten. In Eberbach lohnen gleich mehrere Museen einen Besuch.

@ Infos zu Eberbach, Neckargemünd, Neckarsteinach und Hirschhorn im Internet unter www.romantischevier.de.

Hirschhorn (Neckar)

Tourist-Information, Alleeweg 2, 69434 Hirschhorn (Neckar). ✆ 06272/1742, Fax 912351. www.hirschhorn.de. tourist-info@hirschhorn.de. **Bahn/Bus:** RB Heidelberg – Eberbach. **Auto:** B37 am nördlichen Neckarufer. Von Heidelberg kommend am Ortseingang links, hinter der Kirche. **Zeiten:** Mai – Sep Di – Fr 8 – 12 und 14 – 17 Uhr, Sa 9 – 13 Uhr, Okt – April Mo – Fr 8 – 12 und 14 – 17 Uhr. **Infos:** Kostenlose Stadtführungen Juni – Sep 10 Uhr ab Tourist-Information.

▶ Wenn ihr einmal sehen wollt, wie eine kleine Stadt im Mittelalter aussah, dann seid ihr in Hirschhorn genau richtig. Trutzige Mauern umschließen den Ort, steile, schmale Gassen schlängeln sich zwischen den vielen gut erhaltenen und eng nebeneinander

☀ Jedes Jahr gibt es im Spätsommer in Hirschhorn ein großes **Ritterfest** mit Ritterkämpfen, Gauklern, Zelten und einem mittelalterlichen Handwerksdorf. Infos bei der Tourist-Info und unter www.hirschhorner-ritter.de.

INFO & VERKEHR

stehenden Fachwerkhäusern hinauf zum Schloss und zur Klosterkirche des ehemaligen Karmeliterklosters. Im Schloss befindet sich ein luxiöses Hotel, sein Hexenturm kann aber bestiegen werden.

Mosbach (Baden)
Tourist-Information, Am Marktplatz 4, 74819 Mosbach. ✆ 06261/9188-0, Fax 9188-15. www.mosbach.de. tourist.info@mosbach.de. **Bahn/Bus:** RB Heidelberg – Eberbach – Mosbach, Seckach – Mosbach und Heilbronn – Mosbach. **Auto:** B37 oder B27 am Neckar entlang. **Zeiten:** Mo – Fr 9 – 13 und 14 – 17 Uhr, Mai – Sep auch Sa 9 – 13 Uhr.

▶ Mosbach sieht zunächst nicht sehr anziehend aus. Doch auch dieses Städtchen hat eine fachwerkgesäumte Fußgängerzone in der Altstadt, die durchaus einen Bummel wert ist. Grund für einen Ausflug nach Mosbach ist das große Gelände der Landesgartenschau, die 1997 in Mosbach stattfand. Auf diesem Areal sind auch mehrere ungewöhnlich gestaltete und ausgerüstete Spielplätze.

In der Altstadt gibt es den Kiwwelschisser Brunnen. Er erinnert an unhygienischere Zeiten, als die Notdurft in Kübel verrichtet wurde, die irgendwann auch mal ausgeleert werden mussten. Damit ist die Brunnenfigur gerade beschäftigt, doch sprudelt nur sauberes Wasser aus dem Kiwwel.

Norden und Westen

Brensbach
Gemeindeverwaltung, Ezyer-Straße 5, 64395 Brensbach. ✆ 06161/809-0, Fax 809-31. www.brensbach.de. info@brensbach.de. **Bahn/Bus:** Bus 12 Reichelsheim – Wersau oder Bus 693 Reichelsheim – Reinheim. **Auto:** Brensbach liegt an der B38 südlich von Reinheim. **Zeiten:** Mo – Fr 8.30 – 12, Di, Do 13.30 – 15.30, Mi 13.30 – 17.30 Uhr.

Modautal
Gemeindeverwaltung, Odenwaldstraße 34, 64397 Modautal. ✆ 06254/9302-0, Fax 9302-50. www.modautal.de. info@modautal.de. **Bahn/Bus:** ICE, IC, EC, RE, RB Darmstadt – Heidelberg bis Bensheim, ab Bhf Bus

665 bis Gadernheim Linde, von dort mehrere Busverbindungen nach Brandau, Modautal. Ab ✈ Darmstadt Böllenfalltor Bus O bis Brandau. **Auto:** A5 Ausfahrt 28 Jugenheim, über Balkhausen Richtung Brandau. Oder Ausfahrt 30 Bensheim, dann B47 Gadernheim, Brandau, Neunkirchen. **Zeiten:** Mo 8 – 12 und 14 – 16, Mi 14 – 18.30, Do 8 – 12, Fr 8 – 12 Uhr.

Fürth
Rathaus, Hauptstraße 19, 64658 Fürth. ✆ 06253/2001-0, Fax 1052. www.gemeinde-fuerth.de. info@gemeinde-fuerth.de. **Bahn/Bus:** RB Weinheim – Fürth. **Auto:** A5 Ausfahrt 31 Heppenheim, B460 Richtung Fürth. Ausfahrt 33 Weinheim, B38 Richtung Fürth. A67 Ausfahrt 9 Lorsch über Heppenheim und B460. **Zeiten:** Mo – Fr 8.30 – 12, Mo – Mi 13.30 – 15.30. Do 13.30 – 18 Uhr.

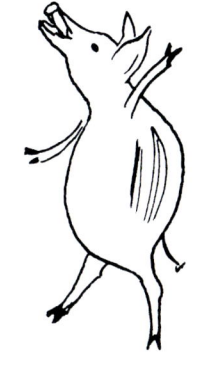

Höchst im Odenwald
Gemeindeverwaltung, Rathaus, Montmelianer Platz 4, 64739 Höchst i.Ow. ✆ 06163/708-0, Fax 708-32. www.hoechst-i-odw.de. info@hoechst-i-odw.de. **Bahn/Bus:** Höchst liegt an der Bahnstrecke Darmstadt – Eberbach. **Auto:** An der B45 Dieburg – Eberbach südlich von Groß-Umstadt. **Zeiten:** Mo – Fr 8 – 12, Di 14 – 17, Do 14 – 18 Uhr.

Breuberg
Touristikbüro, Ernst Ludwig-Straße 2 – 4, 64747 Breuberg. ✆ 06163/709-0, Fax 709-55. www.breuberg.de. info@breuberg.de. Am Marktplatz, **Bahn/Bus:** RB Frankfurt – Darmstadt – Reinheim – Höchst und Hanau – Seligenstadt – Groß-Umstadt – Höchst. Von Höchst nach Neustadt, Breuberg stündlich Busverbindung. **Auto:** B45 bis Höchst, ab dort B426 bis Breuberg. **Zeiten:** Mo – Fr 8.30 – 12, Mo – Mi 13.30 – 15, Do 13.30 – 17.30 Uhr.

▶ Hier könnt ihr die wahrscheinlich prächtigste Burg des Odenwalds besuchen!

Otzberg

Gemeindeverwaltung, Otzbergstraße 13, 64853 Otzberg. ✆ 06162/9604-0, Fax 9604-22. www.otzberg.de. gemeindeverwaltung@otzberg.de. **Bahn/Bus:** RB Darmstadt – Erbach bis Lengfeld, von dort zu Fuß oder mit dem Sammeltaxi. Von Umstadt oder Höchst Bus K64 nach Hering. **Auto:** B45 von Groß-Umstadt Richtung Höchst, ausgeschildert. **Zeiten:** Mo – Do 8 – 12, Mi 16 – 18.30, Fr 9 – 11 Uhr.

Grasellenbach

Kurverwaltung in der Nibelungenhalle, Am Kurpark 1, 64689 Grasellenbach. ✆ 06207/2554, Fax 82333. www.grasellenbach.de. info@grasellenbach.de. **Bahn/Bus:** RB von Darmstadt, Mannheim, Heidelberg bis Weinheim, dort etwa stündlich BRN Bus 683. **Auto:** A5 Ausfahrt 31 Heppenheim, dann B460 über Fürth. Von ↗ Erbach und ↗ Beerfelden B45, dann nach Westen auf die B460. **Zeiten:** Mo – Sa 10 – 12 Uhr, Mo, Mi, Fr auch 15 – 17 Uhr.

▶ Grasellenbach ist ein Kurort, entsprechend ruhig ist die Atmosphäre. Im Winter ist der nahe gelegene Höhenzug Tromm das attraktivste Ski- und Rodelgebiet im ganzen Odenwald, im Sommer eine schöne Wanderregion.

Wald-Michelbach

Rathaus, In der Gass 17, 69479 Wald-Michelbach. ✆ 06207/947-111, Fax 947-170. www.wamiba.de. brigitte.dirnberger@gemeinde-wald-michelbach.de. **Bahn/Bus:** ICE, IC, RE, RB von Darmstadt, Mannheim, Heidelberg bis Weinheim Bhf, ab dort Bus 681. **Auto:** A5 Ausfahrt 33 Weinheim, auf B38 bis Mörlenbach, dort rechts ab nach Wald-Michelbach. **Zeiten:** Mo – Fr 7.30 – 12, Mo, Di 14 – 17, Do 14 – 17.30 Uhr.

Reichelsheim im Odenwald

Tourist-Info, Bismarckstraße 43, 64385 Reichelsheim i.Ow. ✆ 06164/508-0, -38 und -26, Fax 508-33.

www.reichelsheim.de. touristinfo@reichelsheim.de.
Bahn/Bus: Von Darmstadt Hbf oder Bhf Bensheim mit dem Bus. **Auto:** Von Norden A5, Ausfahrt 30 Bensheim, dann B47 bis Reichelsheim. Von Süden A5 Ausfahrt 33 Weinheim und B38 über Fürth. **Zeiten:** Mo – Fr 8 – 12, Mo, Di auch 13.30 – 17, Do 13.30 – 18 Uhr.

▶ Reichelsheim hat ein kleines Heimatmuseum und ein nettes Café auf der Burg Reichenberg, die nicht zu besichtigen ist. Am schönsten ist es zu einer der drei großen Veranstaltungen, ↗ Feste & Märkte. Der Spaziergang (20 Min) zum **Café Schloss Reichenberg** hinauf, für den ihr euch mit Eis belohnen könnt, ist nett. Ein asphaltierter Weg führt vom Ort nach oben. Im Ort ausgeschildert.

Fränkisch-Crumbach

Rathaus, Rodensteiner Straße 8, 64407 Fränkisch-Crumbach. ✆ 06164/9303-40, Fax 9303-93. www.fraenkisch-crumbach.de. gemeinde@fraenkisch-crumbach.de. **Bahn/Bus:** RB 36417 Darmstadt – Reinheim, dort ab Bahnhof Bus 693 bis Fränkisch-Crumbach Kirche. **Auto:** B38 zwischen Reinheim und Reichelsheim. **Zeiten:** Rathaus Mo – Fr 7.30 – 12 Uhr, Di auch 13 – 16.30 Uhr, Do 13 – 18 Uhr.

▶ Fränkisch-Crumbach liegt in einer sehr schönen Gegend, in der es viele schöne Wanderwege gibt. Ganz in der Nähe befindet sich die Ruine Rodenstein, zu der ein Ausflug lohnt. Im Ort selbst könnt ihr ein kleines Heimatmuseum oder eine der Gaststätten besuchen.

Lindenfels

Kur- und Touristikservice, Burgstraße 37, 64678 Lindenfels. ✆ 06255/30644, Fax 30645. www.lindenfels.de. touristik@lindenfels.de. **Bahn/Bus:** RB Darmstadt – Heidelberg, ab Bensheim täglich 20 Busse. **Auto:** A5 Ausfahrt 30 Bensheim oder A67 Ausfahrt 9 Lorsch, dann auf der B47 nach Osten. **Zeiten:** Mo – Fr 8.30 – 12 Uhr und 13 – 16 Uhr, Fr nur bis 15 Uhr.

Hunger & Durst

Café Schloss Reichenberg, ✆ 06164/9306109. Fr – So 14 – 18 Uhr. Eis oder Kuchen aus der schlosseigenen Konditorei. Kinderfreundlich, Spielecke. Bei schönem Wetter sitzt ihr im Schlosshof.

🍎 **Crumbacher Bauernlädchen,** Familie Heist, Schleiersbacher Straße 6, 64407 Fränkisch-Crumbach. ✆ 06164/1826. Mo Ruhetag, Mi, Fr und Sa ab 17 Uhr, So ab 16 Uhr. Wurst und Fleisch aus eigener Schlachtung, Kartoffeln, Eier, Kochkäse, Latwerge. Geschenkkörbe werden nach Wunsch zusammengestellt. Zu diesem Hof gehört außer dem Laden auch die Gaststätte Bauernstube.

Bei der Touristinfo bekommt ihr folgende Karten: Wanderkarten Naturpark Bergstraße-Odenwald, mit Ortsbeschreibungen und Tourentipps, Maßstab 1:20.000, je 7 €, sowie weitere Wanderbroschüren, -karten und -bücher.

Schöllkopfhof, Rainer Däscher, Schöllkopf 61, Groß-Umstadt. ✆ 06078/72810. Mi und Fr 9 – 18 Uhr, Sa 9 – 12.30 Uhr. Fleisch, Wurst, Geflügel, Obst, Gemüse.

Hunger & Durst

Brücke-Ohl, Georg-August-Zinn-Straße 23, 64823 Groß-Umstadt. ✆ 06078/73384. Täglich außer Mo 11.30 – 14 und ab 18 Uhr. Regionale und schwäbische Spezialitäten, wechselnde Gerichte der Saison. Im Zentrum an der Hauptstraße.

▶ Bereits vor der Jahrhundertwende kam Lindenfels als Erholungsort in Mode. Und auch heute lohnt der heilklimatische Kurort einen Besuch. Neben dem mittelalterlichen Stadtbild mit der herrlich gelegenen Burgruine gibt es ein interessantes Heimatmuseum, einen Minigolfplatz, viele beschilderte Wanderwege und ein beheiztes Freibad. Im so genannten Klappergarten, dem Burggarten entlang der mächtigen Burgmauer, ist ein Heilpflanzengarten entstanden.

Groß-Umstadt

Stadtverwaltung im Rathaus, Am Markt 1, 64823 Groß-Umstadt. ✆ 06078/781-0, Fax 781-226. www.gross-umstadt.de. info@gross-umstadt.de. **Bahn/Bus:** RB Frankfurt – Hanau – Babenhausen – Groß-Umstadt, etwa jede Stunde, Bus Darmstadt Hbf – Groß-Umstadt Bhf. **Auto:** B45, zwischen Dieburg und Höchst. **Zeiten:** Mo – Fr 8 – 12 Uhr, Do 14 – 15.30 Uhr.
▶ Groß-Umstadt hat einen schönen alten Marktplatz rund um das historische Rathaus. Ansonsten sind vor allem zwei Dinge für einen Ausflug zu empfehlen: die Weinberge rund um den Hainrichsberg und das Museum Gruberhof. Toll ist der Bauernmarkt beim Winzerfest im September.

Im Mümlingtal

Bad König

Kurgesellschaft, Elisabethstraße 13, 67432 Bad König. ✆ 06063/57850, Fax 500954. www.badkoenig.de. kurgesellschaft@badkoenig.de. **Bahn/Bus:** RB Hanau – Erbach und Darmstadt – Heubach – Erbach. **Auto:** B45 zwischen Höchst und Michelstadt. **Zeiten:** Mo, Mi 8 – 16 Uhr, Di, Do, Fr 8 – 14 Uhr.
▶ Bad König ist ein bedeutender Kurort und das einzige Thermalbad im südhessischen Raum. Am besten verbindet ihr einen Schwimmbadbesuch im örtlichen Freibad mit einem Spaziergang oder einer Run-

de Minigolf im schönen Kurpark. Außerdem ist das Heimatmuseum in Bad König einen Besuch wert, es befindet sich im ehemaligen Schloss.

Beerfelden
Tourist-Information Beerfelder Land, Seeweg 1, 64673 Beerfelden. ✆ 06068/930320, Fax 941325. www.beerfelden.de. info@beerfelder-land.eu. **Bahn/Bus:** RB Frankfurt – Hanau – Erbach – Bhf Hetzbach oder RB Darmstadt – Wiebelsbach-Heubach – Hetzbach. Von dort etwa stündlich mit dem Bus. **Auto:** B45 Michelstadt – Erbach, oder B460 ab Heppenheim. **Zeiten:** Mo – Fr 9.30 – 12.30 und 13.30 – 16.30 Uhr, Mi nachmittag geschlossen, Sa 10 – 13 Uhr. **Infos:** Im Internet unter Tourismus.

▶ Da Beerfelden im Jahr 1810 einer verheerenden Feuersbrunst zum Opfer fiel, gibt es hier nur sehr wenige alte Häuser. Doch der Ort liegt sehr schön inmitten von Feldern und Wald, und ihr könnt ausgedehnte Spaziergänge unternehmen. Außerdem befindet sich bei Beerfelden im Winter eines der schneereichsten Ski- und Rodelgebiete des Odenwaldes. Und schließlich besitzt Beerfelden etwas besonders Gruseliges: den besterhaltenen dreiseitigen Galgen Deutschlands.

Erbach im Odenwald
Touristikzentrum Odenwald, Marktplatz 1, 64711 Erbach i.Ow. ✆ 06062/94330, Fax 943317. www.oreg.de. odenwald@oreg.de. **Bahn/Bus:** RB Darmstadt – Heubach – Erbach und Frankfurt – Hanau – Erbach. Bus von Weinheim, Bensheim, Darmstadt und Eberbach. **Auto:** B45 südlich von Michelstadt. **Zeiten:** April – Okt Mo – Fr 9 – 18, Sa, So, Fei 11 – 16 Uhr. Nov – Marz Mo – Fr 9 – 17, Sa, So, Fei 11 – 15 Uhr.

▶ Die Mümling fließt mitten durch Erbach, in ihrem klaren Wasser könnt ihr Forellen sehen. Erbach hat eine sehr reizvolle Altstadt, am Marktplatz steht das alte Rathaus und das Schloss der Grafen von Er-

☀ **Tipp:** Beim Touristikzentrum Odenwald bekommt ihr auch diesen und weitere pmv-Reiseführer!

bach. Die dazugehörige Orangerie in der Nähe ist ein Lustgarten im Stil des Barock von 1570. Alles hat gerade Linien, die Pflanzen sind in geometrische Formen gebracht. Nichts sollte wild oder ungehindert wachsen.

In Erbach befindet sich zudem das große **Touristikzentrum Odenwald,** wo ihr Wander- und Radfahrkarten, Prospekte und Literatur zum Odenwald bekommt. Sogar eine Ausstellung zur Natur ist zu dort besichtigen – es lohnt sich also, beim Info-Zentrum reinzuschauen!

Michelstadt

Mobilitätszentrale, Tourist-Information, Hulster Straße 2 (im Bahnhof), 64720 Michelstadt. ✆ 06061/9799-88, Fax 9799-99. www.michelstadt.de. stadtverwaltung@michelstadt.de. **Bahn/Bus:** RB Darmstadt – Heubach – Eberbach und Frankfurt – Hanau – Erbach. **Auto:** B45 Bad König – Erbach. A5 Abfahrt 30 Bensheim, dann B47. **Zeiten:** Mo – Fr 8 – 18 Uhr, Sa 9 – 13 Uhr.

▶ Michelstadt ist einer der attraktivsten Orte im Odenwald und bei schönem Wetter entsprechend überlaufen. Doch da es hier gleich mehrere interessante Museen gibt, lohnt sich auch bei schlechterem Wetter ein Ausflug. Die Altstadt besticht mit vielen Fachwerkhäusern, malerischen Winkeln und Resten der mittelalterlichen Stadtmauer.

Sehr hübsch angelegt ist der Stadtgarten, der zwischen der alten Stadtmauer und kleinen, terrassierten Schrebergärten liegt. In dieser Grünanlage gibt es einen Spielplatz, einen Mini-Teich und einen kleinen Bach zum Plantschen. Mit kleinen Kindern ein netter Platz zum Verweilen. Zum Einkehren bietet Michelstadt zahlreiche Möglichkeiten.

Und nicht zuletzt ist Michelstadt ein Eldorado für Bernstein- und Elfenbeinliebhaber, sehr viele Läden bieten Produkte aus diesen Materialien an, wobei das Elfenbein angeblich nicht von den geschützten afrikanischen Elefanten, sondern von Tierknochen

Das berühmte Michelstädter Rathaus von 1484 ist einer der bedeutendsten Fachwerkbauten Deutschlands. In der offenen Halle des Erdgeschosses tagte einst das Gericht, im Obergeschoss beriet sich der Rat der Stadt. Auf dem Speicher wurde der Zehnte gelagert, die Abgabe der Bauern in Form von Getreide. Heute könnt ihr auf dem Marktplatz davor Eis und Kuchen essen.

oder Mammutstoßzähnen stammt, die man aus dem sibirischen Eis ausgräbt. Fragt im Zweifel nach!

Gemeinde Mossautal

Mossautal-Touristik, Unter-Mossau, Ortsstraße 124, 64756 Mossautal. ✆ 06062/9199-11, Fax 9199-20. www.mossautal.de. trumpfhellerm@mossautal.de. **Bahn/Bus:** Bus 31 ab Erbach fährt etwa 7 x täglich nach Mossautal und hält in allen Ortsteilen, die übrigens recht weit voneinander entfernt sind. **Auto:** 7 km westlich von Erbach und der B45, von Erbach ausgeschildert. **Zeiten:** Mo – Fr 8 – 12, Mo 14 – 18 Uhr, Di, Do auch 14 – 16.30 Uhr.

▶ Nur wenige Kilometer von Erbach und Michelstadt, bietet das lang gezogene Mossautal keine besonderen Attraktionen, aber jede Menge herrliche Spazierwege, Unmengen von Kühen und einige schöne, ruhig gelegene Unterkünfte auf Bauernhöfen für Familien. In der Dämmerung stehen Rehe auf den Wiesen und Kuhweiden. Habt ihr Glück, seht ihr Feldhasen oder Füchse. Es ist außerdem ein sehr schöner und zentral gelegener Ausgangspunkt, um die Umgebung zu erkunden. Interessant sind die Führungen, die von der Gemeinde veranstaltet werden. Wie wäre es mit einem Ausflug mit dem Förster in den Wald? Oder einer Exkursion in aller Frühe, um Vögeln beim Singen zuzuhören? Auch für Pilzfreunde gibt es Führungen mit sachkundigen Mitgliedern des Pilzvereins. Anfang jeden Jahres gibt die Gemeinde Mossautal ihren Veranstaltungskalender heraus, dort stehen alle Termine der verschiedenen Führungen drin. Lasst ihn euch zuschicken oder schaut im Internet nach!

Kutschfahrten Waldhubenhof, Familie Kübler, Molkereiweg 9, 64759 Mossautal-Hüttenthal. ✆ 06062/3898. Bis 8 Pers, 45 €/Std. Mit interessanten Erklärungen zu Wald und Natur.

Main, Mud & Elz

Obernburg am Main

Stadtverwaltung, Römerstraße 62 – 64, 63785 Obernburg am Main. ✆ 06022/6191-0, Fax 6191-39.

www.obernburg.de. mail@obernburg.de. **Bahn/Bus:** RB Aschaffenburg – Miltenberg. Von Süden RB Mosbach – Seckach, dann über Walldürn nach Miltenberg und Obernburg. **Auto:** An der B469 nördlich von ↗ Miltenberg. **Zeiten:** Mo – Fr 8.30 – 12 Uhr, Do 14 – 18 Uhr.
▶ Neben dem interessanten Römermuseum solltet ihr unbedingt auch wegen der netten Altstadt mit ihren Türmen und Toren herkommen.

Kirchzell
Gemeindeverwaltung, Hauptstraße 19, 63931 Kirchzell. ✆ 09373/9743-0, Fax 9743-24. www.kirchzell.de. gemeinde@kirchzell.de. **Bahn/Bus:** RB Frankfurt bzw. Darmstadt – Aschaffenburg – Amorbach – Walldürn. Oder Heidelberg bzw. Mannheim – Neckarelz – Amorbach. Ab Bhf stündlich Bus 84 nach Kirchzell. **Auto:** B47 Michelstadt – Walldürn bis Amorbach, dort Richtung Kirchzell. **Zeiten:** Mo – Fr 8 – 12, Do 16 – 18 und nach Vereinbarung.

Miltenberg am Main
Tourist-Info Miltenberg, Engelplatz 69, 63897 Miltenberg a.M. ✆ 09371/404119, Fax 9488944. www.miltenberg.info. tourismus@miltenberg.info. **Bahn/Bus:** RB Frankfurt bzw. Darmstadt – Aschaffenburg – Miltenberg/Obernburg. **Auto:** B469, südlich von Obernburg. **Zeiten:** Mo – Fr 9 – 17 Uhr, im Sommer auch Sa 10 – 13 Uhr.
▶ In Miltenberg könnt ihr sehr viel unternehmen, von Dampferfahrten oder Rudern auf dem Main oder Minigolf in den Mainanlagen bis zum Mountainbike-Radeln auf Leihrädern.
Die Altstadt von Miltenberg ist sehr malerisch, viele alte Häuser mit wunderschönem Fachwerk säumen die Fußgängerzone, Gaststätten und Cafés laden zur Einkehr. Über der Stadt thront weiß leuchtend die Mildenburg, zu der ihr hinaufsteigen könnt. Oben könnt ihr auf dem Bergfried rumklettern. Im kleinen **Café** im Burghof gibt es Kuchen und andere Kleinigkeiten

Stadtführungen: 2. Mai – 31. Okt Mo, Sa um 10.30 Uhr ab Tourist-Information im Rathaus am Engelplatz. Kostenlos. Für Gruppen bis 25 Personen jederzeit nach Vereinbarung für 25 €, Dauer 1 Std.

zu Essen, für die Großen Wein aus der Umgebung; Mai – Okt Di – So 11.30 – 18 Uhr, ✆ 09371/1243. In Miltenberg gab es das letzte Gefängnis, in dem vermeintliche Hexen eingesperrt wurden. Es stammt aus dem Jahr 1627 und ist ein finsteres, steinernes Verließ in einer alten Mauer, es kann nicht besichtigt werden.

Amorbach

Tourist-Information, Altes Rathaus, Marktplatz 1, 63916 Amorbach. ✆ 09373/209-40, 209-41, Fax 209-33. www.amorbach.de. touristinfo@amorbach.de. **Bahn/Bus:** RB Frankfurt bzw. Darmstadt – Aschaffenburg – Miltenberg – Amorbach – Walldürn. Oder Heidelberg bzw. Mannheim – Neckarelz – Seckach – Walldürn – Amorbach. **Auto:** B47, Nibelungenstraße. Parkplätze ausgeschildert. **Zeiten:** Mai – Okt Mo – Fr 9.30 – 12 Uhr und 14.30 – 17.30 Uhr, Sa 10 – 12 Uhr, bis Sep auch So 11 – 12 Uhr. Nov – April Mo – Fr ab 10 Uhr und Sa, So geschlossen.

▶ Amorbachs sehenswerte barocke Altstadt steht unter Denkmalschutz. Berühmt ist die mächtige Abteikirche des ehemaligen Klosters Amorbach. Dieses Kloster war im östlichen Odenwald sehr mächtig, so wie das Kloster Lorsch im Westen. Die erste Abtei wurde in Amorbach schon 734 gegründet und 1000 Jahre später wurde die barocke Anlage gebaut, die ihr heute besichtigen könnt. Mit Kindern ist die Sammlung Berger einen Besuch wert, ein sehr ungewöhnliches Museum. Außerdem macht ein Bummel durch den Seegarten Spaß.

Buchen

Verkehrsamt der Stadt Buchen, Platz am Bild, 74722 Buchen. ✆ 06281/2780, Fax 2732. www.buchen.de. verkehrsamt-buchen@t-online.de. **Bahn/Bus:** Bahnstrecke Walldürn – Seckach. **Auto:** B27, etwa 9 km südlich von Walldürn. **Zeiten:** Mo – Fr 8 – 12 und 14 – 16 Uhr, Sa 10 – 12 Uhr.

Planwagen- und Kutschfahrten, Reitstall Slepkowitz, Im Hollerstock 6, 74722 Buchen-Hettingen. ✆ 06281/1638. www.reiterferien-slepkowitz.de. Anmeldung erforderlich.

▶ Wer mit dem Auto nach Buchen fährt, wird zunächst von den hässlichen, ausufernden Gewerbegebieten abgeschreckt. Doch Buchen ist ein guter Ausgangspunkt für einen Urlaub im östlichen Odenwaldgebiet. Es gibt eine nette Fußgängerzone mit mittelalterlichen Fachwerkhäusern und einem Museum, außerdem viele Geschäfte, Gasthäuser und Unterkunftsmöglichkeiten. Besonders toll wird die Fastnacht in Buchen gefeiert, sie lohnt einen Tagesausflug. Und ganz in der Nähe liegt die Eberstädter Tropfsteinhöhle, die ebenfalls ein aufregendes Ziel ist.

Walldürn

Tourist-Information, Hauptstraße 27, 74731 Walldürn. ✆ 06282/67107, 67106, Fax 67103. www.wallduern.de. tourismus@wallduern.de. **Bahn/Bus:** RB Frankfurt bzw. Darmstadt – Aschaffenburg – Miltenberg – Amorbach – Walldürn. Oder Heidelberg bzw. Mann-heim – Neckarelz – Seckach – Walldürn. **Auto:** A3 Ausfahrt 57 Stockstadt, dann B469 über Miltenberg und Amorbach. Von Mannheim oder Heidelberg über Eberbach am Neckar und Buchen. **Zeiten:** Mo – Fr 8.30 – 12 und 13.10 – 16.30 Uhr, Fr 8.30 – 13 Uhr.

▶ Die Römer kamen um 150 n.Chr. hier her und errichteten ein Limeskastell. Mehrere römische Ausgrabungsstätten, Bäder, Wachtürme und Kastelle sind zu besichtigen. Auf einem 5 km langen Limes-Wanderweg wird die Zeit der römischen Besiedlung besonders anschaulich. Später führte an Walldürn jahrhundertelang die viel begangene Straße von Buchen nach Würzburg vorbei.

Heute ist Walldürn wegen seiner barocken Wallfahrtsbasilika »Zum heiligen Blut« berühmt. Sogar im katholischen Ausland ist es ein bekannter Wallfahrtsort.

Der historische Stadtkern von Walldürn ist klein, der größte Teil der heutigen Stadt besteht aus neueren Häusern. Es gibt jedoch zwei thematisch ungewöhnliche kleine Museen: das Stadt- und Wallfahrtsmuseum und das Lichtermuseum. Besonders lohnend ist ein Besuch des großen Freiluft-Museums im Ortsteil Gottersdorf.

Mit Bahn und Bus

▶ Soweit möglich, ist die Anfahrt mit Bahn oder Bus angegeben. Gut zu erreichen sind Darmstadt und Heidelberg sowie die Orte an der Bergstraße; die Bahnlinie von Frankfurt über Darmstadt nach Heidelberg verläuft hier. Ebenfalls gut per Zug gelangt man in die Odenwälder Orte entlang dem Mümlingtal und von Obernburg am Main bis Seckach. Auch am Neckar entlang fahren häufig Bahnen. In all diesen Gebieten fahren die Züge ungefähr alle 30 bis 60 Minuten.

Schwieriger wird es in den anderen Regionen des Odenwaldes und bei Ausflugszielen, die vom nächsten Bahnhof weit entfernt sind. Zum Teil fahren keine Busse oder nur sehr selten. Die umständliche und langwierige Anreise steht dann oft in keinem Verhältnis zur Attraktion des Zielortes. In diesen Fällen ist nur die Anfahrt mit dem eigenen Wagen beschrieben. In jedem Fall sollte man sich vor einem Ausflug nach den aktuellen Verbindungen erkundigen, da die Fahrpläne jährlich im Dezember wechseln. Aber auch zwischendurch kommt es häufig zu Änderungen. Die Telefonnummern der großen Verkehrsverbände stehen auf den folgenden Seiten, die Nummern der kleineren Busunternehmen stehen direkt bei den Ausflugszielen.

Deutsche Bahn AG

www.bahn.de. reiseportal@bahn.de. **Infos:** Persönliche Beratung in allen DER-Reisebüros und gebührenpflichtig unter ✆ 0180/996633.
▶ Persönliche Beratung in allen DER-Reisebüros und unter der gebührenpflichtigen ✆ 0180/996633.

MOBIL OHNE AUTO

@ Bei www.bahn.de unter dem Stichwort Reiseauskunft Datum, Uhrzeit, Ausgangs- und Zielort eingeben. Die Verbindungen werden herausgesucht.

Schönes-Wochenende-Ticket: 5 Personen fahren in allen Nahverkehrszügen der DB 2. Klasse für 28 € (Buchung Internet) bzw. 30 €.

RMV, Rhein-Main-Verkehrsverbund

Postfach 1480, 65704 Hofheim. ✆ 06192/2010, www.rmv.de. rmv-info@mobilberatung.rmv.de. **Infos:** Service-Telefon auch 0180/2351451 und 069/2730762, 273070.

▶ Zum RMV gehören Darmstadt und Seeheim-Jugenheim, die Städte am Main und der nördliche Teil des Odenwaldes, außerdem Michelstadt, Erbach und Beerfelden sowie Amorbach im Osten.

Stadtverkehr Darmstadt

HEAG Verkehrs-GmbH, 64286 Darmstadt. ✆ 06151/7094115, Fax 7092981. www.heagmobilo.de. info@heagmobilo.de. **Zeiten:** Kundenzentrum Luisenplatz 6, 64283 Darmstadt, Mo – Fr 7.15 – 18 Uhr, Sa 9 – 13 Uhr.

▶ Auf den meisten HEAG-Linien gelten die Fahrscheine und Fahrpreise des RMV. Weiter südlich, entlang der Bergstraße, gilt der VRN-Tarif. Sowohl RMV- als auch VRN-Fahrkarten gelten für alle Verkehrsmittel und -linien der dem jeweiligen Verkehrsverbund angeschlossenen Unternehmen. Wer an der Nahtstelle zum Verkehrsverbund Rhein-Neckar (VRN), wie z.B. in Alsbach-Hähnlein einsteigt, nutzt spezielle Übergangstarife.

Günstige Tarife für Schüler, Auszubildende und Praktikanten bietet die Jahreskarte *MobiTick*. Das SeniorTicket ist eine vergünstigte Monatskarte für Senioren ab 65.

Liniennetzpläne zum Stadtgebiet Darmstadt, zum Landkreis Darmstadt-Dieburg und der Straßenbahnen sind von der Internetseite als PDF-Dokumente zu laden.

Kennt ihr den **Datterich-Express?** Mit der Uralt-Straßenbahn könnt ihr kreuz und quer durch Darmstadt und bis Alsbach und Arheilgen rattern. Musik sorgt für Stimmung, Speisen und Getränke an Bord runden das Erlebnis ab. ✆ 06151/709-4168. www.heagmobilo.de. 3 Std Triebwagen Grundpreis 215 €, mit Anhänger 275 €, Drei-Wagen-Zug 340 €.

VRN, Verkehrsverbund Rhein-Neckar

B1, 3 – 5, 68159 Mannheim. ✆ 0621/10770-0, Fax 10770-70. www.vrn.de. info@vrn.de.

▶ Zum VRN gehören Heidelberg und Mannheim, die Bergstraße, das Neckartal bis Neckarzimmern im Osten sowie die Region südlich des Neckars bis Sinsheim. Für die Ausflügler aus dem Raum Mannheim und Heidelberg attraktiv: VRN-Fahrausweise der Preisstufe 7, das VRN-Job-Ticket, das Semester-Ticket und die Karte ab 60 werden im ganzen Odenwaldkreis und im NaTourBus anerkannt. Für Kleingruppen aus dem Verbundraum des VRN besonders interessant: das Ticket 24-Plus und die Mitnahmeregelung zum VRN-Job-Ticket.

Heidelberger Verkehrsbetriebe

69048 Heidelberg. ✆ 06221/5132001, Fax 5133312. www.vrn.de. info@vrn.de. **Infos:** Zum Stadtverkehr auch beim Heidelberger Verkehrsverein, Postfach 105860, 69048 Heidelberg, ✆ 06221/14220, Fax 142222.

▶ Das Ticket 24 Plus gilt bis 5 Personen. Es ist Mo – Fr ab Entwertung 24 Stunden gültig, am Wochenende von Sa bis zum nächsten Werktag 3 Uhr. Das Tarifgebiet ist in Waben aufgeteilt, der Preis hängt davon ab, wie viele Waben durchfahren werden. Für das kleinste Gebiet kostet es 9 €, für das gesamte Verbundgebiet 19,50 €.

Die Odenwaldbahn

OREG, Odenwald Regional-Gesellschaft mbH, Mobilitätszentrale, Geschäftsbereich Nahverkehr, Hulster Str. 2, 64720 Michelstadt. ✆ 06061/97990, Fax 979910. www.oreg.de/nahverkehr. mobiz@oreg.de. **Zeiten:** Mo – Fr 8 – 18 Uhr, Sa 9 – 13 Uhr. **Infos:** Aktuelle Fahrpläne im Internet.

▶ Die OREG plant, organisiert und koordiniert den öffentlichen Personennahverkehr im gesamten Odenwaldkreis. Mehrere eigenständige Verkehrsunternehmen haben sich dieser Gesellschaft angeschlossen.

Panoramabahn: Mit der Odenwaldbahn geht's über Viadukte und durch herrliche Landschaften

Mehrmals täglich verkehrt die Odenwaldbahn zwischen Eberbach und Frankfurt am Main, auf der Strecke liegen unter anderem Erbach, Hesseneck, Beerfelden, Michelstadt, Bad König, Höchst i. Odw., Groß-Umstadt, Babenhausen sowie Otzberg Lengfeld und Ober-Ramstadt. Es gelten die gültigen Fahrpreise des ↗ RMV.
Neben der Odenwaldbahn gehören auch die NaTour-Busse und die Ruf-Busse zur OREG.

Mobil ohne Auto — der NaTourBus

Touristik-Zentrum Odenwald, Marktplatz 1, 64711 Erbach i.Ow. ✆ 06062/94330, Fax 943317. www.natourbus.de. nahverkehr@oreg.de. **Preise:** Es gilt der Verbundtarif des RMV. Bei Anreise mit der Odenwaldbahn ist die Weiterfahrt im NaTourBus im Fahrpreis inbegriffen. Die Fahrradmitnahme ist kostenlos. **Infos:** Odenwald-Regional-Gesellschaft (OREG) mbH, Touristik-Zentrum Odenwald, www.oreg.de/nahverkehr.

▶ Der NaTourBus fährt April – Ende Oktober Sa, So und Fei und hält unterwegs an allen interessanten Sehenswürdigkeiten.

NaTourBus-Linie 50 N: Eberbach – Beerfelden – Erbach – Michelstadt und zurück.

NaTourBus-Linie 40 N: Erbach – Michelstadt – Eulbach Schloss – Amorbach – Miltenberg und zurück.

Zusätzliche RufBus-Verbindungen sind:

Linie 40: Erbach – Michelstadt – Würzberg – Hesselbach.

Linie 41: Erbach – Michelstadt – Weitengesäß – Vielbrunn.

Linie 52: Hetzbach – Beerfelden – Ober-Sensbach – Hesselbach.

Linie 54: Beerfelden – Rothenberg – Hirschhorn.

An den Bahnhöfen Erbach, Michelstadt sowie in Hirschhorn und Eberbach gibt es Anschluss an die Odenwald- bzw. Neckartalbahn.

Räder werden kostenlos auf einem Träger des Busses transportiert. In einer **Broschüre** sind mehr als zwanzig Wander- und Radtouren zusammengestellt, die auf den NaTourBus abgestimmt sind. Die Broschüre mit Einkehrtipps und den Fahrplänen der NaTourBus-Linien gibt es für 2,50 € bei den Tourist-Informationen, in jedem Fall aber beim Touristik-Zentrum in Erbach. Bestellung per Postkarte oder telefonisch möglich. Räder können beim Touristik-Zentrum in Erbach geliehen werden.

Geführte Wander- und Radwandertouren:

Die kostenlose Broschüre »Mit Bus und Bahn in die NaTour« stellt geführte Wander- und Radwandertouren vor, zum Beispiel eine Exkursion zum neuen Geopark-Lehrpfad »Bergbaulandschaft Reichelsheim« oder eine Fahrradexkursion »Auf den Spuren des Odenwälder Lieschens«. Eine Anmeldung ist erforderlich, ein Formular liegt der Broschüre bei. Treffpunkt für alle Touren ist der Bahnhof Michelstadt. Zu allen Touren bestehen An- und Abfahrtsmöglichkeiten mit der Odenwaldbahn.

Die NaTourBus Broschüre »Mit dem NaTourBus zum Wandern und Radwandern im Odenwald« ist abgestimmt auf die drei NaTourBus-Linien und enthält detaillierte Beschreibungen von 7 Odenwälder Radwanderwegen, 17 Radwandertouren und 27 Wander- und Radwandertouren, außerdem ein Kartenverzeichnis, Einkehrtipps, Radwerkstätten und die Fahrpläne der NaTourBus-Linien. Sie kostet 2,50 € und ist erhältlich in den NaTourBussen und bei der OREG.

Mit dem Rad unterwegs

Fahrradverleih, Zweirad-Sport, Mathias Neukirchen, Röllfelder Straße 13, 63920 Großheubach.
✆ 09371/90492, Fax 90493. **Zeiten:** Mo – Fr 9 – 12.30 und 14 – 18 Uhr, Mi nachmittags geschlossen, Sa 9 – 14 Uhr.
▶ 8 € pro Tag, bei Gruppen auf Anfrage, gegen Aufpreis auch Lieferung der Fahrräder.

Fahrradverleih, Frank und Peter Winkler, Hauptstraße 150, 63928 Eichenbühl. ✆ 09371/660889, 660888, Fax 660890. www.zweirad-winkler.de. frank@zweirad-winkler.de. **Zeiten:** Im Sommer Mo – Do 18.30 – 20, Fr 15 – 18 Uhr, Sa 9 – 12 und 13.30 – 16 Uhr, im Winter Fr 15 – 18, Sa 9 – 12 Uhr und nach telefonischer Vereinbarung.
▶ Ganzjähriger Verleih, ab 4 €/Tag, die Preise richten sich nach dem Zustand des Rades.

FERIENADRESSEN

DARMSTADT

BERGSTRASSE

HEIDELBERG

AM NECKAR

NORDEN & WESTEN

IM MÜMLINGTAL

AN MAIN, MUD & ELZ

INFO & VERKEHR

FERIENADRESSEN

KARTENATLAS

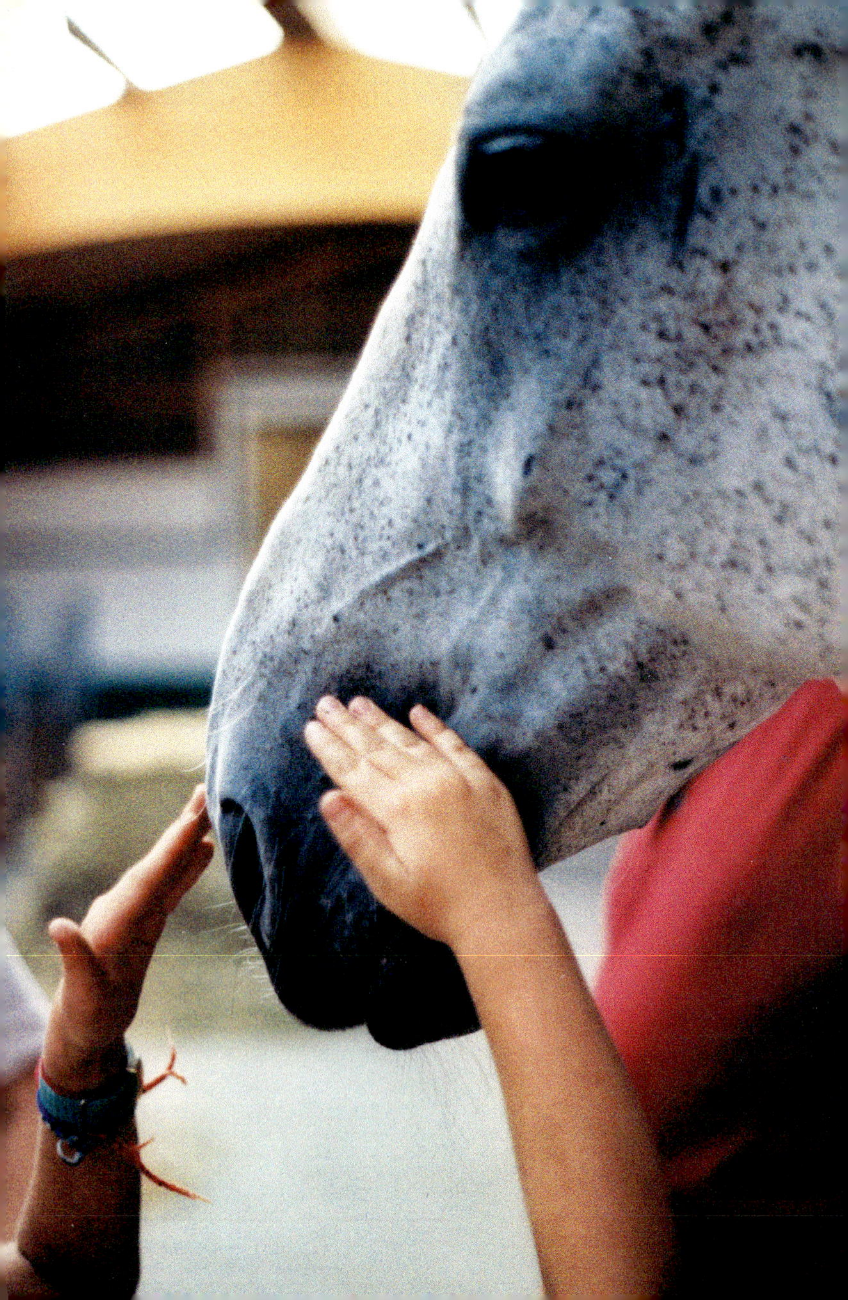

FAMILIENFREUNDLICHE UNTERKÜNFTE

Auch für einen längeren Urlaub mit der ganzen Familie, mit einer Gruppe oder der Klasse ist der Odenwald geeignet. Die Unterkunftsmöglichkeiten sind zwar nicht gleichmäßig dicht gestreut, doch gibt es für die unterschiedlichen Bedürfnisse insgesamt eine große Auswahl.

Nach der Einführung in die Kategorien folgen Adressen mit Bewertung und Beschreibung empfehlenswerter Unterkünfte in der Reihenfolge der Griffmarken dieses Buches. Preisgünstig und oft besonders idyllisch sind Zimmer auf Bauernhöfen. Bei jeder Touristik-Information erhält der Besucher Verzeichnisse mit weiteren Pensionen, Hotels und Ferienwohnungen.

Familienfreundliche Hotels & Pensionen

Diese familiengerechten Unterkünfte wurden anhand verschiedener Kriterien ausgewählt: verkehrssicher gelegen, Spielmöglichkeiten im Freien, Aufenthaltsraum, Zusatzbetten für Kinder.

Bergstraße

Hotel Restaurant Kuralpe Kreuzhof, Familie Bormuth, Kuralpe, 64686 Lautertal. ℂ 06254/95150, Fax 951595. www.kuralpe.de. info@kuralpe.de. **Bahn/Bus:** ↗ Bensheim. Ab Bhf Bus 665 Richtung Gadernheim oder Lindenfels bis Kuralpe. **Zeiten:** Do Ruhetag, in der Biergartensaison Do ab 17 Uhr. **Preise:** EZ 50 €, DZ 55 – 80 €. ▶ Hauseigener Hofladen mit Produkte aus Eigenherstellung, Abenteuerspielplatz, Terrasse.

Am Neckar

Altes Badhaus, Restaurant und Hotel, Corrado Cannizzo, Am Lindenplatz 1, 69412 Eberbach. ℂ 06271/6608, Fax 9475337. www.altesbadhaus.de. info@altesbadhaus.de. **Bahn/Bus:** ↗ Eberbach. **Preise:** EZ 53 € mit Frühstück, DZ 99 €. ▶ 5 DZ, 5 EZ. Restauriertes Fach-

Odenwald-Sterne-Hotels, Reichweinstraße 11, 74867 Neunkirchen. ℂ 06262/918170. www.odenwald-sterne-hotels.de. Im Odenwald haben sich 31 Hotels freiwillig nach den Kriterien des deutschen Hotel- und Gaststättenverbandes klassifizieren lassen.

Das Glück dieser Erde liegt ... Urlaub auf dem Reiterhof gefällig?

Abkürzungen bei Unterkünften:

DZ Doppelzimmer
EZ Einzelzimmer
FW Ferienwohnung
FH Ferienhaus
HP Halbpension
HS Hauptsaison
JH Jugendherberge
MBZ Mehrbettzimmer
NFH Naturfreundehaus
Ü Übernachtung
ÜF Übernachtung mit Frühstück
p. P. pro Person
VP Vollpension

werkhaus mit einer sehr schönen Gaststube, die von einem gotischen Kreuzgewölbe überspannt wird.

Hotel Restaurant Zum Karpfen, Familie Rohrlapper, Am Alten Markt 1, 69412 Eberbach. ✆ 06271/80660-0, Fax 80660-500. www.hotel-karpfen.com. kontakt@hotel-karpfen.com. **Bahn/Bus:** ↗ Eberbach. **Preise:** EZ ab 56, DZ ab 79 € mit Frühstück. ▶ Gästezimmer im stilvoll renovierten Fachwerkhaus neben dem Hotel.

Norden & Westen

Hotel Landhaus Lortz, Ortsstraße 3a, 64385 Reichelsheim. ✆ 06164/4969, Fax 55528. www.landhaus-lortz.de. info@landhaus-lortz.de. **Bahn/Bus:** ↗ Reichelsheim. **Preise:** DZ 83 €, EZ 45 €, FW ab 439 € pro Woche. ▶ DZ und EZ mit Landhaus-Frühstücksbüffet. 4 DZ, 4 EZ. 1 FW für 2 Personen. Spielplatz, Schwimmbad, Leihfahrräder.

Pension Haus Karina, Gerd Jendriczka, Seewiesenweg 21, 64678 Lindenfels. ✆ 06255/633, Fax 695. www.pension-karina.de. info@pension-karina.de. **Bahn/Bus:** ↗ Lindenfels. **Preise:** ÜF 28 – 34 €, VP möglich. ▶ Liegewiese, beheiztes Freibad, Tischtennis, Grill. Kinderermäßigung.

Gasthaus und Pension Birkenhof, Buchwaldstraße 4, 64678 Lindenfels-Winkel. ✆ 06255/738, **Bahn/Bus:** ↗ Lindenfels, Bus 665 bis Abzw. Winkel/Lindenfels, 15 Min Fußweg. **Preise:** ÜF ab 23 €. ▶ Spielplatz, Liegewiese, Grill, Tischtennis. Odenwälder Spezialitäten.

Hotel Wiesengrund, Familie Bietsch, Talstraße 3, 64678 Lindenfels-Winkel. ✆ 06255/96010, Fax 960160. www.hotel-wiesengrund.de. info@hotel-wiesengrund.de. **Bahn/Bus:** ↗ Lindenfels, 3 km mit dem Fahrrad oder zu Fuß. **Preise:** EZ mit Frühstück 45 €, DZ 71 – 85 €, auch HP möglich. ▶ 40 Zimmer. Garten, Hallenbad, Sauna, Fahrräder.

Gasthaus Schöne Aussicht, Auf der Tromm 2, 64689 Grasellenbach-Scharbach. ✆ 06207/3310, Fax 5023. www.schoene-aussicht-tromm.de. info@schoene-aussicht-tromm.de. **Bahn/Bus:** ↗ Grasellenbach. **Preise:**

EZ 33 €, DZ 57 bis 60 € mit Frühstück. ▶ Herrliche Lage auf der 600 m hohen Tromm. Restaurant mit Terrasse und kleinem Biergarten.

Hotel Birkenhof, am Waldschwimmbad, 69483 Wald-Michelbach. ℂ 06207/2297, Fax 81961. www.hotel-birkenhof-waldmichelbach.de. hotelbirkenhof.bickel@t-online.de. **Bahn/Bus:** ↗ Wald-Michelbach. **Preise:** ÜF ab 30 €. ▶ 14 DZ. HP und VP möglich, Restaurant. Großes Grundstück am Waldrand, Tischtennis.

Mümlingtal

Hotel Waldgasthof Reußenkreuz, Familie Kroll, 64759 Sensbachtal. ℂ 06068/2086, 2263, Fax 4651. www.reussenkreuz.de. kroll@reussenkreuz.de. **Preise:** 40 € pro Person inkl. Frühstück. ▶ Apartments 24 – 36 qm, mit Telefon, TV, Balkon. Einsam im Wald gelegen, ideal zum Entspannen, Wandern oder für Langlauf im Winter. Restaurant mit abwechslungsreicher, guter Küche. Südöstlich von Beerfelden.

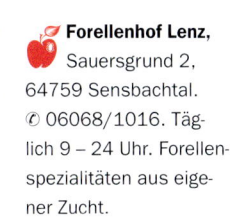

Main, Mud & Elz

Hotel Landgasthof Zum Riesen, Familie Genzel, Hauptstraße 14, 74731 Walldürn. ℂ 06282/9242-0, Fax 9242-50. www.hotel-riesen.de. info@hotel-riesen.de. **Bahn/Bus:** ↗ Walldürn. **Preise:** EZ ab 54 €, DZ ab 87 € mit Frühstücksbüffet. ▶ Zentral gelegen, historisches Ambiente. Mit Restaurant in einem Gewölbekeller von 1428. Gartenwirtschaft.

Ferienwohnungen und -häuser

Bergstraße

Ferienwohnung Horster, Ulrike Horster, Breslauer Straße 14, 64625 Bensheim, ℂ 06251/2180, Handy 0152/03802213. www.ferienwohnung-horster.de. mail@ferienwohnung-horster.de. **Bahn/Bus:** ↗ Bensheim. **Preise:** Ab 45 €. ▶ FW, 99 qm, 1 – 7 Pers, 2 Babybetten, Hochstühle und Kinderausstattung, Internetzugang,

Forellenhof Lenz, Sauersgrund 2, 64759 Sensbachtal. ℂ 06068/1016. Täglich 9 – 24 Uhr. Forellenspezialitäten aus eigener Zucht.

🍎 **Untere Mühle,** Herr Schmitt, Am Pfalzbach 13, 64646 Heppenheim-Miltershausen. ✆ 06253/4526. Kartoffeln, Äpfel, Apfelwein, Eier, Hausmacher Wurst, Nüsse.

Spielzeug, CPlayer, Grill im Tepan-Yaki-Stil auf dem Balkon.

Ferienwohnung Meister, Familie Meister, Neuhofstraße 36 – 38, 64625 Bensheim. ✆ 06251/2689, Fax 68190. www.meister-ferienwohnung.de. mail@meister-ferienwohnung.de. **Bahn/Bus:** ↗ Bensheim. **Preise:** Ab 65 €. ▶ Gemütliche FW für 2 – 5 Personen, 140 qm, Telefon, Internetanschluss, Parkplatz, Fahrräder stehen kostenlos zur Verfügung.

Ferienwohnung Eleonore Peters, Hirschhorner Straße 1, 64646 Heppenheim. ✆ 06252/798995, Fax 128336. www.loreundlutz.de. info@loreundlutz.de. **Bahn/Bus:** ↗ Heppenheim. **Preise:** 30 €/Tag, 180 €/Woche. ▶ 1 FeWo für 2 Pers, 32 qm.

Ferienwohnungen Kleber, Familie Kleber, Hambacher Tal 242, 64646 Heppenheim. ✆ 06252/967760, Fax 967760. www.ferienwohnungen-kleber.de. Fewo-Kleber@t-online.de. **Bahn/Bus:** ↗ Heppenheim. **Preise:** 195 – 300 € pro Woche. ▶ 1 FW 50 qm für 2 Personen, Balkon. 1 FW 60 qm für 3 Personen. 1 FW 42 qm für 2 Personen.

Ferienwohnung Karl und Heide Schranz, Gunderslachstraße 10a, 64646 Heppenheim-Igelsbach. ✆ 06252/71506, HKSchranz@aol.com. **Bahn/Bus:** ↗ Heppenheim, 2 km mit dem Rad oder zu Fuß. **Preise:** ab 39 €. ▶ 1 FW 100 qm für 4 Personen. Terrasse.

Nikolausehof, Igelsbacher Straße 1, 64646 Heppenheim-Igelsbach. ✆ 06253/85792, Fax 806969. www.nikolausehof.de. info@nikolausehof.de. **Bahn/Bus:** ↗ Heppenheim. **Preise:** 45 € für 2 Personen. ▶ 1 FW 85 qm im Landhaus, ruhige Lage, Waldnähe, hofeigene Produkte.

Heidelberg

Alte Hofkammer, Römerstraße 72, 69115 Heidelberg. **Bahn/Bus:** ↗ Heidelberg. **Preise:** 50 – 85 €. ▶ Kleine Maisonette-FW, 31 qm.

Gästehaus Büttner, Mittlerer Rainweg 15/2, 69118 Heidelberg. ✆ 06221/801599, Fax 801599. Handy

0171/2068556. www.gaestehaus-buettner.de. info@gaestehaus-buettner.de. **Preise:** 47 – 59 €. ▶ 4 FW, 30 – 48 qm.

Am Neckar

Ferienhof Rothenberg, Annette und Michael Gittek, Finkenbacher Weg 6, 64757 Rothenberg. ✆ 06275/271992, Handy 0162/2464355. www.ferienhof-rothenberg.de. ferienhof-rothenberg@gmx.de. **Preise:** 35 – 70 €. ▶ 1 FH, 5 FW, sehr geschmackvoll und gemütlich eingerichtet, hochwertige Ausstattung, Grillplatz und Gartengelände, Spielplatz, Liegewiese, Kleinkinderausstattung.

Ferienwohnungen Heike Wolf, Im Bildsacker 37, 69151 Neckargemünd. ✆ 06223/72170, www.ferienwohnung-heike-wolf.de. wolf2000@t-online.de. **Bahn/Bus:** S1, S2 bis Neckargemünd Bhf. **Auto:** Ab Heidelberg über die Ziegelhauser Straße (L534) und B37 bis Neckargemünd-Dilsberg. **Preise:** Ab 3 Übernachtungen 40 € für 2 Pers. ▶ FeWo mit Kinderbett, Terrasse. Nichtraucher.

Ferienhaus Ron und Tinneke Vos, Obere Straße 9, 69151 Neckargemünd-Dilsberg. ✆ 0151/59027473, www.villa-veste-vos.de. info@villa-veste-vos.de. **Bahn/Bus:** S1, S2 bis Neckargemünd Bhf. **Auto:** Ab Heidelberg über die Ziegelhauser Straße (L534) und B37 bis Neckargemünd-Dilsberg. **Preise:** Erste Nacht 73 € für 2 Pers, jede weitere Übernachtung 53 €; Kinderermäßigung. ▶ Frei stehendes Burghaus inmitten der Festung Dilsberg für bis zu 6 Personen. Kinderbett auf Anfrage.

Ferienwohnung Elke und Albort Waldhauser, Kirchstraße 7, 69151 Neckargemünd-Mückenloch. ✆ 06223/71536, Fax 71536. www.ferien-am-neckar.de. elke.waldhauser@gmx.de. **Bahn/Bus:** ↗ Neckargemünd, stündl. Bus nach Mückenloch. **Preise:** 30 € pro Tag für 2 Pers, jede weitere 7 €; Kinder bis 5 Jahre frei; Kinderermäßigung. **Infos:** Bahnreisende können vom Bhf Neckargemünd abgeholt werden. ▶ FeWo, 80 qm, für 2 – 4 Personen, eigener Eingang, ebenerdig. Kostenlose Fahrräder, Terrasse, Garten. Hausprospekt anfordern.

Ferienhaus J. Helm, Waldstraße 5, 69412 Eberbach. ℂ 06271/1550, Fax 8079642. www.ferienhaus-helm.de. martina.bussemer@t-online.de. **Bahn/Bus:** ↗ Eberbach. **Preise:** Für 2 Personen 34 – 36 €. ▶ Kleines FH, 2 – 6 Pers am Waldrand, 10 Min zum Zentrum.

Ferienwohnung Inge Frommann, Im Rot 9/1, 69412 Eberbach. ℂ 06271/1090, www.ferienwohnung-frommann.de. info@ferienwohnung-frommann.de. **Bahn/Bus:** ↗ Eberbach. **Preise:** 32 € für 2 Personen, jede weitere 6 €. ▶ 1 FW 67 qm, für 2 – 4 Personen. Ruhige Lage, überdachte Freisitze, Liegewiese, Parkplatz.

Ferienwohnung & -haus Dr. Elisabeth Eichner, Alte Dielbacher Straße 64, 69412 Eberbach. ℂ 06271/4141, Fax 4141. www.ferien-eichner.de. info@ferien-eichner.de. **Bahn/Bus:** ↗ Eberbach. **Preise:** FH ab 45 € für 2 Personen, jede weitere Person 6 € pro Tag; FW ab 35 € für 2 Personen, jede weitere Person 6 € pro Tag. ▶ 1 FH für 4 Personen, Am Holderbach, 15 Minuten zu Fuß zum Zentrum, idyllische Waldlage. 1 FW für 4 Personen, Spielhof für Kinder, Freisitze.

Sonnenhof, Familie Münch, Höhfeldstraße 39, 69412 Eberbach-Friedrichsdorf. ℂ 06276/912030, Fax 912031. sylvia.muench@online.de. **Bahn/Bus:** ↗ Eberbach, Bus 52 bis Friedrichsdorf-Oberdorf, 10 Min Fußweg. **Preise:** 40 – 52 € pro Tag für 2 Personen, jede weitere Person 6 € pro Tag. ▶ 1 FW für 6 Personen, am Waldrand, überdachtes Schwimmbad.

Norden & Westen

Feriendorf Fürth-Kröckelbach, Feriendorfverwaltung, Am Kröckelbach, 64658 Fürth. ℂ 06253/3149, Fax 948299. www.feriendorf-kroeckelbach.de. feriendorf-kroeckelbach@t-online.de. **Bahn/Bus:** ↗ Fürth. **Preise:** 38 – 55 € pro Tag. ▶ Ganzjährig geöffnet. 25 Ferienhäuser für jeweils bis zu 4 bzw. 7 Personen. Kamin, Terrasse, komplett eingerichtet. In einem Seitental direkt am Waldrand, abseits der Straße gelegen.

🍎 **Hofladen des Hofguts Habitzheim,** Wiesenstraße 11, 64853 Ober-Klingen. ℂ 06162/71909. Mi, Fr 15 – 18 Uhr, Sa 9 – 13 Uhr. Schweinefleisch, Kartoffeln, Getreide, Eier, Kräuter.

Fränkischer Hof, Robert Lippert, Wilhelm-Leuschner-Straße 36, 64853 Otzberg-Ober-Klingen. ✆ 06162/71718. **Bahn/Bus:** VIA Erbach – Darmstadt bis Otzberg-Lengfeld, von dort stündlich Bus K64 bis Ober-Klingen. **Preise:** Auf Anfrage. ▶ 1 FH mit 2 Etagen, Küche, Bad/WC und Spielecke; renoviertes Altenteilhäuschen in altfränkischer Bauweise.

Mümlingtal

Odenwälder Kleinhaus, Anna und Norbert Allmann, Eulbacher Weg 10, 64720 Michelstadt-Vielbrunn. ✆ 06066/8313, Fax 8313. www.odenwaelder-kleinhaus.de. n.allmann@freenet.de. **Bahn/Bus:** ↗ Michelstadt. **Preise:** Ab 41 €. ▶ Fachwerkhaus von 1716 für 2 – 5 Personen. Circa 55 qm. Ruhige Lage, Kamin, kleiner Garten, Terrasse.

Pension am Walde, Familien Zink und Poldrugo, Eberbacher Weg 160, 64743 Beerfelden. ✆ 06068/2261, Fax 47292. www.pension-am-walde.de. info@pension-am-walde.de. **Bahn/Bus:** ↗ Beerfelden. **Preise:** 35 – 95 €. ▶ 3 FW für 2 – 5 Pers. Frühstück auf Wunsch, ruhige Lage.

Ferienhaus Koch, Unterer Erbsenbach 14, 64743 Beerfelden-Gammelsbach. ✆ 07268/1439 (Inge Koch). **Bahn/Bus:** ↗ Beerfelden, Bus 150 bis Gammelsbach Klenge. **Preise:** 35 – 50 €. ▶ FH für 2 – 5 Personen. Terrasse, Liegewiese, Hausprospekt.

Haus Bartmann, Unterer Bergweg 9, 64743 Beerfelden-Gammelsbach. ✆ 06068/1631, Fax 941320. www.haus-bartmann.de. info@haus-bartmann.de. **Bahn/Bus:** ↗ Beerfelden, Bus 15 bis Gammelsbach Post. **Preise:** 35 – 49 €. ▶ 4 FW für 2 – 4 Personen. Am Ortsrand in Hanglage.

Main, Mud & Elz

Monika Heimberger, Riesengasse 40, 63897 Miltenberg a.M. ✆ 09371/80009, Fax 80009. **Bahn/Bus:** ↗ Miltenberg. ▶ 1 FW für 2 – 5 Personen, 29 – 52 €. Separates Haus in der Stadtmitte, aber ruhig gelegen.

Landwirtschaft Schiek, Bismarkstraße 1, 64853 Otzberg-Ober-Klingen. ✆ 06162/73200. Nach Vereinbarung. Ferkelzucht, Hausmacher Wurst, Wein, Schnaps.

Ferienhaus Hans Hülser, Wolkmannstraße 4, 63916 Amorbach. ✆ 02159/1282, Fax 3404. **Bahn/Bus:** ↗ Amorbach. **Preise:** 53 € für 2 Personen, jede weitere Person 13 €. **Infos:** ✆ 02159/12826, Postfach 2233, 40645 Meerbusch. ▶ 1 FH für 2 – 6 Personen. Liegewiese, Terrasse.

Ferienwohnungen Familie Thor, Winterhelle 1, 74722 Buchen-Hettigenbeuern. ✆ 06286/493, fam.thor@gmx.de. **Bahn/Bus:** ↗ Buchen, Bus 823 bis Hettigenbeuern. **Preise:** 21 – 33 €. ▶ 1 FW für 2 Personen, 1 FW für 2 – 4 Personen. Ruhig gelegen, großer Balkon, Tierhaltung.

Erholungspark Madonnenländchen, Frau Düring, Waldparkring 12, 74731 Walldürn-Reinhardsachsen. ✆ 06286/711, Fax 812. irmgard.duering@t-online.de. **Bahn/Bus:** ↗ Walldürn, Bus 849 Walldürn – Hornbach oder Wetterdorf bis Madonnenländchen. ▶ Anlage mit verschieden großen Ferienhäusern. FW im Doppelhaus für 2 – 6 Personen (60 oder 76 qm) je nach Personenzahl und Saison 39 – 75 €. FH für 4 – 6 Personen (75 oder 90 qm) 55 – 80 €, so genannte Landhäuser (90 qm) mit offenem Kamin kosten für 4 – 6 Peronen 60 – 90 € pro Tag. In den Sommerferien werden organisierte Wanderungen angeboten.

Ferien auf dem Bauernhof, Reiterferien & Schlafen im Heu

Urlaub auf dem Bauernhof wird hauptsächlich im Odenwald angeboten, an der Bergstraße und am Neckar gibt es solche Unterkünfte nicht. Daher befinden sich die genannten Adressen fast alle im Herzen des Odenwaldes, von wo aus aber alle Ausflugsziele in diesem Buch schnell zu erreichen sind.

Bergstraße

Anbietergemeinschaft Urlaub auf dem Bauernhof, Amelie Pfeiffer, Hammelsbusch 4, 74722 Bödigheim. ✆ 06292/7500, Fax 7500. www.ferienhof-pfeiffer.de.

@ **Urlaubsring Odenwald,** Hüttenthaler Straße 45 a, 46756 Mossautal-Güttersbach. ✆ 06062/62522. www.urlaubsring-odenwald.de. Für den hessischen Odenwald.

ferienhof.pfeiffer@t-online.de. **Bahn/Bus:** ↗ Buchen, RB Amorbach – Seckach bis Bödigheim. ▶ Infos und Buchung für den fränkischen Odenwald.

Rettig-Hof, Wilhelm Rettig, Glattbacher Straße 11, 64686 Lautertal-Breitenwiesen. ✆ 06254/1364, Fax 940517. **Bahn/Bus:** ↗ Fürth, von dort Bus 666 Gadernheim bis Breitenwiesen. **Preise:** ÜF ab 15 €. ▶ DLG. 2 DZ, 1 EZ. Küchenmitbenutzung. Viele Tiere, Reitmöglichkeit. Hausschlachtung.

Am Neckar

Kastanienhof Krämer, Familie Krämer, Koppelweg 2, 69429 Waldbrunn-Strümpfelbrunn. ✆ 06274/95161, Fax 95162. www.kastanienhof-kraemer.de. kurt-kraemer@kastanienhof-kraemer.de. **Bahn/Bus:** ↗ Waldbrunn. **Preise:** 2 – 5 Personen ab 35 €. ▶ Bauernhof mit Innenhof von 1875, ruhige Lage, Liegewiese, Spielplatz, Pferde, Ponys, Kleintiere, 3 FW.

Bauernhof Seib, Hartmut Erwin Seib, Im Oberdorf 1, 69434 Eberbach-Brombach. ✆ 06272/2104, Fax 912761. www.bauernhof-seib.de. info@bauernhof-seib.de. **Bahn/Bus:** ↗ Eberbach, vom Bhf 6,5 km zu Fuß oder mit dem Rad. **Preise:** 21 bzw. 25 € pro Tag. ▶ 2 FW 50 qm für 2 bzw. 4 Personen. Tierhaltung, Reitmöglichkeit. Wurst, Milch und Butter aus eigener Produktion.

Bauernhof Krämer, Volker Krämer, Burg-Dauchstein-Straße 40, 74862 Binau. ✆ 06263/1797, Fax 1797. **Bahn/Bus:** S2 Kaiserslautern – Mosbach oder S1 Homburg – Osterburken bis Binau. **Preise:** ab 35 €. ▶ 1 FW in ruhiger Ortsrandlage mit Neckarblick für 2 – 7 Personen. Balkon, Liegewiese.

Urlaubshof Schork, Klaus Schork, Lindenstraße 8, 74864 Fahrenbach Robern. ✆ 06267/204, Fax 929001. www.urlaubshof-schork.de. info@urlaubshof-schork.de. **Bahn/Bus:** ↗ Mosbach, ab Bhf Käfertörle Bus 832 Richtung Dallau/Mudau/Limbach bis Hirsch. **Preise:** Ab 30 €. ▶ DLG, 1 FW 75 qm für 2 – 5 Pers, Hausprospekt, Nähe Kurzentrum Waldbrunn.

Norden & Westen

Biokulturhof Diethard Becker, Forststraße 37, 64385 Reichelsheim-Erzbach. ✆ 06164/913587, Fax 5168-99. diethard.becker@web.de. **Bahn/Bus:** ↗ Reichelsheim. **Preise:** 18 – 51 €. ▶ 2 FW (75 bzw. 80 qm) für jeweils 6 Pers, Zirkuswagen. Holzwohnanhänger, Zeltplatz, gut sortierte Bücherei, Töpferei, Werkbänke, Grillstelle, Tischtennis, Volleyball, Fahrräder. Der Hof mit seinen vielfältigen Naturmaterialien bietet Kindern viel Platz zum Kennenlernen und Ausprobieren. Die speziellen Angebote für Kinder umfassen Kräutertage, Töpfertage, Schnitzen am Feuer und Käsemachen. Hausprospekt anfordern.

Scholzehof, Emmi und Ludwig Pfeiffer, Forststraße 32, 64385 Reichelsheim-Erzbach. ✆ 06164/1289, Fax 55128. scholzehof@t-online.de. **Bahn/Bus:** ↗ Reichelsheim. **Preise:** Ab 37 €. ▶ Vollerwerbsbauernhof. 1 FW 2 – 5 Pers. Kühe, Pferd, Hühner. Kinderfuhrpark, Grillwiese mit Pavillion.

Ferienbauernhof Käsrah, Familie Schwöbel, Kriemhildstraße 8, 64385 Reichelsheim-Gumpen. ✆ 06164/1541, Fax 54136. www.kaesrah.de. kaesrah@t-online.de. **Bahn/Bus:** ↗ Reichelsheim, 2 km von der Ortsmitte. ▶ DLG, 7 DZ, 1 MZ, alle mit Dusche/WC und Balkon, ÜF ab 20 €. 3 FW 50 qm für 2 – 4 Personen, 2 FW 75 qm für 4 – 6 Personen, ab 245 € pro Woche. Bauernhof mit Reitmöglichkeit, Sauna, Wassertretbecken, Grillplatz, Tischtennis, Spielplatz. Eigene Schlachtung und Brotbacken im Steinofen. Fahrradverleih.

Ferienhof Dingeldey, Ralf Dingeldey, Mergbachstraße 73, 64385 Reichelsheim-Klein-Gumpen. ✆ 06164/54215, Fax 913722. www.ferienhof-dingeldey.de. ferienhof.dingeldey@t-online.de. **Bahn/Bus:** ↗ Reichelsheim, Bus 665, 693 bis Abzw. Klein-Gumpen. **Preise:** Ab 50 €/Nacht. ▶ 2 FW für 2 – 3 Personen, 4 FW für 2 – 5 Personen. Pferde, Milchkühe, eigene Schlachtung, Kleintiere. Hausprospekt.

Ferienhof Weimar, Erna und Silke Weimar, Mergbachstr. 9, 64385 Reichelsheim-Klein-Gumpen. ✆ 06164/

2354, 5708, Fax 500539. erna.weimar@t-online.de. **Bahn/Bus:** ↗ Reichelsheim. **Preise:** EZ ÜF ab 23 €, FW ab 36 €. ▶ 3 EZ, 3 FW für max. 5 Personen. Auch Camping möglich. Zwei Ponys zum Reiten. Hofladen, eigene Schlachtung. Camping möglich.

Weberhof, Rolf Weber, Böllsteiner Straße 5, 64395 Brensbach-Affhöllerbach. ✆ 06161/2325, 873454, Fax 877921. www.weberhof.de. info@weberhof.de. **Bahn/Bus:** ↗ Brensbach. **Preise:** Ab 55 € pro Tag. ▶ 2 FW mit 60 und 75 qm für 2 – 6 Personen. Frühstück möglich. Dieser völlig auf Kinder eingestellte Hof liegt mitten in einem 200-Seelen-Dorf.

Ferienhof Mauß, Hedwig Mauß, Schafhofweg 8, 64395 Brensbach-Höllerbach. ✆ 06161/312, Fax 312. www.ferien-bei-mauss.de. hedwig.mauss@gmx.de. **Bahn/Bus:** ↗ Brensbach. **Preise:** Ab 50 € für 4 Personen. ▶ 1 FW bis 6 Personen. Pferde, Kleintiere, geführte Ausritte, Spielhaus, Traktorrundfahrt, Tischtennis.

Hof Altstätter, Adam Altstätter, Mummenroth 3, 64395 Brensbach-Mummenroth. ✆ 06161/518. **Bahn/Bus:** ↗ Brensbach. **Preise:** ÜF ab 20 €. ▶ DLG. 1 EZ, 3 DZ. Einzelhof, Grünlandbetrieb mit 6 Pferden. Reitmöglichkeit, Grillhütte, Freizeitraum, Tischtennis.

Horndreher Hof, Linda Arras, Lindenstraße 19, 64405 Fischbachtal-Niederhausen. ✆ 06166/8580, Fax 920559. www.horndreher-hof.de. info@horndreher-hof.de. **Bahn/Bus:** ↗ Darmstadt. Ab Hbf Bus K85 bis Niederhausen Linde. **Preise:** ÜF ab 23 €. ▶ DLG. 5 DZ mit Dusche/WC. Küche, Aufenthaltsraum. Unterhalb des Lichtenberger Schlosses gelegen. Schafe, Ziegen, Hühner, Enten, Truthähne. Handwerkskurse für Erw und Kinder. Hausprospekt anfordern.

Königshof, Georg König, Annelsbacher Tal 17, 64739 Höchst-Annelsbach. ✆ 06163/912877, Fax 912877. www.koenigshof.de. koenigshof@web.de. **Bahn/Bus:** ↗ Höchst, Bus 23 Richtung Hassenroth bis Annelsbach Ort. **Preise:** Ab 28 €. ▶ 1 FW 1 – 6 Personen. Pony, Kleintiere.

Horndreher Hof, Di – So 8 – 19 Uhr. Äpfel, Birnen, Zwetschgen, Kartoffeln, Eier, Nüsse, Kürbisse, Enten, Honig.

🍎 **Direktvermarktung Herr Weber,** Im Eck 4, 64823 Groß-Umstadt. ✆ 06078/911523. Mo – Sa 9 – 12 und 14 – 18 Uhr, So nach Vereinbarung. Hausmacher Wurst, Milch, Eier, Kartoffeln, Äpfel, Honig, Schnaps.

🍎 **Hottenbacher Hof,** Fr und Sa 16 – 23 Uhr, So 11 – 22 Uhr. Verkauf von Wurst und Fleisch, die Rinder stehen im Freien auf der Weide. Außerdem Forellen und Lachsforellen aus eigenen Teichen, sowohl frisch als auch geräuchert. Ab Mitte Dezember kann man hier seinen Weihnachtsbaum selbst schlagen. Biergarten. Eigene Kelterung.

Der Apfelbaum, Anja Scheibel, Im Sachsenhausen 10, 64750 Lützelbach-Rimhorn. ✆ 06165/1372, www.apfelbaumhof.de. apfelbaumhof@t-online.de. **Bahn/Bus:** ↗ Höchst, ab Bhf Bus 22 bis Rimhorn Im Sachsenhausen. **Preise:** Ab 115 €. ▶ 1 FH, bis 16 Betten. Tiere, Spielplatz, Baumhaus, Holzbackofen, Eselsreiten, Traktorfahrten, Käse machen, Familienpreise.

Erlenhof, Edith Lehr, Wilhelm-Leuschner-Straße 270, 64823 Groß-Umstadt-Heubach. ✆ 06078/8486, Fax 759224. **Bahn/Bus:** ↗ Groß-Umstadt. **Preise:** 35 €. ▶ 4 FW für 2 – 6 Personen. Ruhig und idyllisch gelegener Einzelhof. Pferde, Reiten und Kutschfahrten, Grillhütte.

Obsthof, Werner Ruths, Auf der Schafweide, 64997 Modautal-Asbach. ✆ 06167/380, Fax 7722. **Bahn/Bus:** ↗ Modautal. **Preise:** 35 €. ▶ 1 FW 60 qm, max 4 Pers, Dusche/WC, Küche, behindertengerecht. Einzelhof, die Familie Ruths lebt vom Obstbau. Geflügel und Katzen, kleiner Swimmingpool.

Hottenbacher Hof, Jürgen Simmermacher, 64997 Modautal-Klein-Bieberau. ✆ 06167/445, Fax 457. www.hottenbacher-hof.de. info@hottenbacher-hof.de. **Bahn/Bus:** ↗ Modautal. **Zeiten:** Biergarten geöffnet Feb – Nov Fr 16 – 32, Sa 14 – 23, So 11 – 22 Uhr. **Preise:** 50 €. ▶ DLG. 1 FW für 5 Personen, mit Balkon und Terrasse, hübsches Altenteiler-Häuschen aus Fachwerk. Liegewiese, Grillplatz. Viele Tiere. Vesperstube, Biergarten.

Bauernhof Herbig, Klaus Herbig, Ortsstraße 44, 69253 Heiligkreuzsteinach-Eiterbach. ✆ 06220/234, www.herbig-hof.de. kherbig@web.de. **Bahn/Bus:** ↗ Heidelberg, Bus 735 Richtung Eiterbach bis Fachklinik. ▶ 2 FW 65 qm – 75 qm 2 – 5 Personen, ab 36 €. DZ oder EZ mit Frühstück ab 19 € pro Person.

Zum Krug, Ewald Jöst, Abtsteinacher Straße 12a, 69488 Birkenau-Löhrbach. ✆ 06201/22990, Fax 259294. **Bahn/Bus:** ↗ Weinheim, RB Weinheim – Fürth bis Birkenau, von dort Bus 681 bis Löhrbach/Abzw. Buchklingen. ▶ DLG. 4 DZ bzw. 3-Bett-Zimmer, 2 EZ, Übernachtung ohne Frühstück 18 €. 1 FW 70 qm, ab 40 € pro Tag für 4 Personen. Aufenthaltsraum, Gästeküche. Bauernhof mit Gaststätte, viele Tiere. Je nach Saison können sich Gäste an der Käseherstellung oder am Apfelweinpressen beteiligen.

Mümlingtal

Ferienhof zum Grünen Baum, Familie Jöst, Vöckelsbacher Weg 1, 69518 Abtsteinach-Mackenheim. ✆ 06207/3077, Fax 3406. www.gruenerbaum-odw.de. info@gruenerbaum-odw.de. **Preise:** DZ ÜF ab 27 €, FW 45 € pro Tag. ▶ 5 DZ, 1 FW. Viele Tiere, Ponyreiten, Kutschfahrten, Spielplatz, Spielscheune, Leihräder. Gaststätte, eigene Schlachtung, große Sonnenterrasse. Geführte Themenwanderungen, auch für Kinder. Freizeitprogramm für Kinder, Erlebnisnachmittage.

Rollehof, Heike und Andreas Müller, Rolleweg 35, 64711 Erbach i.Ow. ✆ 06062/3846, Fax 1439. rollehof@gmx.de. **Bahn/Bus:** ↗ Erbach. **Preise:** 41 € pro Tag. ▶ FW 70 qm für 4 Personen. Einzelhof. Pferdezucht, Reiten auf dem Platz und in der Halle unter Aufsicht nach Absprache. Angusrinderherde.

Elsbacher Hof, Volker Gölz, Zur Hardt 4, 64711 Erbach i.Ow.-Elsbach. ✆ 06062/3151, Fax 913006. www.elsbacherhof.de. volker.goelz@t-online.de. **Bahn/Bus:** ↗ Erbach. **Preise:** ab 45 €. ▶ 1 FW 2 – 4 Personen ca. 65 qm, 1 FW 2 – 6 Personen ca. 70 qm, 1 FW 2 – 8 Personen ca. 80 qm. Terrasse, Liegewiese, Kühe, Schweine, Kleintiere, Spielplatz, eigene Schlachtung, Traktorfahrten.

Ferienhof Weiss, Familie Weis, Marbachstraße 16, 64711 Erbach i.Ow.-Haisterbach. ✆ 06062/3141, Fax 1452. **Bahn/Bus:** ↗ Erbach, 4 km bis Haisterbach. **Preise:** 35 €. ▶ 1 FW für 2 – 4 Personen. Hofgaststätte, Verkauf von selbst erzeugten Lebensmitteln. Frühstück auf Wunsch. Boxen für Gastpferde, Ausflüge zur Wildbeobachtung nach Absprache möglich.

Horse House, Ludwig und Karin Walther, Am Südhang 5, 64711 Erbach i.Ow.-Haisterbach. ✆ 06062/2883,

🍎 **Odenwälder Bauernstube,** Familie Weis. Brot, Kochkäse, Butter, Marmelade, Honig, Eier, Wurst und Schinken, Rindfleisch von der eigenen Angusherde, Schweinefleisch und mehr.

🍎 **Hohenloher Hof,** Wurst und Schinken, Kräuterliköre, Kuchen.

🍎 **Familie Weyrich,** Bremhofweg 6, 64720 Michelstadt-Vielbrunn. ✆ 06066/487. Fleisch und Wurst von Rind und Schwein sowie Obst. Auf Vorbestellung können Gänse, Puten und Enten gekauft werden.

912973, www.horse-house.de. karin.walther@t-online.de. **Bahn/Bus:** ↗ Erbach. **Preise:** Bis 5 Personen ab 45 €. ▶ 2 FH mit Balkon. Pferde, Ponys, Grillstelle.

Kinderparadies Hohenloher Hof, Ulrich und Ulrike Krämer, Langen-Brombacher Straße 1, 64720 Michelstadt-Rehbach. ✆ 06061/2321, Fax 71560. www.hohenloherhof.de. info@hohenloherhof.de. **Bahn/Bus:** ↗ Michelstadt, von dort Bus ERB30 Erbach – Reichelsheim bis Rehbach/B47. **Preise:** Preise für Ü mit VP: Kinder unter 1 Jahr frei, 1 – 6 Jahre 25 €, 7 – 13 Jahre oder Betreuer 35 €, Erw 45 €. ▶ 11 FW mit 2, 3 oder 4 Schlafzimmern, Vollpension. Ferien- und Reiterhof. Weiträumiges Gelände mit altem Baumbestand. Mitarbeit im Stall möglich. Gruppenfreizeit, Erlebnistage, Kindergeburtstag, Kurzurlaub. Kettcar-Halle, Ponyreiten, Indoor-Stroh-Spiel-Arena, Streichelzoo, Spielplatze, große Trampoline, Tischtennis. Freizeitprogramm vom Lagerfeuer bis zum Discoabend wird organisiert.

Ferienhof Olt, Sigrid und Friedrich Olt, Roemerstraße 2, 64720 Michelstadt-Vielbrunn. ✆ 06066/488, Fax 990025. www.ferienhof-olt.de. ferienhof.olt@t-online.de. **Bahn/Bus:** ↗ Michelstadt. **Preise:** 38 € für 2 Personen, jede weitere 6 €. ▶ 3 FW 40 – 55 qm. Grillhütte, Spielplatz. Tierhaltung. Frühstück auf Wunsch.

Ferienwohnung, Margarethe und Gabriele Laudenberger, Wilhelm-Leuschner-Straße 15, 64720 Michelstadt-Vielbrunn. ✆ 06066/224, Fax 224. **Bahn/Bus:** ↗ Michelstadt. **Preise:** 34 €. ▶ DLG. 1 FW 45 qm. Hof mitten im Dorf Vielbrunn. Wer will, kann mit in den Stall oder aufs Feld kommen. Grillplatz, Kühe, Kinderbetreuung nach Absprache.

Hof Heiderich, Jürgen Heiderich, Kirchweg 7, 64743 Beerfelden-Falken-Gesäß. ✆ 06068/3626, Fax 1550. www.hofheiderich.de. info@hofheiderich.de. **Bahn/Bus:** ↗ Beerfelden. **Preise:** Ab 50 €. ▶ 3 FW 2 – 5 Personen. Kühe, Pferde, Spiel- und Grillplatz.

Lindenhof, Sabine und Hildegard Seip, Erbacher Straße 58, 64743 Beerfelden-Hetzbach. ✆ 06068/1464, Fax

1464. www.seip-lindenhof.de. sabine.seip@gmx.de. **Bahn/Bus:** ↗ Beerfelden, Bus 50 Michelstadt bis Hetzbach Damm. **Preise:** 45 – 80 €. ▶ DLG. 2 FW 80 bis 140 qm für 1 – 8 Personen, mit Dusche/WC, Küche. Frühstück auf Wunsch möglich. 1 FW behindertengerecht. Spielplatz, Grillplatz, Teich, Tischtennis. Voll bewirtschafteter Bauernhof mit Kühen, Schweinen, Pferden und Ziegen.

Bauernhof Heist, Richard Heist, Zeller Straße 84, 64753 Brombach-Langen-Brombach. ✆ 06063/2472, Fax 5779399. bauernhof-heist@t-online.de. **Bahn/Bus:** ↗ Bad König, ab Bhf Bus 35 bis Langenbrombach Zeller Straße. **Preise:** Ab 35 €. ▶ 1 FW bis 5 Personen. Kühe, Pferde, Ponys, Reiten, Kutschfahrten, Tischtennis, Grillplatz, Spielscheune mit Trampolin.

Bärenhof, Familie Muth, In der Großen Harras 11, 64756 Mossautal-Güttersbach. ✆ 06062/7185, Fax 913512. www.baerenhof-ferien.de. baerenhof.muth@t-online.de. **Bahn/Bus:** ↗ Mossautal. **Preise:** ab 51 €. ▶ DLG. 2 FH, 2 Blockhäuser, ein Massivhaus für 4 – 5 Personen mit je 2 Schlafzimmern, Dusche/WC, Balkon. Ruhig und schön gelegene Holzhäuser. Große Milchkuhherde, Kleintiere. Grillhütte, Tischtennis, Lebensmittel vom eigenen Hof.

Ferienhof Christmann, Familie Christmann, Hüttenthaler Straße 45, 64756 Mossautal-Güttersbach. ✆ 06062/62522, 3951, Fax 956609. www.ferienhof-christmann.de. info@ferienhof-christmann.de. **Bahn/Bus:** ↗ Mossautal. **Preise:** Ab 26 €. ▶ 4 FW für 1 – 6 Pers. Rinderzucht. Planwagenfahrten, Mountainbikeverleih.

Ferienbauernhof Horn, Familie Horn, Güttersbacher Straße 56, 64756 Mossautal-Hüttenthal. ✆ 06062/4834, Fax 266697. www.bauernhof-horn.com. Farmhorn@aol.com. **Bahn/Bus:** ↗ Mossautal. **Preise:** FW ab 57 €, DZ ÜF 18 €. ▶ DLG. 2 FW, 70 qm, bis 6 Pers. 3 DZ mit Dusche/WC und Balkon. Mitarbeit auf dem Hof möglich. Kühe, Kleintiere. Aufenthaltsraum, Tischtennis, Reiten, Angelmöglichkeiten. Einzelhof in Waldnähe.

🍎 **Molkerei Hüttenthal,** Familie Kohlhagel, Molkereiweg 1, 64756 Mossautal-Hüttenthal. ✆ 06062/26650. Mo – Fr 8 – 17 (April – Sep bis 18 Uhr), Sa 8 – 13 Uhr (April – Sep bis 14 Uhr). Odenwälder Milch- und Käsespezialitäten, verschiedene Ziegenkäse.

Kinderbauernhof Talhof, Monika und Lutz Krämer, Untere Siegfriedstraße 10, 64756 Mossautal-Hüttenthal. ✆ 06062/26179, Fax 26179. www.talhof-huettenthal.de. M.L.Kraemer@gmx.de. **Bahn/Bus:** ↗ Mossautal. **Preise:** ab 43 €. ▶ DLG. 3 Ferienbungalows ca. 50 qm, 2 – 6 Personen. Viele Tiere, Marbachsee 1,5 km, Angeln, Reiten, Kinderspielplatz, Tischtennis, Grillhütte.

Waldhubenhof, Elke Kübler, Molkereiweg 7 – 9, 64756 Mossautal-Hüttenthal. ✆ 06062/3898, Fax 910525. www.waldhubenhof.de. kuebler@waldhubenhof.de. **Bahn/Bus:** ↗ Mossautal. **Preise:** Ab 55 €. ▶ 9 FW, 2 FH, Fjordpferde, Rinder, Kleintiere, Kutschfahrten, Reiten, naturkundliche Wanderungen.

Ferienhof Kredel, Wilhelm und Sonja Kredel, Hauptstraße 75, 64756 Mossautal-Ober-Mossau. ✆ 06061/2499, Fax 968647. www.ferienhof-kredel.de. fewo-kredel@t-online.de. **Bahn/Bus:** ↗ Mossautal. **Preise:** Ab 32 €. ▶ 3 FW bis 6 Personen, Kühe, Pferde, Hängebauchschweine, Spielplatz, Kinderschwimmbad, Grill, Reitmöglichkeit.

Hoschbachhof, Doris Weitzel, Hauptstraße 71, 64756 Mossautal-Ober-Mossau. ✆ 06061/2041, Fax 71186. www.hoschbachhof.de. hoschbachhof@aol.com. **Bahn/Bus:** ↗ Mossautal. **Preise:** ab 35 €. ▶ 3 FW 2 – 6 Personen. Ponys, Kühe, Kleintiere, Spiel- und Grillplatz, Tischtennis.

Siefertshof, Familie Weyrauch, Hauptstraße 12, 64756 Mossautal-Ober-Mossau. ✆ 06061/2380, Fax 9604-79. www.bauernhofurlaub.com/hoefe/siefertshof.html. weybasi@t-online.de. **Bahn/Bus:** ↗ Mossautal. **Preise:** Ab 45 € für 2 Personen. ▶ DLG, 2 FH mit je 1 DZ und 1 MZ, Küche, offenem Kamin, großem Balkon, Garage. Die beiden Holzhäuser liegen sehr ruhig und einsam in einem Tal. Eigener Badeteich mit Ruderboot, Kinderspielplatz, große Rinderherde.

Ferienbauernhof Hanst, Lydia und Peter Hanst, Ortsstraße 139, 64756 Mossautal-Unter-Mossau. ✆ 06062/2181, ripper.christian@t-online.de. **Bahn/**

Bus: ↗ Mossautal. **Preise:** Ab 35 €. ▶ 2 FW je 50 qm, für 2 – 4 Personen. In einem schönen, kleinen Fachwerkhaus neben dem Hof, Grillmöglichkeit an der Sitzgruppe im Garten, Liegewiese.

Ferienhof Daumsmühle, Familie Scior-Walther, Ortsstraße 96, 64756 Mossautal-Unter-Mossau. ✆ 06062/3836, Fax 3836. www.daumsmuehle.de. daumsmuehle@aol.com. **Bahn/Bus:** ↗ Mossautal. **Zeiten:** Biergarten geöffnet Fr und Sa ab 18, So ab 11 Uhr. ↗ Wiese der Wahrnehmungen Mai – Okt täglich. **Preise:** ab 40 €. ▶ DLG, 4 FW 45, 55 und 70 qm, 1 – 7 Personen. Viele Tiere, Vollerwerbsbetrieb, Mitarbeit möglich. Ponyreiten, Tischtennis, Bach, Grillmöglichkeit. Vesperstube, Biergarten.

Main, Mud & Elz

Ferienhof Breunig, Anette und Hubert Breunig, Klingenweg 2, 63931 Kirchzell-Ottorfszell. ✆ 09373/4312, Fax 205629. anette.breunig@ferienhof-breunig.de. **Bahn/Bus:** ↗ Kirchzell. **Preise:** Ab 42 €. ▶ 1 FH 2 – 8 Personen, große Terrasse und Balkon, Liegewiese, Grillplatz, Abenteuerspielplatz 50 m entfernt, Hausbroschüre.

Ferienhof Sennert, Fridolin Sennert, Höhenstraße 39, 63931 Kirchzell-Preunschen. ✆ 09373/9509046, Fax 9509045. www.ferienhof-sennert.de. info@ferienhof-sennert.de. **Bahn/Bus:** ↗ Kirchzell. **Preise:** Ab 38 bzw. 65 €. ▶ 3 sehr schöne FW 82 – 110 qm für 2 – 6 Personen. Pony, Traktorfahrten, Kleintiere, Fahrräder, Spielplatz, Riesentrampolin, Tischtennis, Basketball, Sitzecke im Garten, Wellness, Brötchenservice.

Bauernhof Müller, Artur Müller, Schulzenweg 6, 69427 Mudau-Oberscheidental. ✆ 06284/275, 928670, Fax 275. www.ferienhof-reinhard-mueller.do. postmaster@ferienhof-reinhard-mueller.de. **Bahn/Bus:** ↗ Buchen, Bus 821 bis Mudau Bhf. Von dort Bus 821 bis Scheidental Ort. **Preise:** Ab 21 € bzw. ab 30 €. ▶ 1 FeWo (98 qm), 2 FeWo (45, 70 qm) im restaurierten Odenwaldhaus, Liegewiese, Grill, Kinderspielplatz.

»Odenwald Bergstraße – Kultur & Genuss« behandelt die Kulturschätze von Odenwald und Bergstraße aus kunsthistorischer Sicht, führt auf schönen Wegen durch Weinberge, zu Burgen und Schlössern, nennt Einkaufsadressen beim Erzeuger und zeigt Einkehr- und Übernachtungsmöglichkeiten für Genießer. pmv, ISBN 978-3-89859-300-7.

Ferienhof Pfeiffer, Rainer und Amelie Pfeiffer, Hammelsbusch 4, 74722 Buchen-Bödigheim. ℘ 06292/7500, Fax 7500. www.ferienhof-pfeiffer.de. ferienhof.pfeiffer@t-online.de. **Bahn/Bus:** ↗ Buchen, RB Richtung Seckach bis Bödigheim. **Preise:** Ab 49 €, Pauschalen für Familien. ▶ 3 FH aus Holz für 2 – 6 Personen. Ponyreiten, Reitunterricht, Badeteich, Tischtennis, Mitarbeit auf dem Hof möglich. Pauschalen für Familien und Reiter, Wellnessangebote.

Ferienhof Schieser, Klaus Schieser, Fichtenweg 2, 74731 Walldürn-Gottersdorf. ℘ 06286/410, Fax 411. www.ferienhof-schieser.de. gasthof@schieser.com. **Bahn/Bus:** ↗ Walldürn, stündlich Bus 849 Richtung Wettersdorf bis Gottersdorf. **Preise:** FW 26 – 56 € pro Tag, DZ ab 17 € pro Person. ▶ 4 FW für 2 – 4 Personen, 2 DZ. Gaststätte. Am Ortsrand in Waldnähe. In Gottersdorf ist das Odenwälder Freilandmuseum.

Ferienbauernhof Gerig, Familie Gerig, Schlempertshof 6, 74746 Höpfingen. ℘ 06283/328, Fax 8992. www.ferienbauernhof-gerig.de. info@ferienbauernhof-gerig.de. **Bahn/Bus:** ↗ Walldürn, Bus 841 Richtung Schweinberg bzw. Hardheim bis Höpfingen. **Preise:** Ab 32 €. ▶ 2 FH, 2 FW 2 – 4 Personen. Außerhalb gelegener Bauernhof, Wellnessbereich/Sauna. Rinder, Pferde, Kleintiere, Spiel- und Liegewiese, Fahrräder, Tischtennis, Kutschfahrten, Ponyreiten, Hausprospekt.

Pferdehof Rupp, Ellen und Harald Rupp, Ersheimer Straße 15, 69412 Eberbach-Pleutersbach. ℘ 06271/4772, Fax 919900. www.pferdehof-rupp.de. h.e.rupp@t-online.de. **Bahn/Bus:** ↗ Eberbach, Bus 822 bis Pleutersbach. **Preise:** Ab 31 €. ▶ Bioland-Hof in Ortsrandlage, 2 FW für 2 – 5 Personen. Wanderreiterstation, Weiden, Boxen, Bewegungshalle, Fahrradgarage.

Jugendherbergen (JH)

Um hier zu übernachten ist ein Jugendherbergsausweis erforderlich. Die Juniorenkarte bekommt jeder bis zum Alter von 27 Jahren, ab 28 Jahren gibt es die

Senior- oder Familienkarte. Eine Familienmitgliedskarte berechtigt einen Erwachsenen, eigene und befreundete Kinder mitzubringen, diese brauchen keinen eigenen Ausweis.

Fast alle Jugendherbergen nehmen auch Einzelreisende oder Familien auf. Familien mit mindestens einem minderjährigen Kind zahlen nur den Juniorpreis, Kinder bis 2 Jahre sind frei, bis 5 Jahre meist ermäßigt. Halbpension kostet zwischen 4 und 6 € pro Tag. Der Seniorenpreis liegt 3 – 4 € über dem jeweils angegebenen Juniorenpreis.

Aufgepasst: In Hessen gibt es die Unterscheidung zwischen Junior und Senior nicht! In Bayern können Senioren nur in Begleitung von Kindern in JH übernachten.

JH Darmstadt, Landgraf-Georg-Straße 119, 64287 Darmstadt. ✆ 06151/45293, Fax 422535. www.djh-hessen.de. darmstadt@djh-hessen.de. **Bahn/Bus:** Ab Hbf Bus K55 bis Jugendstilbad. **Preise:** ÜF ab 24,40 €. ▶ An der Nordseite des Großen Woog. 130 Betten, 5 Tagesräume, Freibad, Bootsverleih.

JH Burg Starkenburg, Starkenburgweg 53, 64646 Heppenheim. ✆ 06252/77323, Fax 78185. www.djh-hessen.de. starkenburg@djh-hessen.de. Vom Bhf 30 Min zu Fuß, 1 km östlich der Stadt auf dem 295 m hohen Schlossberg. **Bahn/Bus:** ↗ Heppenheim. **Preise:** ÜF ab 20 €. **Infos:** Auch Zelten möglich. ▶ 121 Betten, 5 Tagesräume, 4 Familienzimmer, Tischtennis, Kicker, Sportplatz, Grillplätze, Lagerfeuerstellen. Projektoren, Video, Klavier.

JH Zwingenberg, Die Lange Schneise 11, 64673 Zwingenberg. ✆ 06251/75938, Fax 788113. www.djh-hessen.de. zwingenberg@djh-hessen.de. Am Fuße des 517 m hohen Melibokus. **Bahn/Bus:** ↗ Zwingenberg, vom Bhf 10 Min. **Preise:** ÜF ab 18 €. ▶ 125 Betten, 4 Tagesräume, Projektoren, TV, Gitarre, Klavier.

JH Weinheim, Breslauer Straße 46, 69469 Weinheim. ✆ 06201/68484, Fax 182730. www.jugendherberge-weinheim.de. info@jugendherberge-weinheim.de. Nicht weit von der Stadtmitte. **Bahn/Bus:** ↗ Weinheim, Straba Richtung Mannheim bis Stahlbad, von da 3 Min zu Fuß. **Preise:** ÜF ab 20,60 €. ▶ Im Freizeitzentrum von Weinheim. 129 Betten, 6 Tagesräume, Billard, Bad-

DJH-Mitglieder erhalten vergünstigte Bahntickets in Verbindung mit dem Aufenthalt in einer JH. Infos unter ✆ 04881/936340, www.anreise-jugendherberge.de.

minton, Tischtennis, Grillplatz, Volleyball, Bistro, Disco.

JH Heidelberg, Tiergartenstraße 5, 69120 Heidelberg. ✆ 06221/651190, Fax 6511928. www.jugendherberge-heidelberg.de. info@jugendherberge-hcidelberg.de. **Bahn/Bus:** Bus 3 bis Jugendherberge. **Auto:** Im Neuenheimer Feld im Nordwesten der Stadt, am Neckar, Nähe Zoo und Freibad. **Preise:** Junioren ÜF ab 22,30 €. ▶ 487 Betten, 12 Tagesräume, Ballspielplatz, Grillplatz, Fahrradverleih, Tischtennis, TV, Video, Disco, Cafeteria.

JH Dilsberg, Katharina und Matthias Dreschert, Untere Straße 1, 69151 Neckargemünd. ✆ 06223/2133, Fax 74871. www.jugendherberge-dilsberg.de. info@jugendherberge-dilsberg.de. **Bahn/Bus:** ↗ Neckargemünd. **Preise:** ÜF ab 14,80 €, HP ab 19,70 €, VP ab 22,80 €. ▶ 78 Betten, 5 Betreuerzimmer, 3 Tagungsräume, Spielraum, Tischtennis, Feuerstelle, Schiffanlegestelle in der Nähe.

JH Mosbach, Zur alten Mühle 5, 74821 Mosbach-Neckarelz. ✆ 06261/7191, Fax 61812. www.jugendherberge-mosbach.de. info@jugendherberge-mosbach.de. **Bahn/Bus:** ↗ Mosbach, vom Bhf Neckarelz 10 Min zu Fuß. **Preise:** Junioren ÜF ab 20,60 €, Senioren 3 € Aufpreis. ▶ In einer historischen Gipsmühle am südlichen Ufer der Elz. 140 Betten, 6 Tagesräume, Disco, Grillplatz, Spielwiese, Volleyball, Tischtennis, TV, Video.

JH Burg Breuberg, Jürgen Daniels, 64747 Breuberg. ✆ 06165/3403, Fax 6469. www.djh-hessen.de/jh/burgbreuberg. burgbreuberg@djh-hessen.de. Oberhalb des Stadtteils Neustadt. **Bahn/Bus:** ↗ Breuberg. **Preise:** ÜF ab 22 €, HP ab 26 €, VP ab 26,50 €. ▶ In der gleichnamigen Burg. 145 Betten, 6 Tagungsräume, Klavier und Flügel, Tischtennis. Familien und Einzelgäste sollten frühzeitig buchen!

JH Erbach, Christel Sauerbier, Eulbacher Straße 33, 64711 Erbach i.Ow.-Erbuch. ✆ 06062/3515, Fax 62848. www.djh-hessen.de/jh/erbach. erbach@djh-hessen.de. **Bahn/Bus:** ↗ Erbach, 20 Min Fußweg oder

Bus 3, 4 bis Jugendherberge. **Preise:** ÜF ab 20 €. ▶ Am Sportpark Erbach. 162 Betten, 8 Tagesräume, 11 familienfreundliche Zimmer, Tischtennis, Kicker, Projektoren, Klavier, Sportplatz.

JH Walldürn, Familie Rüsenberg, Auf der Heide 37, 74731 Walldürn. ✆ 06282/283, Fax 40194. www.jugendherberge-wallduern.de. info@jugendherberge-wallduern.de. Nördlich der Stadt, 30 Min vom Bhf. **Bahn/Bus:** ↗ Walldürn. **Preise:** ÜF Junioren 20,10, HP 24,90, VP 28,80 €, Senioren 4 € Aufpreis. ▶ 102 Betten, Grill- und Spielplatz, Bolzplatz, Tischtennis, TV, Video.

Naturfreundehäuser (NFH)

Da die Häuser meist sehr schön, aber abseits gelegen sind, sind sie nach einer Anreise per Bus oder Bahn teilweise nur in einem längeren Fußmarsch zu erreichen. Wenn nichts anderes angegeben ist, sind die Häuser nicht bewirtschaftet. Teilbewirtschaftet bedeutet, dass es Getränke und kleine Mahlzeiten wie belegte Brote oder Suppe gibt. Die Preise sind von Haus zu Haus verschieden, für Mitglieder der Naturfreunde sind sie günstiger. Die Preisangaben beziehen sich auf Nichtmitglieder. Manche Häuser sind nur für Gruppen geeignet, die meisten nehmen aber auch Einzelpersonen auf.

NFH Riedberg-Heim, Hainweg 60, 64297 Darmstadt-Eberstadt. ✆ 06151/57112, Fax 943809. www.naturfreunde-hessen.de. info@naturfreunde-hessen.de. ▶ 20 Betten, Aufenthaltsraum, Seminarraum, Freibad in der Nähe.

NFH Ober-Ramstadt, Familie Räuber, Am Heidenacker, Außerhalb 8, 64372 Ober-Ramstadt. ✆ 06154/1751, Fax 51791. www.naturfreunde-ober-ramstadt.de. info@naturfreunde-ober-ramstadt.de. **Bahn/Bus:** RB Darmstadt – Erbach bis Ober-Ramstadt. **Auto:** Südwestlich von Ober-Ramstadt am Waldrand. **Preise:** Erw 11,50 €; Kinder 9 €. ▶ Gaststätte. 25 Betten, 22 La-

Schlossmühle, Darmstädter Straße 112, 64372 Ober-Ramstadt. ✆ 06154/2061. www.schlosskorn.de. Mo – Fr 7 – 16 Uhr. Pfingsten Tag der offenen Tür. Die Schlossmühle gibt es schon seit 1839. Die Mühle arbeitet mit Landwirten aus der Region zusammen, die alle der Arbeitsgemeinschaft Qualitätsgetreide Südhessen e.V. angehören und ihr Getreide nach den Richtlinien des integrierten Pflanzenbaus anbauen.

ger, Selbstversorgerküche, als Tagungsstätte geeignet. Sportplatz, Spielplatz.

NFH Am Borstein, Karl-Schlösser-Haus, Am Borstein, 64686 Lautertal-Reichenbach. ✆ 06254/1267, www.nfh-borstein.de. info@nfh-borstein.de. **Auto:** A5 Abfahrt Bensheim, Richtung Lindenfels, Lautertal-Reichenbach, dann der Ausschilderung folgen. **Zeiten:** ganzjährig, Mo ab 15 Uhr, Di Ruhetag, Mi – So ab 10 Uhr. **Preise:** Ab 13 € ohne Verpflegung, Preise für Halb- und Vollpension auf Anfrage. ▶ 29 Betten, Duschräume auf jeder Etage. Kein Selbstversorgerhaus. Spielplatz, gemütlicher Biergarten, ganzjährig bewirtschaftet.

NFH Zwingenberger Hof, Im Hoffeld 7 – 8, 69439 Zwingenberg. ✆ 06263/520, Fax 429379. www.naturfreundehaus-zwingenberg.de. naturfreundehaus-zwingenberg@t-online.de. Am Neckartal-Radweg. **Bahn/Bus:** ↗ Zwingenberg. **Zeiten:** Das Haus ist ganzjährig geöffnet, der Zeltplatz von April – Sep. **Preise:** Mitglied 9, Nicht-Mitglied 12 €; Kinder 3 – 12 Jahre 8 bzw. 4 €, 13 – 17 Jahre 10 bzw. 6 €; Schulklassen ab 15 Pers 7 €. **Infos:** Bürozeiten Okt – Mitte März Mo, Di, Fr 14 – 17 Uhr. ▶ 35 Betten, neu renovierte Zimmer mit Naturholzmöbeln ausgestattet, Selbstkocherküche.

NFH Kohlhof, Kohlhof 5, 69198 Schriesheim-Altenbach. ✆ 06220/8520, 0621/745148 (Karin Martin), www.naturfreundehaus-kohlhof.com. karin.martin@tesionmail.de. **Preise:** Erw ab 10 €; Kinder ab 5 €, Jugendliche ab 7 €. ▶ Mai – Mitte Okt täglich, ab dann nur Sa, So und nach Absprache. 97 Betten. Selbstversorgerküche. 426 m hoch mit Blick auf die Rheinebene gelegen. Sportplatz, Spielplatz.

NFH Trommhaus, Mooswiese 67, 64689 Grasellenbach-Oberscharbach. ✆ 06207/5227, 65110 (Else Engel), Fax 06201/65110. www.trommhaus.de. **Bahn/Bus:** ↗ Grasellenbach. **Preise:** 3,50 – 8,50 €. ▶ Ab Scharbach ausgeschildert. 40 Betten, 23 Lager, nur auf Anfrage. Selbstversorgerküche, als Tagungsstätte geeignet. Sportplatz, Spielplatz. 540 m hoch gelegen, hier ist im Winter Skigebiet.

Jugendfreizeit- und -gästehäuser

Diese werden von unterschiedlichen Trägern unterhalten. Sie sind kleiner als Jugendherbergen, in der Regel haben sie 2- oder 4-Bettzimmer und spätere Schließzeiten. Die Übernachtung kostet inklusive Frühstück und Bettwäsche zwischen 16 und 30 €, je nach Lage, Ausstattung und Ermäßigung. Die Preise beim jeweiligen Träger erfragen, wenn nicht angegeben.

Norikerhof, Familie Jarosch, Böllsteiner Straße 4, 64395 Brensbach-Affhöllerbach. © 06161/2953. www.noriker-kaltblutpferde.de/Erlebnisbauernhof. info@gailstall.de. **Bahn/Bus:** ↗ Brensbach. **Infos:** ↗ www.planwagenfahrten.de. ▶ Blockhausübernachtungen für Schulklassen, Jugendgruppen, Kindergärten und andere Gruppen. Auch Reiterhof, Ponyreiten 13 € pro Stunde, 1/2 Std. 10 €, Reiten Kinder 12 € pro Stunde, Erw 14 €. Kindergeburtstage mit Planwagenfahrt und Ponyreiten.

Odenwald-Institut der Karl-Kübel-Stiftung, Tromm 25, 69483 Wald-Michelbach. © 06207/605-0, Fax 605-111. www.odenwaldinstitut.de. info@odenwaldinstitut.de. **Bahn/Bus:** ↗ Wald-Michelbach. **Preise:** Ab 44 € pro Person. ▶ 5 Tagungshäuser, auf der 580 m hohen Tromm. Meditationsraum, Sauna, eigene Buchhandlung mit Auswahl zu den Seminarthemen. Jedes Tagungshaus ist für Gruppen bis zu 24 Personen konzipiert. Der Trommer Hof kann bis zu 40 Personen aufnehmen. Die Häuser sind mit Gruppen- bzw. Seminarräumen, Einzel-, Doppel- und Mehrbett-Zimmern sowie Küche und Speiseraum ausgestattet. Umfangreiches Seminarprogramm: viele Kurse zu Gesundheitsthemen, esoterisch-therapeutische Angebote, aber auch Kurse für Familien und speziell für Kinder.

Jugendfreizeithaus Petershof, Kornelia Strohm, Talweg 5, 64711 Erbach i.Ow.-Erbuch. © 06062/913287, Fax 913287. www.petershof-erbuch.de. info@petershof-erbuch.de. **Bahn/Bus:** ↗ Erbach. **Preise:** Selbstversorger 7,70 €, EZ-Zuschlag 5,80 €. ▶ Umgebauter Bau-

🍎 **Geflügelhof Friedrich,** Heinz Friedrich, Dorfstraße 24, 64753 Brombachtal-Kirchbrombach. ✆ 06063/3516. www.friedrich-gefluegelhof.de. Geflügel frisch vom Bauernhof (Okt – Mai), Gänse, Puten, Enten, Hühner.

🍎 **Hofladen,** Direktverkauf biologisches Angusrindfleisch.

ernhof, Selbstversorgung. 14 Zimmer, 79 Betten in mehreren Gebäuden. Großer Saal, Aufenthaltsräume, Tischtennis, Kicker, Bolzplatz, Federball, überdachte Sitzgelegenheiten im Innenhof. Schlafsack, Spannbetttuch und Kopfkissenbezug mitbringen.

Heuhotel Burghof, Burghof 10, 64753 Brombachtal. ✆ 06063/1716, Fax 4190. www.burghof-meisinger.de. HansMeisinger@t-online.de. **Bahn/Bus:** ↗ Bad König. Von dort knapp 6 km mit dem Rad oder zu Fuß, oder mit Bus 35 Langenbrombach bis Kirchbrombach. **Preise:** 25 € inkl. Frühstück. ▶ Das ganze Jahr über kann man hier mit Schlafsack als Gruppe bis 20 Personen im Heubett übernachten. Es gibt 10 Heubetten, aber auch 5 Stockbetten ohne Heu für Allergiker. Restaurant, Biergarten.

Angushof Zum Lind'lbrunnen, Cornelia Schwöbel, Obere Siegfriedstraße 17, 64756 Mossautal-Hüttenthal. ✆ 06062/1494, Fax 266747. www.angushof-lindlbrunnen.de. angushof@web.de. **Bahn/Bus:** ↗ Erbach, von dort Bus 31 und 33 Hiltersklingen Wiesental bis Hüttental Obere Siegfriedstraße. **Preise:** Heuhotel ab 12,90 €, FW ab 66 € bis 4 Pers; Kinder Heuhotel ab 8 €. ▶ FW im Blockhaus oder Übernachten im Heu. Hausprospekt anfordern.

Arnberghütte des Alpenvereins Buchen e.V., Franz Polt, Unterer Hainstadter Weg 39, 74722 Buchen. ✆ 06281/557121, Fax 557121. www.DAV-Buchen.de. Franz.Polt@t-online.de. **Bahn/Bus:** ↗ Buchen. **Preise:** Auf Anfrage. ▶ Bis 18 Personen, 3 Schlafzimmer, Selbstversorger.

Jugenderholungsanlage, Evangelisches Jugendwerk, 74722 Buchen-Hollerbach. ✆ 07139/1412, stadt.buchen@t-online.de. **Bahn/Bus:** ↗ Buchen. **Preise:** Pro Person 9 €. ▶ Selbstversorgerhaus, großes Grundstück mit altem Baumbestand, am Waldrand zwischen Hollerbach und Oberneudorf gelegen. Zeltplatz und Spielplatz am Haus.

Jugendhaus St. Kilian, Adolf-Kolping-Straße 29, 74731 Walldürn. ✆ 06282/92070, Fax 920749. www.st-kilian.de. info@st-kilian.de. **Bahn/Bus:** ↗ Walldürn. **Preise:** 11 €, ab der 2. Nacht 10 € (inkl. Nebenkosten und Bettwäsche). Zeltplatz pro Person 2,50 €. ▶ Haupthaus mit 90 Betten, Tagungsräumen, VP möglich. Nebenhaus St. Totnan 65 Betten, Selbstversorger. Beide Häuser mit Küche, Speisesaal, Meditationsraum. Spielplatz, Spielwiese, Sportplatz, Tischtennis.

Jugendzeltplätze

Sie sind nur für organisierte Gruppen zu buchen. Landschaftlich in toller Lage, bieten sie nur ein Mindestmaß an Komfort. Oft gibt es keinen Stromanschluss, nicht immer Wasser oder Toiletten. Übernachtungen kosten 2,50 – 3 € pro Person, in der Regel muss eine Kaution von 100 € hinterlegt werden.

Jugendzeltplatz Kreuzschlag, Stadtverwaltung, 69239 Neckarsteinach. ✆ 06229/313, info@neckarsteinach.de. **Bahn/Bus:** ↗ Neckarsteinach. **Preise:** Gebühr pro Person 2,50 €, Kaution 100 €. ▶ Umgeben von Wald und Feld 450 m hoch gelegen. Toiletten, 3 Feuerstellen mit Grillrost, Lagerfeuerplatz. Kein Strom, Holzhaus mit WC, Waschgelegenheiten im Freien. Für 150 – 200 Pers.

Jugendzeltplatz Altlechtern, 64658 Fürth-Altlechtern. ✆ 06253/3150 (Georg Regner), info@gemeindefuerth.de. **Bahn/Bus:** ↗ Fürth, knapp 2 km Fußweg bis zum Zeltplatz. **Preise:** 3 € pro Person, 100 € Kaution. ▶ Nahe Fürth Platz für 100 – 120 Pers. Toiletten, Waschanlagen im Freien, kein Strom. Gemauerte Feuerstelle.

Jugendzeltplatz Matterloch, 64678 Lindenfels. ✆ 06255/2608 (Winfried Schnellbächer), Fax 2608. **Bahn/Bus:** ↗ Lindenfels. **Preise:** 3 € pro Person, 100 € Kaution. ▶ Für 80 – 100 Pers. Holzhaus mit Duschen, WC. Gemauerte Feuerstelle, Strom kann vom naheliegenden Schwimmbad bezogen werden (Details erfragen!). Freibad, Tennis, Fußball, Reitmöglichkeit in unmittelbarer Nähe.

Jugendzeltplatz Burg Breuberg, 64747 Breuberg-Neustadt. ℹ 06165/1233 (Marianne Schlett), Fax 1233. info@breuberg.de. **Bahn/Bus:** ↗ Breuberg. **Preise:** Pro Person 3 €, Kaution 100 €. ▶ 120 Pers. Holzhaus mit kalten Duschen, WC. Gemauerte Feuerstellen, Grillmöglichkeiten. Schwimmbad in der Nähe.

Jugendzeltplatz Raibacher Tal, Stadtverwaltung Groß-Umstadt, 64823 Groß-Umstadt-Raibach. ℹ 06078/781, info@gross-umstadt.de. **Bahn/Bus:** ↗ Groß-Umstadt. **Preise:** 2,50 €, Kaution 100 €. ▶ Für 100 bis 120 Pers. Holzhaus mit Waschgelegenheit, WC. Kein Strom, gemauerte Feuerstellen.

Jugendzeltplatz Junkerwald, 64853 Otzberg-Schloss Nauses. ℹ 06163/3332 (Helmut Riedel), gemeindeverwaltung@otzberg.de. **Bahn/Bus:** ↗ Otzberg. **Preise:** Pro Person 2,50 €, Kaution 100 €. ▶ 100 – 120 Pers. Holzhaus mit Duschen, WC. Gemauerte Feuerstelle. Kein Strom.

Jugendzeltplatz der Stadt Beerfelden, 64743 Beerfelden. ℹ 06068/930320 (Verkehrsamt), Fax 3529. stadtverwaltung@beerfelden.de. **Bahn/Bus:** ↗ Beerfelden. **Preise:** 2,50 €. ▶ Holzhaus mit Duschen und WC, Strom- und Wasseranschluss. Gemauerte Feuerstelle.

Jugendzeltplatz Eutersee, 64754 Hesseneck-Schöllenbach. ℹ 06276/313 (Torsten Laqua). **Preise:** Pro Person 3 €, Kaution 100 €. ▶ Direkt am See gelegen. 100 – 120 Pers. Holzhaus mit Duschen, WC. Gemauerte Feuerstelle. Kein Strom.

Jugendzeltplatz Meisengrund, 64756 Mossautal-Hüttenthal. ℹ 06062/3898 (Dietrich Kübler), Fax 910525. www.waldhubenhof.de. kuebler@waldhubenhof.de. **Bahn/Bus:** ↗ Mossautal. **Preise:** Pro Person 2,50 €, Kaution 100 €. ▶ Direkt am Marbachsee. 150 – 200 Pers. Holzhaus mit Duschen, WC. Gemauerte Feuerstelle, Stromanschluss.

Jugendzeltplatz bei Amorbach, Morretal 30, 63936 Schneeberg-Zittenfelden. ℹ 09373/973943 (Rathaus), klaus.mengler@schneeberg-odw.de. Der Zeltplatz liegt ca 1 km südlich des Schneeberger Ortsteils Zittenfelden. **Bahn/Bus:** ↗ Amorbach. **Zeiten:** Ostern – Nov. **Preise:** Jugendliche aus dem Landkreis Miltenberg 1,50 € pro Nacht, Auswärtige 2 €, 100 € Kaution. **Infos:** Anmeldung bei Markt Schneeberg, Rathaus, Amorbacher Straße 1, 8761 Schneeberg. ▶ Bei Amorbach an der Morre, idyllische Lage zwischen Waldrand und Wiesen. Toiletten und Duschen, überdachte Sitzgelegenheit, Spülmöglichkeit, 2 Feuerstellen. Kein Strom, kein warmes Wasser. Für etwa 100 Personen geeignet.

Jugendzeltplatz Buchen, Stürzenhardter Brückle, 74722 Buchen. ✆ 06281/2780 (Verkehrsamt Buchen, Platz am Bild), Fax 2732. verkehrsamt-buchen@t-online.de. **Bahn/Bus:** ↗ Buchen. **Preise:** Auf Anfrage. ▶ Nur organisierte Jugendgruppen, Maximal 100 Personen. Idyllisch gelegen im Morretal. Strom und Wasser vorhanden, sanitäre Einrichtungen müssen mitgebracht werden.

Jugendzeltplatz Hornbacher Tal, Ortsverwaltung Rippberg, 74731 Walldürn. ✆ 06282/228, ruediger.allmann@wallduern.de. **Bahn/Bus:** ↗ Walldürn. **Auto:** An der Straße von Walldürn Richtung Hornbach auf der linken Seite. **Preise:** Pro Person 1,20 €, mind. 35 €. ▶ Feuerstelle und Zeltmöglichkeit auf einer Wiese am Bach. Bis 35 Pers., DU/ WC mit kaltem Wasser, Strom.

Campingplätze

Die ausgewählten Plätze liegen alle in landschaftlich schöner Umgebung, sie haben Wasser-, Strom- und Kanalanschluss. Auf den Plätzen im engen Neckartal stört zum Teil der Verkehrslärm der B37.

Oase der Ruhe, Hans-Jörg Alpers, Hintenausweg 12, 64625 Bensheim-Gronau. ✆ 06251/67198, 61138, Fax 4884. www.camping-bergstrasse.de. urlaub@camping-bergstrasse.de. **Zeiten:** Ganzjährig. **Preise:** 4 €; Kinder 6 – 14 Jahre 3 €; Motorrad 2,50 €, Auto 3 €, Zelt 3 €, Caravan 4 €, Wohnmobil 5 €. ▶ 5 km entfernt von Bensheim, 125 Dauerplätze und 50 Stellplätze für Durchgangscamper.

Hemsbacher Wiesensee, Familie Herwig, Ulmenweg 7, 69502 Hemsbach. ✆ 06201/72619, Fax 493426. www.camping-wiesensee.de. familie.herwig@camping-wiesensee.de. Direkt am See. **Bahn/ Bus:** RB Mannheim – Bensheim bis Hemsbach. **Auto:** A5 oder B3 Ausfahrt Hemsbach. **Zeiten:** Ganzjährig geöffnet. **Preise:** Stellplatz 7 €, Erw 5,80 €; Kinder 4 €. **Infos:** Die Badegebühr für den Wiesensee und das beheizte Schwimmbecken sind im Übernachtungspreis enthalten. ▶ Sandstrand. Spielplatz, Restaurant. Wanderwege und Einkaufsmöglichkeiten in der Nähe.

Heidelberg, Schlierbacher Landstraße 151, 69118 Heidelberg. ✆ 06221/802506, Fax 802506. www.camping-heidelberg.de. camping-heidelberg@online.de. Direkt am Neckar im Stadtteil Schlierbach. **Zeiten:** April – Okt. **Preise:** 6 €, Auto 2,50 €, Zelt ab 3,50 €, Caravan ab 4,50 €, Hund 3 €; Kinder bis 4 Jahre frei, 5 – 14 Jahre 3,50 €. ▶ Heidelbergs einziger Campingplatz liegt direkt am Neckar und ist idealer Ausgangspunkt für Stadtbesichtigungen und Ausflüge in die Umgebung.

Haide, A. Fitzner, Ziegelhäuser Landstraße 91, 69151 Neckargemünd. ✆ 06223/2111, Fax 71959. www.camping-haide.de. info@camping-haide.de. **Bahn/Bus:** ↗ Neckargemünd, HSB Linie 35 oder S1 bis Orthopädische Klinik. **Zeiten:** April – Okt. **Preise:** 5,30 €, Blockhaus 9,50 €, Matratzenlager für 25 und 45 Pers 8,50 € pro Person ab 9 Pers; Kinder bis 15 Jahre 2,70 €. ▶ Direkt am Neckar. Laden, Gaststätte, großer Aufenthaltsraum mit Kochstellen. 200 Stellplätze, Blockhäuser mit 160 Betten. Matratzenlager für 25 und 45 Pers. Zeltplatz 4 €, Wohnwagen oder Wohnmobil 5 €.

Strandcafé Unterm Dilsberg, Dorthsfeld 1, 69151 Neckargemünd-Dilsberg. ✆ 06223/72585, Fax 973645. www.camping-dilsberg.de. ellaharth@aol.com. Am südlichen Neckarufer. **Bahn/Bus:** ↗ Neckargemünd. **Auto:** Aus Richtung Heidelberg nach Neckargemünd, Ortsteil Rainbach, dann Richtung Feste Dilsberg. Nach dem

Verkehrsspiegel in den gctcerten Feldweg links abbiegen. **Zeiten:** April – Sep. **Preise:** Stellplatz 7,50 €, Erw 6 €; Kinder bis 14 Jahre 4 €. ▶ Schön gelegen, denn an ihm führen weder Hauptstraße noch Eisenbahnlinie vorbei, wie es sonst im Neckartal oft der Fall ist. Im Sommer fährt eine kleine Fähre. Ganz in der Nähe sind die Feste Dilsberg und das Freibad Neckargemünd. Strandcafé, Kiosk mit Lebensmitteln.

Eberbach, Alte Pleutersbacher Straße 8, 69412 Eberbach. ✆ 06271/1071, Fax 942712. www.campingpark-eberbach.de. info@campingpark-eberbach.de. **Bahn/Bus:** ↗ Eberbach, 15 Min Fußweg zur südlichen Neckarseite. **Preise:** Erw 4,90 €, Kinder 3,60 €, Zelt 4,60 €, Stellplatz 5,90 €. ▶ Am Neckar gegenüber der historischen Altstadt gelegen. Frei- und Hallenbad sowie Sportanlagen in unmittelbarer Nähe. Sehr sonnig. Minigolf, Spielplatz, Restaurant.

Odenwald Camping Park, Langenthaler Straße 80, 69430 Hirschhorn (Neckar). ✆ 06272/809, Fax 3658. www.odenwald-camping-park.de. info@odenwald-camping-park.de. **Bahn/Bus:** ↗ Hirschhorn, 15 Min Fußweg in nordwestliche Richtung. **Zeiten:** April – Mitte Okt. **Preise:** Stellplatz 6,90, Erw 5,10 €, Kinder 1 – 4 Jahre 2,40, 5 – 14 Jahre 3,70, Zelt 6,90 €. Mietcaravan pro Tag 25 € (nur telefonisch buchbar). ▶ Behindertengerechte Sanitäranlagen. Imbiss-Gaststätte, Biergarten, Einkaufsmarkt, Spielplatz, beheiztes Freibad, Sauna, Minigolf, Tennis, Babywickelraum, Fahrradverleih. Ungefähr 1,5 km von Hirschhorn in einem Seitental des Neckars am Ulfenbach.

Tiefertswinkel, Heinz Hörr, Am Schwimmbad, 64658 Fürth. ✆ 06253/5804, Fax 3717. www.campingfuerth.de. info@camping-fuerth.de. **Bahn/Bus:** ↗ Fürth. **Zeiten:** Feb – Nov. **Preise:** Erw 3,90 €, Zelt 4 – 6 €, Stellplatz 6 €, Kinder 3 €. ▶ Kiosk, Spielplatz, Fahrradverleih. Beheiztes Schwimmbad nahebei.

Terrassencamping Schlierbach, Am Zentbuckel 11, 64678 Lindenfels-Schlierbach. ✆ 06255/630, Fax 3526. www.terrassencamping-schlierbach.de. info@terrassencamping-schlierbach.de. **Bahn/Bus:** ↗ Lindenfels, Bus 666 Lindenfels – Fürth bis Schlierbach Ort. **Zeiten:** April – Okt. **Preise:** Erw 4 €, Kinder 2 – 16 Jahre 3 €, Stellplatz 6 €, Zelt 3 – 6 €. ▶ 30 Ferienplätze, außerdem 130 Dauerplätze. Waschmaschine, Trockner, Bügelraum sowie Küchenraum mit Koch- und Spülgelegenheit vorhanden. Spielplatz, Grillplatz, Spielwiese. Am Fuße der Burg Lindenfels, ruhig.

Am Fuße der Tromm, Familie Hörr, Gasse 17, 64689 Grasellenbach-Hammelbach. ✆ 06253/3831, Fax 22947. www.camping-hammelbach.de. info@camping-hammelbach.de. **Bahn/Bus:** ↗ Grasellenbach, Bus 667 Grasellenbach – Heppenheim bis Hammelbach Markt. **Zeiten:** Ganzjährig. **Preise:** Erw 4,40 €, Kinder 2 – 16 Jahre 3 €, Stellplatz 6 €, Zelt 4 – 6 €. ▶ Am Ortsrand von Hammelbach, Restaurant, Spielplatz, Sauna.

An der Friedensbrücke, Falltorstraße 4, 69151 Neckargemünd. ✆ 06223/2178, Fax 2178. j.vandervelden@web.de. **Bahn/Bus:** ↗ Neckargemünd. **Preise:** Erw 4,50 €, Wohnmobile 5 €, Auto 2,25 €, Zelte 3,50 €; Kinder 2 – 13 Jahre 2,50 €.

Schöner Odenwald, Robert Dörsam, Spechtbach 35, 69483 Wald-Michelbach. ✆ 06207/2237, Fax 921149. www.schoener-odenwald.de. info@schoener-odenwald.de. **Bahn/Bus:** ↗ Wald-Michelbach. **Zeiten:** Ganzjährig geöffnet. **Preise:** Stellplatz 5,50 €, Erw. 4,50 €; Kinder bis 14 Jahre 2,50 €. ▶ Stellplätze für 25 Zelte und 150 Caravans. Restaurant, Spielplatz und Schwimmbad sind in der Nähe.

Safari, Adolf und Waltraut Leu, Gelbe Heide, 64711 Erbach i.Ow.-Bullau. ✆ 06062/266984, Fax 3309. tennishotel@t-online.de. Auf einer Anhöhe in waldreicher Gegend, von Erbach 10 Min Autofahrt. **Bahn/Bus:** ↗ Erbach. **Zeiten:** Ganzjährig. **Preise:** Erw 4 €, Kinder 3, Stellplatz 4 €. ▶ 20 Durchgangsplätze für Zelte und Caravans. Restaurant, Spielplatz.

Camp Freienstein, Peter Siefert, Neckartalstraße 172, 64743 Beerfelden-Gammelsbach. ✆ 06068/912120, Fax 912121. **Bahn/Bus:** ↗ Beerfelden, Bus 150 Beerfelden – Eberbach bis Gammelsbach Klenge. **Zeiten:** April – Sep. **Preise:** Erw 3,50 €, Kinder €, Stellplatz 4 €. ▶ Stellplätze für 30 Zelte und Caravans. Restaurant.

Mainwiese, Peter Ullrich, Josef-Wirth-Straße 7, 63897 Miltenberg a.M. ✆ 09371/3985, 68723, Fax 99459. www.campingplatz-miltenberg.de. info@campingplatz-miltenberg.de. **Bahn/Bus:** ↗ Miltenberg. **Preise:** Stellplatz 5,50 €, Erw 4,50 €; Kinder 2 – 13 Jahre 3 €. ▶ Bootsverleih, Spielplatz, Tischtennis, Laden.

Erftal Camping, Annelore Ott-Melber, In den Rittern 1, 63928 Eichenbühl. ✆ 09371/2966, Handy 0170/1160276. www.erftal-camping.com. info@erftal-camping.com. **Bahn/Bus:** ↗ Miltenberg, Bus 83 bis Dreschhalle, Eichenbühl. **Auto:** Von Miltenberg 4 km Richtung Hardheim. **Preise:** Stellplatz 4,50 €, Erw 3 €; Kinder 3 – 12 Jahre 2 €, 13 – 18 Jahre 2,50 €. ▶ Mit Gaststätte und Spielplatz.

Azur Campingpark Odenwald, 63931 Kirchzell. ✆ 09373/566, Fax 7375. www.azur-camping.de. kirchzell@azur-camping.de. Etwa 3 km von Amorbach entfernt. **Bahn/Bus:** ↗ Kirchzell. **Preise:** Erw ab 5 €, Kinder 2 – 12 Jahre ab 3 €, Stellplatz ab 6 €, Zelt ab 4,50 €. ▶ 340 Stellplätze. Gehört zu einer großen Camping-Kette. Spielplatz, Tischtennis, Minigolf, Hallenbad, Fahrradverleih, Kegelbahn, Sauna, Laden, Restaurant.

Odenwald-Camping-Grimm, Alte Mühle 1, 74838 Limbach-Krumbach. ✆ 06287/1485, Fax 4456. www.odenwald-camping.de. **Bahn/Bus:** ↗ Mosbach, ab Bhf Käfertörle Bus 832 bis Krumbach Sportplatz. **Preise:** Stellplatz (Wohnwagen, Auto, kleines Zelt) 8,80 €, Erw 7 €, Auto 3 €, Zelt ab 3,50 €; Kinder 5 – 12 Jahre 3,50 €, Kinder bis 5 Jahre frei.

Mainaue, Wiesenweg 3, 76744 Wörth a.M. ✆ 09372/5165, Fax 408890. campingplatzmainaue@t-online.de. **Zelten:** Ganzjährig. **Preise:** Pro Pers 4 € und Zelt 3 – 4 €. ▶ Mit Biergarten im Sommer. Platz mit vielen festen Campern, aber auch viel Platz auf der Wiese direkt am Main für Zelter, die sich nicht anzumelden brauchen.

MAINZ
MZ-Süd
Maaraue
Gustavsburg
Bischofsheim
S1
S8
S8, 9
RÜSSELSHEIM
Hassloch
Mörfelden-
Weisenau
Ginsheim-
MZ-Hechtsheim
MZ-Laubenheim
Nonnenau
Langenau
Bauschheim
Königstädten
DEUTSCHE FACHWERKSTRASSE
Schwarzbach
Hegbach
Nauheim
Astheim
Bodenheim
Trebur
Groß-Gerau
Apfelbach
Gräfen
Worfelden
210
Gauberg
Nackenheim
Hohenau
Mühlbach
Landgraben
Gau Bischofsheim
Braunshardt
Fasanerie
Büttelborn
Weiters
Hessenaue
Wallerstädten
175
Königsstuhl
Rhein
Geinsheim
Dornheim
Darmbach
Nierstein
Badesee Vogel
Kornsand
Ried
Schwabsburg
GRIESHE
Oppenheim
Leeheim
Riedsee
208
Farrenberg
Erfelden
Wolfskehlen
Dexheim
Dienheim
Goddelau
S7
Knoblochsaue
Sandbach
300/301
Naturschutzgebiet
Riedstadt
Ludwigshöhe
Kühkopf
Stockstadt
Crumstadt
PFUNGST
Guntersblum
Eimsheim
Gimbsheim
Biebesheim
NSG Altrhein
Elisabethen-See
Alsheim
Heinrich-Thalau-See
Altrheinsee
Eicher See
Gernsheim
Erlen
Rheinaue
Bicken
Eich
Mettenheim
Bechtheim
Hamm
Winkelbach
Hähnlein
Zwingenb
Groß-Rohrheim
AKW
Osthofen
40
60
22
23
24
25
26
6
7
43
67
486
2
27
28
29
30
3
44
9
4
5
42
26
420
426
8

Map of the Darmstadt region

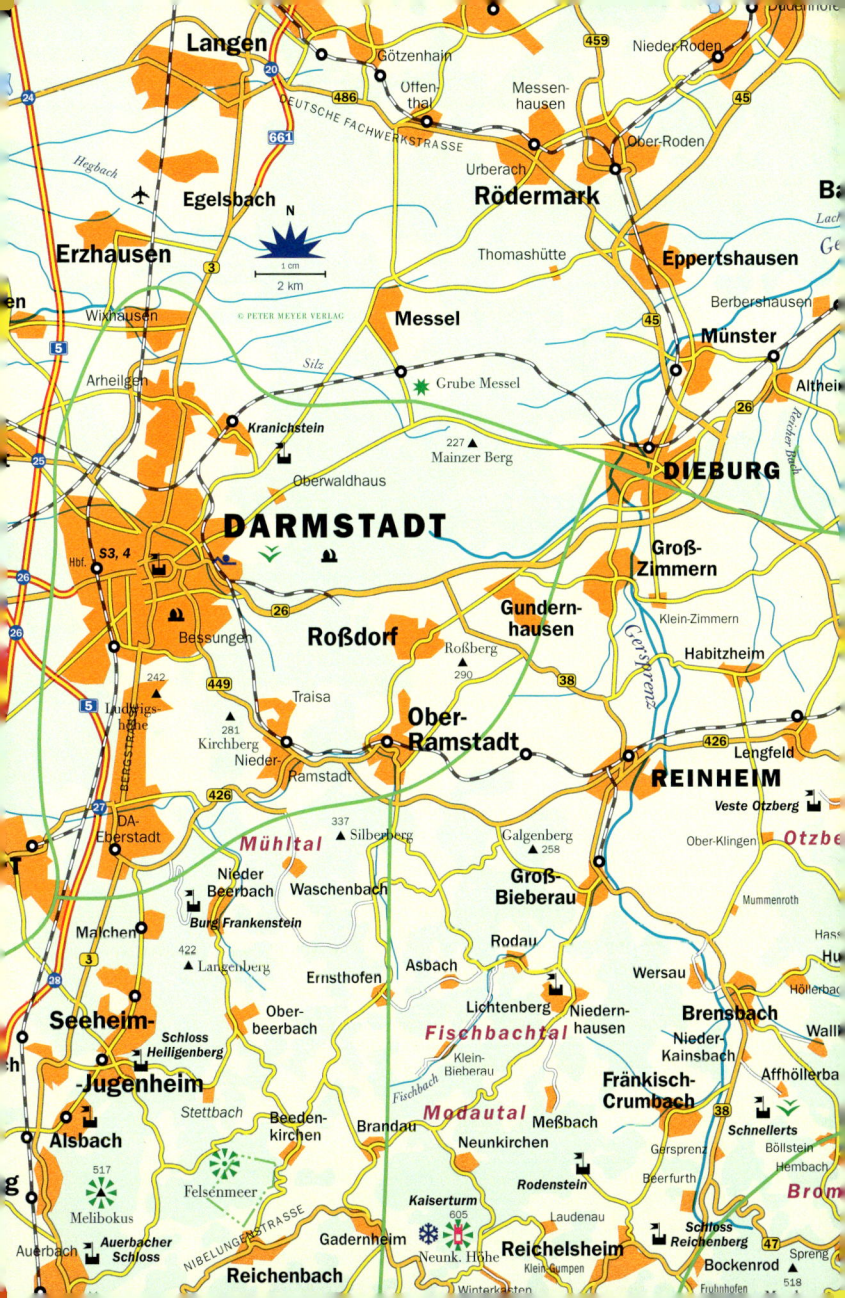

Towns and places:
- Langen
- Götzenhain
- Nieder-Roden
- Offenthal
- Messenhausen
- Ober-Roden
- Egelsbach
- Urberach
- Rödermark
- Erzhausen
- Thomashütte
- Eppertshausen
- Berbershausen
- Wixhausen
- Messel
- Münster
- Arheilgen
- Grube Messel
- Altheim
- Kranichstein
- Mainzer Berg 227
- Oberwaldhaus
- DIEBURG
- DARMSTADT
- Groß-Zimmern
- Klein-Zimmern
- Bessungen
- Roßdorf
- Roßberg 290
- Gundernhausen
- Habitzheim
- Ludwigshöhe 242
- Traisa
- Kirchberg 281
- Nieder-Ramstadt
- Ober-Ramstadt
- Lengfeld
- REINHEIM
- DA-Eberstadt
- Mühltal
- Silberberg 337
- Galgenberg 258
- Veste Otzberg
- Ober-Klingen
- Otzberg
- Nieder-Beerbach
- Waschenbach
- Groß-Bieberau
- Mummenroth
- Burg Frankenstein
- Langenberg 422
- Ernsthofen
- Asbach
- Rodau
- Wersau
- Malchen
- Oberbeerbach
- Lichtenberg
- Niedernhausen
- Brensbach
- Nieder-Kainsbach
- Seeheim-Jugenheim
- Schloss Heiligenberg
- Fischbachtal
- Klein-Bieberau
- Affhöllerbach
- Stettbach
- Beedenkirchen
- Brandau
- Meßbach
- Fränkisch-Crumbach
- Alsbach
- Neunkirchen
- Gersprenz
- Schnellerts
- Böllstein
- Melibokus 517
- Felsenmeer
- Rodenstein
- Hembach
- Auerbach
- Auerbacher Schloss
- Nibelungenstrasse
- Gadernheim
- Kaiserturm 605
- Laudenau
- Schloss Reichenberg
- Bockenrod
- Neunk. Höhe
- Reichelsheim
- Reichenbach
- Klein-Gumpen
- Frühnhofen
- Winterkasten

N 1 cm / 2 km

© PETER MEYER VERLAG

Deutsche Fachwerkstrasse

Map of the Aschaffenburg / Odenwald region

Cities and towns (north to south, west to east):

- Hainhausen
- Seligenstadt
- Mainflingen
- Karlstein
- Dettingen
- Johannesberg
- RODGAU
- Jügesheim
- Mainhausen
- Zellhausen
- Kleinostheim
- Glattbach
- Dudenhofen
- Nieder-Roden
- Stockstadt
- Mainaschaff
- Damm
- Ober-Roden
- Babenhausen
- Lache
- Gersprenz
- ASCHAFFENBURG
- Eppertshausen
- Berbershausen
- Main
- Münster
- Obernau
- Altheim
- Langstadt
- Schaafheim
- Großostheim
- Niedernberg
- DIEBURG
- Spitzberg 235
- Pflaumheim
- Groß-Zimmern
- Mosbach
- Wenigumstadt
- Großwallstadt
- Klein-Zimmern
- Raibach
- Lichtplatte 285
- Habitzheim
- GROSS-UMSTADT
- DEUTSCHE FACHWERKSTR.
- Dorndiel
- Mömlingen
- Obernburg am Main
- Gersprenz
- Alte Höhe 358
- Wald-Amorbach
- DEUTSCHE FERIENROUTE
- Lengfeld
- Heubach
- 426
- Mümling
- REINHEIM
- Römerkastell
- Hainstadt
- Eisenbach
- Veste Otzberg
- Hering
- Burg Breuberg
- Breuberg
- Ober-Klingen
- Otzberg
- Sandbach
- Rai-Breitenbach
- Mummenroth
- Schloss Nauses
- Höchst im Odenwald
- Hassenroth
- Pfirschbach
- Annelsbach
- Wörth am Main
- Wersau
- Höllerbach
- Hummetroth
- Mümling-Grumbach
- Rimhorn
- Seckmauern
- Brensbach
- Forstel
- 343 Trenn Heckenberg
- Nieder-Kainsbach
- Wallbach
- Ober-Kinzig
- Breitenbrunn
- Affhöllerbach
- Birkert
- Fürstengrund
- änkisch-[g]rumbach
- Schnellerts
- Böllstein
- Kirchbrombach
- Bad König
- Laudenbach
- Gersprenz

Roads / Highways: A3, A45, E41, B8, B26, B469, B426, 38, 56, 47, 57, 68

BAYERISCHER SPESSART

Orte und Landschaft

- Rottenberg
- Feldkahl
- Wenighösbach
- Steigkoppe ▲ 500
- Heigenbrücken
- Wiesthal
- Sailauf
- Laufach
- Lohrbach
- Krommenthal
- Hösbach
- oldbach
- Schmerlenbach
- Keilberg
- Neuhütten
- Waldaschaff
- Hengstkopf ▲ 506
- Straßbessenbach
- Bischborner Hof
- Hirschber 537
- Haibach
- Waldmichelbach
- Rothenbuch
- Schweinheim
- Gailbach
- Bessenbach
- Lichtenau
- Erlenfurt
- Oberbessenbach
- Hafenlohr
- Hessenthal
- Forsthaus Echterspfahl
- Weibersbrunn
- Hoher Knuck 539
- Sulzbach
- Mespelbrunn 417
- Hohe Wart
- Geierskopf 548
- Sulzbach am Main
- Forsthaus Sylvan
- Leidersbach
- Volkersbrunn 424
- Eichenberg
- Heimbuchenthal
- Kleinwallstadt
- Naturlehrpfad Rohrberg
- Hausen
- Hofstetten
- Dammbach
- 302/303
- Bischbrunn
- Hobbach
- Oberwintersbach
- Ober
- Elsenfeld
- Eichelsbach
- Geißhöhe 520
- Schleihüt
- Erlenbach am Main
- Sommerau
- Hundsrück
- Altenbuch
- Schollbrunn
- Haselbach
- Mechenhard
- Streit
- Eschau
- Aubach
- Wildensee
- Grünau
- Hoher Berg 449
- Hasselberg
- Mönchberg
- Neuenbuch
- Breitenbrunn
- Klingenberg am Main
- Schmachtenberg
- Stadtprozelten
- Dorfprozelten
- Faulbach
- Röllfeld
- Collenberg
- Fechenberg
- Unterer Berg 391
- Bester heid
- Röllbach
- Klotzenhof
- Kirschfurt
- Freudenberg
- Wertheim
- Odengesäß
- Wartberg

1 cm = 2 km
N

© PETER MEYER VERLAG

Map: Rheinaue region

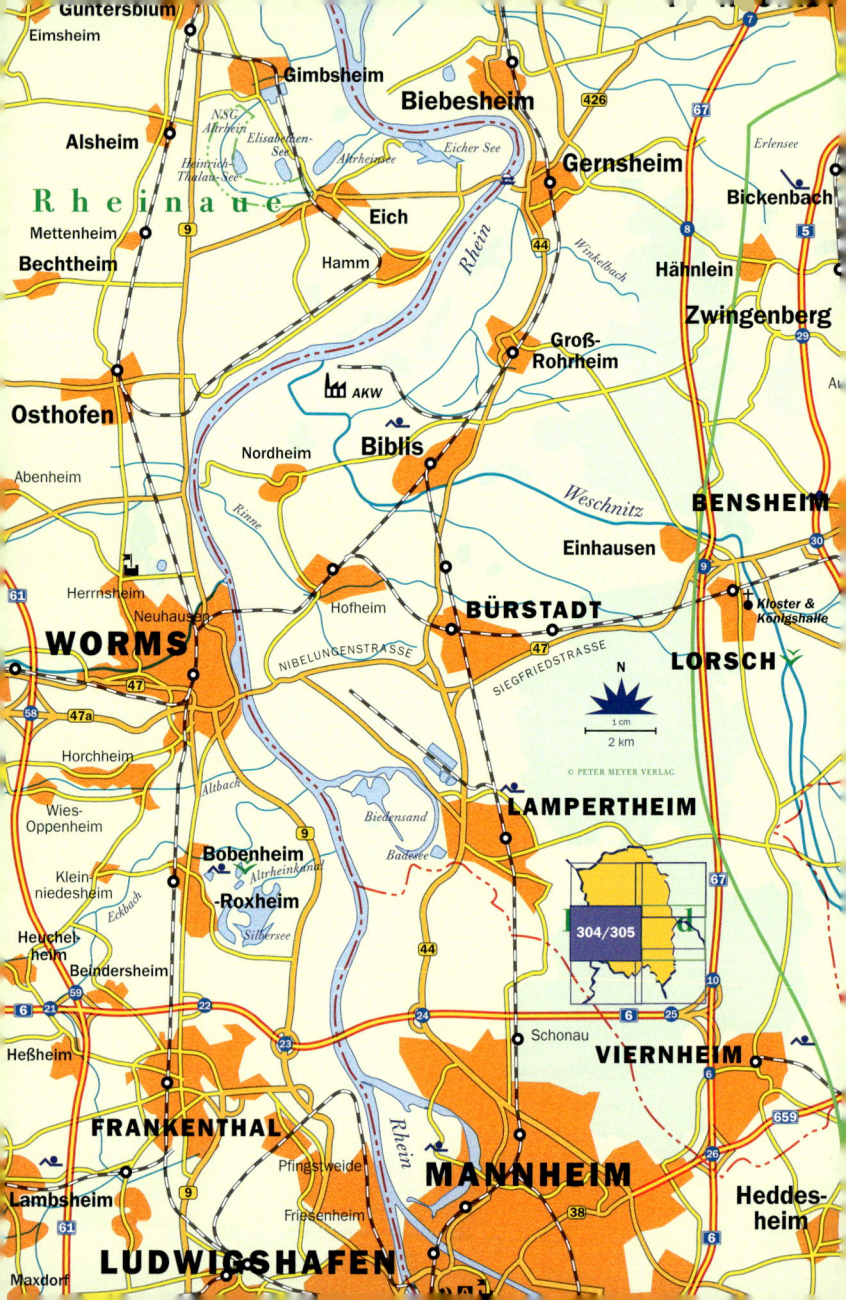

Towns and places labeled:

- Guntersblum
- Eimsheim
- Gimbsheim
- Biebesheim
- Alsheim
- NSG Altrhein
- Elisabethen-See
- Heinrich-Thalau-See
- Altrheinsee
- Eicher See
- Gernsheim
- Erlensee
- Bickenbach
- Rheinaue
- Mettenheim
- Eich
- Bechtheim
- Hamm
- Winkelbach
- Hähnlein
- Zwingenberg
- Osthofen
- AKW
- Groß-Rohrheim
- Abenheim
- Nordheim
- Biblis
- Weschnitz
- BENSHEIM
- Rinne
- Einhausen
- Herrnsheim
- Hofheim
- BÜRSTADT
- Kloster & Königshalle
- Neuhausen
- NIBELUNGENSTRASSE
- SIEGFRIEDSTRASSE
- LORSCH
- WORMS
- Horchheim
- Wies-Oppenheim
- Altbach
- Biedensand
- Badesee
- LAMPERTHEIM
- Klein-niedesheim
- Bobenheim
- -Roxheim
- Altrheinkanal
- Silbersee
- Eckbach
- Heuchelheim
- Beindersheim
- 304/305
- Heßheim
- Schonau
- VIERNHEIM
- FRANKENTHAL
- Pfingstweide
- Lambsheim
- Friesenheim
- MANNHEIM
- Heddesheim
- Maxdorf
- LUDWIGSHAFEN

Scale: 1 cm ≈ 2 km

© PETER MEYER VERLAG

Map of the Odenwald region (Bergstraße area).

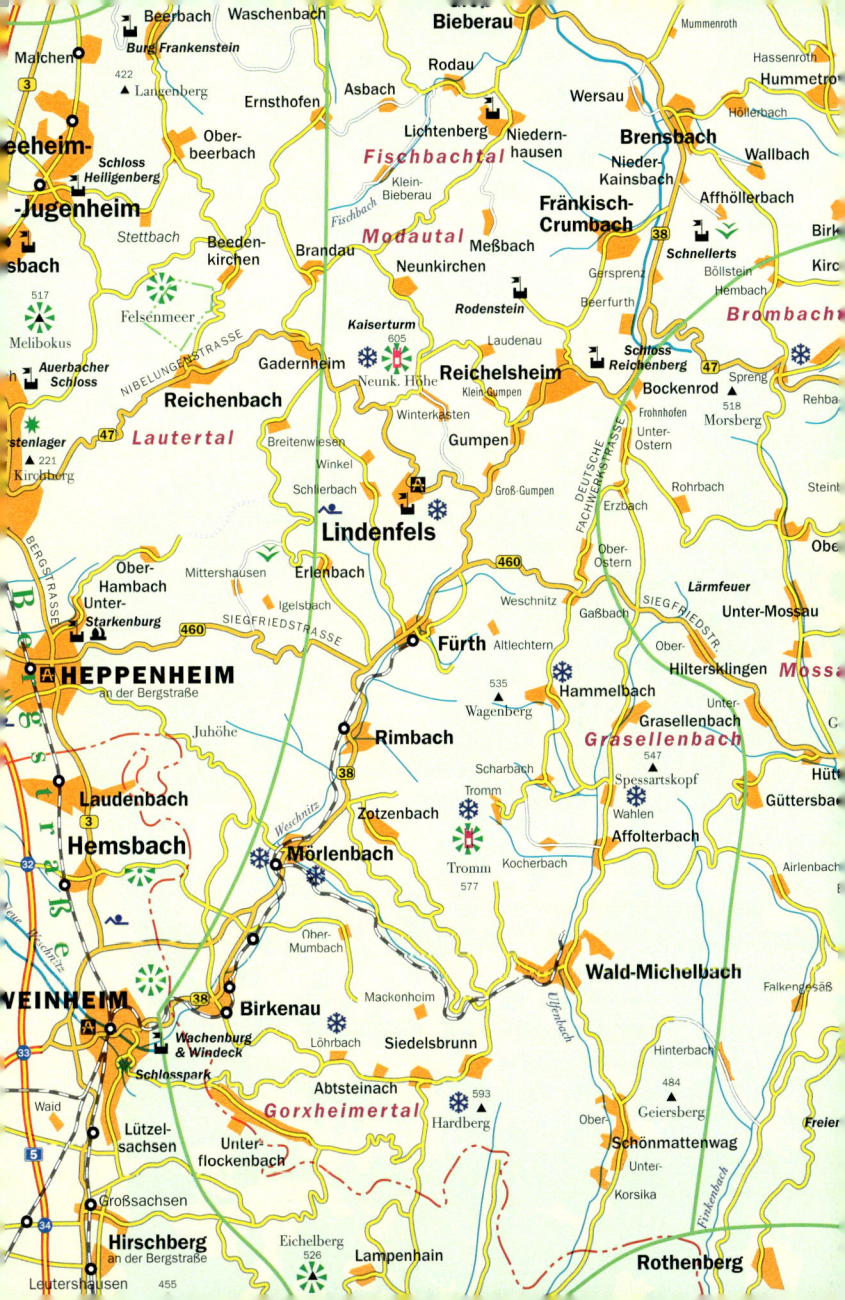

Places and features shown:

- Malchen
- Beerbach, Waschenbach, Bieberau, Mummenroth, Hassenroth, Hummetro(th)
- Burg Frankenstein, Langenberg ▲ 422
- Rodau, Asbach, Ernsthofen
- Lichtenberg, Niedernhausen, Wersau, Höllerbach, Brensbach, Wallbach
- eeheim-Jugenheim, Schloss Heiligenberg
- Oberbeerbach
- Fischbachtal, Klein-Bieberau, Nieder-Kainsbach, Affhöllerbach
- Stettbach, Beedenkirchen, Brandau, Modautal, Meßbach, Fränkisch-Crumbach, Schnellerts, Birk
- sbach, Felsenmeer, Neunkirchen, Gersprenz, Böllstein, Kirc
- 517 Melibokus, Auerbacher Schloss, Gadernheim, Kaiserturm 605, Rodenstein, Beerfurth, Hembach, Brombach
- stenlager ▲ 221 Kirchberg, Reichenbach, Lautertal, Neunk. Höhe, Reichelsheim, Schloss Reichenberg, 47, Spreng
- Klein Gumpen, Laudenau, Bockenrod, 518 Rehba
- Winterkasten, Frohnhofen, Morsberg
- Gumpen, Unter-Ostern
- Breitenwiesen, Winkel, Rohrbach, Steint
- Schlierbach, Groß-Gumpen, Erzbach, Obe
- Lindenfels, Ober-Ostern
- Ober-Hambach, Mittershausen, Erlenbach, 460, Weschnitz, Gaßbach, Lärmfeuer, Siegfriedstr., Unter-Mossau
- Unter-Starkenburg, Igelsbach, Siegfriedstrasse
- Bergstrasse, 535, Ober-Hilterklingen, Mossa
- HEPPENHEIM an der Bergstraße, Juhöhe, Fürth, Altleclern, Hammelbach, Wagenberg, Unter-Grasellenbach
- Rimbach, 38, Scharbach, Tromm, Spessartskopf 547, Grasellenbach, Hüt
- Laudenbach, Zotzenbach, Wahlen, Affolterbach, Güttersba
- Hemsbach, Weschnitz, Mörlenbach, Tromm 577, Kocherbach, Airlenbach
- 32, Ober-Mumbach, Mackenheim, Ülfenbach, Wald-Michelbach, Falkengesäß
- VEINHEIM, Birkenau, Löhrbach, Siedelsbrunn, Hinterbach
- 33, Wachenburg & Windeck, Schlosspark
- Waid, Lützelsachsen, Unterflockenbach, Abtsteinach, Gorxheimertal, Hardberg 593, Ober-Geiersberg 484, Schönmattenwag, Freier
- 5, Großsachsen, Unter-Korsika, Finkenbach
- 34, Hirschberg an der Bergstraße, Eichelberg 526, Lampenhain, Rothenberg
- Leutershausen 455

im Odenwald
Mummenroth
Hassenroth
Pfirschbach
Hummetroth
Annelsbach
Wersau
Seckmauern
Rimhorn
Höllerbach
Forstel
Mümling-Grumbach
Brensbach
Nieder-Kainsbach
Wallbach
Ober-Kinzig
Breitenbrunn
Heckenbach
Fränkisch-Crumbach
Affhöllerbach
Unter-
Fürstengrund
Bad König
Schnellerts
Birkert
Lauden
Gersprenz
Böllstein
Kirchbrombach
Mümling
Beerfurth
Hembach
Brombachtal
Langen-Brombach
Schloss Reichenberg
Vielbrunn
Spreng
Bockenrod
Rehbach
Weitengesäß
Frohnhofen
Morsberg
NIBELUNGENSTRASSE
Unter-Ostern
Ohrnbach
DEUTSCHE FACHWERKSTRASSE
Rohrbach
Steinbuch
Steinbach
Eulbach
Erzbach
Michelstadt
Ober-Ostern
Ober-Mossau
Roßbach
Ernsbach
Lärmfeuer
Dorf-Erbach
© PETER MEYER VERLAG
Gaßbach
SIEGFRIEDSTR.
Unter-Mossau
Wildpark
Erbach
im Odenwald
Würzberg
Ober-
Elsbach
Hammelbach
Hiltersklingen
Mossautal
Römerbad
Erbuch
Unter-Grasellenbach
Geisberg
Grasellenbach
Haisterbach
Spessartskopf
Hüttenthal
Güttersbach
Bullau
Wahlen
Stausee
Marbach
Limes-Wanderweg
Affolterbach
Himbächl-Viadukt
Airlenbach
Hetzbach
Ottorfszell
Etzean
Krähberg
SIEGFRIEDSTRASSE
Hesselbach
Wald-Michelbach
Falkengesäß
Schöllenbach
Ulfenbach
Beerfelden
Obersensbach
HESSENECK
Westlicher Limes (1. Jh. n.Chr.)
Hinterbach
Sensbachtal
Falkenberg
Geiersberg
Ober-
Freienstein
Untersensbach
Kinzert
Schönmattenwag
Unter-
Gammelsbach
Friedrichsdorf
Korsika
Finkenbach
Itter
Oberscheid
Gammelsbach
DEUTSCHE FERIEN-ROUTE
Reisenbach
Rothenberg
N
1 cm
2 km

Mechenhard
Streit
Mönchberg
Neuenbuch
Hoher Berg
Hasselberg
Breitenbrunn
Stadtprozelten
Dorfprozelten
Faulbach
Schmachtenberg
Klingenberg
am Main
Röllfeld
Collenberg
Fechenberg
Röllbach
391
Unterer Berg
Wertheim
Klotzenhof
Kirschfurt
Freudenberg
Odengesäß
Großheubach
NIBELUNGENSTRASSE
Steingasse
Sachsenhausen
Kleinheubach
Bürgstadt
Sonderriet
Rüdenau
Eichenbühl
Miltenberg
am Main
Neunkirchen
469
452
Geißbuckel
Weckbach
Weilbach
Erf
Riedern
481
Winkelberg
Mudau
Amorbach
Odenwälder Freilandmuseum
Reinhardsachsen
Schneeberg
Gottersdorf
Wettersdorf
Kirchzell
Dornberg
Hambrunn
Rippberg
Östlicher Limes
(2. Jh. n. Chr.)
470
Winterberg
47
DEUTSCHE LIMESSTR.
Hardheim
Eiderbach
Zittenfelden
Linkenmühle
Wildenburg
Beuchertsmühle
27
Höpfingen
Marsbachtal
Preunschen
Röm. Kastell & Bad
Hettigenbeuern
Walldürn
Morre
Mud
Waldstetten
Steinbach
Erfeld
306/307
Buchen
450
Eulsberg
Mudau
Hettingen
Langenelz
Hollerbach
Wartberg
394
Elz-Bach
Hasenwäldchen
27
STRASSE

FRANKENTHAL
Pfingstweide
Rhein
MANNHEIM
Heddes-
heim
Lambsheim
Friesenheim
LUDWIGSHAFEN
Maxdorf
Oggersheim
LU Hbf.
MA Hbf.
Ruch-
heim
Ilvesheim
Ladenb
Fußgönheim
Mundheim
Rheingön-
heim
Pfingstberg
Edingen-
Mutterstadt
Schauernheim
Waldmühle
Hotel Darstein
Altrip
Limburgerhof
Neuhofen
Dannstadt
Rheinau
Rheinblick
Waldsee
Zur Fischerhütte
Brühl
Böhl-
-Iggelheim
SCHIFFERSTADT
Planksta
Otterstadt
SCHWETZINGE
Ketsch
Ofters-
heim
Angelwald
DEUTSCH-FRANZÖSISCHE
TOURISTIKROUTE
Rehbach
N
1 cm
2 km
Ranschgraben
Hardtgraben
© PETER MEYER VERLAG
SPEYER
HOCKENHEIM
Speyer-Bach
Hanhofen
Dudenhofen
Altlußheim
Neulußheim
Mühlbach
Harthausen
Römer-
berg
Reilingen
Heiligenstein
Rheinhausen
Kriegbach
308/309
Schwegenheim
Saalb.
Mechtersheim
Oberhausen-
Sankt Leon-
AKW
Lingenfeld
Rhein
Kirrlach
Westheim
Philippsburg
WAGHÄUSEL
Rheinsheim
Druslach
Wiesental

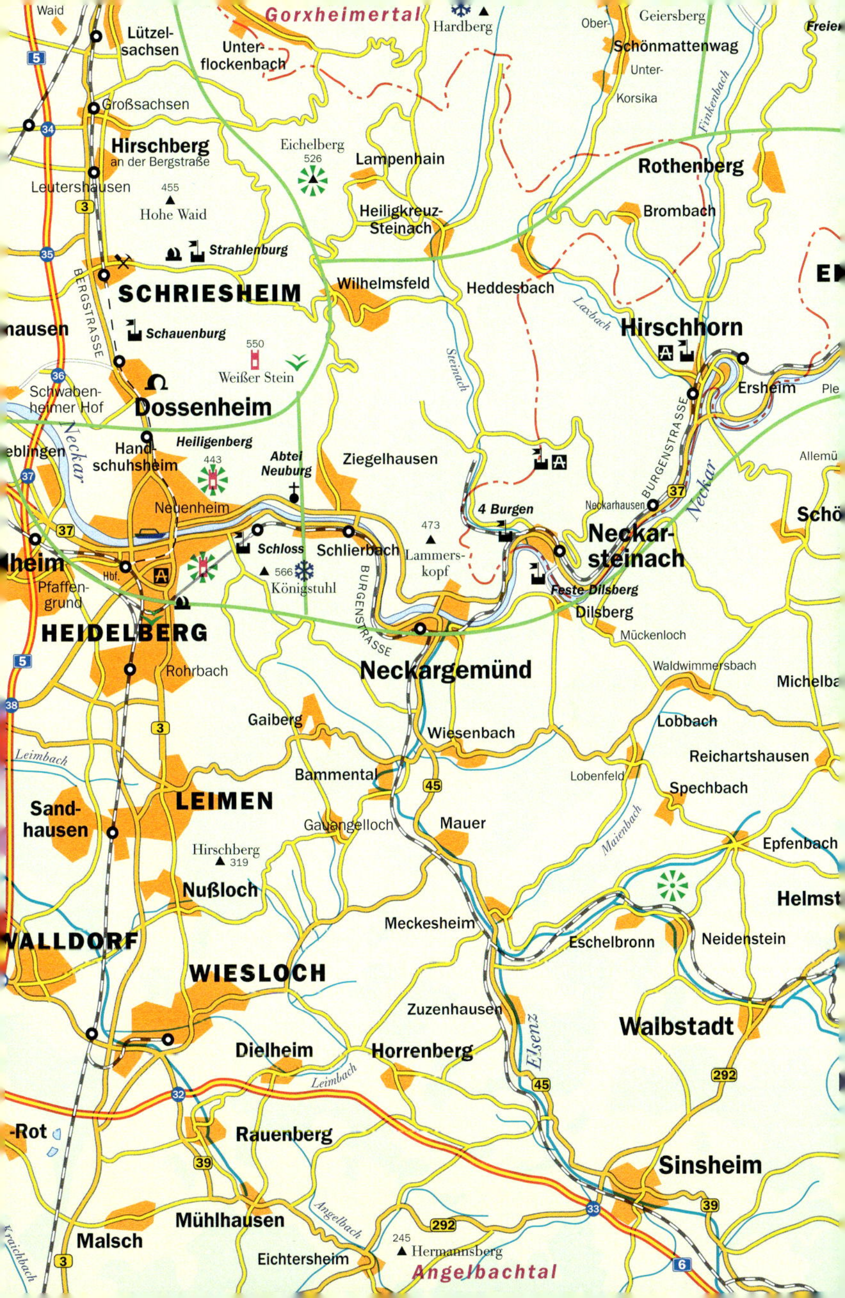
Waid
Gorxheimertal
Hardberg
Ober-
Geiersberg
Schönmattenwag
Unter-
Korsika
Finkenbach
Lützel-
sachsen
Unter-
flockenbach
Großsachsen
Hirschberg
an der Bergstraße
Eichelberg
526
Lampenhain
Rothenberg
Leutershausen
455
Hohe Waid
Heiligkreuz-
Steinach
Brombach
Strahlenburg
BERGSTRASSE
SCHRIESHEIM
Wilhelmsfeld
Heddesbach
Laxbach
Schauenburg
550
Weißer Stein
Hirschhorn
Ersheim
Steinach
Schwaben-
heimer Hof
Dossenheim
Neckar
Hand-
schuhsheim
Heiligenberg
443
Abtei
Neuburg
Ziegelhausen
BURGENSTRASSE
Neckar
Allemü
Neuenheim
4 Burgen
Neckarhausen
473
Neckar-
steinach
Schloss
Schlierbach
Lammers-
kopf
heim
Hbf.
566
Königstuhl
Feste Dilsberg
Pfaffen-
grund
Dilsberg
BURGENSTRASSE
Mückenloch
HEIDELBERG
Neckargemünd
Waldwimmersbach
Michelba
Rohrbach
Gaiberg
Lobbach
Wiesenbach
Reichartshausen
Leimbach
Bammental
Lobenfeld
Spechbach
Sand-
hausen
LEIMEN
Gauangelloch
Mauer
Maienbach
Epfenbach
Hirschberg
319
Nußloch
Helmst
Meckesheim
Eschelbronn
Neidenstein
WALLDORF
WIESLOCH
Zuzenhausen
Elsenz
Walbstadt
Dielheim
Horrenberg
Leimbach
-Rot
Rauenberg
Sinsheim
Angelbach
Mühlhausen
245
Hermannsberg
Malsch
Eichtersheim
Angelbachtal
Kraichbach
5
34
3
35
36
37
37
38
32
39
45
45
292
292
33
39
6
Freie
Pleu
Schö
Ei
nausen
eblingen

Ober-
Geiersberg
Schönmattenwag
Unter-
Korsika
Finkenbach
Freienstein
Gammelsbach
DEUTSCHE FERIEN-ROUTE
45
Untersensbach
553
Kinzert
Friedrichsdorf
Itter
Oberscheidental
Reisenbach
Rothenberg
Brombach
548
Hohe Warte
Laxbach
EBERBACH
am Neckar
Katzenbuckel
626
Waldbrunn
Ober-Höllgrund
Mülben
Waldkatzenbach
Holdergrund
Hirschhorn
Ersheim
Pleutersbach
Strümpfelbrunn
Robern
Ober-
Unter-
Dielbach
Weisbach
Fahren-
bach
BURGENSTRASSE
Allemühl
Stolzeneck
Zwingenberg
Seebach
37
Neckarhausen
Neckar
Schönbrunn
Zwingenberg
Neckar-
steinach
Lohrbach
ste Dilsberg
Dilsberg
Neckargerach
Minneburg
Mückenloch
Neunkirchen
Waldwimmersbach
Michelbach
Neckar
Schwarzach
Lobbach
37
Aglaster-
hausen
MOSBACH
Reichartshausen
Lobenfeld
292
Spechbach
Obrigheim
27
Maienbach
Epfenbach
Neckarelz
Helmstadt
Hochhausen
DEUTSCHE
Eschelbronn
Neidenstein
Neckarzimmern
Burg Hornberg
264
Steifelsberg
Bargen
Haßmersheim
FERIENROUTE
Waibstadt
Hüffenhardt
Gundelsheim
Neckar-
Bischofsheim
292
Guttenberg
Siegelsbach
BURGENSTRASSE
27
Sinsheim
39
33
Bad Rappenau
Offenau
6

Buchen
Mudau
450
Eulsberg
Hettingen
Langenelz
Hollerbach
Wartberg
394
Hasenwäldchen
27
SIEGFRIEDSTRASSE
DEUTSCHE LIMESSTRASSE
Sindolsheim
Tropfsteinhöhle
Isbach
Laudenberg
Bödigheim
Eberstadt
Limbach
Rosenberg
Krumbach
Elz-Bach
Großeicholzheim
Seckach
Rinschbach
292
Hohe Aspen
340
Jugenddorf Klinge
Kirnau
Ritters-bach
Osterburken
Adelsheim
Elztal
Ober-
81
292
Mittel-
Scheffenz
6
N
1 cm
2 km
Unter-
Dallau
Östlicher Limes
(2. Jh. n. Chr.)
330
Hühner-B.
© PETER MEYER VERLAG
Seckach
Roigheim
Schefflenz
310/311
Sulzbach
Billigheim
Kessach
Schöntal
Allfeld
Widdern
Möckmühl
304
Dachsberg
Jagst
Jagsthausen
Neudenau
SCHWÄBISCHE DICHTERSTRASSE
DEUTSCHE LIMESSTRASSE
DT. FERIENROUTE
Kocher
Lampoldshausen
Kocher
81
BAD FRIEDRICHS-HALL
Oedheim
Neuenstadt
Hardthausen

DeutschLand erLeben

Raus aufs Land – EUR 9,90

Rund 2.500 Ferienhöfe aus Deutschland stellen Urlaubsquartiere vor. Eine Straßenkarte mit Orientierungsraster macht das Auffinden der Höfe kinderleicht.

NEU: Auf der Straßenkarte finden Sie alle Urlaubshöfe, die Bed & Breakfast anbieten.

Und: Wer seinen Urlaub abbricht, weil er mit dem Urlaubsquartier unzufrieden ist, erhält gegen Vorlage der „Geld-zurück-Garantie" den Kaufpreis des Buches vom Verlag erstattet.

Rauf auf die Berge – EUR 8,90

Über 1.000 Urlaubsquartiere in Bayern, Österreich, der Schweiz und Südtirol sowie erstmalig in Polen, Slowenien und Tschechien für den Berg- und Winterurlaub.

- übersichtlich geordnet nach Regionen
- Angebote in Wort und Bild mit Preisen und Freizeitangeboten
- Reisetipps für Wanderer und Skiurlauber
- Geld-zurück-Garantie

Zu bestellen bei:
Deutscher Landschriftenverlag GmbH
Maarstraße 96 · 53227 Bonn
Tel.: 02 28 · 9 63 02-0 · Fax: 02 28 · 9 63 02-33
E-Mail: info@bauernhofurlaub.com
Internet: www.bauernhofurlaub.com

Register

A

Aalen 242
Abenteuerspielplatz 28, 63, 64, 191, 224, 227, 269, 285
Abenteuerwald 188
Abfahrtsski 154, 190
Abtsteinach 281
ADFC 51, 90
Affhöllerbach 279, 291
Alsbach 56, 70
Alsbacher Schloss 70
Altenbach 290
Altes Hospital 135
Altlechtern 293
Altstadt 102
Amorbach 228, 231, 259, 276, 294
Anna von Württemberg 157
Annelsbach 279
Annelsbacher Tal 142
Apothekenmuseum 99
Arheilgen 16
Arheilger Mühlchen 16
Asbach 280
Astronomiezentrum 95
Atelier Lichtung 226
Auerbach 59, 67
Aussichtsturm 54, 93, 119, 125
Automuseum 79

B

Backhausteich 33
Bad König 174, 180, 203, 254
Badesee 48
Bärlauch 214
Beerfelden 174, 175, 177, 190, 191, 198, 204, 205, 255, 275, 282, 294, 298
Beerfurth 139, 155, 170
Benediktinerabtei 228
BenneÜ 123
Bensheim 46, 48, 50, 52, 55, 59, 64, 67, 74, 81, 82, 244, 271, 272, 295
Benz, Dr. Carl 79
Bergbahn 247
Bergbaulandschaft 148
Bergfried 127
Bergstraße 20, 43 – 82, 243, 269, 271, 276
Bessungen 23, 39, 41, 42
Besucherbergwerk 65, 82
Beuchertsmühle 224
Bickenbach 47
Bienenmarkt 206
Bikepark 177
Binau 277
Bioversum 33
Birkenau 280
Birkengarten 63
Birkengrund 63
Blanchard, Jean-Pierre 36
Bligger II. von Steinach 125
Blindengarten 217
Bödigheim 276, 286
Bonsai-Zentrum 97
Botanischer Garten 96
Breitenwiesen 277
Brensbach 250, 279, 291
Breuberg 162, 251, 288, 294
Brombach 277, 283
Brombachtal 292
Bruchsee 61
Brudergrund 183
Brunnenstollen 129
Buchen 210, 212, 215, 216, 220, 234, 237, 238, 259, 276, 286, 292, 295
Bullau 298
Bullauer Bild 181
Burg 72, 124, 130, 131, 177, 225
Burg, -Ruine, ↗ Name
   Breuberg 141, 162, 288, 294
   Dilsberg 113, 128, 129, 136, 273, 288, 296
   Eberbach 131
   Frankenstein 66
   Freienstein 177
   Hirschhorn 132
   Hinterburg 124
   Lindenfels 159, 170
   Michelstadt 194
   Minneburg 117, 118
   Mittelburg 127
Burg, -Ruine ff
   Reichenstein 130
   Rodenstein 158
   Schauenburg 72
   Schnellerts 150
   Starkenburg 287
   Strahlenburg 71
   Vorderburg 128
   Windeck 73
   Wachenburg 73
   Wildenberg 228, 232
   Zwingenberg 116
Bürgerpark 25

C – D

Café Bauer 149
Camping 49, 295
Comedy Hall 39
Crumbacher Bauernlädchen 253
Dampfer 112, 211
Dampflok 34
Darmstadt 11 – 41, 241, 243, 262, 287, 289
Darmstädter-Hof-Centrum 85
Datterich-Express 262
Daumsmühle 182, 285
Deutsche Bahn 261
Deutsches Elfenbeinmuseum 200
Deutsches Verpackungsmuseum 101
Dilsberg 113, 128, 129, 136, 273, 288, 296
Dossenheim 51, 52, 54, 72, 79, 245
Dreischläfriger Galgen 198

E

Eberbach 109, 112, 114, 118, 120, 131, 133, 134, 136, 249, 269, 270, 274, 277, 286, 289, 297
Eberhardsburg 185
Ebersbach 113
Eberstadt 14, 19, 42, 216
Eichenbühl 266, 299
Einhardsbasilika 194
Eisenbahnmuseum 34
Eislaufen 30, 105
Eiterbach 280

Elfenbeinmuseum 200
Elfenbeinwerk 202
Elsbach 281
Elz 207 – 238, 257, 271, 275, 285
Elzpark 121
Englischer Garten 184
Entenpfuhl 142
Eppelheim 106
Erbach i.Ow. 182, 183, 184, 189, 191, 200, 206, 242, 255, 264, 281, 288, 291, 298
Erbacher Schloss 192
Erbuch 182, 288, 291
Eremit 53
Erholungsanlage Annelsbacher Tal 142, 179, 276
Erlenbach 151
Erlensee 47
Ernst-Ludwig-Haus 37
Eulbach 184
Eutersee 176, 294
Exotenwald 62
Explo 101

F
Fabulas Zauberwelt 188
Fahrenbach 113, 277
Fahrradverleih 203, 266, 278, 288, 297, 299
Falkengesäß 282
Fasenacht 237
Fastnachtsfeuer 75
Felsenmeer 57
Fenwick Farm 182
Feste Dilsberg 113, 128, 129
Feuerwehrmuseum 76
Fischbachtal 156, 279
Forellenhof Lenz 271
Forest Jump 225
Frankenstein 66
Fränkisch-Crumbach 139, 158, 166, 253
Freienstein 177
Freilandmuseum 237, 238
Freizeitzentrum 27
Friedrichsdorf 274
Fürstenlager 59
Fürth 140, 151, 251, 274, 293, 297

G
Galgen 198
Gallwespe 53
Gammelsbach 177, 275, 298
Garteneisenbahn 30
Gäulchesmacher 155
Geopark 148, 242
Gold, weißes 200
Gottersdorf 217, 235, 286
Graf von Erbach 191
Grasellenbach 140, 143, 146, 149, 153, 252, 270, 290, 298
Gronau 295
Groß-Bieberau 152
Groß-Umstadt 147, 168, 170, 254, 280, 294
Großes Fass 99
Großer Woog 14
Großheubach 266
Grube Anna-Elisabeth 65, 82
Grube Prinz von Hessen 15, 17
Gruberhof 168
Gumpen 278
Güttersbach 283

H
Hähnlein 56, 70
Haisterbach 281
halbNeun Theater 41
Halloween 66, 67, 105, 149
Hammelbach 140, 298
Happy Birthday 28, 30, 33, 47, 57, 94, 95, 123, 152, 162, 188, 193, 200, 202
Haselburg 142, 160
Hasenleiser 87
Hasenwäldchen 220
Haspelturm 133
Heidelberg 85 – 107, 247, 263, 272, 288, 296
Heidelberg-Bergheim 103
Heidelberg, Haus der Jugend 93
Heidelberger Schloss 99
Heiligenberg 91, 92
Heiligkreuzsteinach 280
Heilkräutergarten 120

Hemsbach 49, 296
Heppenheim 46, 56, 61, 69, 74, 75, 76, 82, 244, 272, 287
Hering 164, 170
Herrngarten 21
Herrnmühle 148
Hesseneck 176, 294
Hessisches Landesmuseum 37
Hettingenbeuern 212, 276
Hetzbach 177, 191, 282
Heubach 147, 280
Hexenturm 230
High Moves 64
Hiltersklingen 179
Himbächl-Viadukt 191
Hinkelstein 56
Hinterburg 124
Hirschhorn (Neckar) 132, 134, 136, 249, 297
Höchst i.Ow. 160, 251, 279
Hof Theater Tromm 147
Hofgut Habitzheim 274
Hofheim 262
Höhengaststätte 54
Hohenloher Hof 282
Höhle des Eremiten 52
Holdergrund 114
Hollerbach 292
Höllerbach 279
Hollersee 215
Holzspielwaren 155
Höpfingen 286
Hornbacher Tal 295
Horndreher Hof 279
Hottenbacher Hof 280
Huckleberry Finn 128
Hundertwasser, Friedensreich 31
Hüttenthal 283, 284, 292, 294

I — J
Igelsbach 272
Imkerei 47
Indoor-Spielplatz 123, 152, 153, 188
Ireneturm 146
Jagdkundl. Lehrpfad 18, 33
Jagdschloss 18, 32

Jugenddorf Klinge 227
Jugendherberge 162
Jugendstil 12, 36, 37, 42
Jugenheim 46

K
Kaiserturm 143
Kanutouren 110, 111
Karl-Kübel-Stiftung 291
Katzenbuckel 119

Kellerei 193
Kellersbrunnen 118
Kernstock, Johann Georg 53
Kikeriki-Theater 39
Kinder- und Jugendfarm 28

Hunger & Durst
A la carte 37
Alte Dorfmühle 60
Altes Badhaus 269
Auf der Wachenburg 73
Azur Camping 299
Bayerischer Biergarten 26
Beuchertsmühle 224
Birkenhof 270, 271
Bistro 98, 153
Bistro Aqua 210
Bistro Stadtgarten 128
Brauerei Schmucker 180
Brücke-Ohl 254
Burg Frankenstein 66
Burg-Gasthof Strahlenburg 71
Burgschänke 70, 164
Burgstube 165
Burgterrasse 163
Café am Kloster 77
Café Bauer 150
Café Coyote 31
Café Eulenpick 25
Café Extrablatt 102
Café Schloss Reichenberg 253
Café Schlossmühle 219
Camp Freienstein 298
Comedy Hall-Lokal 39
Daumsmühle 182, 285
Deutscher Kaiser 130
Die Rainbach 123
Dornröschen 142
Eberbach 297
Einsiedel 16
Ferienhof Schieser 286
Ferienhof Weiss 281
Forellenhof Lenz 271
Forsthaus Eulbach 185
Gasthaus Alt Lichtenberg 157

Gasthaus Bullauer Bild 181
Gasthaus Hasenwäldchen 220
Gasthaus Rodenstein 159
Gasthof Pension Lärmfeuer 180
Gaststätte auf der Ruine Strahlenburg 59
Grüner Baum 281
Haide 296
Hemsbacher Wiesensee 296
Herrngarten Café 23
Heuhotel Burghof 292
Hottenbacher Hof 280
Johanns-Stube im Schwanen 166
Käs'Back 184
Kirchberghäuschen 52
Kupferkessel 74
Kuralpe Kreuzhof 269
Linkenmühle 219
Mainaue 299
Mirabell-Selbstbedienungsrestaurant 47
Mümlingstube 176
NFH Am Borstein 290
NFH Ober-Ramstadt 289
NFH Obernburg 230
Oberwaldhaus 17, 27
Odenwald Camping Park 297
Orangerie 24
Pippifax Burgcafé 129
Rathauscafé 77
Reiterschänke da Vito 18
Reiterschänke Kranichstein 33
Restaurant Treusch 166
Restaurant-Café Am Elfenbeinmuseum 201
Reußenkreuz 176, 271

Ritterschänke 68
Riviera 15

Safari 298
Schardhof 143
Schiffsrestaurant Schlossblick 90
Schloss Nauses 165
Schlosshotel Hirschhorn 132
Schlosspark-Restaurant 63
Schmelzmühle 165
Schöne Aussicht 46, 147, 270
Schöner Odenwald 298
Schützenhaus 99
Sophienhof 142
St. Benedikt 227
Strandcafé 296
Trommer Hof 146
Turmschenke Katzenbuckel 119
Vesperstube 236
Vetters Mühle 56
Viktoria-Café 135
Vivarium 25
Waldgaststätte Alt-Lechtern 152
Waldhaus Diana 234
Waldschenke 91
Winzerkeller 75
Zum Karpfen 270
Zum Krug 280
Zum neuen Schwanen 54
Zum Riesen 271
Zum Roten Ochsen 102
Zum Scheinheiligen 26
Zum Schwanen 124
Zum weißen Stein 54
Zum Zeughaus 34
Zur Linde 167
Zur Mühle 115
Zur Wolfsschlucht 117

315

Kinder-Umwelt-Diplom 28
Kinder-Uni 101
Kindertheater 38
KinderTheaterFestival 103
Kino 136
Kirchberghäuschen 52
Kirchzell 228, 232, 258, 285, 299
Klein-Bieberau 280
Klein-Gumpen 278
Kleinheubach 217
Kletter-, Hochseilgarten 26, 64, 122, 188, 225
Klinge 227
Komödie TAP 41
Königshalle 76
Königstuhl 94
Köpfel 86
Kranichstein 18, 33, 34
Kröckelbach 274
Krumbach 113
Küferei-Museum 134
Kultursommer Südhessen 241
Kunstkabinett 202
Künstlerkolonie 37
Kurgestüt 116
Kurpark 173, 180
Kurpfälzisches Museum 102
Kutsch- und Planwagenfahrten 113, 212, 225, 257

L

Ladenburg 51, 79
Landesgartenschau 121
Langbein-Museum 134
Langen-Brombach 283
Langenelz 113
Langlauf 154, 190, 248, 271
Laternenweg 75
Laudenberg 113
Lautertal 57, 269, 277, 290
Lebkuchenbäcker 155
Lehrpfad 18, 33, 52, 93, 120, 148, 149, 158
Leos Spielpark 29
Leutershausen 136
Lichtenberg 156
Lichtermuseum 237
Limbach 113
Limes 196, 213, 242

Lindenfels 140, 159, 167, 170, 253, 270, 293, 297
Linkenmühle 219
Lohrbach 113
Löhrbach 280
Lorsch 63, 64, 76, 241, 242, 243
Luftbootverleih 87
Lützelbach 280

M

Mackenheim 281
Madonnenländchen 276
Main 207 – 238, 257, 271, 275, 285
Malhaus 81
Mammut 80
Mannheim 263
Marbach-Stausee 175
Märchen- und Sagentage 169
Marsbachtal 221
Mathildenhöhe 36, 37
Mausefallensammlung 203
Merck, Johann Heinrich 36
Michaelskloster 91
Michelstadt 173, 188, 193, 194, 197, 199, 201, 202, 203, 206, 256, 275, 282
Miltenberg a.M. 210, 211, 230, 238, 258, 275, 299
Minigolf 27, 40, 62, 132, 150, 167, 180, 210, 212, 213, 219, 254, 255, 258, 297, 299
Minneburg 117, 118
Mittelburg 127
MoBaTrain 35
Modautal 143, 250, 280
Modelleisenbahn 35
Molkerei Kohlhage 179
Molkerei Hüttenthal 284
Mosbach 110, 113, 121, 123, 135, 136, 250, 288
Mossau 182, 284, 285
Mossauer Höhe 178
Mossautal 178, 179, 182, 257, 283, 284, 285, 292, 294
Motorradmuseum 203
Mückenloch 273

Mud 207 – 238, 257, 271, 275, 285
Mudau 113
Mühlenlädchen 169
Mühltal-Kirchberg 52
Mühltalbad 14
Mümlingtal 171 – 206, 271, 275, 281
Mummenroth 279
Museum, Heimat-, Stadt- 74, 78, 79, 80, 133, 135, 156, 166, 167, 203, 230, 231, 243
Museum biologischer Vielfalt 33
Museum der Oberzent 204
Museum Gruberhof 168
Museum Künstlerkolonie 37
Museum Mutter 231
Museumsstraße Odenwälder Bauernhaus 217
Museumsstraße Odenwald-Bergstraße 242
Museumszentrum Lorsch 76

N

Naherholungsgebiet 114
NaTourBus 264
Naturlehrpfad 67, 199
Naturpark Bergstraße-Odenwald 20, 241
Naturparkzentrum Eberbach 118
Naturschutzzentrum Bergstraße 55
Nauses 165
Neckar 88, 89, 106, 108 – 136, 249, 269, 273, 277
Neckarbischofsheim 89
Neckarelz 288
Neckargemünd 109, 110, 122, 130, 136, 248, 273, 288, 296, 298
Neckargerach 117
Neckarsteinach 113, 114, 124, 127, 248, 293
Neckarufer 90
Neunkirchen 143
Neustadt 294
Niedernhausen 279

O

Ober-Höllgrund 115
Ober-Klingen 275
Ober-Mossau 284
Ober-Ramstadt 289
Obernburg am Main 214, 229, 230, 257
Oberscharbach 290
Oberwaldhaus 17, 27
Oberzent 204
Odenwald 20
Odenwald-Sterne-Hotel 269
Odenwaldbahn 263
Odenwälder Bauernhaus 217
Odenwälder Bauernstube 281
Odenwälder Freilandmuseum 235
Odenwaldmuseum 193
Odilia, Sankt 217
Ökologische Forschungsstation 93
Olbrich, Joseph Maria 36
Orangerie 23
OREG 263
Ottorfszell 285
Otzberg 141, 164, 165, 170, 252, 275, 294

P

Paddeln 87, 110, 111, 211
Palas 127
Parkplatz 53, 54, 58, 63, 115, 215
Parsifal 228
Pferdemarkt 205, 206
Picknickplatz Dreiseental 193
Pipapo-Kellertheater 81
Pleutersbach 113, 286
Porzellanmuseum 21
Postkutschenfahrt 235
Preunschen 232, 285
Prinz-Emil-Garten 39, 40
Prinz-Georg-Garten 22
Prinz-Georg-Palais 21, 22

R

Raibach 294
Rathausturm 135
Regionalmuseum 166

Rehbach 282
Reichelsheim 139, 148, 155, 166, 169, 170, 270, 252, 278
Reichenbach 57, 290
Reichenstein 130
Reinhardsachsen 276
Rhein 88
Rimhorn 280
Ringmauer 126
Rippberg 219, 221, 225
RMV 262
Robern 277
Rodeln 143, 154, 155, 189
Rodenstein 158
Rohrbach 180
Römer 193, 196, 213
Römerbad 197
Römermuseum 229
Roßdorf 30
Rothenberg 273
Rottwiese 18
Ruine ↗ Burg oder Name

S

Sammlung moderner Kunst 232
Scharbach 146, 153, 270
Schauenburg 72
Schifferverein 124
Schifffahrts- und Schiffbaumuseum 233
Schleuse 114
Schlierbach 297
Schloss 32, 98, 192
Schloss Auerbach 67, 82
Schloss Lichtenberg 156
Schloss Nauses 165, 294
Schloss Weinheim 41, 62
Schlösschen 40
Schlossmühle 290
Schlosspark 62, 97
Schlurcher 192
Schneeberg 294
Schnellerts 150
Schokoladenfabrik 154
Schöllenbach 176, 294
Schöllkopfhof 254
Schriesheim 45, 58, 65, 71, 82, 244, 290

Schütte-Lihotzky, Margarete 77
Schwabenheimer Hof 51
Schwalbennest 124
Seckach 226, 227
Seegarten 219
Seeheim 46
Sensbachtal 271
Shelley, Mary Wollstonecraft 67
Siegfriedsquelle 58, 143
Skifahren 154, 189, 190
Solarschiff 89
Spielmobil 28
Spielplatz 15, 22, 29, 40, 62, 220, 250
Spielzeugmuseum 202
Staatspark Fürstenlager 59
Staatstheater 38
Stadtführung 4, 74, 100, 130, 133, 135, 166, 193, 199, 201, 246, 249, 258
Starkenburg 56, 69, 287
Steinbach 194
Steinbrecher 79
Steinbrücker Teich 17, 27
Stephanskloster 92, 93
Sternwarte 18, 56, 58, 59, 94
Strahlenburg 71
Strandbad 49
Streuobstwiesenzentrum 19, 21
Stromer, Die 40
Strümpfelbrunn 115, 277
Synagoge 201

T

Technologiepark 101
Theater im Schlösschen 39
Therme 85, 174
Thingstätte 91, 92
Tierpark 24, 54, 114, 150, 151, 183, 184, 185, 221
Tromm 146, 153, 290, 298
Tropfsteinhöhle 216

U – V

Umweltwanderweg 64
Unter-Mossau 182, 284, 285
Untere Mühle 272
Verpackungsmuseum 101

Veste Otzberg 141, 164
via naturae 93
Viadukt 191
Vielbrunn 173, 275, 282
Villa Haselburg 142, 160
Vivarium 24
Vogelpark 48, 61, 63
Vogteiburg 162
Völkerkundemuseum 102
Volkskunde 74
Vorderburg 128
VRN 263

W
Wachenburg 73
Waidsee 49
Wald-Michelbach 252, 271, 291, 298
Waldbrunn 115, 119, 248, 277
Waldhaus 214
Waldhubenhof 257
Waldlehrpfad ↗ Lehrpfad
Waldschwimmbad 64, 174, 210
Waldspirale 31
Waldsport-Trimm-Pfad 199
Walldürn 209, 213, 217, 219, 221, 225, 234, 235, 237, 238, 260, 271, 276, 286, 289, 292, 295
Wallfahrtsmuseum 234
Wamboltschlösschen 147
Wanderbahn 113
Wartturm 220
Watterbacher Haus 232
Weg der Kristalle 120
Weihnachtsmarkt 41, 42, 82, 105, 106, 136, 170, 206, 238
Weinberg 150
Weinheim 47, 49, 51, 62, 73, 80, 81, 82, 246, 287
Weißer Stein 54
Wettersdorf 237
Wiese der Wahnehmungen 182
Wiesensee 49, 296

Wiesentalranch 225
Wildenberg 228, 232
Wildpark ↗ Tierpark
Wildweibchen-Preis 169
Windeck 73
Winkel 270
Wlntersonnenwende 57
Wintersport 143, 153, 154, 155, 189, 190
Wixhausen 42
Wolfsschlucht 116
Woog 14
Wörth a.M. 233, 299
Würzberg 188, 197

Z
Ziegelhausen 86
Zinnfigurenkabinett 133
Zinnsoldat 102
Zittenfelden 294
Zoo 95
Zur Mühle 115
Zwingenberg 78, 116, 246, 287, 290
Zwinger 104

IMPRESSUM

Unsere Inhalte werden ständig gepflegt, aktualisiert und erweitert. Für die Richtigkeit der Angaben kann der Verlag jedoch keine Haftung übernehmen. © 6. Auflage 2010 | pmv Peter Meyer Verlag, Schopenhauerstraße 11, 60316 Frankfurt am Main | www.PeterMeyerVerlag.de, info@PeterMeyerVerlag.de | **Umschlag- und Reihenkonzept,** insbesondere die Kombination von Griffmarken und Schlagwort-System auf dem Umschlag, sowie Text, Gliederung und Layout, Karten, Tabellen und Illustrationen sind urheberrechtlich geschützt. | **Text & Lektorat:** 1. Auflage 1999 Alice Selinger; aktuelle Bearbeitung durch pmv. | **Druck & Bindung:** az Druck, Kempten; www.az-druck.de | **Umschlaggestaltung:** Agentur 42, Mainz, www.agentur42.de, Annette Sievers | **Fotos:** alle Rechte beim Verlag, Ausnahmen siehe Nachweis beim jeweiligen Bild – herzlichen Dank an alle Unterstützer | **Zeichnungen:** Silke Schmidt | **Karten:** pmv, Lizenzen auf Anfrage | **Bezug:** über Prolit, Fernwald-Annerod, oder vertrieb@PeterMeyerVerlag.de

ISBN 978-3-89859-416-5

Mehr über das Umwelt-Engagement von pmv unter www.PeterMeyerVerlag.de

FSC Mix
Produktgruppe aus vorbildlich bewirtschafteten Wäldern und anderen kontrollierten Herkünften
Zert.-Nr. GFA – COC – 001493
www.fsc.org
© 1996 Forest Stewardship Council

klimaneutral
www.climatepartner.com

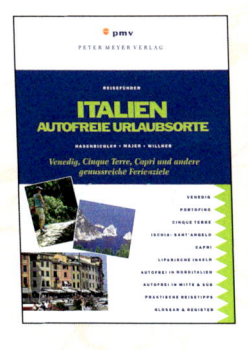

ITALIEN AUTOFREI
Venedig, Cinque Terre, Capri und andere autofreie Urlaubsorte
Stefan & Sumeeta Hasenbichler, Gerald Majer, Claudia Willner

Italienurlaub ohne Abgasgestank und Motorenlärm? Was zunächst paradox erscheint, ist mit »Italien – Autofreie Urlaubsorte« tatsächlich möglich: Die Autoren, bekehrte Verkehrsteilnehmer, haben sämtliche zu 100 % autofreie Urlaubsorte in Italien zusammengetragen. Kulturgeschichtliche Hintergrundinformationen sowie praktische Angaben natürlich auch zur autofreien Anfahrt bieten bewährte pmv-Qualität.

ISBN 978-3-89859-152-2
256 Seiten; 18,95 Euro

HARZ MIT KINDERN
500 spannende Ausflüge und Aktivitäten rund ums Jahr
Kirsten Wagner

Rund um Goslar – Oberharz & Brocken – Bad Grund bis Bad Sachsa – Rund um Halberstadt – Wernigerode bis Thale – Unterer Harz – Südliches Harzvorland: Das sind die 7 geografischen Kapitel, in denen kleine Wasserratten, Wandervögel, Rodel-Freaks, Maulwürfe und Artisten auf ihre Kosten kommen.

»Das alles macht Spaß und ist zudem interessant. Die Texte sind so geschrieben, dass Kinder selbst ihre Lieblingsziele aussuchen können und die Eltern hinterher trotzdem sicher den Weg dorthin finden.«
DIE ZEIT

ISBN 978-3-89859-417-2
320 Seiten; 14,95 Euro

ODENWALD BERGSTRASSE
Kultur & Genuss
Alice Selinger

Die schönsten Orte, Burgen und Schlösser, alle Kultur-Highlights und interessantesten Naturtouren stets mit profunden Texten und Hintergrundwissen. Dazu Empfehlungen zum Einkehren, zu Unterkünften und Einkauf auf dem Bauernhof! Von Darmstadt bis Heidelberg, vom nördlichen Odenwald bis zum Neckar, von der Bergstraße bis Franken.

»Unendlich viele Ziele, die für einen ganzen Sommer und noch mehr reichen.«
Südhessen-Woche

»Nutzwert in kompakter Form«
Main-Echo

ISBN 978-3-89859-300-7
320 Seiten; 14,95 Euro

Aktuelle Informationen, Bücher- & Datenshop unter www.PeterMeyerverlag.de

... und immer schön sauber bleiben!

Das sind Mockes, Herr Mau, Karlinchen und Sam. Sie sind immer voller Tatendrang. Damit bei ihrem Freizeitvergnügen die Natur nicht auf der Strecke bleibt, sind alle Vorschläge in diesem Buch sorgfältig ausgesucht. Und das Buch selbst wurde möglichst umweltschonend hergestellt. Natürlich auf ökologisch korrektem FSC-Papier. Da jedoch bei der Produktion das Entstehen von CO_2 unvermeidlich ist, unterstützt der Peter Meyer Verlag mit einer Ausgleichszahlung klimafreundliche Projekte. Klimaneutrales Handeln gehört zu unser Verantwortung – damit Mockes und die anderen frechen Viecher ihren Tatendrang auch in Zukunft in sauberer Natur ausleben können.

pmv PETER MEYER VERLAG

Mehr über das Umwelt-Engagement des Verlages
und seiner Partner unter www.PeterMeyerVerlag.de

320 informative Seiten – wenn sie euch gefallen haben, dann empfehl uns bitte weiter!